Hotel Operations Management

호텔경영론

박대환 · 박봉규 · 이준혁
오흥철 · 박진우

백산출판사

머리말

미래학자들은 21세기 세계 최대산업으로 정보통신, 국제교역, 관광문화산업을 거론하고 있다. 따라서 세계 대부분의 국가들은 고부가가치가 높은 관광산업 육성에 모든 역량을 집중적으로 투입하고 있으며, 우리나라 또한 관광산업을 국가전략산업으로 육성하고 있다.

관광산업의 꽃이라 불리는 호텔업의 발전은 재론의 여지가 없으며, 이는 곧 고객감동경영에 의해 이뤄질 수밖에 없을 것이다. 호텔업의 발전을 위해서는 고객지향적인 경영철학과 이의 실천, 서비스의 전문화, 시설의 고급화가 무엇보다 중요함과 동시에 이를 운영할 전문 인력을 양성하는 것이 경쟁력을 키우는 시금석이 될 것이다.

본서는 이러한 시대적 요구에 의해 호텔경영관리의 전문가를 양성하는데 꼭 필요한 실용학문을 정리하였으며, 필진은 호텔실무에 오랜 경험을 가진 교수와 이 분야 학문에 깊이 있는 연구로 학문적 정진을 이룬 교수들이 모여 심혈을 기울여 만든 교재임을 감히 말할 수 있겠다. 이 책은 호텔업에 관심을 가지고 있는 학부학생, 대학원생, 현업근무자, 일반인을 위한 학습교재로 사용될 수 있도록 내용을 구성하였으며, 제1부에서 호텔경영관리의 이해, 제2부 호텔영업부문의 경영관리, 제3부 호텔 업무지원부문의 경영관리 등으로 구분하고, 호텔경영관리를 모두 아우를 수 있도록 세부 학습으로 구분하였다. 제1부 호텔경영관리의 이해의 세부 학습으로 제1장 호텔 경영관리 개요, 제2장 호텔경영의 역사와 미래, 제3장 호텔기업의 체인화, 제4장 호텔의 경영조직, 제5장 호텔지배인의 역할과 기능, 제6장 호텔의 서비스경영, 제2부 호텔 영업부문의 경영관리의 세부 학습으로 제7장 호텔의 세일즈와 마케팅, 제8장 호텔의 객실영업, 제9장 호텔의 객실관리, 제10장 호텔의 식음영업, 제11장 호텔의 컨벤션과 연회, 제12장 호텔의 부대시설영업, 제13장 호텔의 조리부서, 제3부 호텔 업무지원부문의 경영관리의 세부 학습으로 제14장 호텔의 인력관리, 제15장 호텔리어의 서비스 리더십, 제16장 호텔의 정보시스템관리, 제17장 호텔의 회계업무, 제18장 호텔의 시설관리, 제19장 호텔의 안전관리, 제20장 호텔의 개관 프로젝트 등을 기술하였다.

2012년 9월 저자들이 합심하여 출간한 교재를 2014년 3월에 일부자료를 현실에 맞게 보완하여 2판을 내게 되었다.

이 교재는 실용학문을 필요로 하는 시대의 흐름에 따라, 이 분야에 관심과 뜻이 있는 분에게는 크게 도움이 되리라 감히 말씀드릴 수 있겠다. 그러나 저자들의 학문과 경험만으로 호텔경영의 모두를 논할 수 없음을 안타깝게 생각하며 미진한 부분은 향후 또 다시 발전시켜 나아갈 것을 약속하는 바이다. 끝으로 이 책의 출판에 수고를 아끼지 않으신 도서출판 백산출판사의 진욱상 사장님, 진성원 상무님, 김호철 편집부장님께 진심으로 감사드린다.

2014년 3월
저 자

차 례

PART 3 호텔 업무지원부문의 경영관리 371

PART 1

호텔경영관리의 이해

제1장 호텔경영관리 개요

제1절 호텔의 정의

1. 호텔경영의 의의

경영학은 조직체를 효과적으로 운영하는 지식을 습득하는 학문이다. 호텔경영학은 호텔이란 서비스 조직체에서 제공되는 하드웨어, 시스템 및 소프트웨어를 인사조직, 마케팅, 재무관리, 회계학, 생산관리, 정보시스템 등의 경영학적 체계를 통해 조직적으로 운영하여 훌륭한 산출물인 호텔의 이미지 제고와 재무적 성과를 극대화시켜 나가는 경영관리 활동이다.

20세기 현대경영학 발전의 직접적인 계기는 18세기 산업혁명과 그 후 많은 학자들의 노력에서 찾을 수 있는데, 가내수공업자들이 물품을 한두 개씩 만들던 것을 공장이란 조직체에서 분업을 통해 대량으로 생산하게 되면서 조직이라는 공동체의 중요성을 인식하게 되었다. 이는 영국의 경제학자 아담 스미스(A. Smith), 수학자인 찰스 배비지(C. Babbage), 공상적 사회주의자인 로버트 오웬(R. Owen) 등이 기본적 틀을 제시하였던 것으로 특히 아담 스미스는 그의 저서 국부론에서 분업론을 주장하여 생산성의 극대화에 기여하였다. 또한 20세기 초 미국을 중심으로 대규모 공장과 대기업의 출현뿐만 아니라 철도, 도로, 통신 등의 기간산업체들이 산업화를 추진한 사회간접시설도 급격히 증가하였다. 그러나 당시 노동인력의 낮은 교육 수준과 경영자들의 비조직적인 회사경영 등은 기업발전의 걸림돌로 작용하게 되었다. 이즈음 현대 경영학의 시조라고 불려지는 미드베일 철강회사의 엔지니어였던 테일러(F. Taylor)는

1904년 경영학의 효시를 이룬 과학적 관리(The Scientific Management)를 경영학의 이론으로 제시하였다. 그가 제시한 경영관리의 주요내용은 과학적 작업방법의 연구, 과학적인 근로자의 선발, 차별 성과급제도, 분업 등을 실무에 적용할 수 있도록 체계화하였다. 이에 이어 벽돌공장 인부들의 작업 활동을 보다 빠르고 짧은 동작으로 능률을 올릴 수 있도록 연구한 길브레스(F. B. Gilbreth) 부부의 동작연구(Motion Study), 작업시간을 단축하기 위해 시간연구(Time Study)를 한 간트(H. Gantt) 등은 작업 활동을 과학화한 연구자들이었다. 그 후 포드(H. Ford)는 자동차 생산공정관리를 컨베이어벨트시스템을 이용하여 공정을 간소화, 표준화, 전문화하므로 비용절감에 획기적인 장치를 만들게 되었다. 이에 따라 생산 판매된 자동차모델 T는 튼튼하고 값싸게 대량생산되어 박리다매로 대중화에 성공함으로써 과학적 관리가 경영이론으로 확고하게 자리를 잡게 되었다. 이러한 포디즘(Fordism)을 호텔산업에 과감히 도입한 사람은 엘즈워드 스타틀러(E. M. Statler)로서 그는 호텔이란 고급스럽고 값이 비싸기 때문에 특정인들만 출입한다는 고정관념을 과감히 탈피하여 일반대중에게 적절한 가격에 우수한 서비스상품을 제공하여 큰 성공을 거둔 최고의 호텔경영인이었다.

호텔산업은 관광서비스업의 핵심인 환대산업(hospitality industry)에 속하며, 여기에는 호텔을 비롯한 숙박업, 외식업, 카지노, 컨벤션, 엔터테인먼트(entertainment) 등을 포함하게 된다. 관광서비스업은 관광기념품을 중심으로 한 상품관련업, 이동을 위한 각종 교통관련업, 관광목적지 및 채류지에서 일어나는 각종 행사 및 이벤트 등 관광활동 등이 포함되어 매우 큰 산업 규모로 발전해 가고 있다. 따라서 호텔관련업은 고용효과가 가장 큰 서비스업으로 호텔이라는 특수한 개별기업의 중장기 발전에 따른 투자 및 재무관리, 회계, 인사관리, 마케팅 및 정보시스템에 대한 메커니즘을 고객지향적인 방법으로 운영하는데 필요한 경영관리기법을 연구하고 습득하여, 실행하는 서비스기업의 활동이라고 하겠다.

2. 호텔경영의 사전적 정의

오늘날 우리가 의미하는 호텔의 개념은 우리들이 일상적으로 생활하는 범주의 기본단위인 가정(home)을 확대한 것으로 생각하면 쉽사리 이해될 수 있다. 즉 "가정을 떠난 가정(a home away from home)"의 뜻으로 사랑하는 가족이 있는 집처럼 안락하고 편안한 가정의 분위기를 포함하는 숙박시설인 것이다.

'Hospitale'란 현대어로 병원에 가까운 의미로 해석되고 있으나 「Webster's Dictionary」에서는 "A place of shelter and rest for travelers"로 기술하여 병원의 기능과 호텔의 기능이 합해진 숙소의 역할을 하는 공간으로 풀이되며, 따라서 'Hospitale'는 여행자의 숙소 또는 휴식의 장소, 병자나 부상자를 치료하고 간호하는 시설로 볼 수 있겠다. 전자의 성격이 발전하여 Hostel(여인숙), Inn(여관) 또는 현대의 Hotel(호텔)이 되었고, 후자의 성격이 지금의 Hospital(병원)이 된 것으로 파악된다.

한편 호텔의 기원에 관한 또 다른 견해는 당초 파리의 도심지에 프랑스 귀족들의 사교장으로서 귀족들의 큰 저택들이 이용되었고, 차츰 대중들에게 알려지면서 이곳은 '친절한 접대(gracious hospitality)'가 있는 특별한 곳이라고 여겨졌다. 이 낱말 역시 미국 독립전쟁 당시 조지 워싱턴과 막역한 친구였던 라피엣 장군(General Lafayette)이 미국으로 가져온 여러 개의 외래어 가운데 하나로서 Hotel이란 용어가 있었다고 전하고 있다. 뿐만 아니라 'Gracious Hospitality'는 Host와 Hostess라는 말도 포함하는 포괄적인 환대의 표시로, Host와 Hostess는 우리말로 주인(主人)·주부인(主婦人)으로 해석되며, 환대(hospitality)·예의(courtesy)를 최대한으로 발휘하는 것을 의미하고 있는 것으로 보아 호텔은 고객에 대한 친절한 봉사와 예의를 최대한 요구하고 있는 것으로 볼 수 있다.

위의 내용들을 살펴보고, 「Webster's Dictionary」에서 현대적 호텔을 정의한 것을 보

[그림 1-1] 호스텔

면 "A building or an institution providing lodging, meals, and service for the public"이라고 기술하고 있는 것을 토대로 "호텔이란 일반대중에게 호텔이 가진 최상의 인적, 물적, 시스템적 서비스를 동원하여 고객에게 숙박과 식음료, 각종 연회행사 및 국제행사, 부대시설을 활용한 제반 이벤트 등을 수시로 제공하는 영리 서비스기업이다"라고 정의할 수 있겠다.

3. 호텔경영의 법적 정의

호텔의 정의를 영미 법률에서 살펴보면, 호텔이란 예절 바른 접대에 대한 지불능력 및 준비가 되어 있는 모든 사람에게 시설의 여유가 있는 한 수용이 허락되며, 체재 중에는 타당한 대가를 지불하고서 식사, 침실 등을 제공받으며, 그 건물을 임시 가정으로 이용하는데 필연적으로 부수되는 서비스와 관리를 받을 수 있는 장소이다.

일본의 호텔 관계법령(「국제관광호텔정비법」)에는 "외객의 숙박에 적합한 양식 구조 및 설비를 갖고 지어진 시설"이라고 규정하고 있다. 이는 호텔의 기본적 개념 이전에 관광사업진흥을 목적으로 한 국가적 견지에서 규제요건을 설정한 개념이다.

우리나라의 경우에도 1961년 제정 · 공포된 「관광사업진흥법」에 다음과 같이 관광호텔의 개념을 정의하고 있다.

"관광호텔업이라 함은 외국인 숙박에 적합한 구조 및 설비를 갖춘 시설에서 관광호텔 또는 이와 유사한 명칭을 사용하여 사람을 숙박시키고 음식을 제공하는 업"으로 규정하여 전항의 여러 개념과 근본취지에 부합하는 일면을 보여주고 있다. 이에 우리는 호텔의 개념을 다음과 같이 집약된 개념으로 표현하게 된다.

호텔은 일정한 지급능력이 있는 사람에게 객실과 식음료를 제공할 수 있는 시설을 갖추고 예의 바른 종업원이 조직적으로 서비스용역을 제공하여 그 대금을 받는 사업체다. 호텔이 고객을 위한 숙박장소임에는 여관과 동일하다. 그러면 호텔과 여관은 어느 정도의 자본과 기업규모의 대소, 시설의 우열 등으로 구분할 것인가 하는 문제가 제기된다. 오늘날 세계 각국에서는 그들 국가의 법령으로 관광호텔의 등록기준을 일정한 시설과 인적 요건으로 규제하고 있다. 따라서 우리나라도 「관광진흥법」 제3조 제1항 2호에서 관광숙박업을 정의하고 있다.

1) 호텔업

관광객의 숙박에 적합한 시설을 갖추어 이를 관광객에게 제공하거나 숙박에 부수되는 음식 · 운동 · 오락 · 휴양 · 공연 또는 연수에 적합한 시설 등을 함께 갖추어 이를 이용하게 하는 업으로 규정하고 있다.

그리고 동법 시행령 제2조의 2항에서 호텔업의 종류를 다음과 같이 규정하고 있다.

(1) 관광호텔업

관광객의 숙박에 적합한 시설을 갖추어 이를 관광객에게 이용하게 하고 숙박에 부수되는 음식, 운동, 오락, 휴양, 공연 또는 연수에 적합한 시설 등(이하 "부대시설"이라 한다)을 함께 갖추어 관광객에게 이용하게 하는 업을 말한다.

(2) 수상관광호텔업

수상에 구조물 또는 선박을 고정하거나 매어 놓고 관광객의 숙박에 적합한 시설을 갖추거나 부대시설을 함께 갖추어 이를 관광객에게 이용하게 하는 업을 말한다.

(3) 한국전통호텔업

한국전통의 건축물에 관광객에 관광객의 숙박에 적합한 시설을 갖추거나 부대시설을 함께 갖추어 관광객에게 이용하게 하는 업을 말한다.

(4) 가족호텔업

가족단위 관광객의 숙박에 적합한 시설 및 취사도구를 갖추어 관광객에게 이용하게 하거나 숙박에 딸린 음식 · 운동 · 휴양 또는 연수에 적합한 시설을 함께 갖추어 관광객에게 이용하게 하는 업을 말한다.

(5) 호스텔업

배낭여행객 등 개별관광객의 숙박에 적합한 시설로서 샤워장, 취사장 등의 편의시설과 외국인 및 내국인 관광객을 위한 문화 · 정보 교류시설 등을 함께 갖추어 이용하게 하는 업을 말한다.

2) 휴양콘도미니엄업

관광객의 숙박과 취사에 적합한 시설을 갖추어 이를 당해 시설의 회원 · 공유자 기타 관광객에게 제공하거나 숙박에 부수되는 음식 · 운동 · 오락 · 휴양 또는 연수에 적합한 시설 등을 함께 갖추어 이를 이용하게 하는 업으로 규정하고 있다.

또한 동법 제4조 제2항은 제4조 제1항의 규정에 의하여 대통령이 정하는 여행업을 제외한 여행업과 제3조 제1항 제2호 내지 제4호의 규정에 의한 관광숙박업 · 관광객 이용시설업 및 국제회의업을 경영하고자 하는 자는 특별시장 · 광역시장 또는 도지사에게 등록하여야 한다고 규정하고 있다.

우리나라 「관광진흥법」은 위에서 열거한 호텔시설면의 등록요건과 아울러 「관광진흥법」 제36조 제1항에서 "관할 등록기관 등의 장은 대통령령이 정하는 관광업무에 대하여는 관광종업원의 자격을 가진 자가 종사하도록 당해 관광사업자에게 권고할 수 있다"라고 규정하고 있다. 한편 「관광진흥법」 제33조 ①항은 관할 등록기관 등의 장(長)은 관광사업의 등록 등을 받거나 신고를 한 자 또는 사업계획의 승인을 얻은 자가 본법 제33조 ①항 각 호의 (1-4)에 해당하는 때에는 그 등록 등 또는 사업계획의 승인을 취소하거나 6월 이내의 기간을 정하여 그 사업의 전부 또는 일부의 정지를 명하거나 시설 · 운영의 개선을 명할 수 있도록 하고 있다. 이와 같은 법률상의 규정은 「관광진흥법」에 의하여 등록된 호텔을 우리나라 관광사업 발전에 기여할 수 있는 충분한 자격을 갖춘 건실한 호텔로 육성하고 유지하려는데 그 취지가 있다고 볼 수 있다.

제2절 호텔의 분류

호텔경영학을 연구하는 학자들은 보다 깊이 있는 연구 활동을 통해 호텔의 인력관리, 마케팅, 재무관리, 회계, 생산관리, 경영정보시스템 등으로 구분하여 업무를 집중적으로 추진하므로 많은 성과를 내고 있다. 호텔을 연구할 때, 그 호텔이 처해져 있는 환경이 매우 중요한 요인으로 등장하게 된다. 뿐만 아니라 실제로 호텔경영에 참여하는 임직원에게도 호텔의 분류는 아주 중요한 배경이 되기도 한다. 일반적으로 호텔을 분류할 때, 위치에 따라, 고객의 이용목적에 따라, 시설수준에 따라, 규모에 따라, 고객의 체재기간에 따라, 이용요금의 지불방법에 따라, 불려지는 명칭에 따라, 경영 및 자본형태에 따라 분류하게 된다.

〈표 1-1〉 호텔의 분류

분 류	내 용
위치에 따른 분류	도심호텔, 교외호텔, 휴양지, 에어포트호텔, 시포트호텔, 스테이션호텔, 하이웨이 모텔
이용목적에 따른 분류	커머셜호텔, 컨벤션호텔, 리조트호텔, 카지노호텔
시설수준에 따른 분류	전관 특실호텔, 고급호텔, 중가호텔, 저가호텔
규모에 따른 분류	초대규모호텔, 대규모호텔, 중규모호텔, 소규모호텔
고객의 체재기간에 따른 분류	장기체재호텔, 단기체재호텔
이용료의 지불방법에 따른 분류	아메리칸 프랜, 유로피안 프랜, 콘티넨탈 프랜
불려지는 명칭에 따른 분류	호텔, 모텔과 모터호텔, 인, 유스호스텔, 보텔, 펜션, 롯징, 캡슐호텔
경영 및 자본형태에 따른 분류	독립경영호텔, 체인호텔

1. 위치에 따른 분류

1) 도심 호텔(Downtown Hotel)

도심 호텔은 도시의 중심지에 위치한 호텔로서 시티호텔(city hotel)이라고도 불린

[그림 1-2] 도심 호텔

다. 보통 도시의 비즈니스와 쇼핑 등이 원활히 이루어지는 도시의 중심가에 위치하여 교통이 편리할 뿐만 아니라 비즈니스를 위한 다양한 시설을 갖추고 있어 주로 상용, 공용 또는 도시를 방문하는 관광객들이 많이 이용한다. 또한 연회장, 전시장 등이 있어 도시민들이 사교의 장으로나 공공장소 등으로도 사용된다. 시티호텔은 대부분 다른 호텔보다는 식음료 매출이 높고 주중 객실 점유율이 주말보다 높다.

2) 교외 호텔(Suburban Hotel)

[그림 1-3] 교외 호텔

교외 호텔은 시티 호텔과는 달리 도시를 벗어난 한가한 교외에 위치한 호텔을 말한다. 교외 호텔은 도심 공해, 소음, 주차장 확보의 어려움을 갖고 있는 도심지 호텔에 비하여 지가(地價)가 상대적으로 싼 곳으로 중심지역의 슬럼화와 호텔 부지 부족현상으로 호텔이 교외로 진출하게 되는데, 비교적 넓은 주차장 공간을 확보할 수 있고, 또한 공기와 경치가 좋은 곳에 위치하기 때문에 자동차 여행객의 증가와 더불어 급격히 확산되고 있다.

3) 휴양지 호텔(Vacational Hotel)

휴양지 호텔은 주로 관광이나 휴양을 즐기기 위한 여행객을 대상으로 건립된 호텔로 보통 리조트 호텔(resort hotel)이라고 불린다. 리조트 호텔은 주로 휴양지나 관광지에 건립되며 다양한 부대시설을 갖추고 있다. 리조트 호텔이 입지한 경우에 따라

[그림 1-4] 휴양지 호텔

다소 차이는 있지만 대부분의 리조트 호텔은 사우나, 수영장, 테니스장과 같은 스포츠 시설과 동계 리조트에서는 스키나 눈썰매를 즐길 수 있는 시설도 갖추고 있으며, 이외에도 골프, 하이킹, 요팅(yachting) 등 호텔의 위치 또는 주변 조건에 따라 다양한 시설을 갖추고 있다.

4) 에어포트 호텔(Airport Hotel)

공항 호텔은 공항근처에 위치하여 비행편의 연결을 위하여 기다리는 항공 여행객이나 항공기 승무원을 위한 호텔로 시작하였다. 에어포트 호텔의 발전은 항공기를 이용하는 여행객의 증가와 공항의 거대함에 따라 도심과 거리가 멀어져 도심지 호텔 이용을 기피하려는 여행객이 증가하여 빠른 속도로 발전하고 있다. 즉 항공기를 이용하는 여행객 중 시간과 경비의 절약을 위해 공항근처에 있는 호텔을 선호하기 때

[그림 1-5] 에어포트 호텔

문에 이들 고객을 대상으로 한 호텔이다. 국내는 국토의 협소로 인하여 항공여행이 일반화되지 않아 이렇다 할 공항 호텔이 없었지만 2000년대 인천국제공항의 개장으로 하얏트리젠시와 베스트웨스턴이 개업하였고, 타 투자자들도 사업성을 주시하고 있는 상태이다.

5) 시포트 호텔(Seaport Hotel)

시포트 호텔은 에어포트 호텔과 동일한 성격으로 항구에 위치하여 발전된 호텔로서 선박을 이용하는 여행객이나 선원들을 위하여 설립된 호텔이다. 시포트 호텔은 기항선 고객의 편의를 제공하기 위해 교통이 편리한 위치에 있다는 것으로 일반 호텔과 특별히 구분되는 것은 거의 없고, 다만 항만부두에 인접해 있는 것만 다를 뿐이다.

6) 스테이션 호텔(Station Hotel)

철도역 근처에 위치한 호텔을 지칭하는 것으로 유럽에서 흔히 있는 호텔이다. 유럽에서는 유레일(Eurail)이 발전하여 철도를 이용하는 여행객이 많아 이들을 위하여 각 국의 주요 도시역마다 스테이션 호텔이 많다. 미국의 경우에는 항공기의 이용이 보편화되기 전에는 철도를 많이 이용하였기 때문에 20세기 중반까지는 역전 호텔이 매우 성행하였다. 국내에서도 1960년대까지는 철도청에서 전국 곳곳에 여러 호텔을 경영하였다.

[그림 1-6] 하이웨이 모텔

7) 하이웨이 모텔(Highway Motel)

모텔은 자동차 여행객을 위해 고속도로에 인접하여 설립된 호텔을 말한다. 모텔이란 원래 자동차 여행자가 이용하는 호텔이라는 "Motorist's Hotel"의 약어를 일컫는 말이나, 현재에는 호텔과는 달리 사용되고 있다.

모텔은 자동차의 보급과 고속도로의 발달로 자동차 여행객이 급격히 증가하자 이들을 위하여 자동차의 주차와 함께 숙박할 수 있도록 한 숙박시설이다. 모텔은 도시나 교외에 위치하는 비즈니스 모텔과 고속도로 근처에 있는 하이웨이 모텔이 있고, 규모는 대개 50실 내외이다.

모텔은 대부분 셀프서비스 형식으로 운영되며, 호텔보다는 비교적 이용하기 편리하게 1~2층의 단층으로 되어 있고, 객실 바로 앞에 자동차를 주차할 수 있게 되어 있다. 모텔의 숙박객 체제기간은 통상 1~2일 정도이다. 모텔은 등록절차도 간단하며, 예약 또한 필요하지 않다. 모텔은 큰 도로변에 위치하므로 차량으로 이동하면서 빈 객실의 유무를 확인할 수 있도록 "VACANCY" 또는 "NO VACANCY"라는 사인(sign)을 볼 수 있게 해 둔다.

2. 이용목적에 따른 분류

1) 커머샬 호텔(Commercial Hotel)

[그림 1-7] 커머샬 호텔

상용 호텔로서 비즈니스 호텔(business hotel)이라고도 불린다. 커머샬 호텔은 대부분 도시의 중심지에 위치하여 주로 상용목적을 가진 단기체재의 여행객을 대상으로 영업을 하게 된다. 이들이 호텔에서 업무를 보는데 불편함이 없도록 팩스, 복사기, 컴퓨터, 프린터기 등 사무기기를 갖춘 비즈니스 센터를 운영하며 객실 외에 다양한 부대시설을 운영한다. 각종 소규모 회의를 할 수 있는 회의시설과 업무를 위한 거래자와의 접촉이나 상담을 할 수 있는 다양한 업무기기들을 갖추고 있다. 또한 '호텔 안에 작은 호텔(a small hotel within a hotel)'이라고 불려지는 귀빈층(executive floor)을 운영하기도 한다. 그러나 커머샬 호텔의 주 고객은 상용목적을 가진 여행객이지만, 단체 관광객이나 개인 관광객 등 다양한 고객이 이용할 수 있으며, 실제로 대부분의 상용 호텔이 교통이 편리한 도심에 위치하고 있어 많은 관광객이 이용하는 편이다.

2) 컨벤션 호텔(Convention Hotel)

[그림 1-8] 컨벤션 호텔

각종 회의를 유치하기 위해 지어진 호텔로서 일반 호텔보다는 비교적 규모가 크며, 회의에 참석하기 위해 투숙하는 고객들을 충분히 수용할 수 있는 객실을 가지고 있다. 컨벤션 호텔은 각종 회의를 치르기에 충분한 대회의장 및 주차장 설비가 완비되어 있으며 다양한 연회장이나 전시시설, 그리고 통역시설, 영상과 영화를 감상할 수 있는 시설 등도 갖추게 된다. 최근에는 원격화상회의시설, 컴퓨터를 이용한 각종 회의시스템 등을 보유하는 호텔도 증가하고 있다.

컨벤션 호텔은 투숙객들을 한꺼번에 많이 유치하여 동시에 식사를 할 수 있는 제반 시설과 공간, 주방, 그리고 식음료서비스를 위한 충분한 인력이 확보되어야 한다.

3) 리조트 호텔(Resort Hotel)

리조트 호텔은 휴양지에 위치한 호텔로서 휴양을 즐기고 건강을 회복하고자 하는 여행객을 위한 호텔이다. 입지의 특성상 리조트 호텔은 해안, 산악, 온천지, 피서지, 피한지 등에 위치하기 때문에 경영의 특성을 가진다. 리조트 호텔은 여행 시즌에 고객이 몰려드는 성수기(on season)와 반대되는 비수기(off season)가 뚜렷하여 호텔의 수입이 불안정하며, 또한 입지적 조건으로 인해 시설의 유지·보수가 다른 호텔에 비하여 그 훼손도가 높아 상대적으로 경영의 어려움을 가져온다. 뿐만 아니라 그 인근 지역의 자연자원에 훼손이 생기면 고객의 이용이 크게 줄게 된다. 최근에는 비수기의 객실점유율 하락을 막기 위하여 컨벤션유치에 심혈을 기울이고 있다.

[그림 1-9] 리조트 호텔

4) 카지노 호텔(Casino Hotel)

카지노 호텔이란 호텔 내에 카지노 시설을 갖추고, 이를 이용하려는 고객을 주로 유치하는 호텔로서 호텔의 객실, 식음 기타 업장 수입보다 카지노의 수입이 더 많은 호텔이다.

경영형태는 별도의 법인으로 운영되기도 하지만 고객의 입장에서는 호텔의 명성과 카지노 시설 및 서비스를 동일시하게 된다. 세계적으로 카지노 호텔이 군집된 곳은 미국의 서부 라스베이거스와 동부 아틀렌틱이며, 아시아에서는 마카오를 카지노 호텔 군집지역으로 분류한다. 국내에는 전체 16개 사업체 중에 8개가 제주도에 허가

[그림 1-10] 카지노 호텔

되어 있어 제주도를 카지노 호텔 군집지역으로 볼 수 있다.

카지노 호텔은 연중 고객을 유치하기 위한 다양한 엔터테인먼트 프로그램을 개발하고, 이를 마케팅하고 있으며, 라스베이거스의 호텔들은 권투세계타이틀전을 유치하기도 하고, 연일 호화로운 쇼를 보여주기도 한다. 뿐만 아니라 프로모션의 일환으로 세계적인 골프경기를 카지노 호텔 비즈니스에 활용하기도 한다.

〈표 1-2〉 우리나라 카지노 업체 현황(2014년 1월 30일 현재)

시·도 계	서울	부산	인천	강원	경북	제주
17	3	2	1	2	1	8

※ 강원도에 소재하는 강원랜드는 내국인 출입가능 카지노임.

3. 시설수준에 따른 분류

1) 전관 특실호텔(All Suite Hotels & Resorts)

상업중심지나 고급스런 리조트지역에 호화롭고 넓은 객실과 식음시설 및 다양한 부대시설을 갖추고, 매우 고급스런 서비스를 제공하는 호텔로서, 각종 시설 및 이용료도 높게 책정되어 있다. 객실의 크기는 일반객실의 두 배 정도 또는 그 이상이 보통이며, 객실 내의 시설은 비즈니스나 휴양에 적합한 최첨단 시설을 갖추고 있다. 세계적인 호텔체인들이 앞세우는 브랜드들이 이런 범주에 들어간다.

[그림 1-11] 전관 특실호텔(상업중심 지역, 리조트 지역)

2) 고급 호텔(Deluxe Hotels, Full Service Hotels)

호텔의 시설이 비교적 호화스럽고 고급스러운 호텔을 지칭한다. 따라서 호텔의 건립에 대규모 자본이 투자되며, 따라서 요금도 비교적 높은 호텔이다. 딜럭스 호텔의 객실은 보통 호텔보다는 넓으며, 또한 다양한 장식을 하여 고급스럽게 꾸미며, 식음료 영업장은 물론 다른 부대시설 등도 다양하고 호화스럽게 만든다. 체인본부의 대표적인 브랜드로서 Marriott, Hyatt, Westin, Ritz Carlton, Renaissance, Sheraton, Four season 등이 여기에 속한다.

[그림 1-12] 고급스런 호텔들

3) 중가 호텔(Superior Hotel, Limited Service Hotels)

[그림 1-13] 중가 호텔

객실 요금이 보통수준으로 특급호텔보다 싸지만 이코노믹 호텔보다는 비싼 호텔로 보통 수준의 호텔을 지칭한다. 현재 세계적으로 가장 큰 시장을 가지고 있다. Holiday Inn, Ibis, Crown plaza 등이 여기에 속하며, 1980년대 메리어트호텔그룹이 중저가 시장에 뛰어들기 위해 'COURTYARD by Marriott' 브랜드를 출시하였다. 우리나라에서는 한국관광공사가 추진하고 있는 BENIKEA 브랜드가 여기에 속한다고 하겠다.

4) 저가 호텔(Economic Hotel, Sleeping Rooms)

[그림 1-14] 저가 호텔

객실 요금이 저렴하나 한정된 서비스를 제공하는 호텔을 말한다. 단기 출장객을 대상으로 객실과 간단한 조식을 제공하거나 비즈니스에 필요한 시설과 장비를 제공하는 호텔의 형태로 이러한 수준의 호텔로서 우리나라에는 베스트웨스턴 그룹이 진출해 있다. 또한 한국에 진출하여 7호점을 개관한 토요코인도 B & B(bed and breakfast)형의 영업에 치중하므로 저가호텔 범주에 들어간다.

4. 규모에 따른 분류

1) 초대규모호텔(Mammoth Hotel)

[그림 1-15] 초대규모호텔

800여실 이상의 객실을 갖춘 국제적 규모의 호텔로서 국제 비즈니스 고객, 컨벤션 고객, 관광단체 등을 다양하게 수용할 수 있는 규모의 호텔이다. 이러한 호텔은 연회장 영업이 매우 활성화되어 있는 게 보편적이다. 우리나라의 특1등급호텔(deluxe hotel)이 여기에 속한다.

[그림 1-16] 대규모호텔

2) 대규모호텔(Large Hotel)

300~500실 내외의 규모로서 우리나라에서는 특급호텔의 범주에 들어가며 외국인 단체고객이나 지역모임, 일정규모의 국제회

의 등을 유치할 수 있는 규모의 호텔이다. 대개 5~6개의 식당과 연회시설을 갖추고 있으며 위치에 따라서는 식음료 매출이 객실 매출을 앞서는 영업의 형태를 갖추고 있다.

3) 중규모호텔(Average Hotel)

100~250여실 내외의 호텔로서 지역 커뮤니티센터의 역할을 잘 수행할 수 있는 호텔이라 할 수 있다. 객실, 그리고 중소규모 가족연과 결혼식 등으로 지역사회에 기여하게 된다. 우리나라 호텔의 객실수는 50% 이상이 중규모 호텔에 속한다.

[그림 1-17] 중규모호텔

4) 소규모호텔(Small Hotel)

50여실 내외의 가족적 호텔기업을 소규모 호텔이라고 한다. 이러한 호텔은 객실 중심의 영업을 이행하며, 커피숍을 겸한 식당(three meal restaurant)정도의 부대시설을 갖추고 있다.

[그림 1-18] 소규모호텔

5. 고객의 체재기간에 따른 분류

1) 장기숙박호텔(Residential Hotel)

일반적으로 호텔이 단기 체재객을 위주로 운영되는데 비하여 장기 숙박 호텔은 장기 숙박객을 위주로 운영되기 때문에 경영 및 시설의 설비도 이에 맞추어져 있다. 장기숙박호텔은 다른 호텔과는 달리 객실 내에 주방시설들을 갖추고 있으므로 이에 따라 식음료 영업장 등은 비교적 소규모이며 객실판매를 위주로 한다. 장기 숙박호텔이 아파트먼트와의 차이는 호텔식의 메이드 서비스가 있으며, 또한 식사와 음료서

[그림 1-19] 장기숙박호텔

비스가 제공되는 식당을 갖추고 있는 것이다. 보통 최소 숙박계약기간은 15일이다. 국내에서 대표적인 장기숙박호텔은 그랜드힐튼 호텔과 쉐라톤워커힐의 타워이다. 최근에는 오피스텔형의 장기투숙 숙박시설도 성행하고 있어 호텔사업을 원용하기도 한다.

2) 단기체재호텔(Transient Hotel)

보통 대부분의 호텔은 단기체재호텔로서 단기로 호텔을 이용하는 고객을 주된 대상으로 영업하는 호텔이다. 단기체재호텔은 역이나 공항 근처에 입지하여 이곳을 이용하는 고객을 주 대상으로 하는 호텔과 시내 중심가에 위치하여 상용고객을 주 대상으로 하는 호텔로 구분할 수 있다.

6. 이용요금 지불방식에 의한 분류

1) 미국식 요금제도(American Plan)

이 제도는 호텔주변에 별다른 식당이 없던 시대에 호텔 중심적인 요금산정 방법을 고객에게 요구해 왔던 것으로 주로 미국 서부 개척시대에 활용되었던 요금제도이다. 아메리칸 프랜을 적용하는 호텔은 객실요금에 아침, 점심, 저녁 식사를 포함하여 계산하게 된다. 그러나 시대의 흐름에 따라 이 제도의 실효성이 없게 되자 아침식사와 점심식사 또는 저녁식사를 포함하는 변형된 요금제도가 만들어져 수정 미국식 요금제도(Modified American Plan)를 적용하기도 한다.

2) 유럽식 요금제도(European Plan)

대부분의 호텔들이 적용하는 요금제도이며, 객실요금과 그 밖의 식음요금, 부대시설요금을 구분하여 별도로 적용하는 요금제도이다.

고객은 식사를 포함하는 요금을 강요받지 않으며 식성과 취향에 맞는 식사를 호텔 내부나 외부에서 자유롭게 할 수 있다. 뿐만 아니라 경비도 절감할 수 있고, 고객의 입장에서는 가장 선호하는 요금제도이다.

3) 대륙식 요금제도(Continental Plan)

이 제도는 주로 유럽지역의 호텔들이 적용하는 요금제도로서 객실요금에 아침식사를 포함하여 계산하는 요금제도이다. 객실에 투숙하고 아침에 외부의 마땅한 식당을 찾기에는 심리적, 시간적 여유가 없을 수 있는데, 이 때 상대적으로 저렴한 조식을 제공받을 수 있어 활용하기에 편리하다. 미국식 요금제도에서 조식이 계산에 포함되는 것과는 다르게 빵과 토스트, 주스, 커피나 홍차 등 보다 간편한 식사가 제공된다. 우리나라에도 특급호텔들이 귀빈층을 중심으로 대륙형 조식(Continental Breakfast)을 제공하는데 이 제도의 확대된 개념으로 볼 수 있다.

그 밖에 미국식 요금제도, 유럽식 요금제도를 고객의 요청에 의해 제공해 주는 것을 혼합식 요금제도(Dual Plan, Burmuda Plan)라고 한다.

7. 불려지는 명칭에 따른 분류

1) 호텔(Hotel)

여러 등급의 숙박시설의 명칭 중 제공되는 서비스, 시설, 규모, 경영형태, 국제화 등의 측면에서 상층부에 있는 것을 호텔이라고 할 수 있다. 미국의 경우 시설이 나쁘고 서비스가 형편없는 곳에서도 호텔이라는 명칭을 쓰는 곳도 있으나 대부분은 시설과 서비스가 다른 곳 보다 우월하고 가격도 비싼 곳을 호텔이라는 명칭을 사용하고 있다. 국내에서는 호텔이라는 명칭사용은 법적인 기준을 충족시키고, 관련기관에 등록하여야 사용할 수 있다.

2) 모텔(Motel)과 모터호텔(Motor Hotel)

모텔은 자동차 여행객이 편리하게 사용할 수 있도록 설계되어진 숙박시설로서 가

[그림 1-20] 모터호텔

격이 저렴하며, 주로 고속도로 주위에 위치하고 규모 면에서는 50실 내외이다. 규모가 크고 시설과 서비스가 좋은 모텔을 모터 호텔이라고 하나 그 범주는 정확치가 않다.

3) 인(Inn)

[그림 1-21] 여관

인(inn)은 현대적 의미의 호텔이 등장하기 이전에 나타난 초기적 숙박시설을 말한다. 따라서 오늘날 호텔에서 제공하는 시설보다 간결한 내용의 숙박시설로 저가의 숙박시설이다.

4) 유스호스텔(Youth Hostel)

[그림 1-22] 유스호스텔

유스호스텔은 대량관광(Mass Tourism)의 일환으로 발전한 청소년 여행, 즉 유스 트래블(youth travel)과 직결되어 성장을 보여주고 있는 젊은이를 위한 숙소를 말한다. 호텔이나 다른 숙박시설이 영리를 목적으로 하는데 비하여 유스호스텔은 경제력이 부족한 청소년들이 여행을 통하여 심신의 단련을 도모하며, 나아가서는 여행 중 단체생활을 익힘으로써 봉사와 우애의 정신, 그리고 국토보호의 정신을 함량케 하며 학교교육의 재확인을 기대할 수 있는 성과를 위하여 마련된 공공적 성격이 강한 숙박시설이다. 유럽에서 크게 발달되어 왔으며, 세계적으로 확산되어 가고 있다. 우리나라에는 서울에 올림픽파크텔, 부산에 아르피나 등이 있다.

5) 보텔과 크루즈(Boatel & Cruise)

보텔(boatel)은 시텔(seatel), 리버텔(rivertel), 플로텔(floatel) 등과 같이 수면 위에 있는 모든 숙박시설을 총칭하는 것으로 주로 폐선이 된 호화유람선을 개조하여 보텔로 사용하고 있다. 뿐만 아니라 타이타닉과 같은 호화유람선(cruise)도 보텔로 분류된다.

[그림 1-23] 보텔(크루즈)

6) 펜션(Pension)

[그림 1-24] 펜션

펜션은 유럽에서 발전된 전형적인 하숙집 숙박시설이다. 비교적 소규모의 객실을 가지고 있으며 제한된 서비스를 하는 곳으로 숙박비가 저렴하다. 단기 체재객보다는 장기 체재객에게 할인요금의 혜택을 주며 요금제도도 1박에 3식을 포함하는 풀 펜션(full pension)과 1박 2식을 포함한 세미펜션(semi pension) 등이 있다. 우리나라는 2000년대 가족관광의 붐을 타고 제주도와 남해안에 대규모의 펜션마을이 조성되어 있으며, 주로 가족여행객이나 학생 연수 고객들을 대상으로 영업활동을 하고 있다.

7) 롯지(Lodge)

[그림 1-25] 롯지

롯지는 펜션과 큰 차이는 없으나 그 명칭이 풍기듯 독특하고 아름다운 이미지를 갖는 전형적인 프랑스의 시골 숙박시설이다. 국가의 보호와 지도 아래 프랑스 관광사업의 진흥을 위하여 지원을 받고 있는 시설로서 보통 30~50개의 객실을 보유하고 있다. 미국에도 이러한 명칭을 사용하는 많은 중저가 숙박시설이 있다.

8) 캡슐호텔(Capsule Hotel)

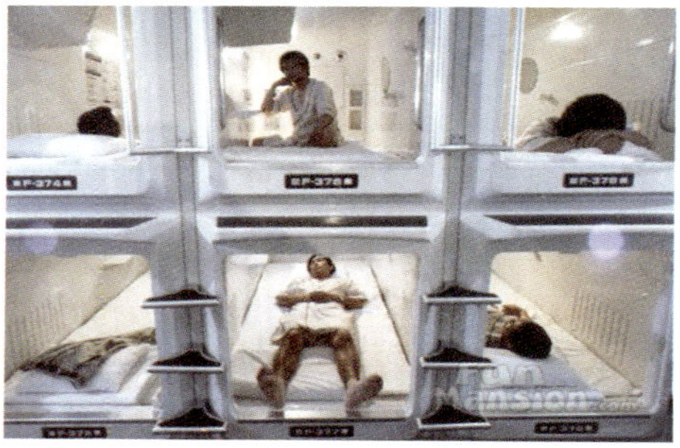
[그림 1-26] 캡슐호텔

1990년대 초반부터 일본의 도심을 중심으로 발전한 호텔의 형태이며, 좁은 객실공간에 침대, 샤워실, 화장실, TV 등 아주 기본적인 시설만 갖춰진 작은 객실이다. 주로 출장, 장거리 여행 시 잠시 체류하는 도심호텔이라고 할 수 있다.

8. 경영 및 자본형태에 따른 분류

1) 독립경영호텔(Independent Hotel)

소유주가 호텔에 직접 투자하여 경영하는 방식이다. 체인호텔에 비하여 의사결정이나 경영정책에 대하여 간섭이나 규제를 받지 않아 비교적 자유로운 경영을 하는 호텔 경영 방식이나 경영 노하우의 부족이나 다른 체인호텔의 이점을 누리지 못할 경우 경영상의 위험이 체인 호텔보다는 높다고 하겠다.

2) 체인호텔(Chain Hotel)

단독호텔이 독자적인 경영을 통해 성장의 한계성을 나타낼 때 여러 호텔을 엮어 체인화하므로 규모의 경제를 실현할 수 있게 된다. 20세기에 접어들면서 세계적인 호텔들이 체인화를 모색하고 고객수요에 따른 다양한 브랜드를 개발하여 체인화를 발전시켜 왔다. 모(母)회사 역할을 하는 체인본부는 전문인력 활용, 공동마케팅 활동, 대량의 예약망 활용, 공동구매 및 배송, 공동투자 등을 앞세워 브랜드를 키워가고 있으며, 상호, 건축양식, 실내장식, 로고와 색상, 서비스의 표준화로 보다 체계적이고 전략적으로 시장을 확대해 가고 있다.

① 본사직영호텔(Chain-Owned Hotel)

체인본사가 직접 투자하여 경영하는 호텔로 체인의 명성에 걸맞는 규모의 호텔을 건립하여 운영한다. 보통 지역본부(regional headquarter) 역할을 하기도 하며 지역 체인호텔 종업원의 교육장소로 활용되기도 한다.

② 임차경영호텔(Leased Hotel)

토지 및 건물의 투자에 대한 자금 조달능력을 충분히 갖고 있지 않은 개인 또는 법인이 제3자의 호텔을 일정한 계약에 의하여 임차하여 운영하는 방식이다. 호텔의 임대인은 호텔 내 · 외부 시설뿐만 아니라 비품이나 가구 등에 대한 투자를 하고, 임차인은 이를 임차계약에 의한 일정한 임차료를 지불하고 경영하는 경우가 보통이고, 이때 임차료는 영업실적과는 관계없이 임대인에게 지불하는 경우와 영업실적에 따라 일정한 비율로 지불하는 경우, 그리고 앞의 두 가지를 혼합하여 지불하는 방식을 택하게 된다.

③ 위탁경영호텔(Management Contract Hotel)

경영관리기술을 제공하는 방식으로 일명 힐튼(Hilton)방식이라고도 부른다. 경영

노하우(Know-how)를 가지고 있는 호텔이 계약을 통해 다른 호텔을 경영하는 방식이다. 경영계약호텔은 가맹본부로부터 여러 가지 지원을 받는 것은 물론 가맹본부로부터 호텔의 총지배인을 비롯한 주요 전문가를 파견 받아, 이들이 직접 경영하는 방식으로 위탁경영에 따른 경영료(management fee)를 지불하는 것을 말한다. 경영위탁호텔은 프렌차이즈 호텔과 여러 가지 점에서 유사하나, 경영위탁호텔에서는 호텔의 총지배인을 포함하여 중요 스태프들을 본부에서 파견하여 직접 경영을 담당하는 반면에, 프랜차이즈 호텔에서는 총지배인을 포함하여 인력을 파견하는 경우는 없는 것이 차이점이다. 위탁경영호텔의 체인본부에서 지원받는 영역은 우수한 전문가의 파견, 공동마케팅활동, 공동구매와 배분, 체인호텔의 예약망 활용, 공동투자, 창업 준비 등으로 나열될 수 있다. 이러한 경영방식의 대상 호텔은 대규모이거나 고급호텔들이 주류를 이루고 있다.

④ 조인트 벤처(Joint Venture)

자본제휴를 통해 호텔을 설립하여 운영하는 것을 말한다. 보통 합작투자 호텔이라고 불리는 것으로, 이는 경영방식이기보다는 일정지분의 자본이 투자된 합작호텔을 말한다. 프랜차이즈나 경영위탁계약과 같은 호텔의 체재방식은 경영 노하우 등을 제공하기 위한 체인이라면 조인트 벤처는 자본을 투자하기 위한 체인이다. 대규모 체인호텔의 경영 노하우와 자본을 동시에 획득하는 경우도 있다. 우리나라에서는 Renaissance, Intercontinental, Sheraton, Hilton, Westin, Ritz Carlton, Marriott, Hyatt 등이 대표적인 브랜드이다.

⑤ 프랜차이즈 호텔(Franchise Hotel)

프랜차이즈(franchise)는 가맹점(franchisee)과 가맹본부(franchisor)간에 협약을 맺고 가맹자가 가맹본부로부터 상호, 경영 매뉴얼, 경영 노하우를 빌려 경영에 활용하는 방법이다. 호텔의 설립 시 입지선정부터 상표 대여, 교육 · 훈련, 판매, 선전, 마케팅과 시장조사 등 경영 전반적인 부문에 이르기까지 모든 면에서 지도와 자문을 하는 방식이다. 따라서 프랜차이즈 호텔이란 프랜차이즈 계약에 의해 운영되는 호텔로서 가맹점이 가맹본부에게 가맹점 가입료(initial fee)와 수수료(royalty)를 지급하는 호텔을 말한다. 이는 Holiday Inn과 Sheraton Chain에서 많은 발전을 본 제도이다.

⑥ 레퍼랄 그룹(Referral Group)

프랜차이즈나 경영계약에 의한 체인호텔이 증가함에 따라 단독경영 호텔(independent hotel)들은 경쟁에 위협을 느껴 다른 독립 경영호텔들과 상호협력 하에 공동선전, 판매전략 및 예약서비스 등의 획일화를 위한 조직, 즉 동업자결합에 의한 경영방식으로 운영되는 호텔을 말한다.

프랜차이즈나 위탁경영계약에 의한 호텔경영에 비하여 호텔의 소유자가 경영권에 대한 전권을 행사할 수 있어 중소규모 호텔들은 레퍼랄 그룹에 가입하게 된다. 레퍼랄 체인본부는 레퍼랄 조직에 가입한 회원사의 시설과 서비스의 수준을 일정하게 유지하기 위해 기준을 정하였으며, 이 기준에 적합한지를 정기적으로 점검을 하게 된다. 또한 선전·광고비를 공동 부담하게 되며 예약망을 서로 연결하여 체인호텔과 비슷한 효과를 추구한다. 그러나 프랜차이즈나 경영위탁계약에 의한 체인경영 보다는 체인의 결속력이 약하므로 브랜드를 중심으로 모여 있는 개별 호텔기업이라고 할 수 있다. 그렇지만 이들도 프랜차이즈 형태로 점점 발전되어 가고 있다.

세계적 레퍼랄 그룹들이 한국에도 진출하고 있으며, 베스트 웨스턴이 최초로 한국에 상륙하여 서울을 비롯하여 전국에 13개의 체인을 연결하고 있다. 또한 LHW(leading hotel of the world)는 고급스런 뷰티크 호텔(beautique hotel)의 대표주자이며, 우리나라는 호텔신라와 파라다이스 호텔이 가입하여 서비스 질적 제고를 이뤄가고 있다.

제3절 호텔기업의 특성

스타틀러 호텔그룹의 창시자인 스타틀러(E. M. Statler)는 '인생은 서비스이다'라는 슬로건으로 현대 호텔경영이 서비스지향성을 바탕으로 이뤄져야 함을 주장하고, 고객의 욕구와 요구에 부응함으로써 호텔기업의 발전을 도모하여야 함을 강조하였다. 호텔은 유형상품인 호화로운 시설상품과 무형상품인 인적서비스와 앞서가는 경영조직이 개발한 시스템으로 움직이게 되며, 이는 고객에게 제공되는 고객감동서비스와 객실, 식음료, 부대시설 등이 결합됨으로써 가치를 창출하게 된다. 호텔기업의 특성으로는 첫째, 인적 자원의 특성, 둘째, 물적 시설의 특성, 셋째, 시스템적 경영의 특성으로 나눠서 설명할 수 있다. 인적자원의 특성으로는 인적서비스에 대한 의존성, 가장 훌륭한 근무 조건, 연중무휴의 영업, 부서간의 협동이 매우 중요하며, 물적 시설의 특성은 최초투자의 고율성, 시설의 빠른 진부화, 공공장소적 기능 등이 있으며, 시스템적 경영의 특성으로는 경영자의 경영철학과 비전에 의해 호텔이미지 결정, 기계화의 한계성, 비전매성 상품의 경영, 상품공급의 비탄력성, 성장의 저하성, 고정경비의 과대지출, 환경영향의 민감성, 특이한 경영조직 등을 들 수 있다.

이와 같은 특성은 곧 특정호텔의 위치와 접근성, 부대시설의 다양성 및 고급성, 서비스의 차별성, 독특한 이미지, 고객의 지불능력 등에 따라 고객의 구성이 달라질 수 있다. 즉 이용하는 고객층과 그 호텔이 추구하는 서비스지향성이 호텔기업의 등급결정과 재무구조에 큰 영향을 미치게 된다.

1. 인력자원의 특성

1) 인적서비스에 대한 의존성

잘 훈련되고 교육받은 종업원에 의해 호텔상품이 생산되고 판매될 때, 고객으로부터 긍정적인 반응을 이끌어 낼 수 있다. 호텔종업원의 사기, 태도, 직무만족, 조직몰입은 호텔 이용객의 만족도와 직결되는 동시에 노동생산성의 제고는 경영효율에 크

"호텔은 단 한 가지 판매할 것이 있으니 그것은 서비스이다. 저질의 서비스를 판매하는 호텔은 하급 호텔이다. 좋은 서비스를 판매하는 호텔은 훌륭한 호텔이다. 스타틀러 호텔은 세계에서 가장 좋은 서비스를 고객에게 판매하고자 함이 곧 호텔의 궁극적 목표다."

– 스타틀러 호텔 서비스 규약

"A hotel has just one thing to sell. That one thing is service. The hotel that sells poor service is a poor hotel. The hotel that sells good service is a good hotel. It is the object of the HOTEL STATLER to sell its guest the very best service in the world."

– The Statler Hotel Service Code

게 영향을 미치게 된다. 따라서 인적서비스에 대한 호텔기업의 의존성은 매우 높을 수밖에 없다.

2) 가장 훌륭한 근무조건

호텔은 어느 기업들보다 근무자의 근무환경이 좋은 곳이다. 4계절이 뚜렷한 우리나라의 기후에서도 더위와 추위를 모를 정도로 항온, 항습이 잘 되어 있으며, 많은 예술작품이 비치되어 있고, 인테리어가 잘된 곳에서 고객과 함께 생활하게 됨은 또 하나의 특성이라고 하겠다.

3) 연중무휴의 영업

호텔기업은 하루 24시간, 1년 365일 휴업 없이 계속적으로 영업해야 하므로 야간수당, 휴일수당, 초과과업수당 등 인건비의 부담이 증가될 뿐만 아니라 종업원의 입장에서도 불규칙적인 교대근무, 주말근무, 공휴일근무 등 근무조건이 타 기업에 비해 불리하다. 물론 타 기업에 비해 생산기회가 높은 것은 하나의 장점이 될 수 있지만, 연중무휴에 의한 설비의 내구연수를 감안한 시설투자 등은 또 다른 단점으로 작용할 수 있다.

4) 부서간의 협동이 매우 중요

호텔기업은 마케팅, 객실, 식음, 부대시설 등 영업부문과 하우스키핑과 조리 등의 생산부문, 인사, 회계, 경리, 구매, 시설, 안전 등의 관리부문으로 구분되어 있지만 이 모두가 고객을 위해 존재하는 조직이므로 부서간의 협조를 매우 중요시하게 된다. 직원 상호간의 갈등과 비협조는 고객 서비스에 직·간접적인 영향을 미치게 된다.

2. 물적 시설의 특성

1) 최초투자의 고율성

호텔 건립 시 좋은 위치에 토지, 건물 등 부동산의 확보뿐만 아니라 기계기구, 비품, 집기 등 고정자산의 투자가 가장 높은 비중을 차지하며 최초투자가 70~85%에 달하고 있어 고정자산에 대한 의존도가 높다.

2) 시설의 빠른 진부화

호텔기업은 건물의 설계 및 규모와 각종 시설의 우열이 그 호텔의 가치 및 영업에 결정적인 영향을 주고, 호텔객실은 고객의 이용에 관계없이 시시각각 진부화되어 고객유치면에서 경제적 가치의 상실을 가져오게 된다. 따라서 일반적으로 호텔건물의 수익성이 가능한 시기는 20~30년 정도가 되며, 호텔건물의 내용연수는 40년 전후로 보고 있어 시설의 빠른 진부화가 이루어짐을 알 수 있다.

3) 공공장소적 기능

호텔은 숙박기능, 음식제공, 집회공간, 문화행사, 스포츠, 레저, 상업공간, 건강센터 등 단순한 개인생활공간뿐만이 아니라 지역사회의 정치, 경제, 사회, 문화, 예술, 커뮤니케이션공간으로 활용되는 공공장소의 역할을 수행하고 있다. 특히 특1등급호텔에서는 예식업이 허용되어 지역주민들의 만남의 공간으로도 활용되고 있다.

3. 시스템적 경영의 특성

1) 경영자의 철학과 비전에 의해 호텔이미지 결정

호텔은 서비스산업의 꽃이라고 한다. 경영자의 경영철학과 기업을 이끌어 가는 비전에 따라 매우 다른 결과를 낳게 된다. 고급스러운 시설, 고객지향적인 경영마인드, 이를 위한 제반시스템의 구축이 호텔의 이미지를 높이게 된다.

2) 기계화의 한계성

호텔상품은 고객과 종업원이 함께 참여하여 서비스를 생산하여 동시에 소비하는 특성을 가지고 있으며, 인적서비스를 기계가 대신할 수 있는 부분도 한계가 있어 인건비율이 일정부문 고정비의 성격으로 작용하게 된다.

3) 비전매성 상품

호텔상품은 소비자가 직접 현장에 와서 인적 · 물적 · 시스템적 서비스를 이용하거나 소비하지 않으면 안 된다. 또한 호텔객실의 경우 당일 판매하지 못하면 상품으로서의 가치를 상실하는 시간적 소멸성이 있다. 또한 일시적 수요가 있다고 호텔건물을 이동하여 영업에 임할 수도 없으므로 공간적 소멸성이 있다고 하겠다. 주력상품인 객실은 시간적, 공간적 제약을 많이 받는 비전매성 상품이다.

4) 상품공급의 비탄력성

일반상품은 수요가 증가하면 대량생산으로 수요와 공급의 균형을 유지할 수 있다. 하지만 호텔상품의 경우, 일시에 몰리는 객실의 수요는 추가생산이 불가능하고, 식당의 주문은 그 날 준비된 양만큼만 판매가 가능하며, 넘치는 주문(order)은 별도의 조치가 없는 한 수용을 할 수가 없다. 따라서 호텔은 예측시스템을 최대한 가동하여 객실점유율과 매출극대화를 동시에 달성하기 위해 효율적인 수익성관리(yield management)를 추진하여 기회손실을 줄이고 매출을 극대화하여야 할 것이다.

5) 성장의 저하성

호텔기업은 타 업종에 비해 대규모 자본을 필요로 하는 반면, 투하자본의 회수는 결국 매출에 의해서 회수될 수밖에 없으므로 그 액수는 소규모일 뿐만 아니라 더딜 수밖에 없으므로 타 산업에 비해 성장속도가 느리게 나타난다.

6) 고정경비의 과대지출

기업을 성공적으로 운영하려면 모든 지출을 억제해야 하는데, 호텔기업은 고정경비인 인건비, 수도광열비, 시설유지관리비, 감가상각비, 급식비, 세금 및 수선비, 체인본부 분담금(체인호텔의 경우) 등의 지출이 과다하여 운영에 압박을 받게 된다. 항시 손익분기점(break-even point) 이상의 수익성이 있다면 효율이 높을 수가 있지만, 대다수 호텔들은 매출이 일시적으로 크게 신장되지 않으므로 경비 억제로 경영내실을 다지고 있다.

7) 환경영향의 민감성

호텔경영은 타산업보다 정치 · 경제 · 사회의 변화에 민감한 영향을 받고, 국제통상, 외교 및 기술분야에서 호텔매출에 미치는 영향은 크다. 또한 성수기, 비수기 등 계절에 따라 매출의 기복이 심하고, 호텔의 입지는 물론 홍보 및 판촉활동 등에 의해 호텔기업의 성과도 크게 달라지게 된다. 따라서 환경에 적응력이 강하고 체질화된 경영조직으로 어려움을 극복해 나가는 효율적인 경영기법이 필요하게 된다.

8) 특이한 경영조직

호텔기업은 호텔에 대한 전문지식과 풍부한 경험을 가진 총지배인(호텔경영사, 호텔관리사)에 의해 운영되므로 국제적 감각과 지역감각에 뛰어난 전문인력의 양성이 무엇보다 중요하다고 하겠다. 따라서 호텔기업은 동원 가능한 모든 인적 · 물적 · 시스템적 자원을 바탕으로 고객에게 고품격 서비스를 제공하고 고객의 '원하는 바'를 예측하여, 이를 사전에 챙기며 고객의 소리를 경청하여 고객지향적인 마케팅활동을 실천해야만 시장 내에서 경쟁우위의 자리를 보장받게 된다. 따라서 각 부서장이나 임원의 업무들을 조화있게 꾸려가도록 조정하는 업무는 총지배인이 수행해야 하는 가장 중요한 업무인데, 이는 오케스트라의 지휘자가 맡은 임무와 같다고 볼 수 있다.

제2장 호텔경영의 역사와 미래

제1절 호텔의 기원

여행자들은 그들의 하루를 마무리하는 저녁에는 잠자리가 필요하게 된다. 이들이 여행하는 도로주변에 있는 가정집들은 이러한 역할을 할 수 있는 곳에 위치하였고, 숙박업이라는 상업시설을 태동시키는 모태역할을 수행하게 되었던 것이다. 숙박의 기원은 인류가 지상에서 생존을 영위하고 상호 왕래가 이루어지던 시기에서부터 그 유래를 찾아볼 수 있다. 조물주께서 인간을 만들 때 인간에게 발이 주어지면서 인간은 이동을 하도록 되었고, 인간의 이동행위는 생존을 위한 필수행위였으며, 이동에 의하여 인간은 삶을 영위하여 왔다. 이러한 인간의 이동은 인간의 본질적 욕구에서 행해지고 있었지만 시대의 흐름과 사회생활의 발전과 더불어 인간의 이동은 변화하여 그 목적, 범위, 행동양식 등에 따라 현저한 차이를 가져왔다.

인간은 여러 가지 목적을 위하여 이동을 하게 되고 본인의 정주지를 떠나서 인간의 기본적인 목적을 위한 이동행위(movement)가 여행이라는 사회행동의 현상으로 나타나게 되었다. 인간이 여행을 할 때는 "먹고 마시는 것(eating and drinking), 잠자는 것(lodging), 즐기는 것(enjoying)" 등 3가지 기본적이고 필수적인 요건이 있다. 이러한 이동의 여행행위에서 필요한 사항들이 숙박시설로 발전하였고 하나의 영업행위로서 인간에게 음식과 음료, 잠잘 곳과 휴식의 장소를 마련해 주는 숙박시설은 화폐의 유통시기와 함께 출연하였던 것이다.

미국 코넬대학의 래턴(G.W. Lattin) 교수는 호텔이 기업으로서의 출연을 B.C. 6세기경으로 추정하며 셀프서비스(self service) 형태의 숙박시설로 운영되었다고 주장하였다. 이 당시의 숙박시설은 현재 여인숙(inn)시설의 규모로서 청결하고 작은 규모로서 중세까지 운영되었다.

여행자들은 발달되지 못한 도로사정 속에 불량배들의 피해를 두려워했고 정보가 없는 불안한 상태에서 여행을 해야 했기 때문에 여인숙 시설을 유일한 피난처이자 휴식공간으로 이용하였다. 그러나 때로 악덕 여인숙 주인이 악당들과 결탁하여 여행자들을 괴롭히기도 하였다. 이러한 사례들로 오늘날 영국 등지에서 발달해 온 호텔법규(inn keeper's law)에서는 법률상의 권리와 함께 의무를 부과하므로 숙박업자들의 윤리성을 강조하였다.

그러나 오늘날 기업형태로서의 호텔로 발전하게 된 것은 18세기 후반 영국의 산업혁명(industrial revolution)에 의하여 인구가 공업도시로 집중하게 되고, 인구의 대량이동과 그에 따른 숙박시설의 발전도 이뤄지게 되었다. 산업혁명과 더불어 동력화한 대량이동의 교통수단 발달과 정비된 도로망의 형성으로 여행에 필요한 숙박시설이 기업형태로서 발전할 수 있는 기틀이 되었다. 1750년대에서 1820년대 사이에는 영국 등지에서 새로이 발전된 호텔기업 형태로 그 모습을 보였고, 세계에서 가장 좋은 명성을 얻는 기업 중에 호텔업도 포함되게 되었다. 특히 런던 지역에서 호텔업은 큰 각광을 받으며 숙박업으로서 객실을 중심으로 한 영업을 하면서 때로는 고객의 요청에 의하여 일부 연회서비스까지 제공하였다. 그러나 영국의 호텔업은 새로운 문화의 충돌을 일으키게 된 픽크위키안 시기(pickwickian period)를 통해 영국의 고유한 보수성에 영향을 받으면서 그 이상 발전하지 못하고 호텔기업의 발전과 성장의 맥을 미국에 넘기게 되었으며, 이는 오늘날 미국이 세계 호텔산업의 중심이 되는 계기가 되었다.

제2절 현대 호텔기업의 발전

산업혁명 이후 호텔의 발전과정은 유럽과 미주 두 대륙의 지역적 특성에 따라 다른 변화를 보이고 있다.

산업혁명에 의해 영국에서 근대호텔기업이 시작되기는 하였으나 미국에서는 신대륙 개척의 물결 속에 인구의 집중과 정보교환에 필요한 사교의 중심지로서 호텔기업은 융성한 발전을 가져와 현대 호텔산업의 기틀을 마련하였다. 이는 미국의 호텔업자들이 유럽에 비해 진취적이고 투기적이며 확장주의적 과감성을 보여 준 결과로 판단된다.

호텔기업의 특성면에서도 유럽 호텔들이 귀족적 차원에서의 화려하고 품격을 강조한 반면에 미국 호텔들은 모든 고객에게 평등하고 대중적인 취향의 운영 형태를 보여주고 있다. 이의 중요한 요인으로는 어느 지역보다 여행을 좋아하는 미국인의 생활습관 속에서 기인된 것으로서 현대 호텔산업의 발전을 주도한 중요한 요인이 되고 있다.

1. 유럽지역 호텔의 발전

1807년 독일의 온천지인 바덴바덴(Baden Baden)에 건립된 바디쉬 호프(Der Bardishe Hof)는 유럽 근대호텔의 새로운 면모로 등장하였다. 이 호텔은 초기의 청결하고 단순한 숙박시설인 여인숙(inn) 형태에서 벗어나 대단히 호화스러운 숙박시설로서 건물 구조도 크고, 대소의 응접실 · 발코니 · 오락실 · 독서실 · 식당 · 욕실이 딸린 침실 등이 조직적으로 잘 설비되어 있을 뿐 아니라 냉수와 온수의 공급이 원활하고 정원 등이 마련되어 있어서 근대호텔의 면모로 손색이 없을 정도였다.

이같은 의미에서 이 바디쉬 호프는 19세기 초엽에 여인숙에서 근대호텔로 발전하는 가교역할을 했으며 스위스를 비롯하여 유럽 여러 나라의 호텔산업에 크게 영향을 미쳤음에 비추어 볼 때 근대호텔 발전사에서 그 의미가 크다고 할 수 있겠다.

1874년에는 베를린에 '카이저 호프(Kaiser Hof)'가, 1876년에는 라인 강변의 프랑크푸르트에 '프랑크 퍼터 호프(Frank furter Hof)'가 건립되었다. 한편 독일에서는 이 시기에 유스호스텔(Youth Hostel)이 등장하였다. 1874년 독일의 동프러시아 태생의 리하르트 시르만(R. Shirman, 1839~1926)이라고 하는 35세의 초등학교 교사는 자신의 글 「젊은이의 여행 - 초등학교 호스텔」에서 밝힌 것처럼 건전한 청소년의 숙박시설로서 유스호스텔을 창시한 것이다.

당시 루루지방은 세계적으로 유명한 중공업지대로 환경이 대단히 오염되어 있어 그 지방 사람들은 아름다운 산과 전원을 찾게 되었다. 이 때 리하르트 시르만이 90명의 학생들을 인솔하고 알테나지방에서 300㎞나 되는 거리를 8일간에 걸쳐 여행을 하게 되었다. 그러나 여행도중 가장 심각한 문제는 숙박시설이었다. 그렇지만 어느 지방이든 방학 중에 초등학교는 비어 있는 것을 알 수 있었다. 교실에서 책상을 한 곳에 마주 붙여 놓으면 훌륭한 침대를 만들 수 있었으며 3개의 교실에 15개의 침대를 만들어 남·여학생의 숙박시설을 해결할 수 있었다. 사용한 교실은 학생 스스로 청소를 하고, 정돈을 하며, 학교 당국의 교사들이 숙박을 돕게 되어 청소년들의 관리능력과 탐구활동도 발전할 수 있는 훌륭한 숙박시설이 되었다. 그 후 1910년 리하르트 시르만은 자신이 근무하는 초등학교 '인데아데데'를 유스호스텔의 숙박시설로 사용한 것이 세계최초의 유스호스텔로 등장하게 되었다.

1914년에는 유스호스텔의 건립 붐이 전국적으로 일어나 무려 83개의 유스호스텔이 건립되자, 시르만은 유스호스텔협회를 결성하여 자신이 위원장이 되었다. 이 제도는 1925년 이후에는 유럽은 물론 미국에까지 확대되면서 세계적으로 청소년들을 위한 숙박시설로 발전하게 되었다.

한편 프랑스에서도 철도회사의 부대사업으로 철도역이나 터미널 근처에 간이 숙박시설들을 운영하기 시작하면서 독립된 회사조직으로 발전하게 되었다. 특히 근대호텔의 출현은 1850년 르 그랑 호텔(Le Grand Hotel)에 이어 나폴레옹 3세에 의해 건립된 거대한 루브르 호텔(Hotel Louvre)이 파리에 모습을 드러내었다. 이는 궁전형의 거대한 호텔로서 당시 상류층인 귀족들의 사교 중심지가 되었으며 1870년에 세계에서 가장 호화롭다고 하는 '호텔 그랑 나시오날(Hotel Grand National)'이 세워져 유럽 상류 사회의 인기를 독차지하였다. 이러한 상류사회의 호텔문화는 북미지역으로 흘러들어 미국의 뉴욕, 캐나다의 퀘백, 몬트리올, 토론토지역으로 이어지게 되었으며, 토론토의 카사로마궁전에는 그 당시의 고급스러웠던 호텔문화를 지금도 고스란히 간직하고 있다.

[그림 2-1] 1900년경 토론토 카사로마성의 호텔시설

이어 1880년 세자르 리츠(Ceasar Ritz, 1850~1918)는 고급스런 호텔서비스의 개념을 토대로 파리에 리츠 호텔(Ritz Hotel)을 개업하여 현대 호텔산업이 성장하는데 많은 공헌을 하였다. 그는 "고객은 항상 정당하다(Guest is always right)"는 슬로건으로 호텔은 고객에게 품격 높은 서비스를 제공하여야 함을 강력히 주장하므로 오늘날 호텔 경영자의 서비스철학과 이념을 확립한 장본인이기도 하다. 이 호텔은 규모의 경제를 목표로 체인호텔(chain hotel)을 결성하여 유럽지역에 18개의 'Ritz Carlton Hotels'을 보유하게 되었으며, 오늘날 체인호텔시스템의 효시가 되었다.

1912년 제1차 세계대전이 일어나기 전 뛰어난 관광지인 칸느(Cannes)에 루마니아 태생의 네그레스코(Henri Nehresco)가 네그레스코 호텔(Hotel Negresco)을 건설하여 칼튼 호텔(Hotel Carlton)과 더불어 특유의 개성을 보이는 휴양지 호텔(resort hotel)의 완성을 보여 주었다.

유럽 호텔의 유형은 그 발전과정에서 바디쉬 호프 풍의 휴양지 호텔 특성과 르 그랑 호텔 등과 같이 철도회사의 사업으로 발전한 전형적 도심지 호텔(downtown hotel)의 특성으로 크게 양분되어 오늘날의 휴양지 레저호텔과 도심 상용호텔로 구분되어 발전하게 되었다.

2. 미국 호텔의 발전

1) 최초 호텔의 출현 시기(1794~1829)

최초의 호텔이 미국에 건립된 것은 1794년에 뉴욕에 건립된 시티 호텔(City Hotel)이다. 이 호텔이 문을 열기 이전까지는 여인숙(inn) 형태로 1624년 건립된 30실의 킹스 암스(King's Arms)와 1700년에 건립된 비크맨 암스(Beekman Arms) 등이 여행자를 수용하는 숙박시설로 운영되었다. 시티 호텔은 73실의 객실을 보유하였으며, 당시 인구 30,000명의 뉴욕지역에서 사회적 사교 중심지로 그 기능을 다하였다. 이어 보스턴에 익스체인지 커피하우스(Exchange Coffee House), 발티모어에 시티 호텔(City Hotel), 필라델피아에 맨션하우스(Mansion House) 등이 때를 같이 하여 문을 열게 됨으로써 호텔은 그 지역의 공공적 회합장소로 그 기능을 수행하게 되었다. 그 이후 35년간에 걸쳐 위와 같은 숙박시설의 확장이 이루어졌다.

2) 근대호텔의 등장 시기(1829~1900)

1829년에는 보스턴에 근대호텔의 원조라 할 수 있는 호텔로 '트레몬트 하우스(Tremont House)'가 출현하였다. 미국 호텔산업의 원조라고 불려지는 객실 170실의 트레몬트 하우스가 종전과는 전혀 다른 경영 형태와 고가의 건축비로서 호텔 건축의 권위자인 아이세아 로저스(Isaiah Rogers)에 의해 건립되었으며, 이는 이후 50여 년간 유럽식 호텔 건축양식이 미국에 정착하는데 크게 영향을 미쳤다. 이 호텔은 그 규모나 비용 및 호화로움에서 그치지 않고 호텔 경영에 있어서도 단연 근대호텔산업의 한 전기를 마련하였음을 주목할 일이다.

종전의 전통적인 여인숙(inn) 형태의 숙박시설은 한 방에 큰 침대를 여러 개 놓고 최소한 2명 이상의 고객이 투숙해야 채산이 맞는다고 생각하였다. 그러나 이 호텔은 경영방식을 바꾸어 오늘날 호텔객실처럼 고객의 충분한 개인 공간(private space)의 특성을 실현한 것으로 개인 전용의 열쇠가 부착된 1인용 객실(single room)과 2인용 객실(double room)을 마련한 최초의 호텔로 다음과 같은 경영기법을 창안하였다.

① 모든 객실에 물주전자를 비치하여 음용할 수 있게 하였다.
② 세면용 용기와 비누를 제공하여 고객에게 안락함을 제공하였다.
③ 객실에 조간신문을 무료로 제공하였다.
④ 고객을 정중하게 접대할 수 있도록 종업원을 교육시키고, 지배인에 의한 경영제도가 도입되어 자본과 경영의 분리를 시도하였다.
⑤ 벨 보이(bell boy)와 페이지 보이(page boy)를 연결할 수 있는 호출기(announciator)를 두어 초보적 객실전화 기능을 도입하였다.
⑥ 미국 호텔에서는 처음으로 잘 훈련된 서비스맨으로 하여금 최고급 프랑스 요리를 제공하게 하였다.

그러나 이 호텔도 65년 간 세계적인 호텔로 명성을 다해 왔지만, 마지막 20년 동안에는 다른 경쟁 호텔이 앞서가는 경영기술의 도입으로 인하여 이류로 전락하게 되었다.

1830~1850년경에는 미국 호텔업계의 서부지역 진출이 태평양 연안으로까지 뻗어 시카고의 그랜드 퍼시픽(Grand Pacific), 팔머 하우스(Palmer House), 셔먼 하우스(Sherman House), 세인트루이스에 플란트(the Planters), 샌프란시스코에 팔레스 호텔(Palace Hotel) 등의 출현을 보았다. 1860년대는 뉴욕의 왈도프 아스토리아호텔(The Waldorf-Astoria Hotel)이 당대 제일의 규모와 고급스러움을 자랑하면서 탄생하였고, 지금도 그 명성과 위용을 자랑하고 있다.

[그림 2-2] 뉴욕 왈도프 아스토리아호텔

[그림 2-3] 철도와 근대호텔의 발달

19세기 미국 호텔의 발전은 이 이상 새로운 개선점이 없을 것이라는 정도로 발전하였으나 부유층 전유물처럼 인식되어 지나친 소비와 호화로움으로 대중적 이용은 사실상 억제되었으며, 또한 시골역 주변 등지에서 발전을 보인 숙박시설마저 그 규모나 경영의 모순으로 실제로 호평을 받지 못하는 상태였다. 이러한 침체 현상은 새로운 형태의 20세기 호텔 출현을 촉진한 호기를 이루게 되었다.

3) 현대 상용호텔 등장 시기(1901~1950)

20세기에 접어들면서 여행객의 증가에 따라 상용객이 원하는 형태의 객실이 제공되게 되었다. 이에 따라 고객서비스에 대한 개념도 도입이 되면서 규모나 경영면에서 차츰 기업형태를 갖추게 되었다. 1900년에는 호텔들이 객실에 스팀히터, 가스버너, 전화기, 각 층에 옷장과 욕실, 로비에 당구장, 이용실 등을 설치하고 유니폼을 입은 종업원이 서비스를 하게 되었다. 1904년에 세워진 뉴욕의 세인트 레지스 호텔(St. Regis Hotel)은 각 객실에 냉온방 조절이 가능하도록 시설을 하여 호텔시설이 타 건물의 시설보다 우수함을 과시하였고, 1908년 1월 18일에 개업한 뉴욕의 버팔로 호텔(Buffalo Hotel, New York)은 300실 규모의 현대식 건물과 스타틀러 서비스코드를 앞세워 가장 좋은 서비스를 저렴한 가격에 제공한다는 호텔의 경영철학과 미션을 적극적으로 홍보하게 되었다. 이것은 호텔경영방법의 획기적 개선과 호텔에 위탁경영방식이 태동하는 계기가 되었다. 1910년 미국의 호텔업계는 1만개의 호텔이 1백만실의 호텔을 보유하고, 3만명의 종업원을 채용하는 거대한 규모의 산업으로 성장하게 되었다. 이 때부터 호텔마다 전기불을 밝히고, 전기를 이용하여 요리를 하는 현대화가 빠르게 다가왔다. 1920년대에 들어서면서 미국은 주류제조 및 판매에 관한 법률이 제정 · 공포되어 호텔은 숙박에만 전념할 수밖에 없었다. 그러나 국가적 건설의 붐과 고속도로 신설공사로 객실판매는 최고조에 이르러 연간 객실점유율이 85%에 달했으며, 전국에 수천 개의 호텔이 신축되는 호황기에 들게 되었다. 1922년에는 트리웨이사(The Treadway Company)가 미국에서 첫 번째로 지방대학이 경영하던 호텔을 위탁경영(management contract)하게 되었다. 1925년에는 캘리포니아 센 루이스 고속도로변에 최초로 모텔이 등장하게 되었다. 이때의 호텔객실 요금은 평균 2불50센트를 받았고, 모텔은 1불50센트 정도 받았던 것으로 기록에 남아있다. 1927년 보스턴의 호텔 스타틀러(The Hotel Statler)가 방송시스템을 설치하여 각 객실에 채널에 의한 라디오 청취가 가능하도록 고객서비스를 개선하였고, 1929년에는 오클랜드 공항에 오클랜드 공항호텔(Oakland Airport Hotel)이 공항호텔의 첫선을 보였다. 1930년에 접어들면서 대공황이 찾아와 대형호텔들이 금융기관의 재산관리 상태에 놓이게 되었다. 1933년 미국의 대공황으로 말미암아 객실점유율이 50%대로 곤두박질하고 평균 객실요금은 5달러 선에서 더 이상 올라갈 기미를 보이지 않았다. 호텔들은 줄을 이어 도산을 하였으나 앞서가는 서비스 마인드로 호텔을 경영했던 스타틀러 호텔만은 90%가 넘는 객실점유율을 올려 호텔경영의 신화를 남기게 되었다. 스타틀러는 이러한 외부 환경에도 불구하고 지속적인 투자로 1934년에는 디트로이트 스타틀러 호텔(The Hotel Statler Detroit)을 신축하고 중앙공급식 냉방시스템을 설치하였다. 1940년에는 호텔이 더 이상 성장할 수 없어 객실점유율은 1930대와 같은 수준인 평균 64%였지만 객실가격은 계속 하락하여 3불20센트 정도에 그쳤다. 1945년에는 드디어 호텔업들이 자본을 개방하여 쉐라톤 호텔을 필두로 뉴욕증권시장에 상장을 하게 되어 또 다른 성장의 기회를 갖게 되었다. 1946년 웨스틴 호텔(Westin Hotels and Resorts)이 고객들에게 호텔 신용카드를 발급하여 호텔의 단골고객 확보를 위한 프로그램을 시작하였으며, 플라밍고 카지노 호텔(The Flamingo Casino Hotel)이 라스베이거스에 등장하

[그림 2-4] 플라밍고 카지노 호텔

였다. 1947년 웨스틴 호텔이 업계 최초로 중앙예약시스템(Central Reservation System)을 가동하여 체인호텔의 마케팅 활동에 적극적으로 대처하기 시작하였다. 이즈음에 뉴욕의 루즈벨트 호텔(Roosevelt Hotel)은 호텔 최초로 전 객실에 TV를 설치하게 되어 호텔의 하드웨어를 강화하였고, 1949년에는 힐튼 호텔이 프에리도리코(Puerto Rico) 정부와 합자투자로 카리브 힐튼(Caribe Hilton)에 호텔을 신축하여 운영을 맡으므로 국제적 체인화를 구축하기에 이르렀다. 이러한 기반에서 호텔들은 대형화, 시스템화, 체인화 되면서 1950년대 고도성장의 토대를 마련하게 되었다.

4) 호텔의 서비스제도 도입 시기(1951~1980)

1950년대 초와 1980년대 말을 비교하면 미국의 호텔 객실요금은 6달러에서 45달러로 8배가량 성장하였다. 이 시기는 각 경영주체들이 경영이익 창출을 위한 각고의 노력을 경주했음을 볼 수 있다. 각 호텔체인들은 규모의 경제를 실현하기 위해 체인화를 보다 강화하고, 서비스 품질 강화를 위한 부문별 서비스 매뉴얼을 개발하기에 이르렀다. 뿐만 아니라 고객지향적 마케팅 활동과 호텔의 대형화, 시스템화를 강화하게 되었다. 1951년 힐튼 호텔은 체인호텔로서는 처음으로 체인호텔의 전 객실에 TV를 설치했으며, 1951년 1월에는 케몬 윌슨(Kemmons Wilson)의 야심작인 'Holiday Inn'이 테네시 멤피스(Memphis, Tennessee)에 개업하게 되었다. 1954년에는 하워드 존슨(Howard Dearing Johnson)이 모텔 프랜차이즈를 조지아 사바나(Savannah, Georgia)에서 시작하였고, 콘라드 힐튼이 1억 11백달러에 스타틀러 호텔 체인의 16개 호텔을 인수함으로써 호텔 역사상 가장 큰 부동산 소유이전이 이루어졌다. 1957년 메리엇(J. W. Marriott)이 버지니아 알링턴에 'The Twin Bridge Marriott Motor Hotel'을 개관하였다. 하이얏의 소유주인 플릿커(Jay Pritzker)는 로스엔젤리스 공항호텔인 'The Hyatt House'를 인수하여 호텔사업에 뛰어들었다. 1950년에는 호텔의 경기가 회복되고 객실가격이 급속히 증가되면서 각 호텔체인들이 속속 출현함과 동시에 고객서비스 개선에 치중하였다. 각 호텔들은 객실에 커피포트를 설치하기 시작하였으며, 쉐라톤 호텔은 자동화예약시스템을 수신자 부담전화(toll-free phone)로 제공하게 되었다. 힐튼은 객실에서 교환원을 거치지 않고 외부로 전화를 할 수 있는 직통전화(direct dial telephone)서비스를 제공하기 시작하였다.

1960년대에 접어들어 객실가격이 10달러 시대가 도래되면서 객실에 미니바가 등장하고, 장애인을 위한 휠체어 출입이 가능한 객실을 설치하였으며, 얼음공급기(ice vending machine)가 선보여지는가 하면 각 호텔에 식당가가 만들어졌다. 1967년에 'The Atlanta Hyatt Regency Hotel'이 21층 아트리움형으로 지어져 호텔 건축양식의 일대전환기가 오게 되었다. 1969년에는 웨스틴 호텔 체인이 24시간 룸서비스제도를 채택하여 시행하므로 각 호텔체인들의 고객서비스에 영향을 미치게 되었다. 1970년 초기에 힐튼은 호텔업계 최초로 그룹단독으로 10억불 매출을 기록하여 미국 호텔업계 전체 매출의 13%를 차지하므로 힐튼의 경영능력을 인정받게 되었다. 1973년에는 'The Sheraton Anaheim'이 객실에서 무료영화를 제공하기 시작하였다. 1974년에는 에너지 대란이 일어나 각 호텔들이 제한적 전기공급에 시달리게 된 경우도 있었다. 1975년부터 호텔고객의 서비스차별화 전략이 등장하기 시작하면서 포시즌 호텔이 객실편의품(in-room amenities)을 개발하여 객실과 욕실에 제공하고, 하이얏은 귀빈(VIP : very important person)을 위한 컨시에이지 클럽(concierge club)을, 세실 데이 호텔은 노년층 프로그램(seniors program)을 개발하여 이행하므로 고객서비스 시대를 열어가게 되었다.

5) 고객지향적 서비스 제공 시기(1981~1995)

1980년대 들어서 미국의 호텔기업들이 서비스의 차별화를 통해 제대로 된 객실가격을 받고자 많은 노력을 한 시기로 기록되고 있다. 또한 각 체인 본부는 고객서비스 프로그램을 개발하기 위해 별도의 자문조직을 구성하여 서비스표준을 개발하고, 꾸준한 고객서비스 개선을 위해 노력하게 되었다. 1983년 웨스틴 호텔체인은 최초로 주요 크레디드 카드로 호텔의 대금을 결재할 수 있도록 아메리칸 익스프레스 카드회사와 제휴 프로그램을 내놓았고, 객실 출입문 시스템인 'Vingcard System'을 도입하여 고객안전에 만전을 기한 호텔로 기록되고 있다. 1980년에는 홀리데이인이 중앙집중식 여행수수료 제도를 이행하여 고객의 여행편의와 원스탑 서비스를 제공하였고, 초이스 호텔체인은 시장세분화(market segmentation)를 소개하고, 금연실(non-smoking room)제도를 시행하게 되었다. 1986년에는 'Teleday Corporation'이 호텔객실전용전화기 공급을 각 호텔체인에 권고하여 보다 편리한 전화기가 호텔의 객실에 공급되게 되었다. 1988년에는 메리엇과 홀리데이인 체인이 호텔식 아파트(Residence inn, Homewood Suites)에 대한 개념을 발표하고 사업에 착수하게 되었다. 1989년 하이얏 체인이 3~12세의 어린이 고객을 위한 어린이 프로그램(kids program)과 시카고의 하이얏 리젠시에 비즈니스센터를 설치하여 상용고객에게 또 다른 사무실을 제공하게 되었다. 햄턴인 체인은 고객만족 100% 보증제를 선포하고, 만족하지 않은 고객에게는 서비스 실패에 대한 보상제도를 실시하게 되었다.

1990년 플로리다 마이애미에 있는 특등급 컨벤션 호텔인 Loews Hotel이 이웃과 함께(good neighbor policy)를 발표하고 주변의 모든 구성원들과 함께 하는 프로그램을 시행하게 되었다. 대표적인 프로그램 중에 'South Beach Food and Wine Festival'의 본부호텔로서 세계 각지에서 모여드는 30,000여명의 참가객을 위한 다양한 프로그램도 제공하므로 지역발전에 크게 기여하고 있다. 1991년 웨스틴 호텔 체인은 전체 계열사에 음성녹음장치(voice mail system)을 도입하여 고객편의를 한층 더 증가 시켰다. 1993년 레디슨 호텔체인은 비즈니스룸(business rooms)의 개념을 발표하였다. 1994년 호텔업계 최초로 하이얏 호텔체인은 온라인에 의한 호텔예약과 홍보를 위한 'Travel/Web.com'을 개설하였다.

이처럼 1990년대 중반까지 미국호텔산업은 고도성장의 기초를 마련하였고, 고객지향적인 서비스 프로그램을 전사적 차원에서 개발하여 추진하므로 호텔서비스를 대폭 개선하는 시기가 되었다. 이러한 고객지향적 서비스 개선은 이익의 극대화를 가져와 객실평균요금의 50불 시대를 열었다.

[그림 2-5] 플로리다 마이애미 로이스호텔

6) 호텔의 체인 브랜드화 시기(1996~)

인터넷을 이용한 실시간 예약이 세계전역에서 이뤄지면서 많은 체인호텔들이 온라인 마케팅과 브랜드 이미지 제고에 전략을 치중하였다. 세계적 체인호텔의 본부가 미국에 치중되어 있고, 대부분의 호텔들은 다양한 형태의 체인에 가입하여 결속을 다지며 브랜드 가치에 편승하고 있다. 체인본부는 브랜드 이미지 확장을 위해 안간 힘을 쓰면서 내부적으로는 객실수익률관리(yield management)에 의한 실시간 예약 및 마케팅 활동으로 호텔 서비스상품 제값 받기를 이행하였다.

체인의 브랜드화를 가속화하는 틈새를 이용하여 레퍼럴 그룹이 결속을 다지면서 프랜차이즈와 비슷한 형태로 지속적인 발전을 거듭하고 있다. 1946년 거틴(M.K Guertin)에 의해 미국 켈리포니아에서 창설된 레퍼럴 그룹의 선두주자 베스트 웨스턴 인터내셔널(Best Western International Inc.)의 2010년도 자료에 의하면, 세계 84개국에 4,850여개의 호텔이 가입되어 있고, 398,000여실의 객실을 880명의 예약 담당원들이 그들의 예약망인 Phoenix, Arizona, Milan과 이태리 로마와 필리핀 마닐라에 있는 예약사무소를 통해 '1일 1백만불 매출' 판매목표로 예약을 접수하고 있다. 이들은 프랜차이즈 체인본부와 같이 항공사와 파트너십으로 마일리지를 제공하고, VIP 프로그램(Gold Crown Club International, Spead Rewards, Best Western Travel Card, Best Western Premier Card)을 운영하기도 한다. 이 체인은 2010년도 상반기 미국에 2,600개를 비롯하여 유럽지역에도 대대적으로 진출하고 있으며, 우리나라에도 최근 수년간에 12개의 호텔이 이 레퍼럴그룹에 참여하므로 베스트웨스턴의 브랜드를 활용하고 호텔기업을 발전시켜 나가고 있다.

21세기에 접어들면서 미국경기가 회복되고 관광산업이 활성화되면서 객실 4백만실이 넘는 규모, 호텔 42,000여개나 되는 미국 호텔시장은 나날이 만실(full house)을 위해 노력하고 있으며, 특히 2010년에는 미국의 호텔역사상 가장 호황기에 접어들어 일부 특등급 호텔들은 90%가 넘는 높은 객실점유율과 310달러를 상회하는 일일 평균요금을 받고 객실을 판매하고 있다.

3. 우리나라 호텔산업의 발전

1) 최초 서양식 호텔의 출현 시기(1888~1910)

우리나라는 지형적인 특성으로 중국과 일본을 대상으로 관리들과 학자들의 내왕이 있어 왔다. 신라시대는 역관(驛館)이 설치되어 지방을 순회하는 관리들에게 숙식을 제공하였고, 고려시대는 점역제(岾驛制)가 발달하여 공설 주막(酒幕), 원(院) 등도 개설되었다는 기록이 있다. 조선시대에는 역(驛), 원(院) 등의 제도가 지속되었고, 민간인을 위한 주막(酒幕)이 활성화 되었다.

우리나라 근대호텔의 발전은 유럽이나 미국과 궤를 같이 한다고 볼 수 있다. 19세기말 서양의 문물이 유입되면서 호텔경영분야도 자연스럽게 함께 도입되었다. 유럽에서 세자르 릿츠(Ceasar Ritz)가 릿츠 호텔을 개관하여 명성을 떨칠 즈음, 우리나라에서는 1888년에 일본인 호루 로쿠다로에 의해 최초로 인천 서린동에 '대불호텔'이 건립되어 서구식 호텔의 효시를 보였다. 이 호텔은 벽돌 3층의 양식 건물로 11개의 침대를 갖춘 객실을 보유하였고, 당시 개항된 인천항을 드나들던 일본인과 미국인을 비롯한 서양인을 대상으로 영업을 하게 되였다. 그 후 1900년 독일인 손탁(Sontag)에 의해 현재의 서울 정동 이화여중 자리에 서양식 호텔인 '손탁호텔'이 건립되었다. 손탁은 러시아 공사인 봐버(Waber)의 처형으로 프랑스인 혈통이면서 독일국적을 가졌었고, 활동무대는 제정 러시아였다. 그녀는 우리나라 양반사회에 서양 식기류와 양식가정 장식류를 선보여 상류사회에 널리 알려지게 되었고, 이러한 인연으로 고종황제와 명성황후에게 서양식 생활문화를 전달하는 기회도 갖게 되었다. 서양의 예절을 전수하는 과정에서 고종황제의 신임도 얻게 되었다. 한국어 · 불어 · 영어 · 러시아어에 능통한 손탁은 고종황제에게서 정동 29번지에 있는 왕실 소유의 대지 184평, 한옥 한 채를 하사받아 그 자리에 2층의 양옥을 지어 위층은 왕실의 귀빈을 모시는 객실, 아래층은 보통 객실과 식당, 회의장, 그리고 손탁 자신이 거처하는 숙소로 쓰도록 설계하였다. 이 호텔에서는 정통 서양식 요리를 선보이고, 서양식 연회를 베풀어 한 때 이곳은 우리나라 외교 및 사교의 중심지가 되었으나 1908년 손탁이 우리나라를 떠나면서 이 호텔도 문을 닫게 되었다.

2) 철도호텔 성업 시기(1911~1960)

우리나라 호텔업이 생성된 시초의 동기는 철도교통발달에 따른 관사의 건축으로부터 유래된 것이다. 우리나라 최초의 철도부설은 1899년 4월 19일에 개통된 경인선이다. 그 다음은 경부선이 1905년 1월 1일에, 경의선이 1906년에 1월에 각각 개통하게 되었고, 1912년 9월 경부선 복선철도가 개통되었다. 부산에서 신의주까지 남북 종단철도의 개통은 그 당시에 있어서 교통·지리에 큰 변화를 가져 왔으며, 우리나라의 경제구조가 원시적인 지방적 자급자족 상태에서 탈피하여 지역 간 상거래와 유통을 원활하게 하는 시장개척의 시대로 탈바꿈하게 되었다.

따라서 교통의 중심지인 도시에는 인구가 집중되는 새로운 경향이 날로 증대하게 되었으며, 또한 일본이 승리한 노일전쟁의 여파로 일본인의 이주가 급격히 증가하는 사회현상으로 자연스럽게 숙박시설에 관심을 가지게 되었다. 이와 같은 환경에서 주요지역 철도역에 역사를 건축하면서 서구적 숙박시설인 호텔이 함께 개업을 하게 되었다. 그러나 실제 우리나라 호텔산업의 발전은 1912년 7월 15일 부산 철도호텔과 1912년 8월 15일 신의주 철도호텔의 건립에서 비롯되었다고 볼 수 있다. 보다 구체적으로 말하면 1908년 일본이 중국 대륙을 침략하기 위해 한반도를 그 교두보로 삼고 남북을 관통하는 철도를 부설하였고, 이의 부대사업으로 철도 이용객의 편의를 위해 처음으로 철도호텔로서 서양식 숙박시설을 도입한데서 호텔 발전의 기틀이 마련되었다. 이는 세계적 현상으로 유럽이나 미국의 초기적 숙박시설의 출연과 마찬가지로 숙박시설이 철도사업의 일환으로 추진되었다는 것은 흥미 있는 일이다. 어느 면에서는 이 숙박시설이 여행객과 불가분의 관계를 맺고 있어 그 당시 여행객을 운송하는 대표적 수송수단이 철도였음을 상기한다면 이해될 수 있다.

부산 철도호텔의 전신인 부산역 역사(驛舍)는 1910년 10월에 준공되었는데 벽돌 2층 건물로 연건평 689평, 천연 슬레이트 지붕으로 아래층은 부산역, 윗층은 호텔로 사용하였으며 당시의 한국철도건물 중 가장 규모가 큰 건물이었다. 그리고 신의주역사는 1911년 10월 공사비 9만원으로 건축된 역사 및 호텔건물로서 적벽돌 3층 건물에 1층은 신의주역, 2층은 양식호텔시설이었다. 이는 당시의 부산역 다음 가는 규모의 건물이었다. 이 두 건물은 모두 역사를 겸한 호텔로서 부산 철도호텔과 신의주

철도호텔로 1912년에 각각 개관하였다. 부산 철도호텔은 1953년 11월 부산진 일대의 대화재로 소실되었고, 1915년에 금강산에 금강산 호텔, 내금강 장안사 호텔이 건설되었으나 이는 일본식 신식여관에 불과한 것이었다.

[그림 2-6] 구 조선호텔

한국 최초의 근대식 호텔로서 1914년 조선호텔이 독일인 건축가 게오텔란드(Geo-theland)에 의해 설계되어 그 우아하고 전형적인 구라파 풍의 숙박시설의 면모를 갖추었다. 연회, 유흥시설을 갖추었고 우아한 로비는 근대 우리나라 호텔업계의 가장 전형적인 풍모를 자랑하였던 것이다. 이 호텔은 4층 건물로서 65개의 객실을 보유하고 우아하고 고급스런 호텔로서 우리나라에 왔던 서양인들의 생활과 비즈니스 근거지로 활용되어오던 중 1967년에 헐리게 되었고, 그 자리에 현 웨스틴조선호텔이 한국관광공사와 아메리카나 에어라인이 공동 투자하여 최신식 호텔의 면모와 현대적 경영체계로 1970년 3월에 개관하였다. 이 호텔은 지하 2층, 지상 19층의 객실 499실을 보유하게 되었으며, 수용인원 1,000여 명의 그랜드 볼륨, 다양한 식당, 국제회의시설, 헬스 및 사우나 등 부대시설을 갖춘 우리나라 현대적 도심 상업호텔의 대표로 불려지며 최고(最古)의 호텔로 기네스북에도 올라있다.

[그림 2-7] 서울 웨스틴조선호텔 전경

1936년 반도호텔이 9층 건물, 객실 111실 규모로 조선호텔 옆 소공동 1번지에 등장하였다. 이 호텔은 미국 스타틀러 호텔의 건축양식과 운영체계를 도입한 당시 한국 최대 규모로 대지 1,544평, 연건평 6,164평으로 숙박인원을 150명이나 수용할 수 있는 미국식 호텔이었다. 이것은 흥남 질소비료공장을 경영하였던 일본인 노구치에 의해 세워진 건물로, 1960년대 상반기까지 가장 대표적인 서울의 숙박시설로서 그 명성을

[그림 2-8] 구 반도호텔

유지하였으나 1970년대 중기에 롯데호텔의 신축공사로 헐리게 되었다.

일본의 식민지 기간 중 위에 언급한 대표적 숙박시설 이외에 1930년대 일본의 소위 문화정책 유산으로 한반도 곳곳에 초기적 관광붐을 가져와 경승지 및 온천장들에 유원지를 만들고 철도회사의 경영에 의한 몇 개소의 숙박시설이 동시에 개관하기도 하였다. 1957년 온양호텔이 구미식과 한국식을 겸한 3층 건물로 객실 65개와 대정원을 갖추고 개관하였고, 1950년대 초 동래철도호텔과 불국사철도호텔, 설악산철도호텔이 세워졌다.

제2차 세계대전이 끝나고 우리나라도 새로이 국제적 관광동향에 겨우 관심을 가질 무렵 민족적 수난을 겪게 되었다. 그나마 몇 개 뿐인 숙박시설마저 전쟁 수행에 동원되어 가장 불행한 수난기를 맞아야 했다. 전쟁이 끝나고 새로이 질서와 번영을 지향하는 관점에서 1958~1960년 국제관광사업 진흥책의 일환으로 지방 관광호텔을 신축 내지 개축하여 우리나라 호텔산업의 또 다른 발전의 계기를 마련하였다. 해운대 · 불국사 · 온양 · 무등산 · 설악산 · 서귀포 · 대구관광 호텔 등이 모두 이 무렵에 정비되었던 것이다.

3) 공사(公社) 주도의 관광호텔 발전 시기(1961~1975)

우리나라의 호텔사업이 본 궤도에 오리게 된 것은 1961년에 관광사업진흥법이 제정 · 공포되고, 1962년 한국관광공사의 전신인 국제관광공사가 설립되면서 국가가 보유하였던 조선호텔, 반도호텔을 비롯한 전국의 철도호텔들의 경영권을 국제관광공사가 인수함으로써 민영화에 의한 발전의 계기를 마련하게 되었다. 이 때 불국사관광호텔, 설악산관광호텔, 온양관광호텔, 대구수성관광호텔, 서귀포관광호텔, 무등산관광호텔 등이 공사에 편입되어 현대적 호텔의 서비스개념이 적용되는 경영체제로 변모하게 되었다.

1965년 관광호텔 육성자금의 지원 및 조세감면 정책으로 전국적으로 당시의 규모로 보아 큰 호텔이었던 100실 이상 호텔들이 신축되기 시작하여 우리나라에서도 비로소 호텔산업의 진출이 이뤄지게 되었다. 서울의 명동을 중심으로 아스토리아, 사보이, 메트로, 엠버서더 호텔 등이 개업을 하게 되었다.

1963년 4월에는 워커힐 호텔이 대지 14만평, 지하 3층, 지상 17층의 본관건물에 객실 254개와 가야금 극장식당, 카지노, 나이트클럽, 쇼핑센터 등을 갖춘 리조트호텔로 출발하였으며, 국가경제개발 계획에 필요한 외화 벌이에 앞장서기도 하였다. 이 호텔은 정부의 호텔민영화 계획에 의해 1973년 선경그룹의 선경개발(주)이 인수하여 대대적인 증축과 시설확장을 하고 1978년 쉐라톤 체인호텔과 프랜차이즈 계약을 맺고, 상호를 쉐라톤 워커힐(Sheraton Walker Hill)로 바꾸었으며, 본관과 레지덴스 타워(Residence Tower)에 객실 623실과 컨벤션센터 및 각종 식당 · 연회장 · 나이트클럽 · 오락실 · 카지노 · 편의시설 등을 운영하고 있다.

1965년 한 · 일 국교정상화가 논의되고, 일본인이 우리나라에 입국을 하면서 호텔업계는 눈부신 발전의 바탕을 마련케 되었고, 이와 때를 같이 하여 뉴코리아호텔이 등장하게 되었다. 이후 제2차 경제개발 5개년 계획으로 나라의 경제가 빠르게 성장하면서 외자도입법이 정비되어 시행됨으로써 국내 여타산업의 붐과 함께 호텔산업도 외국자본에 의해 건설되게 되었다. 1966년에는 322실의 세종호텔이 세종대학교 산학실습호텔로 개관하였으며, 1970년대 초에는 조선호텔, 코리아나호텔이 각각 개관하여 우리나라 호텔의 대형화를 선도하였다. 한국관광공사는 1971년 경주 보문단지 개발에 착수하여 코모도호텔경주의 전신인 경주조선호텔, 경주콩코드호텔의 전신인 경주도큐호텔, 경주코오롱호텔, 경주힐튼호텔 등을 주도적으로 개관하였으며, 1978년 우리나라 관광객 100만 명 유치에 선도적 역할을 하였다. 이는 1979년 PATA 총회를 서울과 경주에 유치하는 계기가 되기도 하였다. 1980년에는 제주 중문단지 개발에 착수하여 신라, 롯데 등 대규모 호텔과 카지노를 건설하게 하고, 내외관광객을 대규모로 제주에 유치하므로 제주도를 관광의 도시로 만들었다. 그러나 호텔의 규모가 커지고, 호텔들의 국제적 감각과 체인화가 강화되면서 공사가 주도하던 호텔의 발전은 순수 민간인에게 돌아가게 되었다.

4) 호텔의 국제화, 체인화 시기(1976~)

1976년에는 서울시청 맞은편에 서울프라자호텔, 1978년에는 서울의 남산 기슭에 하얏트 리젠시 등의 매머드 호텔이 건설되어 우리나라 호텔이 대형화의 붐을 일으켰다. 유리의 성으로 불리어지는 서울 하얏트 리젠시는 1978년에 4월에 지하 2층, 지상 20층 규모에 602실의 객실로 개관하였으며, 지금은 세계 200여개의 하얏트호텔 앤드 리조트(Hyatt Hotels & Resorts)의 체인 중 고급 브랜드인 그랜드 하얏트호텔로서 서울의 대표적인 비즈니스호텔이다.

1978년 호텔의 국제화에 힘입어 부산에도 국제적인 체인호텔이 개업을 보게 되었다. 해운대 동백섬에 있는 부산웨스틴조선호텔은 미국의 아메리카나 항공사와 동양고속(주)이 경영위탁 및 합자투자로 설립된 최초의 지방에 소재한 국제적 체인 호텔이며, 그 후 웨스틴호텔 체인이 아메리카나항공사 계열 호텔분야를 인수하면서 웨스틴호텔 체인에 편입되었고, 1994년 4월부터 신세계그룹으로 주주회사가 바뀌어 서울 웨스틴조선호텔과 함께 운영되고 있다. 웨스틴조선비치와 같은 해인 1978년에 개업한 코모도호텔은 호주의 코모도호텔그룹과 경영위탁 및 합자투자로 개업하였으나 3년이 지난 1991년에 단독호텔로 전환하였다.

호텔신라는 1973년 국가소유이던 영빈관을 인수하여 1973년 3월 호텔사업부를 창설하고 1973년 5월 임피리얼호텔(주)을 설립하였다. 호텔신라는 호텔을 문화 공간적 기능과 전관이 하나의 예술품이라는 개념으로 건축이 되었고, 오랜 공사기간을 걸쳐 1979년 3월에 672실의 규모로 전관을 개관하게 되었다. 호텔신라는 1990년 7월에 호텔제주를 개관하면서 우리나라 노태우 대통령과 구소련연방의 고르바초프 대통령이 세기적 정상회담 장소로 제공됨으로써 개관 초기부터 세계적 매스컴의 주목을 받은 곳이기도 하다. 호텔신라는 삼성그룹의 일원으로서 서비스의 질 관리와 인재양성에 앞서고 있어 호텔리어들의 꿈을 실현해 주는 교육장의 역할도 이행하고 있다. 호텔신라는 관광사업의 역할뿐만 아니라 주요 세계기구의 총회, 월드컵의 본부호텔 및 국제행사의 장소로서 이용되어 민간외교 공간의 역할을 충실히 이행하였으며, 학술 · 문화 · 국제회의 등 각종 행사의 장으로서 사회 · 문화 · 예술부문의 발전에 기여하고 있다.

또한 우리나라 호텔은 1988년 서울올림픽을 계기로 서울 르네상스 호텔이 삼부토

건(주)와 메리어트 인터내셔널 호텔체인의 브랜드인 르네상스와 경영위탁계약에 의해 설립되어 1988년 7월 473실 규모로 개관을 보게 되었다. 스위스그랜드 호텔은 스위스 취리히에 본사를 둔 스위스호텔과 합자투자에 의해 설립된 호텔로 1988년 객실 511실로 개관하였으며, 2001년에 힐튼호텔 체인으로 경영계약을 옮겨 그랜드 힐튼으로 개명하였다. 이 호텔은 장기투숙객을 위한 아파트식 건물인 스위트 호텔(The Suite Hotel)을 4개동 운영하여 서울에 오는 외교관, 국제비즈니스맨, 국제적 대기업의 임원들에게 편안하고, 안전한 주거공간을 제공해 주고 있다. 서울 인터콘티넨탈호텔은 1989년 1월에 개관한 그랜드 인터콘티넨탈 서울 파르나스와 1999년 12월에 개관한 코엑스 인터콘티넨탈 서울이 있다. LG그룹 계열사인 한무개발(주) 소유로 전 세계 90개국에 2,700여개의 호텔을 거느린 세계적인 호텔체인 배스 호텔 앤 리조트(Bass Hotels and Resorts)가 경영위탁에 의해 운영되고 있다. 두 호텔은 하나의 전산시스템으로 연결되며, 코엑스몰 지하통로를 통해 이동도 가능하다. 두 호텔의 객실 수는 그랜드 535실, 코엑스 654실로 합해서 1,100여실이 되지만 객실점유율은 매우 높게 나타나고 있다. 인터콘티넨탈 서울은 개관 이래 서울올림픽, 세계장애인올림픽, PATA총회, 제78회 라이온스클럽세계대회, 아시아유럽정상회의 등의 각종 국제회의의 본부호텔로서 기여도가 컸으며, 2000년 10월에는 미국에서 열린 '배스 호텔 앤 리조트 세계 투자자회의'에서 전 세계 인터콘티넨탈 호텔 중 2000년 최고의 호텔로 선정되기도 하여 우리나라 호텔의 선진화를 보여준 표본이기도 하다.

또한 우리나라 최대(最大) 호텔인 롯데호텔은 지하 3층, 지상 38층, 옥탑의 건물로 총 객실 975실과 한식당 · 양식당 · 중식당 · 일식당 · 이태리식당 · 프랑스식당 · 커피숍 · 제과점 · 사우나 · 나이트클럽 등을 갖춘 매머드 국제호텔로서 위용을 자랑하고 있으며, 외국인들에게 각광을 받고 있는 것이다.

호텔롯데는 1979년 반도호텔과 국립도서관 부지를 인수하여 호텔을 건립하게 되었다. 본관은 지하3층, 지상 38층으로 건축되었으며, 신관 지하 5층, 지상 35층 객실 1,486실과 1,500명을 수용할 수 있는 국제회의장을 비롯한 연회장 15개와 각종 식당 및 영업장 26개소, 지하 아케이트 6,406평으로 구성되어 있다. 호텔롯데는 서울 잠실에 505실의 호텔롯데월드를 1989년 7월에 완공하면서 호텔과 쇼핑몰, 스포츠센터, 문화센터, 어드벤처, 매직아일랜드, 민속박물관 등 레저스포츠와 엔터테인먼트를 호텔

공간과 접목시키는 최초의 호텔이 되었다. 1993년 대전 유성에 300실 규모의 호텔롯데대덕, 1997년 부산에 808실의 호텔롯데부산, 2000년 500실 규모의 호텔롯데제주를 개관하였다. 2002년 2월에는 280실 규모의 호텔롯데울산을 개관하게 되었다. 호텔롯데는 일본관광객과 비즈니스고객을 가장 많이 유치하는 호텔로 유명하지만 2002 FIFA 월드컵 TM 공식호텔로 선정되었으며, 2002년 9월에는 외화획득 5억불 달성으로 관광진흥탑을 수상하기도 하였다. 2012년 호텔롯데는 중저가 비즈니스호텔사업에 본격적으로 뛰어들기 위해 별도의 조직을 구성하고 전국네트워크를 구축해나가고 있다.

우리나라 카지노 그룹인 파라다이스는 1987년 7월에 부산 해운대에 파라다이스호텔 본관 250실을 개관하고, 1999년 9월에 별관 278실을 개관하였다. 해운대 바다를 정면에서 볼 수 있는 위치 선정, 내부의 고급스런 인테리어, 객실내의 FF&E (furniture, fixture and equipment)와 주변의 조경은 다른 호텔에 비해 매우 돋보이는 것으로 알려져 있다. 파라다이스 그룹은 부산을 비롯하여 인천, 도고, 케냐에 각각 호텔을 보유하고 있으며, 'The Leading Hotels of the World'에도 가입되어 있어 고급스런 호텔의 품격을 잘 유지하고 있는 호텔로 정평을 얻고 있다고 하겠다.

JW메리어트호텔서울은 2000년 9월에 서울 강남터미널에 복합건물로서 호텔을 시도한 우리나라 최초의 복합건물 호텔로 개관하게 되었으며, 세계 70여개국, 2,800여개의 호텔망을 가진 메리어트 인터내셔널 호텔체인과 경영위탁계약을 맺어 호텔 운영에 들어가게 되었다. 또 다른 메리어트 호텔로서 부산 메리어트 호텔은 1988년 11월 16층 365개의 객실로 해운대 백사장 앞에 세워졌으며, 개관 당시 하얏트 리젠시호텔로 개업하였으나 모기업인 한일그룹이 매각하므로 새로운 주주회사와 메리어트 체인본부와의 경영위탁계약에 의해 메리어트 호텔에 합류하게 되었다. 또한 2006년에 와서 주주회사가 바뀌면서 호텔명도 ACCOR Hotels의 노보텔엠버서더(NOVOTEL AMBASSADOR BUSAN)로 개칭되었다.

1990년대 후반에는 세계적 체인호텔들이 우리나라 시장에 대대적으로 진입하게 되었는데, 1995년 2월에는 세계에 90여개의 체인호텔을 보유하면서 고급스런 호텔로 정평이 나 있는 리츠칼튼 체인이 서울에 상륙하게 되었다. 리츠칼튼은 유럽지역에서 고급스런 호텔의 발전에 크게 기여했던 호텔체인으로 종업원들에게 "여러분은 신사숙녀를 모시는 신사숙녀입니다(We are ladies and gentlemen serving ladies and gentlemen)"이라는 슬로건을 앞세워 종업원 교육에 시간과 자원을 많이 투입하는 호텔로 알려져 있다. 이들은 모든 종업원에게 연간 100시간 이상의 서비스품질관리교육(Service Quality Management Training)을 요구하는 정통적 호텔기업이다. 뿐만 아니라 유럽에 체인본부를 두고 유럽지역을 발판으로 세계 90개국에 4,000여 호텔과 프랜차이즈 체인계약을 맺고 있는 거대 호텔그룹 아코아(Accor Hotel and Tourism Group)가 서울에 소피텔(Sofitel), 노보텔(Novotel) 브랜드를 진출시키고, 2005년에는 이비스(Ibis) 브랜드도 상륙시키므로써, 그간 경영위탁이 주류였던 호텔체인 계약에 프랜차이즈 계약이 본격적으로 도입되는 계기가 되었다.

2000년대 들어서 인천 허브공항(Hub Airport) 시대가 도래하면서 2003년 9월에 인천공항 국제업무 단지에 공항호텔로서 하얏트 리젠시 인천이 개업을 하고, 2004년 2월에는 베스트 웨스턴 인천 에어포트 호텔이 개관하게 되므로 우리나라도 에어포트 호텔을 보유하게 되었다.

이와 같은 20세기 후반부터 우리나라는 국제화의 물결과 경제적 고도성장으로 세계 굴지의 호텔체인이 상륙하는 시대에 놓이게 되었으며, 호텔의 시설과 인적서비스가 세계적인 수준에 진입하는 시기를 맞게 되었다.

제3절 호텔경영의 미래

세계적 호텔산업은 경제 성장, 사회 변화, 정보기술 발전에 따라 많은 변화를 예상하게 된다. 또한 우리나라 호텔산업은 우리 경제 성장의 속도에 맞추어 고도의 발전을 할 것으로 예상된다. 다만 세계적인 체인호텔들이 속속 한국에 진출하고, 국내 호텔들도 자체 브랜드의 가치를 높이기 위해 결속을 다져나가는 것을 보면서 호텔기업도 점점 대형화, 체인화, 다양화 되어가고 있음을 알 수 있다. 최근에 두드러진 양극화 현상이 더 심화되면서 브랜드를 앞세운 고급스런 대규모 체인호텔과 중저가, 객실중심의 영업을 하는 개별호텔로 이원화될 것임을 예측할 수 있다. 뿐만 아니라 우리나라 호텔의 체인 브랜드가 외국시장에서 세계적 호텔체인과 치열한 경쟁을 벌릴 날도 그리 멀지 않은 것으로 본다.

1. 호텔관광서비스 수요자의 획기적 증가

정보통신의 획기적인 발달, 경제의 급속한 성장, 산업구도의 3차 산업으로의 대변화, 교통수단의 발달과 이동인구의 증가는 날로 심화되어 관련 산업의 발전을 뒷받침할 것으로 본다. 미래학자들은 2010년경 세계인구를 66억 명으로 추산하며, 한국, 미국, 일본 등 경제선진국들의 저출산에도 불구하고 경제활동의 기본이 되는 인력은 날로 늘어갈 것을 예고하고 있다. 이는 가처분소득의 증가로 여행기회의 증가, 호텔 및 외식산업의 발전, 관련 관광산업의 성장기회를 제공하게 될 것으로 보며, 호텔관광서비스의 수요자가 획기적으로 증가될 것으로 본다. 미국에서 1946~1964년 사이에 불었던 베이비부머(baby boomers)의 영향으로 76백만의 어린이들이 태어났고, 오늘날 미국은 이 시대에 태어났던 사람들이 대부분의 경제주체들로 활동하여 21세기 미국경제를 이끌어가고 있다. 이들이 주도하여 정부정책, 패션, 추구가치, 생활태도 등을 바꿔가고, 특히 호텔업과 외식업 등의 발전에 큰 영향을 미치고 있는 것이 사실이며, 2012년부터 베이비부머들이 현직에서 퇴직하는 시기에 접어들면서 축적된 부를 이용한 레저관광 등이 성장의 극에 달할 것으로 본다.

2. 호텔기업의 세계적 체인화 가속

21세기는 항공, 여행, 호텔, 외식산업 등이 동반 발전하는 고도성장시기에 도래할 것으로 보며, 인터콘티넨탈, 하얏트, 스타우드, 메리어트, 힐튼 호텔체인 등 세계적인 체인호텔의 브랜드 가치가 상승하면서 체인화가 속도를 더 할 것으로 본다. 호텔의 합자투자, 경영의 체인화, 마케팅의 통합으로 브랜드 전쟁이 심화될 것으로 예상하고 있다. 현재 세계 주요 호텔체인회사는 미국을 중심으로 분포되어 있으며, 2010년 4월 미국을 중심으로 한 세계적 체인호텔이 42,000개에 4백만실이 넘는 객실을 보유하여 대부분의 대규모 호텔을 그들의 체인 하에 두고 있다.

넓다. 아침마다 영업 관련 부서장들과 당일 도착할 VIP를 확인하고, 일일 이벤트와 영업 전반에 대해 필요한 의사결정도 하여야 한다. 그 보다 더 중요한 것은 1년 단위로 세운 경영계획을 월단위로 이행해 나가는 것도 중요하다. 아래 제시된 한 달 단위의 일정관리를 살펴보면 호텔지배인은 얼마나 많은 업무와 다양한 일을 접하는지 알게 된다.

호텔지배인의 한달 일정 샘플

- 1일 : 호텔 전 직원회의 소집, 호텔경영의 미션에 대해 언급, 지난 달 영업실적 발표 및 이번 달 영업목표 발표, 모범사원 표창, 이번 달에 있을 다양한 행사 및 프로그램 소개
- 2일 : 호텔관리담당 임원과 지난 달 영업실적에 대해 검토, 지역 기관장과 식사 및 협조 관계에 대해 담소
- 3일 : 마케팅담당 임원이 마련한 잠재고객과의 점심식사에 참석, 오후시간 마케팅 부문의 활동에 대해 논의
- 4일 : 지난 달 영업결과에 대해 호텔사업주에게 보고할 내용 정리
- 5일 : 체인본부에 지난 분기 영업실적보고, 다음 분기 마케팅전략 검토 및 광고협조 건에 대해 논의
- 6일 : 컨벤션센터에서 개최되는 관할시장 주최 발전기금 마련 만찬에 참석
- 7일 : 휴일, 당직지배인이 단골고객 도착에 대해 알려옴, 고객들과 통화
- 8일 : 안전관리위원회 개최, 노사위원회 개최
- 9일 : 객실영업부서장, 객실관리부서장과 함께 객실과 부대시설 점검, 식음료부서장과 식음료 리넨 구입과 예산에 대한 논의
- 10일 : 시청에서 열리는 시상식에 참석
- 11일 : 객실영업부서장과 고객전화요금 조정에 대한 논의
- 12일 : 식음료부서장, 총주방장과 함께 메뉴에 대해 논의
- 13일 : 주말 당직사령으로 근무
- 14일 : 휴일, 당직지배인이 단골고객 도착에 대해 알려옴, 고객들과 통화
- 15일 : 다음 해 자본적 투자에 대해 이사회에 상정할 자료 완성, 다음 해 예산 기초

작업을 위한 기본안 구상

- 16일 : 거래 보험회사 사장을 만나 호텔이 부보할 보험료율에 대해 논의, 객실관리부서장으로부터 객실가구 상태에 대해 최종 보고 받음
- 17일 : 식음료부서장, 식음료원가관리지배인, 총주방장과 새로운 메뉴에 대해 시식 및 품평
- 18일 : 지역상공회의소 회의에 참석, 돌아오는 길에 거래 여행사 방문
- 19일 : 인사담당 임원과 월별 인력수급에 대해 검토, 다음 해 예산에 반영할 인건비율에 대해 논의
- 20일 : 지역사회 유지들의 골프 모임에 참석
- 21일 : 휴일
- 22일 : 시설관리부서장, 안전관리부서장과 함께 지역 소방서장을 만나 호텔의 안전 및 소방관리에 대해 논의
- 23일 : 마케팅담당 임원과 함께 이웃 나라 판촉 활동(3일간)
- 26일 : 경영진과 월례 이사회 개최(다음 해 경영계획서 작성과 투자계획서 승인 요청에 대해 검토, 영업 상태, 인력 검토, 이달의 모범사원 선정 등)
- 27일 : "고객서비스 질 개선"을 위한 서비스개선위원회 활동 보고회에 참석, 각 팀별 활동보고 청취 및 우수팀 격려
- 28일 : 지역 관광협회 월례회 참석 후 관광객 유치 활성화에 대해 관련자와 토론
- 29일 : 휴일
- 30일 : 호텔 스포츠클럽 회원 만찬 모임에 참석
- 31일 : 마케팅, 객실영업부서 간부들과 함께 다음 달 객실예측회의(Rooms Forecasting Meeting) 개최

제6장 호텔의 서비스경영

제1절 호텔서비스 경영의 개요

1. 호텔서비스의 성격과 구성요소

일반적으로 서비스라고 하면 언어로 봉사하며, 접대, 용역, 공중을 위한 근무 등으로 해석이 가능하다. 이를 좀 더 현실화시키면 윗사람이나 다른 사람에게 친절하고 정중히 대하는 것과 국가, 사회 또는 다른 사람을 위해 봉사하는 것을 뜻한다. 서비스는 상업적으로는 사업의 수단이나 방법으로 활용되기도 한다. 그러나 서비스는 몸과 마음, 개성과 태도, 협동심 등이 전제되는 공동체의 생활도구로서 매우 중요하게 인식되는 것은 틀림없는 사실이다. 좋은 서비스는 고객의 기대에 부응하는 것이고, 앞서가는 서비스는 고객의 기대를 뛰어 넘어 높은 가치를 제공하는 것이다.

1) 호텔서비스의 성격

서비스는 눈으로 볼 수 없는 특징을 지니고 있고, 서비스라는 명칭 그 자체가 하나의 상품으로 가치를 지니고 있다. 서비스를 창출하는 과정에는 고객이 일정한 역할을 하여야 고품위서비스 상품이 만들어질 수 있다. 특히 호텔서비스상품은 서비스 제공자의 인품과 태도, 서비스 경험과 숙련도 등이 상품의 일부를 구성하게 되며, 호텔서비스는 이러한 구성요소에 의해 서비스 질 관리가 가능하게 된다.

일반적으로 상품은 재고가 있어 재고조사가 가능하지만 서비스는 제공자의 능력과 고객이 경험한 서비스를 마음속에 가지고 있기 때문에 재고조사를 할 수 없다. 그리고 호텔의 서비스는 이용자의 시간에 의해 효과가 달라지고, 다양한 공급 채널을 가지고 있는 것도 서비스 질 관리의 어려운 점이라고 할 수 있다. 따라서 호텔서비스의 성격은 구성원들의 서비스 의지가 고객지향적일 때 고도로 발전할 가능성이 높다.

2) 호텔이 제공하는 서비스의 수준

호텔의 서비스는 그 호텔이 지향하는 방향과 서비스 공급 능력에 따라 달라지고, 이를 주로 세 가지로 구분하게 된다. 첫째, 국제적 체인호텔의 수준 높은 서비스(world class service)로 이는 세계적 규모의 호텔이 체인본부의 서비스표준에 의해 이행하는 차별화된 서비스로 세계적 그룹사의 중역 및 고급 간부, 고위직 공무원 및 외교관, 상사 주재원, 국제 비즈니스 고객, 부를 축적한 노부부 등 충분한 지불 능력이 있는 고객을 대상으로 호텔이 제공할 수 있는 인적, 물적, 시스템적 서비스를 최고급화 하여 고객에게 제공하는 호텔들이다. 여기에는 잘 교육된 풍부한 인적 구성, 각종 엔터테인먼트 및 레저스포츠 시설 운영, 귀빈층 운영, 국제회의시설 운영, 비즈니스센터 운영, 고객관리담당 운영, 개별 고객의 취향에 맞는 맞춤식 서비스 운영 등 체계적인 프로그램을 개발하고, 이를 매뉴얼화 하므로 호텔체인의 브랜드 고급화의 범주에 들어간다. 둘째, 중급 수준의 서비스(mid-range service)를 제공하는 호텔로 보편적으로 객실, 식음료, 연회, 레저스포츠 등과 단체 고객을 위한 리무진서비스 등을 제공하는 호텔로서 규모에 비해 인적 구성 및 서비스 수준이 국제화 되지 못한 호텔들로 구분되며, 셋째, 중저가 한정적 서비스(economy and limited service)를 제공하는 호텔로서 깨끗하고 편안한 객실을 저렴한 가격에 제공하고, 조식을 제공할 수 있는 공간과 간단한 체련실이 있으며, 객실에 전화, TV 등의 기본시설과 복도에 얼음 및 자판기 등을 설치해 두고 있다. 앞에서 본 것처럼, 호텔은 규모와 시스템, 제공하는 제반 서비스의 내용에 따라 가격이 크게 차이가 난다.

3) 호텔서비스의 구성요소

호텔이 제공하는 고객서비스의 기능은 물적 서비스, 시스템적 서비스와 인적서비스로 구분하고 있는데, 이 요소들은 대부분 혼합적 기능을 가지고 있으며, 이들의 혼합은 고객만족과 고객감동의 기능을 전제로 한다.

① **물적 요소(Factor of Hardware)**

ⓐ 기초적인 요소 : 객실, 식당, 각종 클럽, 문화 공간, 연회장, 오락 및 스포츠 시설, 카지노, 서비스 공간, 각종 설비, 비품, 조경 등

ⓑ 호텔의 이미지와 품위 : 대소규모, 건축구조, 디자인, 색상, 분위기 등으로 주위환경과 잘 조화를 이룰 때 높이 평가

② **시스템적 요소(Factor of System)**

ⓐ 호텔의 경영주체와 기업철학

ⓑ 고객지향적인 사고와 고객제일주의의 마케팅기법을 표준으로 설정

ⓒ 조직구성원의 교육, 동기부여, 보상시스템

ⓓ 컴퓨터재산관리시스템(PMS : property management system)

ⓔ 경영방침, 각종제도, 규정, 절차 등

③ **인적 요소(Factor of Software)**

ⓐ 서비스의 이질성(heterogeneity)이 강하게 적용

ⓑ 단골고객창출(creat repeat guest) : 서비스원의 자질과 장기근속

2. 호텔서비스의 특성

호텔의 서비스는 고객이 없는 자리에서는 제공이 불가능하다. 뿐만 아니라 고객이 없으면 호텔의 재무적 성과를 이룰 수 없으며, 이는 더 이상 호텔기업을 지속할 수 없게 만드는 결정적인 요인이 된다. 호텔의 서비스 흐름에는 전 과정에서 고객이 참여하게 되며, 유통과정에서 수요를 창출하는 것은 고객의 권한이다. 고객은 호텔서비스의 최종 심판자이기 때문에 한 명의 고객이 만족하지 못하는 서비스는 다른 고객 또한 만족하지 못할 것이다. 더더욱 호텔기업은 확고한 지지층이 호텔의 이미지를

만들어 가고, 이는 특정 호텔의 품격을 유지하는 척도이기도 하다.

호텔기업이 서비스 공급능력과 이용고객이 만족하는 수준을 서로 균형 있게 맞춰 나가는 것은 매우 어려운 일이다. 호텔이 설정한 서비스표준이 아무리 정교하다고 하여도 영업이 성황을 이루는 상황에서 모든 고객의 요구와 욕구에 부응하는 것은 힘들 게 마련이다. 예를 들어, 호텔의 서비스 제공 능력을 초과할 만큼 많은 고객이 동시에 몰려들어 형편없는 서비스를 경험한 고객이 있다면 그 고객은 두 번 다시 그 호텔을 이용하려 하지 않을 것이다. 반면에 영업이 저조할 때 많은 종업원이 근무스케줄에 의해 현장에서 소일하게 된다면 호텔의 생산성과 수익성에 문제를 일으킬 수 있을 것이다. 각 호텔은 서비스 제공 능력과 연계하여 적절한 할인정책, 효과적인 수익률관리 등으로 객실영업과 식음료영업 및 부대시설영업을 활성화 하고, 이에 따른 서비스품질관리시스템이 적극적으로 가동되어야 한다. 서비스 질을 최상으로 유지하기 위해서는 효과적인 예측시스템(forecasting system)을 가동하여 과학적인 방법에 의한 인력관리로 고품질의 서비스를 제때 제공하면서도 비용을 절감할 수 있도록 근무편성표를 작성하여야 한다.

호텔기업은 특수한 생산과정과 서비스과정을 가진 복잡한 구조의 서비스기업이다. 호텔기업은 타 업종이 휴식을 취할 때 오히려 바쁜 영업시간을 가진다. 호텔의 서비스는 매우 조직적으로 진행되어야 하며, 협동적으로 이행되어야 고객의 불편을 최소화 할 수 있다. 호텔을 이용하는 고객의 요구사항은 매우 다양하여 요구에 응하기가 싶지 않은 경우도 있다. 호텔의 고객은 필요한 사항을 독자적으로 요구하며, 호텔은 여기에 조직적으로 대응해야만 한다. 이러할 경우 개개인의 자발적이고, 철저한 서비스 의식이 필요하게 된다. 호텔기업은 이러한 조직구조를 유지관리하고, 서비스 질을 관리하는 기업이다.

서비스 질 경영에 대한 이론은 1985년 파라슈라만(Parasuraman), 제이담(Zeithaml), 벨리(Berry) 등의 서비스 질 경영(Quality Service Management)에 이어 많은 학자들이 그 중요성을 인식하여 연구에 연구를 거듭하여 이론적 틀을 구축해왔다. 대부분의 학자들은 환대산업의 서비스 질 경영은 매우 어렵기는 하지만 불가능한 것은 아니라는데 뜻을 같이 하고 있다. 피츠제랄드(Fitzgerald)는 서비스 질 경영의 특징을 4가지로 구분하여 설명하고 있다. 이를 호텔기업에 적용하면 다음과 같은 설명이 가능하다.

1) 무형성(Intangibility)

서비스란 볼 수도 없고, 만질 수도 없고, 마음으로 파악하기도 힘든다고 한다. 호텔의 상품은 유형의 건물로써 객실, 식음료, 연회장, 각종 레저스포츠, 부대시설 등의 유형성 상품과 눈에 보이지 않는 서비스가 함께 혼합되어 이뤄지는 고부가가치의 서비스상품이다. 건물과 식음료 등은 눈에 보이지만 호텔의 전반적인 분위기, 음식의 맛, 객실의 온화함, 침대의 편안함, 호텔종업원의 따뜻한 마음씨, 언어 소통능력 등은 나타나지 않는 무형성 상품이다. 뿐만 아니라 체계적인 안전관리, 영업장에서의 주문의 다양성, 타이밍, 서비스의 효율성 등 매우 많은 요소들이 모양을 볼 수 없는, 형상화하기가 곤란한 상품들이다.

2) 동시성(Simultaneity)

서비스는 생산자와 소비자가 상호작용에 의해 공급된다. 호텔의 서비스는 항공사의 기내서비스와 같이 고객과 호텔의 종업원이 한자리에서 서비스를 제공하고, 제공받는 형태를 취한다. 이는 서비스는 사전에 평가받거나 계량화 할 수 없음을 알 수 있다. 호텔경영에서 서비스의 생산과 공급이 동시에 일어남에 따라 생산부문에서도 매우 짧은 시간 내에 생산이 이뤄져야 하는 속성을 가지고 있다. 각 호텔들은 주문생산체계에 신속히 대처하기 위해 반제품 상태를 유지하는데 많은 연구가 진행되고 있다.

3) 이질성(Heterogeneity)

서비스는 서비스 제공 주체인 조직, 사람, 시각, 상황에 따라서 산출이 다양할 수 있으며, 이에 따른 질적 차이가 크기 때문에 결과는 매우 이질적이다. 호텔이 수준 높은 서비스표준을 설정하고, 지속적으로 교육을 시켰다고 하더라도 서비스를 제공하는 사람에 따라서, 장소에 따라서, 시간에 따라서, 상황에 따라서 결과는 매우 다르게 나타날 수 있다. 이는 고객의 성향에 따라서도 이질성은 나타나고 있다. 조리사에 따라서 단골고객의 취향에 맞는 스테이크를 양목표를 원용하여 요리하는 경우도 흔히 있다. 반면에 양목표에 있는 조리과정을 준비하지 않아 대다수의 고객들로부터

스테이크가 질기다는 불평을 듣는 경우도 있게 마련이다. 가끔 호텔체인본부가 설정한 서비스 표준이 각국의 사정에 따라 이행이 되지 못하는 경우도 있다. 이는 제반 국내법의 저촉을 받아 어쩔 수 없기도 하지만 고객의 입장에서는 특정 브랜드를 택하여 이용할 때, 서비스의 기대치가 있게 마련이다.

4) 소멸성(Perishability)

서비스는 창출과 동시에 소멸되므로 서비스상품은 저장이 불가능하다. 호텔의 객실도 제 날 팔지 곳하면 상품의 가치를 잃게 되고, 식당의 뷔페도 제때 고객이 소비하지 않으면 호텔의 비용만 증가될 뿐이다. 호텔의 객실이나 식당의 테이블이 비어 있는 것은 다음 날 고객이 많아 공급이 부족할 때를 위해 비축할 수 있는 것이 아니라 매출의 하락으로 인해 호텔경영에 어려움을 주게 된다. 어떤 호텔들은 비수기에 문을 닫거나 일부 층을 이용하여 영업을 하므로 비용을 최소화하기도 한다.

일반적으로 호텔기업은 영업의 호황과 불황에 관계없이 높은 고정비 구조로 운영되므로 독특한 비용 - 이익 - 매출(cost-profit-volume) 관계성을 가지고 있고, 이에 따라 손익분기점도 높게 나타난다. 호텔서비스상품의 수명은 매우 짧은 수명주기(life cycle)를 가지고 있어서 서비스 실패에 대한 복구도 어렵기만 하다. 또한 객실, 식음, 부대시설 등 각종 시설에 대한 요구와 서비스에 대한 기대는 연일 높아만 간다.

제2절 호텔서비스의 질 관리

1. 호텔서비스 질 관리의 필요성

영리기업이든 비영리기업이든 현대기업들은 내부고객이나 외부고객에게 꾸준히 서비스를 제공하면서 기업을 영위해 가고, 서비스의 질을 향상시키면서 기업을 발전시켜 나가고 있다. 특히 관광산업의 꽃이라고 불리어지는 호텔기업은 경영의 기저를 고객서비스경영에 두고, 회사의 성패를 서비스 질 관리에 두고 있음을 익히 주지하는 바이다.

호텔의 고객서비스는 일반적으로 호텔에 관심이 있는 고객과 호텔의 종업원 간에 서비스접점(service encounter)을 이루면서 호텔이 직·간접적으로 약속한 바를 서비스라는 형태로 이행하는 것으로 볼 수 있다. 이 때 고객이 없으면 호텔의 서비스는 제공될 수가 없으므로 고객의 지위는 매우 높아 고객을 왕이라고도 하고, 신이라고도 하는 경영관리자들이 있음을 알 수 있다. 호텔의 서비스상품은 객실, 식음료, 연회장, 각종 레저스포츠, 엔터테인먼트, 부대시설 등 다양한 유형의 제품과 폭넓게 느낄 수 있는 무형의 서비스가 복합적으로 제공되는 특성을 가지고 있다.

서비스 실패 사례

2013년 11월 30일 월드베스트스마일호텔 객실 1020실에 투숙한 고객이 당신은 평소에 알레지가 있어 본인이 쓰는 비누를 쓰겠다고 샤워실, 욕실, 세면대에 비치된 호텔의 비누를 치워 달라는 전달을 당직지배인에게 하였다. 그러나 11월 30일 임시객실정비원(Temporary Room Attendant)은 객실관리부서에서 전달 받으면서 내용을 완전히 이해하지 못해 샤워실과 욕실에는 호텔의 비누를 각각 2개씩 두고, 세면대에는 고객의 비누를 2개 진열하고 객실정비를 마쳤다. 저녁 무렵, 객실에 돌아 온 고객은 이 사실을 프런트데스크에 알렸고, 프런트데스크에서는 이 내용을 객실관리부서에 알려 다음 날은 실수가 없도록 해 줄 것을 당부하였다. 그러나 다음 날, 객실정비를 맡은 정규직 객실정비원(Regular Room Attendant)은 객실정비규정에 따라 호텔의 비누를 샤워실에 2개, 욕실에 2개, 세면대에 2개씩을 새로운 것으로 비치하면서 고객이 쓰던 비누 6개와 호텔의 비누 4개를 모두 치워 버렸다. 이 사실을 저녁 무렵 객실에 돌아 온 고객이 당직지배인을 만나 불평을 털어 놓으므로 알게 되었다. 그 후 고객의 비누는 재활용 바구니에서 찾을 수 있었고, 1020호실의 고객은 호텔의 형편없는 서비스에 실망과 분노를 터트렸다.

위의 내용은 매우 사소한 일로 볼 수도 있다. 그러나 이것만으로도 호텔의 서비스 질에 문제가 있음을 시사하고 있다. 고객이 본인의 가정에서 생활하는 것처럼 안락하고 편안한 체류가 될 수 있도록 고객을 배려하여 만든 서비스 매뉴얼을 제때 상황에 맞게 이행하는 것이 중요하다. 이러한 것은 내부커뮤니케이션의 중요성, 정확한 업무지시와 이에 따른 보고 등이 서비스 질 관리에 크게 영향을 미친다는 것을 증명하는 것이다. 이 밖에도 객실의 청결, FF&E의 기능유지, 식음료의 맛과 디자인, 소음과 소란, 고객맞이 및 환송, 체류기간 동안 친절한 안내와 편의 제공 등 전반적인 서비스 질은 고객이 지불한 금액 이상으로 가치가 있어야 고객은 구전을 통해 호텔을 좋게 평가할 것이고, 이러한 것은 호텔의 이미지 향상과 브랜드 파워(brand power)를 기르는 밑거름이 될 것이다.

2. 호텔서비스 품질 관리의 방향

호텔의 서비스 질 관리는 당해 호텔이 고객을 만족시킬 수 있는 인적, 물적, 시스템적 서비스 표준을 마련하고, 고객만족의 목표를 달성하기 위한 방법을 체계화하여 관리해 나가는 일련의 과정을 말하며, 각 호텔마다 업무매뉴얼에 의한 서비스 질 관리 및 향상에 박차를 가하고 있다.

호텔의 서비스 질은 고객이 지불한 가격과 고객이 호텔에서 제공받은 서비스 경험에 의해 가치를 평가받게 되는 것은 이미 알고 있는 바이지만 아무리 서비스 표준이 잘 설정되어 있는 호텔이라고 할지라고 서비스가 이뤄지는 공간적 분위기와 고객의 기분, 또한 서비스 제공자의 상태에 따라 천차만별의 결과를 가져오게 된다. 각 호텔들은 이러한 차이(gap)를 줄이기 위해 직무훈련과 서비스교육에 많은 시간과 재정을 투입하고 있다. 역사가 길고, 장기근속자가 많은 호텔의 서비스 질이 상대적으로 높게 나타나는 것도 고객과 호텔종업원 간의 상호작용에 의해 서비스 질이 평가되기 때문이다. 흔히 호텔을 자주 이용하는 고객이 한국, 일본, 태국 등의 호텔서비스가 세계에서 가장 으뜸이라고 말하는 것은 각 호텔들이 하드웨어와 시스템은 표면으로 나타나는 것이기 때문에 모방이 매우 빠르지만 인적서비스는 국가나 지역의 문화, 교육, 관습, 의식에 따라 서로 다르기 때문에 단시일에 개선하기가 어렵다고 한다.

호텔의 서비스는 유형재와 무형재가 동시에 투입되고, 무형의 서비스와 유형의 서비스가 결합하여 복합적으로 고객에게 제공되며 고객의 오감을 통해 결과가 나타난다. 고객 서비스가 절차에 의해 순서대로 진행되면서 고객이 그때그때 제공되는 서비스에 대한 언어와 예절, 태도, 속도, 활동 모양새로 보여 지는 것이 고객의 마음에 자리 잡게 되어 오래도록 기억 속에 남게 된다.

〈표 6-1〉 호텔의 제품과 서비스

	유형재	무형재
제 품	· 시설 : 객실, 식음료, 연회장, 부대시설 · 비품 및 집기 : 객실 내부, 업장 기물 · 상품 안내서 : 팸플릿, 메뉴, 각종 안내서 · 전산장비 : 체크인 - 체크아웃, 업장계산, 인터넷, 인터페이스	· 분위기 · 감각 · 느낌 · 편안함
서비스	· 활동 · 진행 절차 · 속도 · 언어와 예절 · 태도	· 따뜻한 느낌 · 친절한 태도 · 배려하는 마음 · 서비스

일반적으로 서비스는 무형상품이라서 설명하기가 어렵다고 하지만 종업원의 친절한 태도와 사용하는 언어, 고객과 상호간에 주고받는 마음과 느낌만으로도 충분히 좋은 서비스와 나쁜 서비스는 구분이 가능하다. 고객이 받은 서비스의 품질을 평가할 때 "고객의 요청에 일치하는 수준(conformance of requirements)"을 크로스비(Crosby)가 말한 무결점(zero defects) 상태로 볼 수도 있지만 호텔의 서비스 품질 관리는 생산업체와 달리 구성원들의 강한 책임의식에서 시작되고, 마무리되기 때문에 구성원들의 좋은 서비스를 제공하겠다는 자세와 애사심(愛社心), 애직심(愛職心)이 중요하게 작용한다.

호텔이 설정한 서비스 표준에 의해 객실, 식음료, 연회장, 엔터테인먼트, 기타 부대시설을 이용하는 고객에게 수준 높은 서비스를 제공하고, 게다가 부가적인 서비스까지 제공하므로 고객이 기꺼이 다시 찾는 호텔로 만들 수 있는 높은 책임감과 직업의식은 평소 호텔이 지속적으로 제공하는 동기부여 및 사기진작 프로그램과 지배인의 서비스 리더십에 기인하게 된다.

제3절 호텔서비스의 관리과정

호텔의 서비스 관리는 호텔이 제공하는 서비스의 흐름을 관리하는 것으로 이해할 수 있다. 즉 호텔에서 제공하는 서비스와 이용하는 고객이 만나는 서비스접점(service encounter)에서 일어나는 하나하나의 성공이 전체적인 호텔서비스의 질을 평가받게 되기 때문에 호텔경영관리 측면에서 다루어야 한다. 호텔이 고객에게 제공하게 되는 서비스는 인적 서비스, 물적 서비스와 시스템적 서비스로 구분하여 제시할 수 있다. 이들의 요소들은 대부분 혼합하여 진행되며, 궁극적인 목적은 고객만족과 고객감동에 있다고 할 수 있다. 또한 호텔서비스의 흐름은 고객을 중심으로 고객의 참여 하에 이루어지게 되는데, 이는 고객이 호텔에 입숙하여 시설과 서비스, 시스템을 이용하고 퇴숙하는 전 과정을 고객동선에 따라 나열하게 된다.

이러한 호텔서비스의 흐름을 구체적으로 설명하면 다음과 같다.

① 예약서비스 → ② 고객 도착과 영접 → ③ 입숙 절차 → ④ 입실 안내
→ ⑤ 엘리베이커 탑승서비스 → ⑥ 귀중품 보관 → ⑦ 환전서비스 → ⑧ 버틀러서비스
→ ⑨ 서비스 익스프레스 → ⑩ 식당 이용 → ⑪ 레저스포츠시설 이용 → ⑫ 관광 안내
→ ⑬ 룸 어텐던트 서비스 → ⑭ 페이징서비스 → ⑮ 행사 참석 → ⑯ 비스니스센터 이용
→ ⑰ 쇼핑 → ⑱ 퇴숙 절차 → ⑲ 고객출발 및 환송 → ⑳ 고객파일 관리

[그림 6-1] 호텔서비스 수행과정

① 예약 서비스

예약은 호텔을 이용하려는 고객과 호텔 간에 처음으로 접촉하게 된다는 중요한 의미를 담고 있다. 첫인상이 중요하다는 말처럼 고객에게 호텔의 좋은 이미지를 전달할 수 있는 절호의 기회를 가질 수 있으며, 이와 반대되는 결과도 초래할 수 있다. 따라서 호텔의 예약부서는 예약을 접수하는 업무뿐만 아니라 유무선(on and off line)을 통해 대화를 주도하므로 고객을 가장 잘 파악할 수 있고, 향후 호텔이 제공할 서비스 수준과 가능한 비즈니스 규모(business volume)도 파악하게 된다. 이러한 정보를 관련부서, 부서장 및 지배인에게 제공하므로 호텔의 마케팅활동과 예측시스템에 크게 도움을 주게 된다. 이렇게 중요한 업무를 취급하는 예약부서의 직원들은 호텔

의 상품에 대해 많은 지식과 정보를 습득하고 있어야 하고, 판매에 대한 적극성, 친절한 대화예절, 매너와 에티켓이 넘치는 대화기법 등을 주도적으로 이행해야 한다.

② 고객도착과 영접

고객이 호텔에 도착하면 호텔의 도어맨이 고객을 맞이하게 된다. 건강하고 씩씩한 자세로 친절하게 맞이하는 영접은 그 고객이 호텔에 체류하는 기간 내내 좋은 인상으로 남아있을 것이다. 고객이 도착하여 하차하면 주차요원(Valet Parking Attendant)이 고객의 차량을 운전하여 안전하고, 편리한 곳에 주차를 하게 된다. 또한 대기 중이던 벨 어텐던트(Bell Attendant)와 고객관리담당(Guest Relations Officer)이 고객을 현관 안에 있는 프런트데스크로 안내하게 된다. 이때 고객은 필요한 수하물과 소화물을 도어 어텐던트와 벨 어텐던트의 도움으로 호텔 내로 운반하게 되며, 주차직원으로부터 차량보관에 대한 티켓(Parking Claim Ticket)을 받게 된다. 이 부문의 서비스를 고객서비스부문으로 분류하며, 유니폼 서비스(uniform service)라는 말로 표현한다.

③ 입숙 절차

투숙할 고객은 프런트데스크(front desk)로 안내되어 예약부서에서 컴퓨터에 입력한 내용과 대조하면서 등록절차를 거치게 된다. 객실이 허용하는 한 고객의 요청에 따라 객실의 배정이 이뤄지며, 호텔 내의 시설이나 지역의 관광지 등 필요한 정보를 제공받을 수 있다. 프런트데스크는 고객이 투숙하면서 있을 수 있는 모든 서비스를 중계하는 위치에 있고, 고객의 불평이나 불만사항도 즉시 처리를 하게 되는 호텔서비스의 중심에 있는 부서이다.

④ 입실 안내

투숙고객이 프런트데스크에서 입숙수속을 마치면 객실배정카드(rooming slip)를 받아 고객의 짐과 함께 객실로 안내를 받게 된다. 고객의 짐은 벨 어텐던트에 의해 짐수레(baggage carter)로 운반되며, 고객은 엘리베이터, 에스컬레이터, 또는 계단을 통해 입실안내 서비스를 받게 된다. 이러한 서비스는 보통 벨 어텐던트에 의해서 서비스가 제공된다. 그러나 귀빈층의 고객이나 단골고객인 경우 고객관리담당에 의해 안내되는 경우가 많으며, VIP인 경우 호텔의 당직지배인, 객실부서장, 또는 총지배인에 의해 안내되기도 한다. 각급 호텔은 고객을 최대한 정중히 모실 수 있도록 다양한 안내방법과 기법을 개발하고, 이를 철저히 전파하고 교육시켜 호텔의 이미지와 서비스 질을 유지, 발전시키려고 노력하고 있다.

⑤ 엘리베이터 탑승 서비스

고객서비스부서의 업무가 보다 세분화, 전문화되어 가면서 초대규모 호텔에서는 엘리베이터 운행을 전문적으로 하는 직종도 있어 왔다. 엘리베이터는 호텔고객의 입장에서는 매우 중요한 시설물이다. 고객이 호텔에 도착하여 본인이 이용할 객실로 가는 가교역할을 수행하는 서비스 공간이며, 엘리베이터 내에서 보내는 시간은 짧지만 가장 지루한 시간이 될 수 있다. 이곳에서 호텔의 시설, 영업시간, 시설물 이용방법에 대한 안내를 해 주는 엘리베이터 어텐던트(Elevator Attendant)가 근무하고 있다. 이는 중요한 고객서비스의 일환이다. 엘리베이터는 전문가들이 호텔을 설계할 때, 고객이 엘리베이터를 타기 위해 30초 이상을 기다리지 않도록 설계하고, 5분 이내에 호텔투숙객을 15% 정도 운송이 가능하도록 설계를 하며, 최근에는 기능뿐만 아니라 외부 전망과 실내장식 등도 고객서비스 측면에서 크게 고려되고 있다.

⑥ 귀중품 보관

21세기에 들어 안전을 중요시 하는 대부분의 호텔은 객실에 귀중품 보관함을 비치하고 있다. 그러나 그 지역의 사정을 잘 알지 못하는 고객의 입장은 본인이 소지한 귀중품이나 금전을 보다 안전하게 보관하기 위해 객실안전금고 보다 프런트데스크에 있는 안전금고(safety deposit box)를 찾게 된다. 귀중품 보관은 고객에게 호텔의 신뢰성을 보여 주게 되므로 한 치의 차질도 허용할 수 없는 세심한 서비스가 제공되어진다. 해당 고객만이 출입할 수 있는 별도의 문과 공간, 고객이 직접 보관함에 넣을 수 있는 뚜껑달린 컨테이너, 마스터키(master key)와 고객용 키(guest key)를 함께 넣는 이중잠금장치(two keys lock system), 보관할 때와 불출할 때 고객과 담당자가 기록카드에 함께 서명하는 출납장(key access record) 등은 호텔이 제공하는 고객 편의 서비스제도이다.

⑦ **환전서비스**

관광사업에 등록한 호텔은 합법적으로 외국환을 취급할 수 있도록 허가하고 있다. 호텔은 외국인 고객이 소지한 외국환을 일정한 환율에 따라 환전서비스를 제공하고, 이를 외국환 취급은행에 되팔거나 예치하게 된다. 호텔은 금융기관과는 달리 환차손익에 구애받지 않고 호텔고객서비스의 일환으로 보다 신속하고, 친절하게 환전서비스를 제공하여야 한다.

⑧ **버틀러 서비스**

고객이 객실에 도착하면 객실층에 근무를 배정받은 버틀러(Butler)가 객실을 방문하여 고객의 여장을 푸는데 도움을 주게 된다. 뿐만 아니라 호텔 서비스를 이용하는 방법과 필요한 정보를 제공한다. 일부 호텔에서는 귀빈층의 식음료 분야를 담당하는 서비스 종업원을 버틀러라고 한다. 버틀러 서비스는 섬세하고 정성스런 호텔서비스의 특별한 방법으로써 국제금융전문지 인스티튜셔널 인베스터가 10년 간 세계에서 가장 서비스가 좋은 호텔로 선정한 방콕 오리엔탈호텔의 차별화된 서비스기법이 바로 이 버틀러 서비스(butler service)이다.

⑨ **서비스 익스프레스**

고객은 호텔객실에서 인터넷, 국제전화, 국내전화, 구내전화 등의 통신수단을 이용하여 본인이 필요로 하는 것을 요청하게 된다. 최근 수십년 간 통신수단의 비약적인 발달로 인해 종전의 교환실 업무가 크게 줄어들면서 이를 개편하여 종합안내센터 또는 예약센터의 역할을 하도록 하는 호텔들이 늘어나고 있는 추세에 있다. 서비스 익스프레스제도(service express system)도 효율적인 고객서비스를 목적으로 기존의 교환실, 벨맨, 룸서비스, 예약, 비즈니스센터, 하우스키핑, 고객세탁업무 등을 패키지로 묶어 투숙객이 객실에서 원터치 버튼(one touch button)으로 필요사항을 요청하게 된다. 서비스 익스프레스로 통합 운영되는 호텔들의 고객서비스는 보다 적극적이라고 할 수 있다.

⑩ **식당 이용**

고객이 호텔 내에서 호텔의 식음료부문을 이용하게 되는 경우 발생하는 상황으로 호텔 내에 배치되어 있는 라운지(lounge), 개별적인 전문식당(special restaurants), 다양한 유희시설(entertainment)을 이용하면서 편안하게 식사하며, 즐길 수 있도록 공간을 제공하고 이에 따른 서비스를 제공받게 된다.

아침에는 호텔이 조식대금을 객실요금에 포함하던 포함하지 않던 간에 식사를 제공하는 곳이 많으며, 일반적인 형태로는 커피숍과 식당영업을 담당하는 커피숍 겸 식당(coffee shop & three meal restaurant)을 이용하게 된다. 아침 식사를 위해 식당에 오시는 고객을 영접하는 식당 영접원(Receptionist), 웨이터 / 웨이트리스(Waiter / Waitress) 서비스가 고객의 하루를 즐겁게 할 수 있다.

⑪ 레저스포츠시설 이용

호텔 내 고객이 이용할 수 있는 시설은 호텔이 자체적으로 보유하고 있는 부대시설의 범위와 종류에 따라 다양하게 나타나게 된다. 일반적으로 가장 기본적인 체련센터(fitness center)서비스가 있고, 온천(hot spa)과 연계되거나 수영장(swimming pool)과 연계되어 제공된다. 고객의 체력단련에 필요한 다양한 스포츠시설과 고객의 피로를 덜 수 있는 마사지실(massage room), 이미용실(barber & beauty salon)을 같이 구비하는 일반적인 형태의 서비스를 제공하게 된다. 또한, 볼링장(balling court), 테니스장(tennis court), 골프클럽(golf course), 해양스포츠시설(marine sports)을 갖추는 경우도 있어 매우 폭넓고 광범위한 시설과 서비스를 제공하게 된다. 이러한 부대시설에서 제공되는 서비스는 강사, 안마사, 이미용사 등 다양한 전문직의 서비스를 제공받게 된다.

⑫ 관광안내

일반적으로 호텔고객의 투숙 목적이 비즈니스 또는 레저, 개인 또는 단체, 국내인 또는 외국인에 관계없이 지역의 관광지, 관광자원 또는 특산품, 교통과 관련 된 문의를 많이 하게 된다. 로비지역에서 근무하는 당직지배인, 고객관리담당, 컨시지(concierge), 벨 캡틴(bell captain), 심지어 프런트오피스 에이전트(front office agent)에게도 이러한 안내를 받게 된다. 대규모 관광지에는 호텔의 로비에 여행사를 입주시켜 이러한 업무를 담당하기도 하지만 고객에게 양질의 서비스를 제공하려는 호텔의 배려임에는 틀림이 없다.

⑬ **룸 어텐던트 서비스**

고객은 객실정비원(room attendant)으로부터 고객이 투숙한 객실을 쾌적하고 편안하게 이용할 수 있도록 각종 편의를 제공받는다. 객실정비원은 주로 고객이 출타한 틈을 이용하여 객실을 정비하며, 필요한 편의품을 비치하므로 고객에게 서비스를 제공한다. 또한 고객이 요청한 세탁물을 관련 부서에 보내서 깨끗하고, 멋있게 포장한 세탁 및 드라이 크리닝 서비스를 제공받게 된다.

⑭ **페이징 서비스**

호텔의 다양한 서비스 중 로비에서 근무하는 벨 어텐던트나 고객관리담당이 내외부 고객으로부터 다른 고객을 찾아 달라는 요청에 의해 고객을 찾게 된다. 가끔 식음료 업장이나 연회장에서도 이러한 업무가 이뤄지게 되는데, 호텔에는 곳곳에 페이징 보드(paging board)가 있어서 업무를 체계적이고, 효율적으로 진행할 수 있다. 최근에는 디지털화면에 필요한 정보를 제공하여 보다 빠른 고객서비스에 임하고 있다.

⑮ **행사참석**

대규모 호텔에서는 시장세분화(market segment)에 의한 시장 활동도 전개 하여 컨벤션을 많이 유치하기도 한다. 호텔고객이 투숙과 함께 호텔 내에서 이뤄지는 다양한 회의, 이벤트, 각종 행사에 참석하는 경우 별도의 안내 서비스가 필요하게 된다. 이렇게 호텔에서 다양한 행사가 진행될 때, 이를 위한 고객은 연회장을 중심으로 필요한 고객공간을 요청하게 되며, 호텔은 필요한 테이블, 좌석, 무대, 각종 회의 장비 및 이벤트 장비를 제공하게 된다. 또한 담당지배인은 행사에 필요한 인력, 장비, 기구, 실행 스케줄 등을 사전에 살펴 행사에 만전을 기한다. 이 때 다양한 전기배선, 필요한 음향, 시각적 효과를 지원하는 서비스를 차질 없이 제공하는 것은 고객서비스 질과 관계가 깊다고 하겠다.

⑯ **비즈니스 센터 이용**

호텔고객의 여행목적은 관광, 레저, 스포츠, 비즈니스 등 다양하지만, 도심의 대규모 호텔을 중심으로 상용고객을 위해 사무실에서 못다 한 업무를 호텔에서 할 수 있도록 일정한 장소에 각종 사무기기를 갖추고 고객의 요구에 응하고 있다. 현대화된 비즈니스센터에서는 다양한 사무기기로 팩시밀리, 컴퓨터와 모뎀, 복사기, 프로젝터, 자동출사보드, OHP(over head project)와 스크린, 텔렉스, 타자기 등을 제공받게 되며, 각종 중소회의실도 별도로 이용할 수 있게 된다. 고객은 사무기기를 능수능란하게 다룰 수 있고, 통역과 번역이 가능한 국제적 예절을 갖춘 비즈니스센터 어텐던트의 뛰어난 서비스를 경험하게 된다. 최근에는 휴대용 전화도 일정기간 빌려쓸 수 있는 서비스도 제공한다.

⑰ 쇼핑

호텔은 크게는 면세점에서부터 작게는 단일 편의품점까지 다양한 쇼핑시설을 보유하고 있다. 이 경우 고객이 호텔 내에서 필요한 물품을 구매할 수 있도록 지원하고, 면세점이나 전문점이 없을 경우 외부의 쇼핑시설에 대해 안내하고, 고객의 물품구입에 대한 문의와 지원을 서비스하게 된다. 가끔은 단체고객인 경우 여행사가 이 업무를 담당하기도 하지만 호텔 서비스의 일부분임에는 틀림이 없다.

⑱ 퇴숙 절차

프런트데스크를 통해 고객이 호텔에서 퇴숙과정을 거쳐 출발할 수 있도록 준비하고 지원한다. 이 때 고객의 객실계정에서 잔액을 확인시켜 드리며, 귀중품보관함, 일반 보관품 등에 대해서도 차질 없이 확인하여 편안한 퇴숙이 되도록 서비스를 제공하게 된다. 일본지역의 앞서가는 특급호텔에서는 프런트오피스 에이전트가 고객의 퇴숙 절차가 끝나면 데스크 밖에 나와 환송하기도 하는 서비스를 제공하므로 다음에 다시 찾도록 고객관리를 철저히 하기도 한다.

⑲ 고객출발 및 환송

퇴숙 절차를 마친 고객이 호텔을 떠나실 수 있도록 벨 어탠던트와 고객관리담당의 환송인사를 받게 되고, 도어 어텐던트와 주차관리직원으로부터 고객의 차량을 인도받고, 출발안내를 서비스 받게 된다.

⑳ **고객파일관리**

고객이 투숙 일정을 마치고 퇴숙하게 되면, 호텔은 예약에서부터 퇴숙 시까지 제공되었던 각종 서비스와 혜택, 고객의 취향을 기록하여 고객관리파일(guest history file)에 기록하여 전산으로 관리하게 된다. 이는 향후 재방문 고객화의 기초자료가 되며, 고객이 호텔이 제공하는 다양한 프로그램에 참여할 수 있도록 배려하게 된다.

이상과 같이 고객에게 제공되는 호텔서비스의 흐름은 보통 국제적 체인호텔의 수준 높은 서비스(world class service)로 체인호텔의 서비스매뉴얼과 각종 프로그램에 의해 관리 되고 있다.

제4절 호텔의 고객서비스 프로그램

21세기에 접어들면서 각급 호텔들은 그들이 지닌 고객서비스 의지와 내부자원의 능력에 따라 다양한 서비스 프로그램을 개발하여 진행해 오고 있다. 이는 1990년대 우리나라 대기업들이 생산중심의 기업경영마인드에서 서비스중심의 기업경영마인드로 탈바꿈하면서 대부분의 연수원들은 서비스아카데미라는 교육기관을 설치하고, 친절서비스에 탁월한 세계적 항공사들로부터 친절서비스매뉴얼을 공급받아 그룹의 총수와 CEO들이 앞서 이러한 교육을 받게 되었다. 각 언론사들은 CEO들의 이러한 모습을 매스컴을 통해 대대적으로 보도하면서 사회적 이슈로 삼게 되었다. 이러한 사회적 분위기는 자연스럽게 서비스의 중심에 있는 호텔기업의 서비스능력을 평가하게 되고, 각급 호텔들은 종업원의 서비스교육에 박차를 가하게 되었다. 특히 호텔신라와 에버랜드의 서비스 아카데미는 각 그룹사와 호텔들의 서비스 모델이 되기도 하였다. 그 후 호텔현대가 자체적으로 서비스아카데미를 설치하고, 관광 관련 대학생과 호텔 종업원을 위한 서비스 프로그램을 개발하고 이를 현장에 적용하게 되었다. 호텔의 서비스프로그램이 빠르게 정착하게 된 배경에는 2002년 월드컵, 2002년 부산아세안게임, 2004년 한국방문의 해, 2005년 부산 APEC, 2010 세계한상대회, 2011 G20 서울

대회, 2012 라이온스국제대회 등 국가적으로 큰 행사들이 연속적으로 치러지면서 호텔서비스의 중요성이 표면에 나타나게 된 것도 주요 요인이라고 할 수 있다. 각급 호텔들은 모든 종업원을 대상으로 전화예절, 안내 및 접객, 용모 및 복장, 사회인의 기본매너인 웃는 방법, 인사방법, 악수방법, 소개하는 방법, 명함 주고받는 방법, 직장에서의 올바른 호칭, 대화예절 등 기초서비스 훈련을 강화하고, 고객지향적인 마인드를 고취하는데 사내교육의 초점을 맞추게 되었다. 뿐만 아니라 다양한 서비스 프로그램을 개발하여 이행해 오고 있다.

1) 호텔의 서비스 질 관리 프로그램

대부분의 호텔기업은 호텔의 서비스 질 관리를 위해 다양한 프로그램을 개발하고, 이를 실천하는데 주력하고 있다. 호텔의 경영관리를 책임지는 총지배인은 이러한 프로그램을 개발, 유지관리, 개선하는데 업무의 많은 부분을 할애하고 있다. 호텔들이 활용하는 서비스 질 관리 프로그램에는 객실설문조사, 체인호텔의 고객만족도조사, 서비스모니터링 등이 있으며, 이러한 프로그램을 개발하기 위해 서비스 벤치마킹(service bench marking), 브레인스토밍(brainstorming), 인센티브제도(incentive system) 등을 활용하기도 한다.

① 객실설문조사(60 second critics)

호텔고객이 투숙하는 동안 불편사항, 개선해야 할 점이나 칭찬해 주고 싶은 사람 또는 서비스에 대해 잠시 기록하여 프런트데스크나 당직지배인에게 제시하는 설문조사서이며 용지는 호텔 객실 내에 비치하고 있다.

② 체인호텔의 고객만족도 조사(guest satisfaction survey)

세계적인 체인호텔들은 그들의 시장 확보를 위해 부단한 노력을 기울이고 있다. 고객의 인지도(recognition)를 높여 체인의 브랜드 가치를 극대화하고 사세 확장을 위해 고객만족도 조사를 실시하게 되는데, 이의 대상으로는 객실, 식음료, 부대시설 등 하드웨어부분과, 직원의 서비스 태도 및 친절성의 소프트웨어부분, 그리고 체인에서 지원하는 다양한 고객서비스프로그램의 시스템부분 등을 평가하고, 이에 따른 고객만족도를 측정하는 프로그램이다. 시간을 내어 질문서에 답변하는 고객에게는 적절한 보상이 따르며, 봉합된 답변서는 회수 즉시 체인본부가 지명하는 각 지역 대표호텔에 보내어져 지역별로 비교분석한 결과를 각 호텔에 보내어 이를 서비스의 평가자료로 활용하게 한다.

③ 서비스 모니터링(service monitoring)

고품질 서비스에 대한 기업가 정신이 투철한 호텔은 외부 모니터링요원을 투입하여 호텔의 서비스 질을 평가받고, 이를 바탕으로 내부고객의 서비스 질 개선노력에 참고자료로 활용한다. 우리나라는 소비자단체에서 각종 생활용품의 평가를 하고, 이를 공개하기도 한다. 최근 호텔의 등급평가에도 소비자단체의 전문요원들이 참여하여 호텔의 서비스 질적 수준을 평가하는 것을 제도화하고 있으며, 이러한 제도는 향후 호텔의 서비스 질 관리에 크게 기여하리라 본다.

2) 호텔의 고객서비스 프로그램

호텔이 설정한 각종 서비스 질 관리 프로그램은 호텔의 서비스 수준을 향상시키고, 세계적 수준의 서비스를 제공하는 데 기여한 바가 크다고 하겠다. 호텔의 고객지향적인 서비스의 표준을 설정하는 과정에서 제안되고, 우리나라 호텔서비스 현장에서 실제적으로 이행되었던 서비스프로그램들은 아래와 같은 것이 있다.

① 사전서비스제도(Before Service System)

호텔은 고객이 예약을 통해 투숙하고, 호텔의 시설, 시스템, 서비스를 이용하게 된다. 이 때 고객이 필요로 하는 사항을 호텔이 미리 준비를 해 둠으로써 고객이 도착한 후 완벽한 서비스가 이루어질 수 있다. 예를 들면, 비즈니스 고객을 위한 인터넷, 노트북 및 사무용품, 낚시여행을 오게 되는 고객을 위한 낚싯배와 관련 부품, 골프고객을 위한 골프 예약과 교통예약 등을 사전에 준비하는 것은 사전서비스제도의 한 예라고 하겠다. 좀 더 넓은 의미에서 사전서비스제도는 평소 잠재고객에게 호텔의 정보를 지속적으로 전달하므로 고객이 필요로 할 때 다른 호텔보다 우선 고려 대상으로 자리매김하는 것도 사전서비스제도의 효과로 볼 수 있다.

② 하나 더 서비스제도(Plus One Service System)

이 제도는 고객이 요청한 내용에 뭔가를 하나 더 추가하여 고객의 편의를 도모하는 서비스제도로서 영국을 중심으로 유럽에서는 일찍이 제도화된 서비스 기법이다. 우리나라에서는 경주 현대호텔에서 제도화 하고, 직원교육을 통해 실천한 프로그램이다. 예를 들면, 호텔고객이 항공편을 문의하였다면 그 다음에 필요한 것은 예약과 항공권의 구입일 것이다. 고객이 필요로 하는 시기에 안심하고 다음 행선지로 이동할 수 있도록 제반 편의를 제공하므로 더 많은 서비스를 받게 된 고객은 호텔이 제공하는 서비스에 감동하게 된다는 취지의 서비스제도이다.

③ 눈높이 서비스(Eye Contact Service)

1995년도에 우리나라 어느 방송국에서 방콕의 오리엔탈 호텔이 제공하는 다양한 고객서비스프로그램을 방영하고, 이에 자극을 받은 각급 호텔들은 앞다투어 서비스 벤치마킹에 나서게 된 일이 있었다. 뿐만 아니라 우리나라 호텔 중에서 서비스가 가장 앞선다는 서울의 어느 호텔은 방콕오리엔탈 호텔의 서비스시스템을 도입하기 위해 특별팀을 구성한 일도 있었다. 그 중에 하나가 이 눈높이 서비스이었다. 이 방법은 매우 간단한 것으로 고객의 눈과 서비스 종업원의 눈이 높이가 같아야 한다는 것으로 고객의 앉은키는 종업원의 선키보다 낮게 위치되는 것은 서비스에 적절하지 않다는 매우 평범한 사고이지만 의자에 앉아 있는 고객의 눈높이를 맞추려면 서비스접점의 종업원은 꿇어앉는 모양새를 택할 수밖에 없게 된다. 이러한 서비스 방법은 문화적인 차이에서 오는 생활습관이라고 볼 수 있다. 좀 더 넓은 의미의 눈높이 서비스는 영어의 눈맞춤 서비스(eye contact service)에서 찾을 수 있다. 서양인들은 대화할 때 눈을 마주치면서 대화를 하는 것은 생활습관으로 정착되어 왔고, 이것은 대화의 기본이다.

④ 고객의 소리(want slip)

부산웨스틴조선호텔이 개발한 '고객의 소리' 프로그램은 외부고객과 내부고객이 함께 참여하는 고객만족 프로그램으로 내·외부 고객이 시설이나 서비스에 대해 불편사항이나 개선사항을 최고경영자에게 전달하는 서비스개선제도이며, 해당부서는 사안에 따라 일주일 내에 해당 안건을 개선한 후 경영진에 결과를 보고한다. 부총지배인은 추진실적을 관리하며, 이 프로그램의 책임자로서의 서비스 개선활동에 노력하게 된다. 이 제도는 시스템화되어 유지관리되고, 서비스 혁신을 이룬 제도로서 타 호텔에 파급효과가 크다. 정보통신의 발달로 오늘날에는 홈페이지 온라인에서 이러한 과정을 실시간 커뮤니케이션 할 수 있게 되었다.

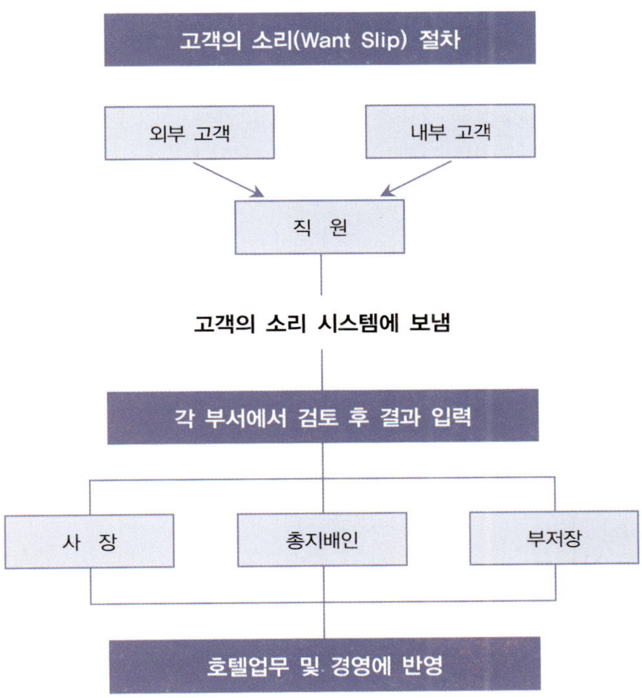

고객의 소리 센터(Guest Service Center)

월드 베스트 스마일 호텔에 대해 궁금하신 점, 불편한 점, 칭찬하고 싶은 점을 글을 남겨주시면 신속히 답변을 해드리겠습니다.

[Step 1] 궁금한 사항을 "자주하는 질문들(FAQ)"에서 찾아보세요.
[Step 2] "자주하는 질문들(FAQ)"에서 궁금증이 해결되지 않을 경우, "묻고 답하기(Q&A)"에서 문의하세요.
[Step 3] "묻고 답하기(Q&A)"에서 답을 얻지 못할 경우 운영자에게 e-mail로 문의하세요.

[Step 1] 자주하는 질문들(FAQ)

Q1	월드 베스트 스마일 호텔객실 요금은 얼마이며 예약을 어떻게 하나요?
Q2	월드 베스트 스마일 호텔의 사원 채용방법을 알려주세요.
Q3	토요일 저녁 양식 풀코스 4명 예약을 하면 비용이 얼마나 드나요?
Q4	월드 베스트 스마일 호텔에서 결혼식을 하려면 비용이 얼마나 드나요?
Q5	월드 베스트 스마일 호텔에 가는 방법을 알려주세요.
Q6	월드 베스트 스마일 호텔의 레저 스포츠 센터의 멤버십은 얼마나 하나요?
Q7	적립 Point는 어떻게 사용하나요?
Q8	월드 베스트 스마일 호텔 ↔ 공항 리무진 이용방법은?
Q9	월드 베스트 스마일 호텔은 주말 패키지가 있나요?
Q10	월드 베스트 스마일 호텔은 레스토랑 예약은 어떻게 하나요?

[Step 2] 묻고 답하기(Q&A)

묻고 답하기(Q&A)에서 원하시는 답변을 얻지 못하셨거나 또는 호텔 이용 중 칭찬하고 싶은 점, 또는 불편하신 점은 이곳에 알려주시기 바랍니다.

E-Mail 문의

[Step 3] 고객의 소리

질문 내용을 보다 구체적으로 입력해 주시기 바랍니다.

질문하기

PART 2

호텔 영업부문의 경영관리

제7장 호텔의 세일즈와 마케팅

제1절 호텔마케팅부서의 업무와 역할

1. 호텔마케팅의 의의

마케팅은 상품, 서비스, 기타 재화 등을 공급자로부터 최종 수요자에게 전달되는 과정에서 일어나는 제반 활동을 경영학적 측면에서 체계화한 것을 말한다. 마케팅의 개념은 1900년대 초 경영학에서 처음으로 주목받는 학문분야로 발전하게 되었으며, 산업사회가 발달하면서 시장 내에서 공급이 수요를 초월하자 판매 증대의 목적으로 소비자에게 가까이 가기 위해 행한 다양한 활동들을 체계화한 것이다.

호텔마케팅도 일정한 발전과정을 거쳐 왔는데, 1800년대 말 초기의 숙박산업이 수적으로 급성장하던 시기를 생산지향시대, 1900년대 초기 스타틀러에 의해 넓은 객실공간과 객실의 다양한 편의시설 확충으로 고객에게 다가간 시대를 제품지향시대, 1930년대 미국이 대공황을 겪으면서 저가격 정책에 의한 판매활동을 강화하게 되는 시기를 판매지향시대, 1960년대부터 불기 시작한 소비자운동에 기인하여 호텔서비스의 차별성을 내세워 경쟁에 돌입한 시기를 마케팅지향시대, 1980년대에 접어들면서 각 호텔들이 추구하는 표적시장을 대상으로 고객의 이익과 사회복리를 함께 추구하면서 호텔기업이 성장하는 고객지향적 마케팅시대, 1990년대 후반부터 다양한 고객에게 개별고객의 취향에 맞춰 서비스를 진행하는 서비스지향적 마케팅시대로 변천해 왔다. 현대호텔마케팅은 관광산업의 중추적인 역할을 하는 호텔기업이 고객에게 편의와 서비스를 제공하기 위한 제반 활동을 수행하는 과정에서 일어나는 다양한 경영관리업무에 대해 기획하고, 촉진하고, 홍보하는 과정을 체계화한 것이다. 호텔의 마케팅활동은 호텔기업이 얻고자 하는 고객의 기대치를 넘어서는 가치를 창출하고, 이를 위한 표적시장을 선택하며, 이러한 표적시장에 알맞은 서비스상품, 가격, 유통경로, 촉진활동 등의 마케팅 믹스를 개발하여 이행하는 것에서 의의를 찾을 수 있다. 호텔마케팅에 영향을 주는 주요 요인으로 호텔의 위치, 호텔의 외관과 시설, 호텔이 제공하는 서비스의 질적 수준, 호텔의 이미지 등이 있으며, 호텔이 제공하는 상품과 서비스, 이미지 등에 따라 가격이 결정되게 된다. 따라서 호텔은 좋은 위치, 좋은 시설, 좋은 서비스, 좋은 이미지, 적절한 가격을 전략화 할 때 경쟁 우위에 있을 수 있게 된다.

2. 호텔마케팅부서 업무 내용과 조직

호텔마케팅의 업무흐름은 호텔의 이미지 향상과 재무적 성과를 위해 호텔경영관리를 책임지고 있는 총지배인과 마케팅을 담당하는 마케팅 임원의 업무 스타일에 따라 유연성을 갖게 되지만 대부분의 체인호텔들은 체인본부의 경영방침에 의해 마케팅부서가 함께 보조를 맞춰 업무를 추진하게 된다. 신설호텔은 호텔이 설립되면서부터 마케팅 계획을 수립하고, 일정부분의 홍보와 광고를 집행하게 된다.

일반적으로 마케팅부서는 하반기에 접어들면서 다음 해의 마케팅계획서 작성에 착수하게 되는데, 업무의 주된 내용은 다음과 같다.

1) 호텔마케팅의 업무 내용

- 마케팅 계획서 작성 및 계획에 의한 영업결과 분석 보고
- 관광시장조사
- 가격전략 수립
- 마케팅 비용관리
- 판매촉진전략 수립 및 집행
- 광고전략 수립 및 집행

- 다양한 패키지 디자인 및 판매
- 지역사회와 교류 및 홍보 활동

2) 마케팅부서의 조직

호텔의 마케팅부서는 마케팅 프로그램이 계획되기 전부터 적절한 경영관리자와 사무절차, 구성원의 편제, 판매활동방법 등이 규명되는 것이 필요하다. 앞서 밝힌 바와 같이 호텔의 경영관리조직은 그 호텔이 처한 여러 가지 요인에 의해 조직되며, 이러한 요인으로는 호텔의 소유형태, 경영형태, 규모, 입지, 경쟁적 상황, 호텔의 목표와 목적, 객실 점유율과 객실형태, 시장의 규모와 범위, 회의와 행사, 판촉활동, 그리고 가능한 예산 등에 의해 결정된다. 대부분의 대규모 호텔은 마케팅담당 임원, 마케팅 기획부서, 판촉부서, 홍보 및 광고부서로 구성되어 있으며, 간혹 객실예약부서와 케이터링예약부서가 마케팅에 소속되는 경우가 있다. 최근에는 각 체인호텔들이 효율적인 객실요금정책을 추진하기 위해 객실수익률관리(yield management)를 제도화하고, 매출관리지배인(revenue manager)를 마케팅부서에 소속시키기도 한다.

① 세일즈와 마케팅 담당임원(Director of Sales and Marketing) : 최고 경영층의 경영관리자이고, 마케팅업무를 총괄한다.

② 판촉부서장 : 판촉부서의 업무를 관장하며, 호텔의 규모에 따라, 담당하는 회사 및 여행사 등에 따라 책임범위가 정해진다. 해외사무소, 지역판매사무소 등에 파견된 판촉지배인의 업무를 총괄한다.

③ 판촉과장 또는 판촉지배인 : 거래처별로 할당된 업무를 이행하며, 주로 회사(corporate or volume corporate), 컨벤션(convention), 여행사(tour agent), 지역별 사무소(regional office) 등으로 할당된 영역에서 영업활동한다.

④ 케이터링 판촉지배인 : 매출의 규모가 상대적으로 큰 각종 회의, 결혼식, 가족연 등 연회부분의 판촉을 담당하는 판촉지배인이다.

⑤ 매출관리지배인 : 효율적인 객실요금정책을 추진하기 위해 객실수익률관리(yield management)를 담당하는 매출관리지배인(revenue manager)을 마케팅부서에 두

기도 한다.

⑥ 홍보부서장 : 홍보 및 광고부서의 업무를 총괄하며, 호텔의 규모에 따라 담당하는 역할의 범위가 다를 수 있지만 홍보와 광고에 전문성을 가진 중요한 보직이다.

⑦ 홍보담당 지배인 : 호텔이 보유한 제반 서비스상품을 대외에 알리고, 지역사회와 연계된 각종 행사를 주관하며, 매스컴과 관련된 커뮤니케이션의 창구역할을 한다.

⑧ 광고담당 지배인 : 호텔의 규모에 따라 지배인 또는 담당원이 배치되는데 어떠한 형태로든 호텔의 광고를 책임지게 된다.

⑨ 그래픽 디자이너 : 각종 홍보책자(brochure), 전단지(flyer), 매뉴(menu), 행사안내서 등의 그래픽을 담당하는 사원

⑩ 텔레마케팅 지배인 : 객실, 식음료, 부대시설의 회원 확보나 각종 프로모션을 홍보하기 위해 텔레마케팅팀을 운영하기도 한다. 이러한 업무를 관장하는 지배인을 두게 되는데, 요즘은 외부 용역계약에 의한 팀이 구성되고, 감독은 호텔의 마케팅부서 지배인이 담당하기도 한다.

⑪ 판매비서 : 이들은 판촉지배인의 외부활동을 내부에서 지원하며, 각종 서류를 관리하고, 메시지를 전달하는 업무를 수행한다.

⑫ 임원비서 : 마케팅담당 임원의 스케줄관리가 주된 업무이며, 각종 행정을 지원한다.

3. 호텔마케팅부서의 역할

호텔시장에서 직·간접적으로 경쟁자가 없는 호텔은 있을 수 없다. 고객은 호텔을 선택할 때 동일시장 내에 있는 몇몇 호텔을 나름대로 비교하여 본인에게 조건이 유리한 호텔을 선택하게 된다. 뿐만 아니라 호텔의 규모나 위치가 비슷하다고 하더라도 고객들에게 모든 호텔이 질적으로 같은 지지를 받지 못하는 것 또한 사실이다. 호텔시장에서는 호텔의 위치, 규모, 지향하는 경영철학, 유치하고자 하는 고객에 따라 선택하는 고객의 성향과 고객의 지불규모가 달라질 수 있다. 리조트 지역의 대규모 호텔이 골프장, 테니스장, 승마장, 수영장, 놀이공원, 카지노 등을 갖추고, 주변에 자연경관이 뛰어난 관광지 또는 해수욕장 등이 있다면 주말, 휴일, 방학 때 찾는 고객이 많을 것이며, 국제 비즈니스 도시의 도심에 위치한 호텔이 컨벤션시설과 비즈니스

고객에게 적합한 귀빈층(executive floor), 비즈니스센터, 헬스, 사우나, 쇼핑센터 등을 갖추고 있다면 주중, 봄가을 비즈니스 시즌, 대규모 국제행사와 이벤트가 몰려드는 시즌에 많은 고객을 유치하게 될 것이다. 위의 두 가지 경우를 보게 되면 고객의 수요와 호텔의 공급능력이 일치하거나 비슷할 때 고객유치가 이뤄지게 된다.

최근에는 전사적 마케팅이라는 용어가 말 하듯이 전 구성원이 세일즈와 마케팅에 관여하게 되고, 마케팅측면에서 고객관리와 내부고객관리도 함께 추진하고 있는 호텔들이 많아지고 있다. 이는 마케팅 학자 사세르가 "판매 없이는 기업도 없다(without sales, there can be no business)"라고 하는 말이 현실적으로 나타나는 것과 같이 호텔기업에도 마케팅의 중요성을 나타내고 있는 것 같다. 호텔마케팅은 호텔의 형태, 규모, 경영구조, 마케팅부서의 조직구조 등에 따라 부서의 구성원, 담당하는 업무와 범위가 정해지게 된다. 세일즈와 마케팅의 업무를 엄격히 구분할 필요는 없지만 마케팅은 세일즈 부서가 관장하는 지역별, 고객별, 상품별 판매활동을 포함하면서 보다 폭 넓은 시장활동으로 시장조사, 고객분석, 마케팅 계획을 입안하고 평가하는 마케팅 기획, 각종 대중매체와 홍보기획을 담당하는 홍보부서 등을 포함하게 된다. 이부서는 마케팅담당 임원(DOSM : Director of Sales and Marketing)이 세일즈와 마케팅을 함께 관장하게 되고, 전반적으로 마케팅부서장의 업무는 이러한 수요를 과학적으로 분석하고, 당해 호텔에 적합한 고객을 적극적으로 유치하여 호텔의 객실, 식음료, 연회, 부대시설 등의 공간과 호텔의 서비스 판매를 극대화 하는 것을 주된 업무로 하게 되는 것뿐만 아니라 고객과 시장을 개척하고, 호텔을 대표하여 고객들과의 좋은 관계를 유지하며, 호텔의 전반적 수익률 관리에 노력하며, 담당부서의 구성원들에게 훌륭한 리더십을 발휘하여 멋진 직장을 가꿔가는데 있다. 마케팅부서의 주요 구성원들의 역할은 다음과 같다.

1) 마케팅부서 책임자

판매와 마케팅 기능은 호텔경영의 모든 면에 크게 영향을 미치기 때문에 마케팅담당 임원의 책임과 의무는 광범위하고 다양하다고 하겠다. 마케팅부서의 책임자는 성실하고, 근면하고, 사교적이며, 창조적이고, 솔선수범하는 업무자세와 인간적인 면이 돋보이는 사람이어야 한다. 또한 그는 최고의 판매원이면서 호텔경영관리, 호텔의 잠재시장, 호텔의 서비스상품에 대한 정통한 지식을 가지고 있어야 한다. 마케팅담당 임원은 총지배인 아래의 마케팅과 판촉부문의 경영관리자이고, 총지배인에게 보고할 책임이 있다. 그리고 판매와 촉진 프로그램을 계획하고 과거의 판매활동에 대한 통계의 편집을 감독하고, 미래의 판매를 예측한다. 이렇게 마케팅 경영관리자에게 요구되는 다양한 의구를 수행하기 위해 필요한 자격을 갖춘다는 것은 매우 어려워 보이지만 전문가의 소양을 닦아 수행할 수 있다. 특히 마케팅담당 임원은 다양한 행사에 자주 참석하게 되며, 이를 즐길 수 있는 마음가짐을 가져야 한다. 호텔이 위치한 지역에서 지역사회의 이벤트, 모임, 축제 등을 주도적으로 이행하는 것은 마케팅활동에 매우 중요한 부분이다. 또한 호텔이 위치한 지역이 관광목적지, 비즈니스목적지가 될 수 있도록 타 도시나 주변 국가를 대상으로 홍보활동을 주도하는 것은 지역발전과 호텔의 발전을 함께 도모하게 되어 매우 바람직한 일이 되기도 한다. 특히 마케팅 책임자가 이러한 활동에 참여하는 것은 호텔의 다양한 활동을 홍보하는 기회가 되고, 지역의 단체, 기관을 대상으로 서비스 리더십을 발휘하는 계기가 된다. 호텔이 지역사회에서 격식을 갖추면서 판촉활동의 영역을 넓혀 가는 방법은 마케팅부서의 주요 구성원이 나름대로 지역사회의 다양한 조직과 적극적으로 교류하는 것이다. 평소 업무의 중심에 두어야 할 사항으로, 첫째 호텔 서비스상품의 특징 및 품질 연구, 둘째 호텔 서비스상품을 제공 판매하는데 이용될 수 있는 도구와 수단 개발, 셋째 인간경영의 경험과 지식보유, 넷째 원만한 성격과 품위 있는 행동, 다섯째 국제 매너와 에티켓에 능숙한 전문인이 되어야 한다.

2) 마케팅 기획자

호텔마케팅은 광고업무, 판매촉진, 대중관계, 홍보업무, 프로모션 등의 다양한 업무가 복합적으로 이뤄지게 된다. 이러한 업무를 사전에 기획하고, 사후에 분석하는 업무를 담당하는 부서가 마케팅 기획부서이다. 호텔산업은 객실, 식음료, 연회, 부대시설과 같은 유형상품과 안락함, 편리함, 분위기, 매력과 같은 무형상품이 결합되어 호텔의 서비스상품을 이루므로 상품화 단계인 마케팅 기획의 중요성은 실무현장에서 느낄 수 있다.

3) 판촉지배인

판매촉진활동은 잠재고객에게 특정한 상품이나 서비스를 구매하도록 하는 활동이다. 즉 호텔 외부에 있는 잠재고객을 유치할 수 있도록 인적 접촉이나 매체광고를 통한 외적 활동이나 또는 고객이 호텔 내에서 부가적인 품목이나 서비스를 구입하도록 고무시키기 위한 내적 제 활동을 포괄한다. 호텔의 세일즈 부서(sales department)는 규모에 따라, 시장의 환경에 따라 많은 인원을 배치하게 된다. 주로 판매촉진활동에는 지역별, 고객의 방문목적별, 상품별로 담당분야를 할당하기도 한다. 흔히 지역별로는 미주지역, 유럽지역, 아시아 · 태평양지역, 오세아니아지역, 아프리카지역 등으로 구분하며, 작게는 일본의 동경지역, 큐슈지역, 중국의 상해지역, 북경지역, 한국의 시도별로 구분하여 담당자를 두게 된다. 고객의 방문 목적별로는 비즈니스별 또는 레저 · 관광객별, 상품별로는 객실, 식음료, 컨벤션 및 연회, 부대영업별로 판매촉진의 진용을 갖추게 된다. 이들은 고객의 데이터베이스를 활용하여, 고객사(business account)별로 관리를 하게 되고, 이를 DOSM에게 주기적으로 보고하게 된다.

호텔의 형태, 고객, 서비스 형태 등에 의해 판매촉진의 역할과 인력을 배분하게 된다. 이를 구분하게 되는 방법으로 상품 및 서비스, 고객의 성향, 유통채널 등으로 구분하게 된다.

(1) 호텔서비스상품에 따른 인력 구조

판촉지배인의 역할을 살펴보면, 연회부분의 판매가 매우 힘들다는 것을 알 수 있다. 판촉지배인은 눈에 보이지 않는 상품을 잠재고객에게 판매를 하게 되므로 각각의 전문 분야에 뛰어난 사람을 고용하거나 전보 배치하게 된다. 즉 객실 단체객(group guest rooms), 컨벤션(convention), 회의(conference and meetings), 연회 및 이벤트(catering and events), 결혼식 또는 가족모임(wedding and family gatherings) 등으로 구분하여 전문성 있는 영역에서 보다 강력한 판촉 활동을 구사하는 방법이다.

(2) 고객의 성향에 따른 인력 구조

대부분의 호텔들은 객실을 이용하는 고객의 성향, 즉 누가 우리의 서비스상품을 구입하는가에 따라 고객을 구분하고, 판촉활동을 추진하게 된다. 이것은 호텔의 시장세분화에 기초하여 업무를 분담하는 것이 보편적인 업무분담 방법이라고 할 수 있다. 즉 비즈니스고객(corporate account), 레저관광객(leisure travelers), 장기투숙객(long-term stay) 등으로 구분하고, 이용고객의 세분시장이 큰 부분과 중요도에 따라 인력을 배분하는 방법이다.

(3) 유통채널에 따른 인력 구조

미팅 & 컨벤션 기획자(meeting and convention organizer), 여행사(travel agents), 개별단골고객(consortia), 예약 없는 고객(walk-ins), 인터넷고객(internet) 등으로 세분시장에 의해 분류하게 되지만 회의 기획사, 여행사, 인터넷, 개별단골고객 등은 세일즈 지배인의 활동분야가 매우 다를 수 있고, 예약 없이 찾아오는 고객은 호텔의 명성과 상당한 연관이 지어진다.

4) 홍보책임자

호텔의 홍보는 호텔기업의 외부고객, 내부고객, 지역사회, 협력업체, 경쟁사, 언론 및 일반대중과의 관련성을 갖게 되며, 호텔기업이 계속적으로 추구하고자 하는 전체적인 이미지를 부각시키는 업무를 추진하게 된다. 보편적으로 대규모 호텔에는 홍보를 담당하는 부서가 마케팅부문에 소속되어 있고, 이 분야에 전문성이 있는 사람으로 보직을 하게 된다.

5) 광고책임자

호텔의 광고는 호텔이 보유한 서비스상품의 가치를 현재의 고객과 잠재고객에게 판매 메시지(sales message)를 통해 전달할 목적으로 구입하게 되는 시간과 공간의 이용을 말하며, 호텔의 경영관리자는 다양한 채널을 통해 수집한 정보를 바탕으로 상황을 분석하고 고객관리에 깊은 관심을 가지게 되며, 분석된 내용을 토대로 시장 내에서의 현재위치, 시장점유율, 광고효과 등을 파악할 수 있게 된다. 광고책임자 또한 전문영역에서 활동한 경험이 많거나 그렇지 않으면 외부의 전문업체가 맡아서 진행하는 경우도 있다.

6) 매출관리지배인

최근 국제적인 체인호텔들이 앞 다투어 객실매출관리를 보다 과학적으로 이행하기 위해 객실수익률관리시스템(yield management system)을 가동하고, 이를 담당하는 지배인을 보직하고 있다. 웨스틴 호텔과 리조트(The Westin Hotels & Resorts)는 예약과를 객실부서에서 마케팅부서로 옮기고, 그 기능을 확대하여 매출관리를 전담하는 지배인(revenue manager)를 두고 있다. 매출관리지배인은 호텔의 과거 매출추세를 바탕으로 일별, 월별 적정한 객실 평균요금을 예측하고, 예측된 객실 평균요금을 유지하기 위해 판촉지배인, 객실부서장, 예약지배인과 함께 공동 노력하여 목표를 달성하게 된다. 이러한 객실수익률관리시스템은 체인호텔들이 제공하는 과학적인 경영관리기법으로 점점 확대되어 가는 추세이다.

제2절 호텔마케팅의 STP전략

호텔의 마케팅전략은 우선 시장과 관련된 정보를 수집하고, 해석하고, 분석하여 시장전략을 수립하여 호텔기업의 성장과 이익창출을 위해 활용하게 된다. 호텔이 서비스상품의 판매활동을 위해 일정한 기준에 따라서 시장을 나누는 작업을 시장세분화(market segmentation)라고 하며, 세분화된 시장을 가장 잘 공약할 수 있도록 합당한 목표시장을 선택하여 호텔이 보유한 마케팅 역량을 최대한 발휘하여 시장에 침투하는 것을 시장표적화(market targeting)라고 한다. 호텔의 서비스상품이 고객에게 어떻게 인식되고, 평가되는가, 고객은 어떻게 인식하고 있는가를 파악하여 호텔이 바라는 위치에 정착시키는 과정을 시장위치화(market positioning)라고 한다. 시장은 잘 계획되고, 활동적인 판촉활동을 통해 우호적 지위를 확보할 수 있지만 경제적으로 요구를 만족시킬 수 없는 세분시장은 광고와 홍보에 의해 도달할 수 있다. 호텔기업은 시장조사 활동에서 그 시장의 소득, 성별, 교육수준, 연령, 여행목적, 국적 등을 파악하므로 보다 현실성 있는 광고 및 홍보 캠페인을 고안할 수 있다.

시장세분화	시장표적화	시장위치화
• 시장세분화 기준 확인 • 시장세분화 작업 • 세분시장의 프로파일 개발	• 세분시장의 매력도 측정 • 표적 세분시장의 선정 • 선정된 시장 공략	• 표적시장별 최적의 위치 선정 • 표적시장별 마케팅믹스 개발

[그림 7-1] STP 전략 추진단계

1. 호텔마케팅의 세분화 전략

호텔의 시장세분화는 고객을 일정한 기준에 따라 분류하는 것을 말하며, 목표시장 선정을 위해 세분화된 시장의 고객특성에 따라 그들의 욕구와 요구, 구매행동, 구매방법을 파악하고, 유사한 특성을 지닌 그룹을 모아 군집화하여 마케팅 성과를 극대화하게 된다. 이러한 과정을 시장세분화(market segmentation)라고 하며, 호텔의 시장세분화는 보편적으로 여행목적별, 지역별, 상품별로 구분하여 각 세분시장별 전담 판촉지배인이 담당하여 영업활동을 전개하게 된다.

일반적으로 관광마케팅의 시장세분화는 방문객을 지리적 기준, 인구통계적 기준, 심리적 기준, 소비자 행동적 기준, 여행목적 기준으로 나누며, 지리적 기준으로는 국가, 지역, 도시, 인구밀도 등으로 구분하고, 호텔이 위치한 지역에서 지리적으로 가깝거나 국제 비즈니스 거래가 많은 도시를 중심으로 세분시장을 형성한다. 이러한 시장은 고객이 예약을 할 때 주소, 전화번호, 회사 등 고객정보를 호텔시스템에 입력하면서부터 알 수 있고, 이는 당일 투숙객의 지리적 세분화 보고서(Guest segmentation report by geography)에 의해 쉽게 알 수 있다. 인구통계적 기준은 호텔이용고객의 연령, 교육수준, 성별, 직업, 소득, 가족수, 국적 등으로 구분하는 것으로 연령, 성별, 직업, 국적은 투숙등록카드에 의해서, 나머지 정보는 고객설문을 통해서 파악이 가능하다. 심리적 기준은 고객의 개성, 사회계층, 라이프스타일, 태도, 이용 동기 등으로 구분하고, 특히 사회계층과 라이프스타일은 호텔선택속성에 매우 큰 영향을 미치게 되며, 호텔이 바라는 고객층을 유치하는 기준이 된다. 사회적으로 존경받고, 경제적 능력이 충분하여 호텔이용을 생활의 일부분으로 여기면서 자주 이용하는 고객이 많으면 호텔의 이미지와 영업은 크게 호전될 것이다. 행동적 기준으로는 구매상황, 품질, 여행객 지위 등이 있고, 이 세분시장은 호텔서비스 상품에 대해 고객의 지식, 태도, 사용방법 등의 반응정도를 바탕으로 고객을 구분하게 되며, 호텔을 이용하는 데 특별한 성향과 욕구를 보이게 됨을 중요시한다. 신혼부부, 골프여행 등은 호텔의 부대시설, 주변 환경, 객실 분위기 등에 더욱 관심이 있음을 알 수 있다. 여행목적 기준에는 비즈니스, 관광, 친지방문, 단체여행, 개별여행 등이 있다.

주요 체인호텔들의 세분시장은 다음과 같이 구분하고 있다.

주요 체인호텔의 세분시장

- 개별 고객
  - 정규요금(full rate and walk-ins)
  - 계약회사(volume corporate)
  - 개별단골고객(consortia)
  - 레저 여행객(leisure)
  - 패키지(package)
  - 인센티브 여행(incentive tour)
  - 신혼여행객(honeymooner)
  - 장기투숙객(long-term staying guest)
  - 인터넷 예약(internet reservation)
  - 기타(others)
- 단체고객
  - 여행사 관광객(travel agents)
  - 컨벤션 단체(convention and visitors bureau)
  - 회의 주최자(meeting planners)
  - 기타(others)

2. 호텔마케팅의 표적화 전략

세분화된 각각의 시장은 현재와 미래의 상황을 바탕으로 기회요인과 위협요인을 파악하고, 호텔의 이미지와 재무적 성과를 위해 집중 공략할 시장을 선정하는 과정을 표적화(targeting)라고 한다. 표적화는 향후 표적시장에 알맞은 마케팅믹스를 개발하여 시장에 침투하는 전 단계의 역할을 하게 된다. 마케팅담당 임원은 세분화된 시장을 평가하기 위해서 세분시장의 규모와 매력성을 파악하고, 마케팅관리자가 특정시장에서 고객정보를 자동적으로 환류(feedback)시켜 시장 활동을 원활히 할 수 있도록 가장 좋은 시장 환경을 지속시켜 나가야 한다. 호텔이 세분시장을 표적화 하는 것은 특정세분시장이 경쟁시장 내에서 차별성을 가지고, 경쟁에서 이길 수 있다는 판단을 전제로 선정하게 된다.

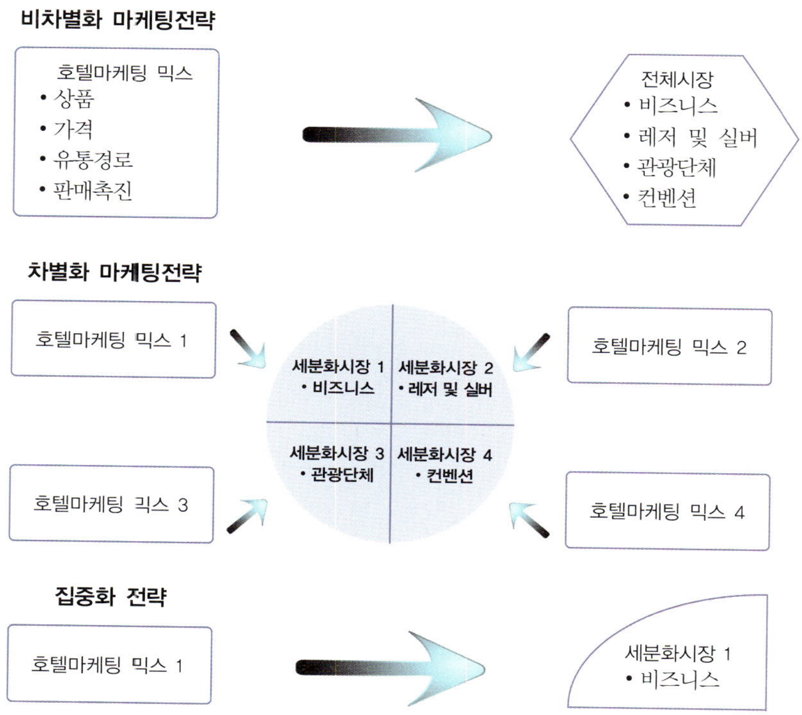

[그림 7-2] 호텔의 시장 표적화 전략 구도

호텔마케팅은 표적화한 시장을 바탕으로 마케팅력을 집중하여 공격적 침투전략을 펴는 방법으로 첫째, 전체시장을 하나의 세분시장으로 보고 마케팅믹스를 개발하게 되는 비차별화 마케팅전략이 있고, 둘째, 차별화된 세분시장을 대상으로 각각의 마케팅믹스를 개발하여 시장에 침투를 하게 되는 차별화 마케팅전략이 있으며, 셋째, 각각의 세분시장에서 자사에 가장 적합한 단일시장을 선택하여 이를 집중적으로 공략할 수 있도록 마케팅믹스를 개발하는 집중화 마케팅전략이 있다.

비차별화 마케팅전략, 차별화 마케팅전략, 그리고 집중화 마케팅전략을 구사하는 데는 각각의 장점과 단점이 있으며, 이는 자사의 마케팅 능력의 강점과 약점, 기회와 위협요인을 충분히 감안하고, 경쟁호텔과 거시적 환경을 분석한 후에 선택하여 마케팅력을 구사해 나가야 실패할 확률을 줄일 수 있다. 즉 비차별화 마케팅은 전체를 단일시장으로 보고, 한 가지 프로그램에 광고 및 홍보를 집중적으로 진행하게 되므로 비용절감은 가능하지만 호텔이 바라는 사회계층, 라이프스타일, 여행목적에 맞는 고객집단을 유치하는 데는 한계가 있다. 이러한 전략은 300~500실 규모의 대규모 호텔에서 사용할 수 있는 전략으로 볼 수 있다. 차별화 마케팅전략은 2개 이상의 세분시장을 택하여 각각의 세분시장의 특성에 적합한 전략을 구사하게 되므로 마케팅 비용이 많이 투입되어야 한다. 그러나 다양한 고객의 욕구와 요구에 부응하고, 보다 많은 세분시장에서 고객을 유치하게 되므로 매출 증대에 도움을 줄 수 있다. 이러한 전략은 800실 이상의 초대규모, 체인호텔들이 구사하는 전략이라고 할 수 있다. 마지막으로 집중화 전략은 100여실 내외의 중소규모 호텔이 시장을 선택과 집중이라는 전략적 경영에 의해 마케팅을 공략하는 방법이다. 이는 최적의 마케팅을 개발했을 때 가장 안정된 경영관리를 할 수 있지만, 시장 내에 강력한 신규 경쟁자가 진입하게 될 경우, 또는 시장상황이 갑자기 변화할 경우, 치명적인 피해를 입을 수 있다. 특히 특정 국가, 특정 비즈니스, 특정 단체고객을 주 고객으로 마케팅을 강화하다가 갑작스런 시장상황의 변화로 도산에까지 이르는 호텔들도 흔히 있음을 알 수 있다.

3. 호텔마케팅의 위치화 전략

호텔 마케팅에서 위치화 전략은 시장세분화전략, 시장표적화 전략과 더불어 마케팅전략의 3가지 전략의 기본을 이루고 있다. 시장이 세분화되고, 표적화된 시장에 적합한 마케팅믹스를 개발하여 침투하는 과정에서 고객의 마음속에 심어진 호텔의 서비스상품의 다양성과 품위, 가격의 적절성, 유통 단계의 신뢰성, 촉진 수단의 역동성, 광고 및 홍보의 윤리성, 품격 있는 호텔의 이미지 등은 타 호텔과의 비교에서 돋보이게 되는 요인들이다. 최근 대중화 되고, 대규모 체인화된 호텔들은 치열한 경쟁 속에 경영관리되고 있어서 호텔은 고객유치에 보다 더 적극적인 자세와 서비스상품 차별화를 달성하지 않으면 안 되게 되었다. 따라서 호텔은 그 호텔의 서비스상품이 고객에게 어떻게 인식되고, 평가되고 있는가, 고객은 어떻게 인식하고 있는가를 파악하는데 다양한 과학적인 방법이 동원되어 정교한 분석의 도구를 제공하기도 한다.

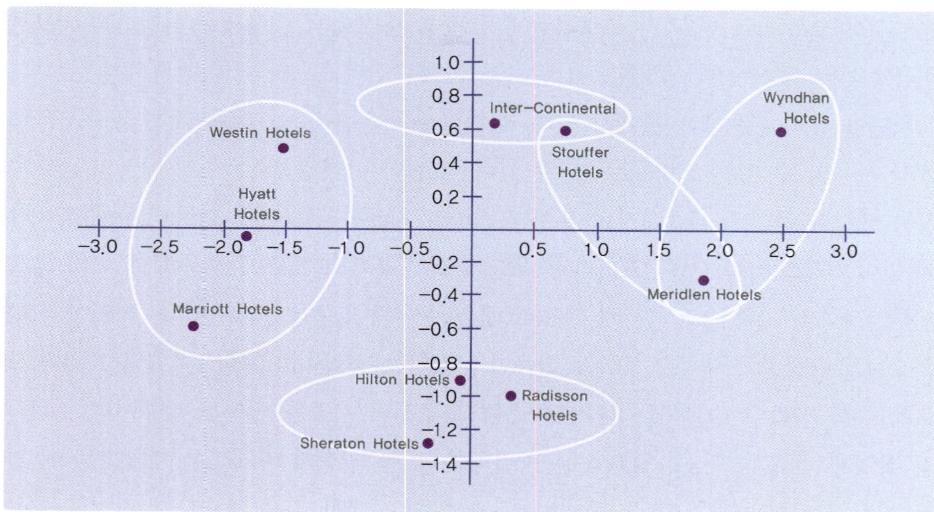

[그림 7-3] 포지셔닝 맵

평소 고객이 특정 호텔을 평가하고, 지각하고, 마음속에 그 위치를 그리고 있는 것을 시장위치화라고 한다. 즉 경쟁호텔과 비교해서 고객에게 어떻게 인식되고 있는가 하는 객관적이고, 상대적인 시장위치가 포지셔닝(positioning)이라고 할 수 있다. 호텔의 속성에서 볼 수 있는 상표의 의미, 가격정책, 서비스상품의 내용, 이용고객의 구성, 이미지 등이 포지셔닝 기준이 될 수 있으며, 이를 가장 이해하기 쉬운 수단으로 포지셔닝 맵(positioning map)으로 나타낼 수 있다.

호텔이 시장에서 바람직한 위치화를 하지 못하면 언제든지 다른 경쟁호텔들로부터 공격을 받을 수 있고, 궁극적으로 고객으로부터도 외면을 당하게 된다. 호텔이 경쟁시장에서 확실하게 위치를 굳히고 있다면 다른 호텔의 모방이나 진입으로부터 자신을 보호할 수 있고, 확보한 서열이나 위치를 유지 또는 발전시켜 나갈 수 있다. 호텔이 위치화 전략을 구사해야 하는 가장 큰 이유는 위치화를 통해 확인된 메시지를 커뮤니케이션 하므로 선택적 지각이라는 고객인지에 쉽게 부합될 수가 있고, 경쟁이 치열한 상황에서 차별적 이미지를 구축하므로 시장 내에서 상표충성도를 확보할 수 있다. 또한 광고홍수로 혼란을 느끼는 소비자들로부터 선택적 주의를 끌 수 있다.

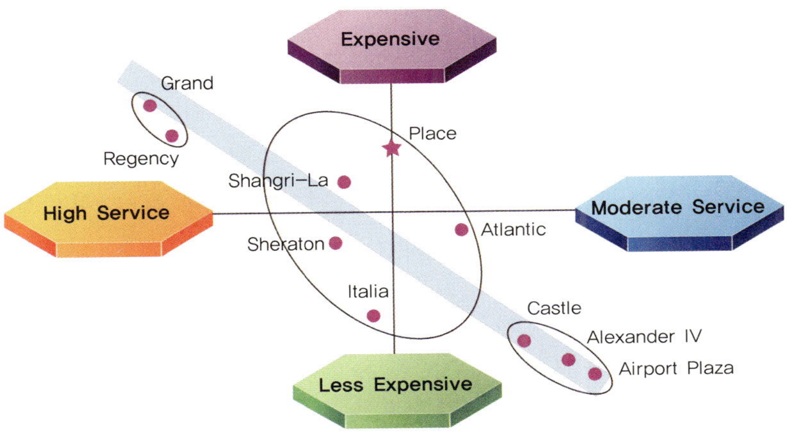

[그림 7-4] 시장 재위치화

호텔 마케팅에서 자사 서비스상품을 성공적으로 위치화시키기 위해서는 먼저 당해 호텔이 경쟁에 있는 브랜드가 상호 어떠한 위치에 있는지를 파악해야 한다. 이를 위해 먼저 호텔 이용고객이나 일반 소비자를 대상으로 시장조사를 하며, 이러한 단계를 거쳐 파악된 위치를 호텔경영관리의 목적과 목표에 맞게 현재의 위치에서 이동시켜 나가는 방법을 택하게 된다. 어느 방향으로 이동하는 것이 호텔의 이미지를 높이고, 경쟁력을 강화하는 데 가장 바람직한지 방향을 잡고, 이에 따른 마케팅믹스를 개발하여 시장에 침투하여야 할 것이다. 즉 호텔 서비스상품의 디자인, 가격의 조정,

유통경로의 변화, 촉진활동의 활성화 등으로 재위치화(repositioning)를 해 나갈 수 있다. 성공적인 재위치화는 당해 호텔이 보유한 시장지위의 강점과 약점, 기회와 위협요인을 면밀히 분석하여 경쟁사에게 앞설 수 있는 전략을 수립하여야 가능하게 된다.

제3절 호텔마케팅의 믹스전략

호텔마케팅의 경영관리자는 호텔의 서비스상품분석, 시장분석, 잠재고객분석, 경쟁호텔분석, 고객선호도 조사 등을 통해 고객유치에 만전을 기하게 된다. 더불어 개별고객, 단체고객, 또는 컨벤션 고객 등에게 적합한 수준에서 객실, 식음료, 부대시설 영업을 촉진하기 위하여 위와 같은 분석에 입각한 실행계획을 수립하고 이를 수행하게 된다. 이 때 설정된 세분시장별로 구성해야 할 호텔서비스상품, 세분시장별로 적용해야 할 가격, 세분시장별 활용하게 되는 유통경로, 매출증진을 위해 사용하게 되는 광고, 홍보, 인적판매 등의 촉진수단 등을 정하게 된다. 이러한 전략적 계획을 수립하게 되는 단계를 마케팅믹스전략이라고 한다.

마케팅믹스의 개념은 1950년대 초 보던(Borden)에 의해 제안되었으며, 그는 기업의 경영관리자가 기업의 수익성과 효율성을 제고하기 위해서는 건전한 마케팅요소들을 분석하고, 이를 경영관리에 활용해야 한다고 주장하였다. 이러한 주장은 맥카시(McCarthy) 교수에 의해서 4P(product, Price, Place, Promotion)의 개념으로 정리되어 지금까지 널리 활용되고 있다. 그 후 여러 학자들에 의해 4P's의 개념이 더 확대되어 모리슨(Morrison) 교수는 종업원(person), 패키징(packaging), 프로그램(program), 제휴 또는 참여자(participants)를 포함하여 8P's를 주장하였고, 매킨토시(McIntosh) 교수는 상표, 상품, 가격, 유통구조, 광고, 판매, 이미지, 적시성, 패키지, 공중관계 등 10가지 요소를 주장하였다. 서비스마케팅 분야에서 마케팅믹스를 체계화한 학자는 붐스와 비트너(Booms & Bitner)로서 4P's 상품(product), 가격(price), 유통(place), 촉진(promotion)에 3P's 참여자(participants), 물리적 증거(physical evidence), 서비스 조립과정(process of service assembly)을 추가하여 7P's를 주장하였다.

1. 호텔마케팅의 서비스상품전략

호텔의 서비스상품은 호텔이 제공하는 유형, 무형의 제공물로 구성되어 있다. 호텔의 주상품은 하드웨어, 시스템, 소프트웨어로 구성되어 있으며, 건물, 인테리어, 객실, 식음료, 부대시설, 주변경관 등과 같은 하드웨어와 호텔의 고객서비스지향적인 경영마인드, 경영방침, 각종 제도, 규칙, 규정, 절차 등은 물론이고, 고객서비스를 위해 설치된 각종 전산시스템, 안전장치, 서비스매뉴얼 등이 시스템웨어로서 가치를 발하며, 고급스런 서비스를 제공할 수 있는 양질의 인적자원은 소프트웨어로 호텔서비스상품의 구성요소가 된다. 보다 중요한 것은 이러한 것들을 제때 고객의 기대에 맞게 공급할 수 있는 능력을 호텔의 서비스상품이라고 말할 수 있다. 호텔서비스상품의 핵심가치는 고객에게 제공하는 호텔로서의 안락감, 편안함, 청결성, 안전성, 고급스러움 등이라고 할 수 있다. 고객이 많은 돈을 지불하는 데는 충분한 이유가 있고, 여기에 잘 부응하는 상품화 전략이 돋보이게 된다. 호텔이 시장에서 지위를 확보하고, 지속적인 성장을 이루기 위해서는 주 상품을 차별화하고, 각 세분시장에 적합한 서비스상품의 개발을 시도하여야 한다. 앞서 제시한 시장세분화에서 보듯이 비즈니스고객을 위한 호텔서비스상품과 단체관광객을 위한 호텔서비스상품이 다르게 구성되어야 하고, 단체관광객이라 할지라고, 미주지역 거주인과 동양지역 거주인은 생활습관에 따라 객실 선호도가 다르게 형성되며, 같은 동양인이라도 일본인을 단체관광객을 주력 시장으로 하는 호텔과 중국인을 단체관광객을 주력시장으로 시장을 세분화하는 호텔은 객실에 비치하는 가구와 비품, 편의품 등에도 차별화된 서비스상품 전략을 세워야 할 것이다. 웨스틴호텔 체인이 개발한 게스트오피스(guest office)는 호텔의 객실을 업무공간과 휴식공간의 역할을 복합적으로 하게 되어 비즈니스고객의 유치에 수월성을 제고 하였고, 메리엇과 홀리데이인 체인은 호텔식 아파트를 개발하여 장기투숙객에게 편의를 제공하게 되고, 포시즌 호텔은 객실 편의품을 매우 고급스럽게 디자인하고 질적 수준을 제고하므로 호텔의 상품 이미지를 높였으며, 하얏호텔 체인이 개발한 컨시에이지 클럽 프로그램과 노년층 프로그램 등은 호텔서비스상품의 개념을 향상시킨 사례들이다.

2. 호텔마케팅의 가격전략

호텔기업의 가격전략은 마케팅믹스 요인 중 가장 민감한 것이어서 마케팅 환경을 잘 고려하여 의사결정을 하여야 한다. 따라서 가격은 연차별 마케팅계획 수립 시 중요한 의사결정 항목에 포함되어야 한다. 당해 호텔의 가격이 동일시장 내의 타 경쟁호텔보다 상대적으로 높게 되면 고객의 이탈이 심화될 수 있고, 가격이 낮게 책정되면 총매출액에 지장을 줄뿐만 아니라 호텔의 저가격이미지 형성으로 상위 소비층 고객의 외면을 받을 수 있다. 호텔이 생산하는 서비스상품에 대해 최대한 매력을 갖게 하는 적정가격을 제시하는 것은 쉬운 일이 아니며, 1990년대 후반부터 각 체인호텔들은 객실수익률관리에 의한 가격결정과 고객 분석을 철저히 하면서, 이를 전담하는 매출관리지배인(Revenue Manager)을 두어 관리에 만전을 기하고 있다. 호텔의 가격전략 수립의 결과물로 공표요금이 설정되며, 이는 각급 객실의 종류와 크기, 위치별로 요금을 정하여 실행하게 된다. 호텔의 요금정책은 각 세분시장별, 거래회사별, 개인별, 계절별로 요금이 다르게 적용되고 있다. 요금의 종류는 정상요금, 할인요금, 추가요금이 있으며, 이를 바탕으로 변형된 요금으로 프로모션, 패키지, 특별요금 등 다양한 요금제도(rate policy)를 운영하고 있다. 호텔기업이 추진하게 되는 가격전략의 형태는 회계학적 접근방법과 비회계학적 접근방법이 있다. 다양한 방법의 가격결정 방법에 의해 가격전략을 펴지만 함께 검토해야 할 내용은 매출계획, 비용계획, 이익계획이 있고, 시장에서 이길 수 있는 서비스상품 전략과 가격전략을 수립하는 것이 무엇보다 중요하다.

1) 회계학적 접근방법

① 평균객실 요금법

이 방법은 일명 호워드방법(the Horwath Method)이라고 하며, 1930년대 Horwath and Horwath 호텔체인에 의해 이용된 객실가격 산출방법으로 총건축비의 1/1,000을 일일 평균 객실요금으로 책정한다는 개념의 가격산출 방법이다.

② 휴버트방법

휴버트공식(the Hubbart Formula)이라고 알려진 이 방법은 그 호텔기업이 지출하게 되는 연간 총경비, 객실수, 객실점유율에 의해 연간목표이익을 계산하여 이를 충분히 보전할 수 있는 가격으로 정한다. 휴버트방법에서 거론되는 연간 총경비에는 영업비, 조세공과금, 감가상각비, 투자금액에 대한 적정이익, 객실수입외의 수입 등으로 구분하는 것으로 객실가격결정은 계획연도의 추정 객실부문 총원가를 연평균 객실판매수로 나눈 것으로 한다.

③ 수용률에 의한 객실가격 계산방법

객실가격을 적정 수용률에 따라 결정하는 방법으로써 1년간 객실비용과 수용률을 예측하여 평균객실요금을 계산하게 된다. 이 때 총비용은 1년간 예산에 의한 수치이며, 실제 객실수익을 위한 일일 객실당 평균요금이 정해지면 이를 달성하기 위한 객실점유율을 역으로 추적하게 된다.

④ 손익분기점에 의한 객실가격 결정방법

호텔의 적정가격은 원가, 조업도, 이익분석(CVP : cost-volume-profit)을 중심으로 한 가격결정방법이 적용되게 되며, 경영활동에서 얻어지는 총수입과 투입되는 총비용이 같은 지점에 있어 0(zero)이 될 때 손익분기점이라고 한다. 손익분기점에 의한 객실가격결정 방법에는 공식에 의한 손익분기점분석과 도표에 의한 손익분기점 분석이 있다.

2) 비회계학적 접근방법

① 직관적 가격결정방법 : 감각적으로 이만하면 공평하고 적절한 가격이 될 것이라고 하여 가격을 결정하는 방법이다.

② 경쟁가격결정방법 : 서비스와 상품의 품질이 같을 때 고려할 수 있는 가격결정방법으로 동일한 시장의 동일한 상품에 경쟁기업과 동일한 선상에서 가격을 결정하게 된다. 실제로 현업에서는 이 방법이 가장 많이 이용되고 있다.

③ 시험적 가격결정방법 : 일정한 기간 동안 시험적 판매활동을 거쳐 고객반응에 주의를 집중하여 적절한 가격을 결정하는 방법이다.

④ 선두기업 가격결정방법 : 동일시장 내, 호텔기업의 선두기업을 따라가는 가격전략으로 경쟁가격결정방법과 비슷하지만 다양한 경쟁호텔 중에서 가장 앞선 기업의 가격에 맞추게 된다는 것에 차이가 있다.

⑤ 심리학적 가격결정방법 : 희소가치가 있는 서비스나 시설에 호텔경영자가 의식적으로 가격결정을 주도하여 고가격전략을 구사하는 방법이다.

3. 호텔마케팅의 유통경로전략

호텔기업의 유통경로전략은 당해 호텔의 서비스상품을 고객에게 인식시키고, 예약과 연결하는 직 · 간접적인 경로를 어떻게 설치하고, 활용할 것인가를 전략화 하는 과정이다. 직접유통은 호텔을 이용하는 고객에게 직접 촉진하고, 예약과 연결하고, 서비스를 제공하는 과정을 호텔이 직접 담당하는 것이다. 간접유통은 여행의 토탈서비스를 제공하는 여행사, 국제행사를 기획하는 단체, 항공사, 세계적인 네트워크를 가진 예약 대행사, 엄격한 의미에서 체인호텔의 예약본부 등으로부터 예약을 접수하게 되는 경우를 말할 수 있다. 일반 마케팅에서 말하는 개방적 유통경로, 전속적 유통경로, 선택적 유통경로 등을 모두 포괄할 수 있는 것이 호텔의 유통경로이다. 호텔의 유통경로에 참여하는 모든 관광계열 기업에는 수수료(commission)가 지불되게 된다. 이러한 수수료는 수입에 따른 비용으로 수입이 증가하는 만큼 비용이 증가하게 되어 크게 문제가 되지 않을 수도 있지만 이들에 대한 의존도가 높은 때 최대 매출액의 10% 내외를 지불해야 한다면 무시할 수 없는 수준의 비용이 발생하게 되어 호텔의 재정을 압박할 수 있다. 간접 유통경로를 효과적으로 관리하기 위해서는 이들에게 적절한 할인정책을 공유하게 한다. 이 또한 깊이 있게 연구하여 전략적으로 대처해야 할 부분이다. 최근 호텔기업들은 각 사의 홈페이지를 이용한 고객과 직거래를 선호하고 있으며, 이를 위한 다양한 프로그램 개발과 판촉에 투자를 집중하고 있다.

4. 호텔마케팅의 촉진전략

호텔기업의 서비스상품을 고객에게 이용하도록 요구할 목적으로 서비스상품의 품질과 가치에 대해 정보를 제공하거나 설득하는 마케팅활동을 전개하는 과정을 계획하고, 수행해 나가는 것을 촉진전략이라고 한다. 호텔마케팅담당 임원이 본인의 책임하에 펼쳐나가는 촉진전략에는 인적판매, 판매촉진, 퍼블리시티, 홍보, 광고 등이 있다. 인적판매는 호텔의 세일즈지배인이 고객을 직접 방문하여 대화를 통해 당해 호텔의 서비스상품을 구입하도록 권유하는 활동을 의미하며, 판촉지배인에 따라서 매출의 규모가 다르게 나타나기 때문에 능력 있는 판촉지배인을 확보하는 업무가 가장 중요한 핵심요소로 작용한다. 판매촉진은 호텔기업이 서비스상품의 판매를 증가시키기 위해 단기간에 관련 회사나 개인적 접촉을 통해 직접 판매활동을 펼치거나 호텔 유통단계의 간접판매업체인 여행사, 항공사, 예약대행사, 컨벤션 기획자 등을 통해 판매활동을 추진하는 경우를 말한다. 퍼블리시티는 다양한 인쇄매체를 통해 호텔이 추진하고 있는 활동과 개발된 서비스상품을 널리 알려 호텔의 이미지를 높이고, 이를 판매와 연계시키려는 시도를 말한다. 홍보는 개발된 퍼블리시티 자료를 최대한 활용하여, 지역사회에 알리거나 각종 행사나 이벤트를 주관하거나 동참하여 호텔의 이미지를 제고하는 방법이라고 할 수 있다. 마지막으로 광고는 호텔이 경쟁우위를 점하기 위해 예산을 확보하여 서비스상품과 각종 홍보거리를 고객에게 알리는 상업적 커뮤니케이션을 말한다. 세계적 체인호텔들은 마케팅활동 중에서도 촉진활동에 많은 자원과 인력을 투입하고 있고, 브랜드 이미지 제고를 위해 중요한 재원을 각종 미디어에 투입하고 있다.

5. 서비스참여자

호텔의 서비스는 서비스의 특성인 생산과 소비가 동시에 이뤄지는 상호작용의 과정을 가지고 있다. 서비스는 격식과 기법도 중요하지만 진실된 마음과 배려로 고객에게 가까이 가는 것이 가장 중요하다. 호텔의 서비스는 제공과정에 참여하는 고객과 호텔종업원의 상호작용에서 일어나는 다양한 심리적 결합이 생산성의 결과로 평가받게 되므로 서비스표준의 설정, 이에 따른 이행, 철저한 고객관리 등이 핵심요소로 작용하게 된다. 최근에는 고객과 종업원이 수직적인 관계에서 서로 협조하는 파트너의 관계로 발전하여 왔다. 호텔의 서비스는 이를 이용하는 고객과 현장에서 서비스를 제공하는 전문직업인으로서 서로를 이해하고, 존중하며, 인간애가 바탕이 된 협력적 거래가 이뤄지고 있다.

6. 물리적 증거

호텔이 제공하는 서비스는 가정에서 물품을 구입하듯이 눈앞에 보이는 시각적, 촉감적 증거가 없다. 그러나 고객은 고액의 이용료를 지불하고, 직접 경험하여 그 가치를 평가하게 되므로 호텔의 입장에서 적절한 물리적 증거를 제시한다는 것은 그 만큼 신뢰성을 높이는 바람직한 방법이 될 것이다. 호텔을 이용하려는 고객은 상징적으로 그 호텔의 건물외형과 실내 분위기, 주변 환경, 제공되는 음식과 식당의 분위기, 서비스를 제공하는 종업원의 모습과 태도 등을 상상하게 된다. 이 때 떠오르는 것은 그 호텔의 이미지일 것이다. 이미지를 보다 가시적으로 형태를 갖추어 보여줄 수 있는 증거들은 호텔의 로고(logo), 상호, 건물, 조형물, 각종 인쇄물 및 편의품(amenities) 등이 있을 수 있다. 이러한 가시적인 물품들은 그 호텔이 제공하는 서비스의 물리적 증거가 되며, 고객이 호텔을 선택하는데 직접적인 영향을 미치게 된다. 각급 체인호텔의 서비스수준을 평가할 수 있는 물리적 증거는 바로 호텔의 상호와 로고이다. 포시즌은 규모는 타 호텔체인점에 비해 작지만 호텔마다 객실의 고급스러움은 가장 앞선다는 것을 고객들은 알고 있다. 따라서 객실가격이 높게 책정되어 있어도 이를 이용하려는 고객은 많게 마련이다.

7. 서비스 조립과정

서비스가 생산되고 제공되는 과정에서는 종업원이 매우 중요하다. 종업원의 인사와 예절, 대화술, 용모와 태도 등은 타 호텔기업과 차별화를 이룰 수 있는 매우 중요한 단서가 된다. 서비스 조립과정은 서비스가 종업원으로부터 생산되고 참여한 고객이 소비하므로 서비스의 무형성과 이질성이 보다 체계화되어가는 과정을 관리하여 서비스 품질을 향상시키는 방법이다. 서비스조립과정을 잘 관리하기 위해서는 표준화가 우선되어야 하며, 표준화를 통해 서비스품질관리와 유형화를 해 나갈 수 있게 된다. 서비스조립과정에는 종업원과 고객, 회사와 유통경로 참여자, 회사와 협력회사 등도 함께 고려되어야 한다. 따라서 호텔의 서비스는 종업원, 고객, 유통경로 참여자, 협력회사 등이 함께 조립해 나가는 과정이며, 이는 서비스품질을 보증하는 방법으로 발전하게 된다.

제4절 호텔의 세일즈와 마케팅 활동

1. 마케팅 활동

대규모 호텔의 마케팅 활동은 마케팅 기획업무, 광고업무, 홍보업무, 프로모션, 판매촉진 등의 업무가 다양하게 펼쳐지게 된다. 특히 마케팅부서의 기본업무는 당해 호텔을 외부에 잘 알리므로 보다 많은 고객을 유치하여 호텔의 목표인 이미지 향상과 객실점유율 및 일일평균요금을 높여 재무적 성과를 달성하는 것이다. 호텔마케팅의 기획업무는 시장개척을 위한 연구조사, 잠재고객에 대한 성향 평가, 경쟁호텔의 분석, 판매목표를 달성하기 위한 계획 등을 세우고, 이러한 업무를 추진하고 난 후 이룩한 성과에 대해 평가를 하게 된다.

1) 마케팅 계획 수립

호텔의 마케팅 계획은 호텔이 세운 목표를 달성하기 위해 다양한 활동을 펼치게 되므로 이러한 활동을 잘 디자인하여 효과를 높이는 기능을 하게 된다. 일반적으로 마케팅 계획은 일년 단위로 세우며, 총지배인과 마케팅담당 임원의 책임 하에 업무를 진행하게 된다. 이러한 계획은 호텔 내외부의 환경적 요인을 분석하고, 경쟁호텔을 분석하며, 호텔이 고객서비스에 동원할 수 있는 내부자원, 가격정책, 촉진전략, 광고 및 홍보 전략을 포함하게 된다.

호텔의 마케팅계획이 수립되면, 총지배인에게 보내져서 체인본부와 지주회사의 이

사회 승인을 받아야 한다. 마케팅 계획은 호텔의 마케팅 세일즈부서가 나아가고자 하는 방향이며, 활동을 위한 청사진이 된다. 따라서 마케팅담당 임원은 목표 달성을 위한 스케줄관리에 만전을 기해야 하며, 총지배인은 주기적으로 확인하여 경영관리에 반영하여야 한다.

마케팅 계획 시 고려되는 사항

① 지난 5년간 영업 실적
- 객실 점유율 동향
- 객실 일일평균요금의 동향
- 시장 내에서 활동 상태

② 경쟁호텔과의 비교
- 강점과 약점
- 기회요인과 위협요인
- 가격구조

③ 향후 시장상황의 예측
- 예상되는 시장의 성장과 축소
- 호텔의 경영목적과 달성 목표
- 제시된 경영목적과 달성 목표에 대한 일정계획

④ 경영 목적과 목표에 합당한 마케팅 전략과 활동계획 수립
- 광고전략
- 홍보전략
- 촉진전략

⑤ 마케팅 예산 수립

⑥ 평가를 위한 기준과 방법 마련

호텔기업의 사명(mission statement) – 사업의 목적과 목표에 대해 기술

1단계 – 종합적분석(master analysis)

1. 상황분석(situation analysis) : SWOT분석을 수행
   ⇒ 이 때 거시적 차원의 2차 자료 조사
   - ① 호텔기업자원의 분석(인력, 재무, 서비스, R&D)
     * 과거실적평가, 현재의 전략평가, 원가분석, 조직 및 인력 평가
   - ② 과업환경분석(고객, 광고서비스, 노동조합, 주주, 경쟁호텔, 협력회사, 유통경로 참가자)
     * 고객분석, 경쟁분석, 산업분석
   - ③ 거시환경분석(정치, 경제, 사회, 문화, 인구, 기술, 생태 : 국제환경)
     * 일반환경분석
2. 호텔기업의 목표 설정(영업 단위 + 본부 단위)
   ⇒ 이 때 1차 자료를 얻기 위한 소비자 조사를 시행

2단계 – 기본전략(foundational strategy)

1. 시장세분화 전략(market segmentation)
   * 측정가능성, 세분시장 내의 동질성, 세분시장 간의 이질성, 규모, 접근가능성
   * 지리적, 인구통계적, 심리분석적, 행동분석적 변수
2. 표적시장 전략(target market)
   * 호텔기업의 자원, 서비스상품의 동질성, 시장의 동질성, 경쟁호텔의 전략
   * 비차별화 마케팅, 차별화 마케팅, 집중 마케팅
3. 포지셔닝 전략(positioning)
   * 서비스상품이나 브랜드를 고객에게 인식, 고객의 마음속에 유리한 위치 선점
   ⇒ 이 때 소비자 조사의 결과 및 2차 자료(기업 내부자료 및 경쟁자 자료) 분석

3단계 – 영업 및 기능적 전략(operational / functional strategy)

1. 서비스상품 : 서비스상품의 한정된 수명, 상품차별화 전략, 신상품의 상징적 중요성 등
   * 신상품 아이디어(창출, 선발), 사업성 분석, 서비스상품개발, 시험 마케팅, 서비스상품화
2. 가격 전략 : 원가중심의 가격결정, 수요중심의 가격결정, 경쟁중심의 가격결정
3. 유통 경로 : 개방적 유통경로, 전속적 유통경로, 선택적 유통경로
4. 촉진 및 커뮤니케이션 : 인적판매, 판매촉진, 퍼블리시티, 홍보, 기업광고

4단계 – 사후전략(post strategy)

1. 절차 및 행동 프로그램
2. 예산확보 및 집행
3. 통제 및 피드백시스템

[그림 7–5] 호텔기업의 마케팅 계획 수립단계

2) 광고업무

호텔의 광고업무는 대부분이 마케팅담당 임원의 전략적 마인드에 의해 계획되고, 집행된다. 마케팅담당 임원은 가장 효과적인 광고방법에 대해 전문가로서 의사결정을 하게 되고, 그 방법과 시기는 전적으로 호텔의 이미지 향상과 매출에 긍정적 영향을 미치는 방향에서 추진하게 된다. 호텔의 광고는 마케팅전략을 수립하는 과정에서 연중 집행시기와 예산을 확보하여야 한다. 광고가 집행되면 고객의 반응을 수시로 파악하여 효과를 극대화하여야 한다. 다음은 호텔이 진행하는 광고의 종류와 평가방향을 제안하였다.

호텔광고의 종류

- 옥외 간판
- 호텔 내부와 객실에 설치되거나 비치된 각종 소품 및 인쇄물
- 호텔 홍보책자
- 라디오와 TV광고
- 고객안내서 송부(direct mailings)
- 인터넷 배너광고
- 이메일 메시지(E-mail messages)
- 전화번호부(yellow pages)
- 호텔체인본부의 각종 광고
- 지역 게시판
- 일간지 및 잡지
- 개인 접촉

호텔광고의 평가방향

- 광고는 눈과 귀에 친숙하게 느껴지는가?
- 기억에 남는가?
- 호텔이 성장하는 모습을 고객에게 보여 주었는가?
- 비용은 적절한가?
- 광고는 시대의 흐름에 앞서가는가?
- 호텔의 이미지에 긍정적인 반응을 주고 있는가?
- 호텔의 단골고객들에게 쉽게 다가가고 있는가?

3) 홍보업무

호텔의 홍보업무(Public Relations)는 호텔이 지역사회의 구성원으로서 책임과 의무를 다하고 있으며, 꼭 필요한 존재로서 역할을 충분히 하고 있다는 메시지를 보내는 것이다. 21세기에 들면서 윤리경영이 강조되는 시기에 지역사회의 정치, 경제, 사회, 문화, 교육, 교류의 중심적 역할을 수행하는 호텔기업으로서는 지역주민의 신뢰를 바탕으로 성장하는 기업의 이미지를 갖는 것은 매우 중요하다. 홍보업무는 다양한 행사로 구성이 가능하며, 각종 체육대회, 이벤트, 문화행사, 자선바자회, 불우이웃돕기 운동은 물론이며, 국제 기아단체에 가입하여 정기적으로 금품을 기여하는 프로그램을 운영한다던지, 문화공간을 가꿔 무료로 개방한다던지, 재난을 당한 지역에 앞서 도움을 보내는 것은 호텔홍보 부문에서 많이 활용되는 내용들이다. 뿐만 아니라 호텔은 각종 유인물을 만들어 각종 매체를 통해 배포하는 방법을 활용하기도 한다. 특별한 이벤트나 호텔의 소식을 경향의 뉴스매체를 통해 일반 소비자에게 전달하는 경우도 있지만 이와 반대로 호텔에서 일어난 사건을 보도하여 국민들에게 부정적인 이미지를 받는 경우도 가끔 있다. 호텔의 총지배인이나 호텔의 활동에 따라 기획기사가 신문, TV, 라디오, 또는 전문잡지에 등장하므로 비용이 들지 않고 호텔을 홍보하는 기회도 있을 수 있다. 이러한 예는 세계적 큰 행사를 자주 주관하는 호텔이 부수적으로 누릴 수 있는 큰 혜택이 될 수 있다.

4) 프로모션

호텔영업은 연중계획에 의해 목표를 정하고, 목표에 따라 마케팅 전략을 구사해 나아간다. 마케팅활동은 호텔이 처한 환경에 따라 성수기, 비수기, 주중, 주말, 국제행사의 유무 등에 따라 하루하루 매우 다른 수치가 결과로 나타나게 된다. 연중 높은 객실점유율과 높은 일일평균요금이 지속된다고 하더라도 가끔은 객실이 비어 영업이 저조한 시기가 있게 마련이다. 이러한 시기나 영업의 패턴에 따라 특별한 프로그램을 만들고, 이것을 패키지화하여 광고, 홍보, 판촉을 통해 고객에게 판매하게 된다. 프로모션(promotions)에는 여러 가지 종류가 있을 수 있는데, 체인본부가 추진하는 각 항공사, 여행사, 렌터카, 관광회사와의 공동 프로모션이 있고, 체인본부가 각 지역의 사정에 맞게 패키지를 만들어 배부하는 체인 프로모션, 각 지역별 비슷한 등급의 호텔들이 공동으로 펼치는 공동 프로모션, 지역 내 특별한 행사를 대비하여 규모가 비슷한 호텔들이 공동으로 펼치는 합동 프로모션, 그리고 비수기를 대비하여 만든 프로모션 프로그램이 있을 수 있다. 호텔들은 마케팅활동의 일환으로 신혼부부를 위한 허니문 패키지와 같은 특정한 세분시장을 대상으로 프로모션을 연중 내내 추진하는 경우도 있다.

2. 세일즈 활동

호텔의 세일즈는 총지배인, 세일즈와 마케팅 담당임원을 비롯하여 모든 구성원의 책임이라고 말할 수 있다. 왜냐하면 고객접점에서 일어나는 하나하나의 서비스가 호텔의 이미지를 높이고, 고객이 다시 찾도록 하는 가장 핵심적인 세일즈 활동이기 때문이다. 그러나 잠재고객을 호텔에 유치하여 호텔이 제공하는 다양한 서비스를 경험하게 하는 것은 세일즈 지배인의 역할임에는 틀림이 없다.

1) 마케팅판촉위원회

대규모 호텔들은 대부분이 마케팅판촉위원회(Marketing and Sales committee)라는 조직을 두고, 총지배인이 직접 위원회를 주관하면서 마케팅담당 임원, 부총지배인, 관리담당임원, 객실부서장, 식음부서장, 객실관리부서장과 마케팅부서 간부들이 위원으로 활동을 하게 되다. 이는 보다 신속하고, 정확한 의사소통을 위한 기구로서 마케팅판촉활동에 필요한 의사결정을 내리고 이를 집행하게 된다. 이 위원회에 상정된 마케팅 기획안이 통과되면 각 관련부서는 세부계획에 의한 진행절차를 마련하고, 업무를 이행하게 된다. 예를 들면, 마케팅기획에서 비수기 패키지 상품(off season package)을 마련하고, 이를 마케팅판촉위원회에서 검토를 거쳐 통과시켰다고 가정한다면 객실부서는 객실요금의 할인, 고객의 선물과 부대시설 무료이용권(free pass for authorized facilities), 객실관리부서는 늦은 퇴숙(late check-out)에 대한 조치, 식음부서는 식사쿠폰(meal coupon)과 무료음료(happy drink) 등에 대한 준비가 이뤄져야 하며, 업무지원부문에서는 패키지에 대한 비용배분 및 부문별 비용보전에 대한 지침을 마련하여 각 부서에 시달하고, 이를 분석, 평가하여야 한다. 또한 위원회는 중장기 계획을 수립하고, 관련 분야에 전문성이 있는 사람으로 하여금 업무의 자문이나 지원을 하도록 권유하게 된다.

2) 판촉 사이클

판촉부서에서 판매촉진 활동을 할 때는 보다 세밀한 계획에 의해 진행을 하고, 평가하는 것이 바람직하다. 가능하면 모든 활동을 사전준비 - 업무이행 - 사후조치(before-during-after, plan-do-see)에 의해 실시하고, 다양한 시나리오에 의해 활동을 전개해 나가므로 실패율을 줄일 수 있고, 자원의 낭비를 막을 수 있다. 이러한 과정에서 서비스의 질적 관리는 호텔의 사명과 일치하여야 하고, 만약 고객과의 관계에서 오해를 쌓게 된다면 즉시 검토하여 보다 나은 방법을 통해 고객을 만족시키므로 고객관리에 최선을 다해야 한다. 판촉의 사이클 중심에는 항상 고객이 있으며, 고객지향적인 판촉활동만이 호텔의 이미지를 높이고, 장기적으로 호텔의 가치를 극대화 하게 된다.

3) 판촉지배인의 기록시스템

업무의 효율을 높이고, 철저한 고객관리를 위해 호텔의 판촉지배인은 본인이 담당한 고객에 대한 기록을 데이터베이스로 관리하게 된다. 이는 호텔의 가장 큰 자산인 고객관리에 만전을 기하고, 업무의 연속성을 유지하기 위한 수단으로 활용하게 된다. 유능한 마케팅담당 임원은 각각의 판촉지배인이 활동한 내용을 주단위로 기록에 의해 보고를 하도록 하고, 다음주 중에 할 일에 대해 기록하여 함께 논의하는 시스템을 구축하여 활용하고 있다. 판촉지배인이 기록하게 되는 "The Sales Manager's Trace System"에는 최소한 다음과 같은 내용은 포함이 되어야 한다.

판촉지배인 기록시스템의 내용

- 담당하는 거래처(sales accounts)의 기초적인 기록
- 거래처에 보낸 감사편지
- 거래처와 거래관계에 대한 계약서 및 재계약에 관한 스케줄
- 거래처 방문 일정
- 거래처의 주요행사 및 예약담당자에 대한 간략한 정보

1단계. 사전준비단계

① 고객을 만남 : 잠재고객과의 접촉을 위해 대규모 행사나 이벤트에 참석
② 고객과 접촉 : 알게 된 고객과 동석의 기회
③ 식사 약속 : 편안한 시기에 호텔에 식사 초대
④ 식사 후 호텔 투어 : 식사 시 호텔에 대한 충분한 정보를 제공하고, 식사 후에는 호텔투어 기회를 가지므로 고객의 호감을 산다.

2단계. 판촉이행단계

① 제안서 제시 : 당해 고객이 소속된 단체의 정례 모임에서 호텔 소개
② 구체적 혜택 제시 : 마케팅담당 임원이 직접 참석하여 호텔의 혜택 제시
③ 정례 모임 초청 : 총지배인이 정례모임을 호텔에 초청하고, 구성원들에게 식사 접대
④ 단체 계약 : 단체를 방문하여 협의된 내용에 합의하고 계약서 작성 교환
⑤ 업무지원부문의 협조 : 관리담당임원에게 계약서 제출, 신용상태, 결재방법 등에 대해 검토
⑥ 각 부서에 통보 : 계약된 내용을 영업 관련부서에 통보하여 고객서비스에 만전을 기하도록 함
⑦ 모니터링 : 계약된 단체가 객실, 식음료, 연회 등의 예약을 제대로 이행하는지, 각 부서에서는 이에 따른 서비스가 잘 이뤄지는가를 주기적으로 확인
⑧ 행사 사전회의 : 관련 단체가 연회부서에 큰 행사를 예약 했다면 판촉지배인은 관련부서 실무회의에 참석하여 계약 내용과 준비사항이 일치하는가를 확인
⑨ 행사고객 맞이 : 관련 단체의 회의 진행자와 업무협의를 진행하고, 단체의 간부 및 회원이 도착할 때 로비에서 고객맞이 이행
⑩ 행사 진행 보조 : 행사가 진행될 때 주최 측과 호텔 측의 대화창구로서 충분한 역할 수행

3단계. 사후조치단계

① 감사 방문 : 행사 후 가능하면 빠른 시일 내에 총지배인이나 마케팅담당 임원의 감사 편지를 가지고 관련 단체를 방문, 이때는 호텔의 케이크 또는 와인 등의 선물을 전달하는 것도 관계마케팅의 일환
② 청구서 확인 : 후불담당부서와 관련 단체의 계산서 지불 조건을 명확하게 정리
③ 고객이력카드 정리 : 관련 단체의 대표자, 담당자(contact point)의 고객이력카드를 작성하고, 이를 데이터에 입력 관리(Database Marketing)
④ 판촉활동 달력에 기록 : 다음 해 재계약을 위해 부서 및 담당 지배인의 판촉활동 달력에 기입 및 유지
⑤ 관련 단체의 행사에 맞춰 판촉활동 진행 : 그 단체의 대내외적 행사를 인지하고, 필요한 조치 이행(Relationship Marketing)

4) 판촉정보와 약속 없는 방문

호텔은 한 번 방문한 고객과 지속적으로 관계를 유지하므로 안정된 사업을 보장받고, 많은 비용을 절감하게 된다. 그러나 수시로 고객은 호텔을 이탈하고, 호텔은 새로운 고객을 찾아 끊임없이 고객유치에 나서고 있다. 호텔의 판촉지배인이 판촉활동을 할 때, 기초자료로 활용할 수 있는 정보는 많은 곳에서 찾을 수 있다. 네트워킹을 잘 구축하는 것은 좋은 정보를 받는데 크게 도움이 되며, 이들은 호텔의 고객, 호텔의 구성원, 지역사회, 새롭게 설립된 회사 및 단체, 매스컴 등이 있다. 세일즈와 마케팅 부서의 구성원과 고객접점에서 서비스를 제공하는 종업원은 새로운 판촉정보(sales leads)를 수집하는 것이 몸에 배어 있어야 경쟁력 있는 유능한 종업원이라고 할 수 있다. 흔히 예약부서의 구성원은 다른 종업원에 비해 고객탐색 능력이 뛰어나다고 하는데, 이러한 예는 평소 전화대화에서 고객을 탐색하는 업무스타일과도 연관이 있다고 볼 수 있다. 자그마한 정보를 바탕으로 특정회사를 방문하여 기대치 않았던 큰 성과를 올릴 때의 기분은 바로 판촉지배인만이 느낄 수 있는 성취감이 될 것이다.

세계적 체인호텔들은 세일즈브릿지(sales bridge)라는 판촉활동을 지역별로 펼치고 있다. 특정지역에 있는 판촉지배인과 영업 관련 부서장들이 지역별로 나눠 새로운 고객을 찾아나서는 이 행사는 약속 없는 방문(cold calling)의 대표적인 형태이다. 호텔의 간부는 누구나 새로운 사람과 대화를 쉽고 편하게 시작하고, 호텔의 서비스상품을 판매할 수 있는 능력을 갖추어야 한다. 그리고 이러한 것을 즐길 수 있는 여유는 호텔리어의 자질과 관련이 있다고 하겠다. 호텔의 판촉지배인은 수시로 다양한 정보를 접하고, 필요한 곳에 전화로 방문예약을 한 후, 즉시 달려가서 객실, 식음료, 연회, 부대시설 등의 호텔서비스 상품을 팔 수 있는 마음 자세로 근무에 임해야 할 것으로 본다.

5) 고객에게 감사 표시 활동

호텔의 판촉지배인이 판촉활동을 펴서 고객과 만남을 통해 호텔은 고객과 관계를 시작하고, 유지하며, 발전시켜 나가게 된다. 호텔이 고객을 잃게 되는 것은 매우 단순한 것에서부터 그 원인을 찾을 수 있다. 그것은 평소 감사의 표시를 하지 않고, 고객에게 무관심하여 고객은 빠르게 경쟁호텔로 이동하게 된다. 범 호텔 차원에서 고객

사은잔치를 펴는 경우도 있고, 주요 고객을 총지배인이나 마케팅담당 임원이 식사에 초대하는 경우도 있으며, 담당지배인이 고객을 초청하여 각종 이벤트에 참여시키기도 한다. 골프, 스포츠 행사, 특정한 날에 초청장을 보내는 방법도 매우 좋은 감사의 표시가 될 것이다. 상황에 따라 대처하는 것이 바람직하지만 호텔은 비용을 감안하지 않을 수 없으므로 잘 기획된 행사와 마음으로부터의 감사 표시가 중요한 요인이 될 것으로 본다. 항상 행사를 기획할 때는 현재의 고객관리가 뛰어날 때 잠재고객에게 구전되는 효과가 크다는 것을 유념해야 한다.

제5절 호텔의 세일즈와 마케팅 활동평가

호텔의 경영관리를 책임지고 있는 총지배인과 마케팅부문을 책임지고 있는 마케팅담당 임원은 마케팅부서원의 활동에 대한 결과를 분석하고, 평가하여야 한다. 마케팅 기획담당부서에서 세일즈와 마케팅에 대한 활동을 면밀히 분석을 하게 되지만 경영관리자의 안목에서 전반적인 활동을 평가하고, 그 결과를 호텔의 경영관리전략과 마케팅전략에 반영하는 것이 무엇보다 중요하다. 뿐만 아니라 마케팅과 판촉부서는 영업실적에 따라 연봉이 달라질 수 있기 때문에 각 개별 지배인의 평가를 객관적이고, 공정하게 이행하는 것도 구성원의 사기에 영향을 미치게 된다. 마케팅 활동은 단기간에 효과를 측정하기에 무리가 따르는 면이 없지는 않다. 가끔 매출과 이용고객이 줄어도 효율이 떨어지지 않는 경우가 있는가 하면, 매출이 늘고 이용고객의 수가 늘어나도 효율이 떨어지는 경우도 있다. 또한 호텔에 투숙한 고객에게 서비스를 제공하는 부분의 책임은 객실부문과 식음료부문이지만 호텔의 전반적인 이용고객의 수가 줄거나 늘어나는 것은 마케팅부문의 책임이기 때문에 단적으로 매출과 이용객의 수에 의해서 평가하기에는 애매모호한 부분도 있게 마련이다. 게다가 호텔의 시설은 상품구성의 중요한 부분을 차지하는데, 낡은 시설과 깨끗하지 못한 상태의 서비스상품을 제공하여 고객으로부터 불만을 싸게 되는 경우도 있으며, 이러한 것은 마케팅부서의 업무영역을 벗어나서 이뤄지는 것이기 때문에 전반적인 요인을 고려한 평가가 이뤄져야 한다. 그러나 마케팅부서의 업무를 평가하는 방법은 다양하게 개발되어 있으므로 객관성과 정확성을 가지고 평가에 임하면 될 것이다.

개인에 대한 평가는 전문성, 성실성, 근면성, 창의성 등으로 구분하여 평가를 할 수 있고, 부서에 대한 평가는 객실점유율, 일일평균객실요금, 식음료 이용고객수, 고객 단가, 호텔서비스의 질적 성장 등의 지표를 활용할 수 있다. 또 다른 평가방법은 동일시장 내의 경쟁사 간에 비교하는 경쟁사 영업활동결과 보고서에 의하여 평가가 가능하게 된다. 이 보고서는 객실점유율과 일일 객실평균요금뿐만 아니라 각 경쟁호텔의 보유 객실 당 평균요금(Revpar : revenue per available rooms), 시장점유율(market share) 등이 보고서에 나타나므로 영업활동을 가장 정확하게 파악할 수 있는 보고서이다. 영업실적이 정확하게 보고서로 나타나는 판촉부분은 오히려 평가가 용이하지만 마케팅기획업무, 광고업무, 홍보업무, 프로모션 등은 정량적 평가가 곤란하므로 계획과 결과를 비교하여 성과를 측정할 수 있다. 특히 기획기사는 적은 비용으로 큰 효과를 낼 수 있으므로 이러한 부분을 평가항목에 포함하는 것이 바람직하다. 기획기사, 광고, 홍보 등은 노출빈도에 따른 광고효과를 고객설문조사를 통해 과학적으로 측정할 수 있도록 설계된 프로그램이 많이 있으며, 실제적으로 현업에서 활용되고 있다.

1. 경쟁사 영업활동 결과 보고서

이 보고서는 특정기간, 즉 월별, 연별로 동일시장 내에 있는 경쟁호텔들은 대상으로 영업결과를 비교하여 분석하고, 보고서로 나타내는 방법이다. 일일 영업에 대한 내용, 월별 내용, 연별 영업 내용을 한 눈에 볼 수 있어 호텔의 경영관리자들에게 매우 유용한 영업평가수단으로 이용된다. 보고서는 월별 객실점유율(MTD Occ. % : month to date occupancy percentage), 월별 객실평균요금(MTD ADR : month to date average daily rate), 보유객실 당 평균요금(Revpar : revenue per available rooms), 실제 시장점유율(AMS : actual market share), 시장 내 해당 호텔의 몫(FMS : fair market share), 매출액 달성률(RGI : revenue generation index), 일일판매가능객실수(RPD : rooms per day) 등을 비교하며, 호텔의 규모에 관계없이 시장 내에서 할당된 몫을 얼마나 충실히 달성했는가 하는 것으로 평가를 하고 있다.

Month : Feb

Date	Day	W HOTEL(290) Occ.% Actual	Occ.% Frcst	Occ.% Goal	Rms Actual	ADR Actual	ADR Frcst	ADR Goal	Rev. Actual	Rev. Frcst	Rev. Goal
1st	Wed	51.7%	51.7%	43.1%	150	222,437	222,437	209,496	33,365,514	33,365,514	26,187,000
2nd	Thu	59.3%	59.3%	47.9%	172	222,057	222,057	205,295	38,193,792	38,193,792	28,536,000
3rd	Fri	71.0%	71.0%	73.1%	206	243,908	243,908	209,703	50,244,960	50,244,960	44,457,000
4th	Sat	99.7%	99.7%	100.0%	289	289,699	289,699	268,700	83,723,127	83,723,127	77,923,000
5th	Sun	31.7%	31.7%	40.0%	92	238,753	238,753	220,000	21,965,285	21,965,285	25,520,000
6th	Mon	43.4%	43.4%	47.9%	126	211,405	211,405	219,315	26,637,040	26,637,040	30,484,800
7th	Tue	48.3%	48.3%	47.9%	140	221,893	221,893	225,324	31,065,002	31,065,002	31,320,000
8th	Wed	52.8%	52.8%	50.0%	153	225,640	225,640	225,000	34,522,983	34,522,983	32,625,000
9th	Thu	49.3%	49.3%	50.0%	143	235,032	235,032	225,000	33,609,626	33,609,626	32,625,000
10th	Fri	65.9%	65.9%	90.0%	191	242,867	242,867	210,000	46,387,593	46,387,593	54,810,000
11th	Sat	99.0%	99.0%	100.0%	287	272,024	272,024	260,000	78,070,933	78,070,933	75,400,000
12th	Sun	49.3%	49.3%	60.0%	143	216,598	216,598	219,000	30,973,573	30,973,573	38,106,000
13th	Mon	54.5%	54.5%	65.2%	158	229,903	229,903	219,418	36,324,737	36,324,737	41,470,000
14th	Tue	52.8%	52.8%	65.2%	153	223,045	223,045	219,418	34,125,850	34,125,850	41,470,000
15th	Wed	64.8%	64.8%	70.0%	188	215,716	215,716	210,000	40,554,590	40,554,590	42,630,000
16th	Thu	73.4%	73.4%	70.0%	213	212,871	212,871	200,000	45,341,592	45,341,592	40,600,000
17th	Fri	73.1%	73.1%	95.2%	212	230,828	230,828	209,620	48,935,433	48,935,433	57,855,000
18th	Sat	98.6%	98.6%	99.0%	286	282,526	282,456	260,091	80,802,409	80,802,409	74,646,000
19th	Sun	65.5%	65.5%	50.0%	190	212,476	212,476	200,000	40,370,368	40,370,368	29,000,000
20th	Mon	55.5%	55.5%	50.0%	161	214,155	214,155	190,000	34,478,889	34,478,889	27,550,000
21st	Tue	54.5%	54.5%	50.0%	158	224,308	224,308	190,000	35,440,599	35,440,599	27,550,000
22nd	Wed	63.1%	63.1%	50.0%	183	216,375	216,375	190,000	39,596,710	39,596,710	27,550,000
23rd	Thu	75.9%	75.9%	50.0%	220	218,436	218,436	190,000	48,055,888	48,055,888	27,550,000
24th	Fri	84.5%	84.5%	90.0%	245	233,109	233,109	200,000	57,111,751	57,111,751	52,200,000
25th	Sat	99.7%	99.7%	99.0%	289	293,524	293,524	260,091	84,828,427	84,828,427	74,646,000
26th	Sun	71.0%	71.0%	50.0%	206	214,210	214,210	198,000	44,127,314	44,127,314	28,710,000
27th	Mon	65.2%	65.2%	50.0%	189	212,939	212,939	200,000	40,245,540	40,245,540	29,000,000
28th	Tue	65.5%	65.5%	50.0%	190	218,037	218,037	200,000	41,427,055	41,427,055	29,000,000
29th	Wed	52.4%	52.4%	70.0%	152	240,557	240,557	200,000	36,564,729	36,564,729	40,600,000
Grand Total					5,485				1,297,091,309	1,297,091,309	1,190,020,800

Date	Day	P HOTEL(530) Occ.%	Rms	ADR	Rev.	L HOTEL(680) Occ.%	Rms	ADR	Rev.	N HOTEL(326) Occ.%	Rms	ADR	Rev.	G HOTEL(320) Occ.%	Rms	ADR	Rev.
1st	Wed	46.4%	246	186,922	45,982,750	39.1%	266	195,573	52,022,418	45.4%	148	136,840	20,252,328	52.2%	167	114,750	19,163,250
2nd	Thu	55.3%	293	184,871	54,167,203	39.4%	268	194,635	52,162,180	65.3%	213	133,297	28,392,280	84.4%	270	112,703	30,429,880
3rd	Fri	85.7%	454	226,778	102,957,212	53.2%	362	208,593	75,510,534	60.1%	196	154,122	30,207,924	88.8%	284	262,979	74,686,020
4th	Sat	98.5%	522	248,472	129,702,144	63.5%	432	209,315	90,424,256	87.7%	286	175,362	50,153,540	82.8%	265	119,645	31,705,916
5th	Sun	48.1%	255	203,109	51,792,696	41.0%	279	182,359	50,878,161	45.7%	149	132,356	19,721,086	22.8%	73	89,396	6,525,904
6th	Mon	57.2%	303	192,011	58,179,263	61.0%	415	186,501	77,398,119	41.1%	134	122,905	16,469,280	43.8%	140	104,716	14,660,217
7th	Tue	61.3%	325	169,531	55,097,575	60.0%	408	179,471	73,224,330	42.3%	138	140,221	19,350,474	56.6%	181	102,464	18,545,982
8th	Wed	64.3%	341	163,315	55,690,254	60.4%	411	206,497	84,870,267	46.3%	151	142,274	21,483,310	49.1%	157	117,917	18,512,907
9th	Thu	64.5%	342	170,188	58,204,456	57.1%	388	205,079	79,570,728	59.2%	193	136,816	26,405,486	63.8%	204	105,959	21,615,568
10th	Fri	77.2%	409	235,775	96,432,000	72.8%	495	233,620	115,641,900	70.9%	231	166,117	38,372,978	63.8%	204	114,238	23,304,524
11th	Sat	99.1%	525	259,783	136,386,019	83.7%	569	226,986	129,155,312	97.9%	319	197,338	62,950,875	95.3%	305	111,940	34,141,848
12th	Sun	59.6%	316	188,236	59,482,560	82.2%	559	178,598	99,836,121	54.3%	177	131,307	23,241,365	56.3%	180	84,446	15,200,295
13th	Mon	60.9%	323	188,763	60,970,564	57.8%	393	186,279	73,207,564	63.2%	206	124,452	25,637,057	65.9%	211	94,713	19,984,368
14th	Tue	61.1%	324	198,243	64,230,625	53.1%	361	191,113	68,991,793	59.8%	195	125,990	24,568,123	86.3%	276	99,601	27,489,904
15th	Wed	50.4%	267	201,113	53,697,064	47.2%	321	194,087	62,301,927	53.7%	175	131,046	22,933,106	60.3%	193	102,748	19,830,311
16th	Thu	55.7%	295	200,514	59,151,642	45.4%	309	195,861	60,521,049	55.8%	182	134,282	24,439,307	69.7%	223	104,737	23,356,400
17th	Fri	83.4%	442	241,589	106,782,284	60.9%	414	219,355	90,812,970	65.6%	214	147,577	31,581,464	85.3%	273	119,014	32,490,936
18th	Sat	98.7%	523	273,355	142,964,796	86.8%	590	212,761	125,528,991	95.7%	312	183,049	57,111,169	93.4%	299	130,482	39,014,182
19th	Sun	64.5%	342	187,434	64,102,429	57.5%	391	178,455	69,776,000	51.2%	167	132,075	22,056,581	48.1%	154	93,961	14,469,973
20th	Mon	59.4%	315	184,786	58,207,592	53.8%	366	176,137	64,466,119	67.8%	221	124,968	27,617,908	64.1%	205	98,488	20,190,095
21st	Tue	61.5%	326	185,313	60,412,138	55.4%	377	186,740	70,400,988	58.0%	189	129,717	24,516,492	70.9%	227	97,748	22,188,901
22nd	Wed	60.2%	319	182,972	58,368,177	49.1%	334	189,192	63,190,130	59.2%	193	138,918	26,811,172	66.6%	213	110,165	23,465,139
23rd	Thu	53.6%	284	187,014	53,111,941	54.6%	371	191,581	71,076,642	60.4%	197	133,554	26,310,155	88.1%	282	103,594	29,213,524
24th	Fri	84.9%	450	231,556	104,200,227	68.7%	467	203,074	94,835,660	73.9%	241	161,727	38,976,213	84.1%	269	119,665	32,189,845
25th	Sat	99.2%	526	266,760	140,315,571	80.4%	547	203,531	111,331,550	94.8%	309	189,829	58,657,251	97.8%	313	139,559	43,682,119
26th	Sun	49.6%	263	202,265	53,195,795	48.5%	330	181,612	59,931,960	51.8%	169	139,218	23,527,765	50.9%	163	97,208	15,844,949
27th	Mon	50.4%	267	202,197	53,986,714	58.7%	399	185,690	74,090,310	57.1%	186	134,741	25,061,814	55.6%	178	106,139	18,892,777
28th	Tue	55.1%	292	204,034	59,577,949	52.9%	360	202,934	73,056,240	64.4%	210	141,808	29,779,741	55.9%	179	145,114	25,975,434
29th	Wed	55.1%	292	357,063	104,262,333	43.2%	294	199,304	58,595,260	43.6%	142	146,878	20,856,660	51.6%	165	161,692	26,679,173
Grand Total			10,181		2,201,611,973		11,476		2,272,809,479		5,843		867,442,904		6,253		743,450,341

	W Actual	W Frst	W Goal	P HOTEL	L HOTEL	N HOTEL	G HOTEL
MTD Occ.%	65.2%	65.2%	64.6%	66.2%	58.2%	61.8%	67.4%
MTD ADR	236,480	236,480	219,036	216,247	198,049	148,458	118,895
MTD REVPAR	154,232	154,185	141,497	143,241	115,254	91,754	80,113
Actual Market Share	14.0%			25.9%	29.2%	14.9%	15.9%
Fair Market Share	13.5%			24.7%	31.7%	15.2%	14.9%
RGI(Revenue Generation Index)	130.0%			120.8%	97.2%	77.3%	67.5%
Rooms per Day	189	189	187	351	396	201	216

〈표 7-1〉 경쟁사 영업활동 보고서

2. 담당 회사별 판매실적 보고서

판촉지배인의 개인적 영업활동에 대한 결과를 평가할 수 있는 방법으로 널리 이용되는 보고서는 담당 회사별 판매실적 보고서(Pace Report by Account)이다. 이 보고서는 판촉지배인이 담당한 회사 및 여행사별 객실 이용결과를 이용객실수, 평균요금, 전체 매출액 등으로 출력이 되며, 일일 보고서, 또는 월말보고서에 명시되어 관련자는 누구나 쉽게 알 수 있는 보고서이다. 앞서 언급했듯이 판촉지배인 본인의 큰 노력 없이도 외부환경과 호텔의 영업방향에 따라 결과가 좋게 나타나는 세분시장도 종종 있지만 대부분은 본인의 노력에 의해 영업실적이 나타나게 되므로 평소에 고객관리와 영업확대에 심혈을 기울이게 된다.

〈표 7-2〉 판매실적 보고서

The World Best Smile Hotel, Group Rooms Volume Report by Account						
January 2013(revenue in thousand won)						
Month	Sold This Month	Average Rate	Total Revenue	Sold Same Month Last Year	Average Rate Last Year	Total Revenue Last YTD
Jan	285	123,408	35,171	350	117,305	41,057
Feb	1,125	132,205	148,731	906	125,224	113,452
Mar	2,547	132,950	338,624	2,044	126,890	259,363
Apr	3,178	134,259	426,675	2,695	133,502	359,788
May	4,134	132,110	546,143	3,525	126,221	444,929
Jun	3,241	133,770	433,549	3,116	127,428	397,066
Jul	2,260	131,248	296,620	2,879	125,889	362,434
Aug	540	172,260	93,020	770	165,550	127,473
Sep	3,489	133,421	465,506	3,378	126,296	426,628
Oct	4,056	135,286	548,720	3,912	127,345	498,174
Nov	3,671	124,550	457,223	3,437	120,227	413,220
Dec	2,250	117,215	263,733	2,746	110,654	303,856
Total	30,776	131,717	4,053,715	29,758	125,931	3,747,440

담당 회사별 판매실적 보고서(Pace Report by Account)에 나타난 결과에 대해 지난해 실적과 올해의 실적을 비교하므로 정량적인 평가를 할 수 있게 된다. 이 실적은 호텔 전체의 매출실적과 일정한 비율을 정해 평가항목으로 활용하게 되고 비교방법은 다음과 같다.

① **객실판매수 증감비율**

$$\frac{\text{올해 10월 객실판매 수} - \text{지난해 10월의 객실판매수}}{\text{지난해 10월의 객실판매수}} = (+/-)\%$$

② **세분시장별 객실판매수 증감비율**

$$\frac{\text{올해 세분시장별 객실판매 수} - \text{지난해 세분시장별 객실판매수}}{\text{지난해 세분시장별 객실판매수}} = (+/-)\%$$

③ **세분시장별 매출액 증감비율**

$$\frac{\text{올허 세분시장별 매출액} - \text{지난해 세분시장별 매출액}}{\text{지난해 세분시장별 매출액}} = (+/-)\%$$

제8장 호텔의 객실영업

제1절 객실영업의 개요

1. 객실영업의 의의와 중요성

호텔영업의 대표적인 판매대상은 객실상품으로 객실판매는 호텔의 전반적인 영업에 영향을 미치게 되고 식음료 영업장과 부대시설 수익의 원천을 제공하는 호텔경영의 핵심 서비스상품이다. 또한 객실상품은 보관할 수 없는 특성이 있기 때문에 호텔의 이윤 극대화를 위해 매일매일 객실점유율을 높일 수 있는 강력한 판매활동이 요구된다. 한편 시대의 변천에 따라 호텔의 상품도 객실 위주에서 식음료, 연회, 컨벤션 및 세미나, 문화행사, 예술공연, 레저 · 스포츠, 쇼핑, 사교 · 오락, 휴식 공간 등 여러 가지 서비스상품으로 다변화되어 가고 있지만 호텔의 규모나 등급은 대체적으로 객실의 시설내용이나 객실수에 따라 정해지게 되며, 객실은 최초의 투자가 높다고 하더라도 수입의 75~80%가 영업이익이 되기 때문에 호텔의 이익을 대표하는 상품임에는 틀림이 없다. 따라서 호텔경영관리는 객실점유율(room occupancy rate)과 일일평균 객실요금(daily average room rate)의 극대화를 위해 다양한 영업활동을 펼치게 된다.

프런트오피스는 고객서비스의 중심부분으로 고객의 호감을 창조하는 전략적 요지일 뿐만 아니라 재방문고객(repeat guest) 창출의 선도적 역할을 담당하는 곳이기도 하다. 프런트오피스의 주요업무는 객실예약, 고객등록 및 객실배정, 투숙객의 편의서비스, 각종 안내 및 정보제공업무, 메시지관리업무, 고객영접서비스, 고객환송서비스, 비즈니스센터업무, 귀빈층에 관련된 제반 업무 등이 있다. 또한 최근 들어 호텔경영의 고비용 · 저효율 기저를 타개하고 고객서비스 혁신을 위해 기존의 교환업무, 룸서비스 및 현관안내 업무를 통합한 새로운 고객서비스 조직은 객실영업부문에 포함시켜 프런트오피스는 고객지향적 · 서비스지향적인 호텔서비스기능의 주역으로 변화된 패러다임을 맞이하고 있다.

'싱글 비즈니스 패키지'
Single Business Package
MONEY EXCHANGE RATE
7.10
89.00
7.10
11.60
1.09
7.20
€ Euro
9.20
24.50
5.60
OPERATING HOURS 900 TO 2400
IN HKD
VISA

[그림 8-1]

2. 객실영업부서의 조직과 역할

1) 객실영업부서의 조직

객실영업지배인은 총지배인과 부총지배인의 적극적인 지원 하에 고객에게는 감동적인 서비스를 제공하여 고객만족의 목적을 달성하고, 부서원에게는 호텔서비스의 전문가로서 성장과 발전을 보장하며, 호텔에는 매출증진으로 우량기업이 되도록 헌신적인 노력과 역량을 발휘해야 한다. 객실영업부문의 주요 직책으로는 객실영업부서장(Front Office Manager), 예약과장(Reservations Manager), 객실영업과장(Front Desk Manager), 고객서비스과장(Guest Service Manager), 당직지배인(Duty Assistant manager), 비즈니스센터장(Business Center Manager), 서비스익스프레스센터장(Service Express Center Manager), 고객관리담당(Guest Relations officer), 컨시지(Concierge), 벨캡틴(Bell Captain), 프런트데스크 에이전트(Front Desk Agent)와 나이트 오디터(Senior Front Desk

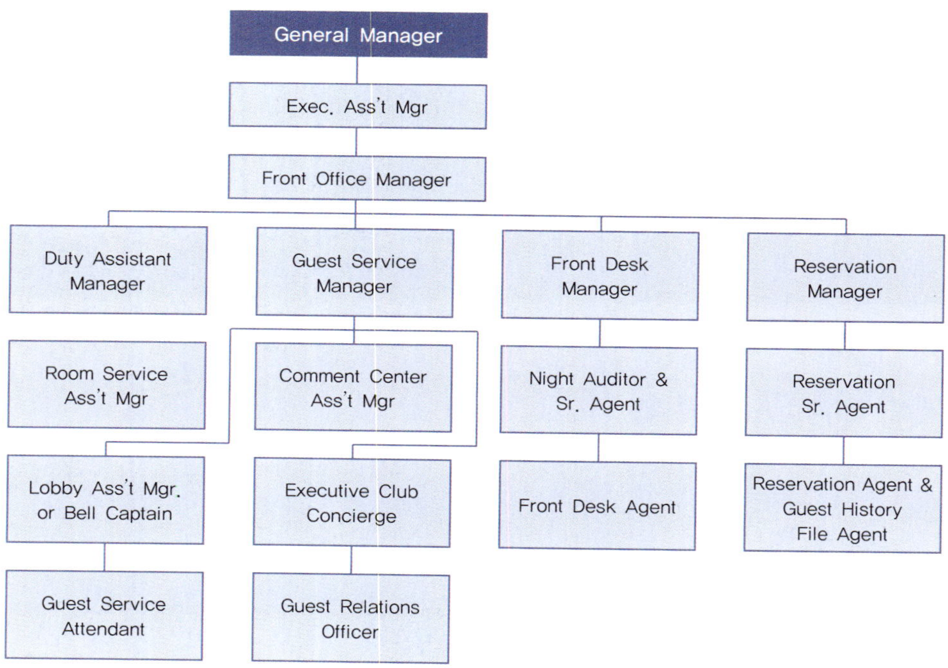

[그림 8-2] 객실영업부서 조직도

Agent & Night Auditor), 벨어텐던트(Bell Attendant), 도어어텐던트(Door Attendant), 귀빈층서비스원(Executive Club Concierge), 서비스익스프레스 에이전트(Service Express Agent) 등으로 구성되어 있다.

2) 객실영업부서의 역할

호텔의 조직은 크게 마케팅, 객실, 식음료, 관리 등으로 구분할 수 있고 객실부서는 다시 객실영업, 객실관리 등으로 나눠서 조직관리를 하게 된다. 호텔의 객실영업부서는 대외적으로는 호텔을 이용하는 모든 고객을 최초로 영접하며 최후에 환송하는 핵심 고객접점부서로서 조직구성원의 행동에 따라 호텔의 이미지를 좌우할 수 있다. 최근 호텔마다 고품격 고객서비스의 실현으로 단골고객(repeat guest) 창출은 물론 호텔영업을 성공적으로 주도하기 위해 노력하고 있다. 대내적으로는 판촉정보나 각종 자료를 생산하여 마케팅활동을 돕고, 일일영업을 마감하여 여신과 회계부서에 넘겨 각종 보고서의 기초자료를 마련해 준다. 그 외 객실관리부서, 식음료영업, 조리부서, 시설관리부서와 수시로 업무협조를 통해 고객정보, 영업상황, 각종현황, 행사안내, 비상사태 등의 정보를 공유함으로써 고객서비스에 만전을 기하며, 최고경영층에게도 필요한 업무자료와 고객동향을 보고하므로 호텔의 전반적인 영업활동을 중추적인 위치에서 지속적으로 추진해 나가게 된다.

객실영업부서장과 객실영업과장이 수행하는 역할과 기능은 다음과 같으며 각급 구성원의 역할을 담당기능과 함께 설명한다.

(1) 객실영업부서장의 역할

객실영업부서장은 총지배인, 부총지배인 또는 객실담당 임원의 지원을 받으며 객실영업업무를 총괄하고 인원배치, 예산수립, 정보교환, 각종 서비스 프로그램 등을 개발하여 고객만족과 호텔 발전에 일익을 담당하게 된다.

(2) 객실영업과장의 역할

객실영업부서장의 업무가 객실영업, 고객서비스, 코맨드센터, 비즈니스센터, 귀빈층 등 많은 부서를 함께 맡고 있을 경우에는 실제적인 객실영업의 실무책임자로서 역할을 수행하게 된다. 호텔마다 규모와 담당역할의 차이는 있지만 객실영업과장은 프런트데스크에서 객실영업을 지휘하며, 당일 도착 및 출발고객의 편의를 도모하고, 매출신장에 노력하게 된다. 물론 객실영업부서장이 자리를 비울 때 이를 대행하기도 한다.

(3) 당직지배인의 역할

객실영업과장이 보직되어 있지 않은 몇몇 체인호텔에는 당직지배인이 객실부지배인(Assistant Manager or Duty assistant Manager)의 역할을 수행한다. 이 때 당직지배인은 객실영업부서원의 대고객 서비스 업무를 지원할 뿐만 아니라 고객과 직원의 안전과 회사의 재산을 보호하기 위해 오전조, 오후조, 야간조로 구분하여 근무에 임하게 된다.

3. 객실영업부문의 필요장비

고객의 예약, 체크인, 메시지 취급, 환전, 귀중품 보관, 열쇠발급, 체크아웃 등의 신속한 고객서비스를 위해 많은 장비가 개발되어 활용되고 있다. 그러나 아직까지 중·소규모 호텔들은 투자비용 때문에 재래식 방법을 이용하여 프런트 업무를 이행하고 있는 곳도 적지 않다. 따라서 전산화된 프런트와 비전산화된 프런트의 장비를 함께 알아보도록 한다.

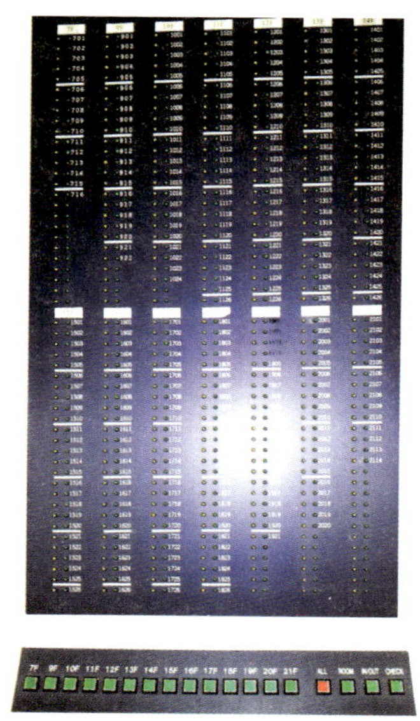

[그림 3-3] 프런트데스크 장비

높은 객실점유율과 높은 판매가능객실당 매출액을 달성하기 위해서는 무엇보다 과거의 추세를 참고하여 합당한 예측을 할 수 있도록 자료를 잘 축적하여야 한다. 객실영업부서장이 장기적인 예측에 필요로 하는 자료로는 첫째, 과거의 일별 영업예측과 영업실적, 이에 영향을 준 각종 특이사항 둘째, 향후 객실영업에 영향을 줄 각종 이벤트와 주변상황 등이 있다.

2. 객실수익률 관리

1970년대 미국이 항공산업에 대해 규제완화법을 제정하여 실시하므로 항공사들은 심각한 경쟁체제로 돌입하게 되면서 가격할인이 등장하게 되었다. 이러한 가격 할인 정책에 따라 가장 수익성이 높은 좌석판매는 어느 부분인가를 계산해 내므로 수익성(yield)이 높은 부분을 찾아내어, 이를 관리하는 기법으로 등장한 것이 항공기 수익성 관리시스템이다. 항공사들은 경쟁이 심화됨에 따라 공시가격(full rate)으로는 좌석을 다 채울 수가 없었기 때문에 처음에는 무작정 할인만 하였으나 점차 효율적인 경영기법을 연구하기 시작하였는데, 최상의 수익을 올리기 위해 적절한 유형의 고객(right customer)에게 적절한 시간(right time)에 적절한 가격(right price)으로 좌석을 공급하려는 방향으로 사고의 전환을 가져오게 되었다. 이것이 수익률관리시스템(YMS : yield management system)을 낳게 하였고, 이는 렌터카, 크루즈선, 호텔 등으로 확산되어 가게 되었다. 호텔에서는 객실영업부서장, 매출관리지배인 등에 의해 관리되며, 호텔 PMS의 한 부분으로 전산화되어 활용되고 있다. 객실수익성의 계산방법은 주로 호텔 객실매출의 일드를 산출하고, 이를 비교하게 된다. 일드의 산출방법은 다음과 같다.

$$\text{일드} = \frac{\text{실제객실판매총액}}{\text{잠재적 객실판매총액}} \times 100$$

$$\text{일드 요금} = \frac{\text{전체 객실수입}}{\text{전체 객실수}}$$

객실수익률(rooms yield)의 계산방법은 호텔의 전체객실을 공표요금으로 판매하였을 때의 금액을 산정하고, 이를 실제 매출액과 비교하여 산출하게 된다. 객실점유율이 100%이고, 모두 공표요금으로 판매되었을 때, 객실의 일드는 당연히 100%가 되므로 객실영업에서 가장 바람직한 수치를 만들었다고 말할 수 있겠다. 다음으로 일드 요금은 호텔의 객실매출액을 보유 객실의 수로 나눈 것으로 일드 평균요금과 실제 판매된 객실의 평균요금은 빈 객실 수만큼 차이가 있게 된다. 이는 객실이 판매되거나 판매되지 않거나 호텔이 지불하는 비용은 비슷하게 발생하기 때문에 전체 영업의 수준을 나타내기 위한 계산 방법으로 이용된다. 대부분의 체인호텔들은 이러한 일드를 산출하여 경쟁호텔과 비교하므로 호텔경영관리에 참여하는 임원들의 능력을 평가하게 된다.

객실수익률관리를 위해서 아래와 같은 내부 규정을 제정하여 시행하는 것도 바람직한 일이다.

〈표 8-1〉 객실수익률관리시스템에 의한 할인율 적용범위

객실점유율 예측	객실가격 전략
95% 이상	객실할인율 0%
80~95%	객실할인율 10%
70~80%	객실할인율 20%
50~70%	객실할인율 30%
50% 이하	객실할인율 40%

3. 객실점유율관리

객실점유율을 높이고 객실평균요금을 높이는 것은 객실영업부서의 기본업무이다. 그러나 영업은 수요와 공급의 균형이 잘 맞을 때 매출증진과 고객관리가 성과를 발휘하게 된다. 호텔이 영업을 이상적으로 이행하고 싶지만 초과예약이나 퇴숙 연장 때문에, 또는 예약취소나 연락도 없이 입숙하지 않는 고객(no show) 때문에 예상을 빗나간 영업결과를 가져오게 된다. 이러한 상황에 대처하기 위해 예측시스템을 가동하며, 무리한 초과예약으로 고객에게 나쁜 이미지를 주게 되는 것을 방지하게 된다. 노련한 객실영업부서장은 이러한 상황을 잘 예측하여 객실예약을 조정하며, 비상시

를 대비하여 타 호텔에 객실을 확보하거나 투숙예정이나 출발예정 고객과의 객실사용에 대해 긴밀한 커뮤니케이션을 통해 문제를 사전에 해결하려고 한다. 객실점유율 관리는 장기적인 안목으로 호텔의 이미지를 드높이면서 매출을 높여야 되는 매우 중요한 업무이므로 현장에서 확인하는 업무습관을 필요로 한다.

제3절 객실예약업무

1. 객실예약업무의 개요

호텔은 마케팅활동의 수확으로 고객을 유치하게 되는데, 그 첫 번째 단계가 예약이다. 예약은 객실을 이용하고자 하는 고객 또는 중개자에 의해 전화, 팩시밀리, 편지, 인터넷, 직접방문, 여행사 및 대행사 등을 통해 이루어진다. 이때 객실의 종류, 이용자 성명, 체재기간, 예약자 성명과 전화번호, 요금과 제반 서비스, 지불조건에 따른 조치사항 등을 확정짓게 되며, 이런 자료는 한 고객의 입숙, 체재, 퇴숙 후에도 고객이력관리 파일에 저장되어 마케팅 활동에 이용되므로 정확성이 무엇보다 중요하다. 호텔경영에 있어서 객실판매가 가장 큰 영향을 미치므로 보유객실 공표요금 또는 할증요금으로 모두 판매했을 때 경영진과 실무부서원이 바라는 이상적인 영업이 된다. 그러나 경쟁이 치열한 시장 내에서는 현실적으로 공표요금으로 판매한다는 것은 거의 불가능한 일이기도 하다. 그러나 예약책임자는 가능하면 장기간의 안정적인 영업을 위해 단골고객을 만족시키면서 객실점유율과 객실평균요금을 동시에 만족시킬 수 있는 방향을 기본으로 정하고 영업에 만전을 기한다.

2. 예약부서의 주요업무

호텔예약은 대부분 전화로 이뤄지므로 전화벨이 울리는 그 자체가 매출과 직결될 수 있다. 따라서 얼굴을 볼 수 없는 고객에게 호텔서비스상품을 설명하고 매출로 연계시키는 능력은 실력으로 평가받을 수 있게 된다. 예약직원 한 사람 한사람의 능력에 따라 호텔의 서비스 품질과 이미지를 고객에게 잘 알릴 수 있는 기회를 갖게 됨은 물론 객실, 식음료, 부대시설의 매출이 크게 신장될 수 있다. 예약직원은 선발에서부터 인성, 적성, 서비스태도, 고객지향성, 업무추진능력, 장래 성장가능성 등을 충분히 감안하여 선발해야 하며 서비스 기본교육을 잘 연수받게 한 후 보직하므로 호텔 예약서비스의 질적 · 양적 성장을 도모하여야 한다.

3. 예약접수경로

휴양지 호텔(resort hotel)에는 호텔을 이용하고자 하는 고객이 직접 예약하는 경우도 많지만 대부분 상용 호텔(business hotel)들은 기업체의 비서나 실무부서, 예약센터, 여행사, 호텔체인본부를 통해 예약이 접수되는 경우가 많다. 예약을 위해 이용하는 접수 수단도 전화, 팩시밀리, 편지, 인터넷, 직접방문, 대행사 등이 있으며, 개인컴퓨터를 이용한 통신접수나 체인호텔본부의 중앙예약사무실(CRO : center reservation office)과 전문예약망(GDS : global distribution system)으로 SABRE, ABACUS, APOLLO, TRAVEL WEB, LHW, UTELL 등을 이용하는 경우도 차츰 증가하는 추세이다. 특히 체인호텔의 예약망은 전 세계 자매회사나 예약망 가맹회사의 객실상황을 한 눈에 볼 수 있도록 전산화가 되어 있고, 다양한 고객관리 프로그램을 동시에 운영하고 있어 단골고객(repeat guest) 창출의 수단으로 널리 활용되고 있다.

1) 전화 예약

아직까지 예약접수방법으로 가장 많이 이용되는 수단이며 호텔의 서비스 상품과 그 수준을 고객에게 알려 믿음을 줄 수 있고, 예약의 가부를 신속하게 전달할 수 있다.

2) 팩시밀리 예약

보다 구체적인 내용을 한꺼번에 전달할 수 있는 장점이 있고, 전화예약의 확인방법이나 견적서 제출방법으로 널리 활용되고 있다.

3) 편지 예약

가족단위 여행객이나 과거에 투숙한 경험이 있는 고객이 안부편지를 겸하여 예약 여부를 문의해 오는 경우가 있는데, 이때는 예약지배인이나 편지를 받은 당사자가 성의껏 답장을 보내 단골고객 확보에 도움을 준다.

4) 인터넷 예약

대부분의 체인호텔들과 예약전문회사들은 세계적인 예약망을 구축하고, 이를 통해 객실상황을 파악하며 예약을 집행하고 있다. 이를 우대고객관리 프로그램(mileage program)과 연계하여 혜택을 부여하기도 한다. 또한 각 호텔은 홈페이지 예약 코너를 마련하고 고객으로부터 직접 예약을 받으며 중간상이 개입할 때 보다 유리한 조건으로 객실을 제공하므로 단골고객 확보에 노력하고 있다. 정보화 시대를 맞아 인터넷 예약이 해마다 증가하여 2012년 자료에 의하면 체인호텔들의 인터넷 예약이 전체예약의 40%에 육박하고 있는 것으로 나타났다.

5) 직접방문 예약

단위가 큰 예약이나 식음료, 부대시설과 함께 이뤄지는 예약은 이를 확실히 성사시키기 위해 관련 담당자들이 직접 고객을 방문하여 예약을 받게 되는데, 이때는 제반 조건들을 협의하여 결정하고, 돌아와서 결과를 문서화하여 보냄으로서 내 · 외부적으로 행사에 대한 정보를 제공하게 된다.

6) 여행사 또는 대행사를 통한 예약

국내 · 외 여행사나 예약 대행사로부터 접수되는 예약은 각 여행사나 예약 대행사와 계약한 제반조건에 의해 요금, 지불방법, 고객 특전 등이 결정되게 되며, 입숙 시 고객이나 여행사 안내원에 의해 예약확인서(reservation confirmation slip)를 제출받는다.

4. 예약접수절차

위에서 언급한 예약경로를 통해 접수되는 예약은 먼저 고객이 요청하는 객실 형태별, 위치별 판매가 가능한 객실이 있는지 여부를 파악하고 고객의 요청에 꼭 맞는 객실이 없다면 가능한 객실을 추천하여 고객의 의사결정에 도움을 주어 판매로 연결된다. 이때는 프로정신으로 철저한 객실수익성관리 및 고객관리측면에서 성의를 다해 업무에 임해야 안다. 간혹 예약초과, 필요한 객실형태, 부담이 가는 가격 등으로 고객과의 계약이 성사되지 않는 경우도 있다. 이러한 경우라도 잠재고객관리라는 사실을 잊어서는 안 되며 다른 호텔을 추천하더라도 그 고객에게 적당한 곳을 안내함으로서 고객의 자존심을 세움과 동시에 호텔의 좋은 이미지를 남겨 다음 예약과 연계시키도록 노력해야 한다.

예약을 접수할 때 정확한 대금회수, 높은 객실점유율과 확실한 단골고객 관리를 위해 계약회사 후불(volume corporate credit)과 여행사 후불(travel agent credit)을 제외한 일반고객(FIT : free independent travel)의 대금은 선금이나 신용카드결제 등 보장형 예약(guaranteed reservation)으로 유도하여야 한다. 만약 비보장형 예약(non-guaranteed reservation)으로 예약이 완료되면, 도착시간을 명확히 약속함으로서 투숙불이행(no-show)을 최소화하도록 한다. 호텔예약에 이용되었던 시스템은 1960년대, 1970년대 수작업으로 이뤄진 예약표찰(reservation rack), 1980년대 HIS(hotel information system)시리즈, 1990년대 초반의 AS400을 거쳐 1990년대 말에는 Fidelio 6시리즈가 이용되어 체인호텔의 예약망과 연계된 객실수익성관리(rooms yield management)와 고객이력관리(guest history file management)를 체인호텔 전체가 함께 공유할 수 있는 예약시스템이 구축되어 효율성을 높여 주고 있다. 고객으로부터 예약 요청이 있으면 가장 먼저 파악해야할 사항은 객실현황이다. 컴퓨터 모니터를 보면서 새로운 예약 스크린에 직접예약을 넣을 수도 있지만 정확성을 기하기 위해 예약스립(reservation slip)에 기록하여 입력하고 스립은 도착일별, 가나다순로 보관 관리한다. 일반적으로 예약업무는 새로운 예약, 재방문객예약, 단체 및 여행사예약, 선불예약, 예약변경, 예약취소 등이 있다.

5. 예약과가 생산하는 각종 자료

1) 예측보고서

호텔은 매출을 극대화하기 위해 각 부문이 일별, 주별, 월별, 연별, 중·장기 계획을 세우게 되는데, 모든 계획의 기본은 매출과 객실점유율의 예측에서부터 시작된다고 볼 수 있다. 가장 기본적인 자료는 일별, 주별, 10일간, 월별 예측으로 예약과장과 객실영업부서장이 객실점유율과 매출에 대한 예측보고서를 작성하여 부서장회의(department head meeting)나 일일 영업회의(morning briefing)에 보고한다. 이는 다른 영업부서의 영업 준비 및 인력수급과 업무지원부서의 구매활동, 자금조달, 범호텔적 행사일정 관리의 기초자료가 된다. 이때 수정된 예측보고서는 실제 예약뿐만 아니라 경쟁사, 연휴, 비즈니스의 흐름 등 주로 환경적 요인을 최대한 고려하여 작성·배부하므로 보다 전문적이고, 현실성 있는 보고서가 제출되어야 한다.

2) 판촉활동 자료 제공

뛰어난 상품지식, 창의적인 판매기획력, 충분한 경험을 보유한 판촉지배인이 있는 호텔이라도 적시에 예약원천을 파악하지 못하면 생산에 비해 인적, 물적 소모가 클 수밖에 없을 것이다. 예약직원은 예약 접수와 동시에 그 회사나 개인이 보유한 호텔 이용 가능성에 대한 잠재시장을 파악하여 판촉정보(sales lead)를 작성하고, 이를 판촉지배인에게 제공함으로써 객실, 식음료, 연회, 부대시설부문의 판매촉진 활동을 돕게 된다. 그래서 간혹 대형호텔들은 예약부서가 마케팅부문에 소속되어 있는 호텔도 있지만 호텔의 전반적인 업무연계와 고객편의, 매출증진을 위해서는 객실영업부문에 속해 있으면서 프런트데스크와 함께 업무를 추진하는 것이 바람직하다.

3) 고객이력관리

호텔 간의 경쟁이 심화되면서 대부분의 호텔들이 단골고객(royal customer, repeat guest) 확보에 심혈을 기울이게 되고, 상용고객 우대 프로그램 운영, VIP 카드 발급,

비서클럽 관리, 멤버십제도 도입 등으로 관계마케팅(relationship marketing)을 적극 활용하여 재고객 창출에 많은 자원, 시간, 인력을 투입하고 있다. 고객이력관리는 단골고객(repeat guest) 관리의 기본적인 자료의 축적으로 고객의 종전 투숙에 대한 정보, 관계회사에 대한 정보, 기호 및 취향에 대한 정보를 세세히 관찰하여 기록해 두는 고객이력관리(guest history file management) 프로그램에 의해 관리한다. 많은 체인 호텔에서는 고객접점직원들이 고객을 인지하고, 고객의 성함을 부르거나 따뜻이 맞이하게 하기 위해 검색이 가능하도록 하고 있다. 또한 이 프로그램은 투숙기간 중 지불한 금액과 투숙일수에 따른 실적을 관리하여 고객이나 예약자에게 혜택을 부여하여 호텔에 대한 충성도(royalty)를 높인다. 규모가 큰 호텔은 고객이력관리를 전담하는 직원이 있지만 대부분 예약부서에서 이 업무를 관장하고 있다.

제4절 프런트데스크 업무

1. 프런트데스크의 업무개요

프런트데스크는 고객의 입숙절차, 메시지 확인, 각종 안내, 환전, 귀중품 보관, 불평불만 처리, 퇴숙절차 등을 위해 내·외부 고객들이 빈번히 출입하는 곳으로 흔히 호텔영업의 심장브라고 말한다. 프런트데스크 업무의 주요 특성은 첫째, 고객과 호텔의 첫 만남으로 이때 받은 서비스는 체재기간 동안의 이미지에 많은 영향을 미치고, 둘째, 프런트데스크는 객실 상품뿐만 아니라 식음료, 부대시설 이용 등 전반적인 호텔상품의 판매에 큰 영향을 미치게 되며, 셋째, 프런트데스크는 고객에게 호텔의 서비스 수준을 알리고 고객의 불평불만을 청취하여 처리하거나 상부에 보고함으로서 고객과 호텔을 연결하는 고품위 서비스의 중추기능을 수행하고, 넷째, 프런트데스크는 고객에게 좋은 인상을 심어주어 그 고객이 다시 찾아오도록 하는 것뿐만 아니라 다른 고객에게도 좋은 서비스 경험을 전하여 더 많은 고객을 유치하도록 하는 호텔의 고객창출 창구이다.

프런트데스크의 기본업무로 객실판매, 객실배정, 각종 안내업무, 메시지 전달, 환전 및 귀중품 보관, 퇴숙절차 이행, 야간회계감사, 객실관련 보고서 작성, 고객이력관리 등 복잡 다양한 업무를 24시간 3교대 근무를 통해 이행한다. 일부 호텔들은 프런트데스크에 근무하는 객실영업담당(room clerk), 안내담당(information), 우편담당(mail clerk), 열쇠담당(key clerk), 기록담당(recording clerk), 야간영업담당(night clerk) 업무를 통합하여 고객 편의위주의 원스톱(one-stop) 서비스를 제공하는 프런트데스크 에이전트 시스템(front desk agent system)을 운영하여 인력과 업무의 효율을 높이고 있다.

2. 프런트데스크 업무내용

1) 영업준비 업무

전산망의 구축이 완벽하지 못한 호텔은 야간 근무자가 당일 레저베이션랙(reservation rack)을 예약부서로 옮기고, 반면에 다음날 영업에 필요한 레저베이션랙(reservation rack)을 랙 홀더(rack holder)에 담아 프런트데스크로 옮겨, 당일 고객을 확인하고, VIP를 위한 객실이나 단체객실 등을 사전에 객실 브로킹(room blocking)하도록 한다. 그러나 완벽하게 전산화가 이루어진 특급호텔들은 모든 예약고객의 등록카드(reservation card)가 프린트되어 있어 다음날 영업 준비에 도움을 준다. 고객이력카드는 도착 고객이 좋아하는 위치의 객실배정을 용이하게 하고, 고객의 요구사항이나 멤버십 프로그램 등에 따른 각종 편의품(amenities), 부대시설 입장권과 환영편지 등 고객감동서비스 제공을 위한 시스템으로 구성되어 있다. 이는 하루아침에 만들어지는 것이 아니라 주변의 청결함과 고객에게 베푸는 자그마한 배려가 모여 고객의 구전(word of mouth)을 통해 가볼만한 호텔이란 평을 듣게 되므로 완성되는 것이다. 따라서 하루하루의 영업 준비는 매우 중요하다고 하겠다.

2) 고객등록 업무

호텔에 도착한 고객을 따뜻이 맞이하고, 고객과의 대화를 통해 고객이 필요로 하는 호텔의 모든 서비스를 적극적으로 판매하는 것은 호텔 매출 증대와 좋은 이미지 구축을 위해 중요한 일이다.

담당직원은 친절, 신속, 정확히 입숙업무를 마치기 위해서 평소 꾸준한 외국어 구사능력을 기르고, 성실한 인성을 바탕으로 고객 인지도를 높이며, 적극적인 업무자세로 고객을 맞이해야 한다.

고객등록 업무는 고객등록카드 작성과 객실배정, 업셀링(up-selling), 객실열쇠 발급, 특급입숙절차(express check-in), 단체입숙 등으로 구분하여 설명하기도 한다.

(1) 등록카드작성 및 객실배정

사전에 예약이 되어 있는 고객은 도착 시 객실배정을 완료한 경우가 많다. 그러나 고객에 따라서 예약할 때 필요했던 객실의 내용과 도착해서 필요로 하는 객실은 차이가 있을 수 있으므로 예약내용을 다시 한 번 알려서 필요 시 변경할 수 있게 한다. 이 때 날마다 예약상황과 고객의 선호도가 다르므로 항상 고객의 편의를 먼저 생각하는 서비스 자세를 가지고 업무에 임해야 한다. 등록업무는 예약할 때 기록된 것을 보완하거나 선급금(advance payment) 등을 확인하여 서명 후 객실로 안내하면 되지만 예약 없이 도착한 고객(walk-in)에 대해서는 등록카드에 성명, 주소, 직업, 직장명, 국적, 여권번호, 전화번호, 출발일, 여행목적, 서명 등을 기록하여 서명한다. 신뢰성을 높이기 위해 투숙 시 신용카드를 제시하는 고객이 차츰 증가하고 있지만 휴대품이 없거나 워크인(walk-in)인 경우는 선불을 요청할 수 있는데, 이때는 식사비, 미니바(mini-bar), 전화요금, 부대시설 이용료 등을 감안하여 충분한 돈을 예치하도록 권하며, 현금보관에 대한 증표로 현금보관증을 발행하여야 한다. 신용카드로 예치를 하게 될 때에는 미리 카드에 넉넉한 금액으로 승인을 받아 둔다. 객실배정을 사전에 하지 않거나 변경 시는 모니터의 판매가능 객실화면에서 객실번호를 선정하여 투숙화면(check-in & in-house)에 고객등록카드에 기록된 사항을 입력하면 된다. 이 때 면세카드 소지자에 대해서는 면세에 대한 조치와 동시에 식음료업장, 부대시설에 면세임을 통보한다.

(2) 객실판매기법

프런트데스크 에이전트는 당일의 객실상황과 판매가능 객실을 잘 파악하고, 객실

수익률관리(rooms yield management)에 바탕을 둔 판매 전략을 적극적으로 구사해야 한다. 단위가 큰 객실을 판매하여 호텔의 매출을 증대시키는 것은 의미 있는 일이다. 객실판매 시 우선 고객에게 친근감 있는 접근을 시도하고, 고객이 기꺼이 지불할 수 있을 것이라는 신념을 갖고, 높은 값(top-down suggestive method)으로, 낮은 값부터 높은 값(bottom up suggestive method)으로 권하거나 프런트데스크 지역에 게시된 가격표의 중간 가격을 제시하므로 심리적인 자극과 실제적인 이익을 제시하는 방법이 쌍방에 도움(win-win)이 되는 판매방법이라 할 수 있다.

(3) 객실열쇠 발급

투숙객이 등록을 완료하게 되면 객실열쇠를 고객에게 건네준다. 1990년대 호텔 안전시스템 중에서 가장 크게 발전한 것이 객실시건장치시스템(door lock system)이다. 매우 정교한 마그네틱센서에 의해 객실출입문을 제어하는 시스템으로 빙카드시스템(Ving Card System)이 널리 이용되고 있다. 수십 년 간 사용해온 주물열쇠를 아직 쓰는 특급호텔도 있는데, 이 중에도 호리락시스템(Holiock System)은 열쇠분실 시 마스터키로 간단히 조작하면 객실의 도어록을 교체하지 않으면서도 안전하게 열쇠를 재발급할 수도 있어 아직까지 널리 사용되고 있다. 싱가폴의 웨스틴 스탬포드와 프라자호텔처럼 주물과 마그네틱으로 된 열쇠에 객실배정 시 객실번호와 체재기간을 입력하여 엘리베이터와 객실문 사용을 함께 보장해 주는 마이락시스템(Mylock System)도 많이 이용되고 있는 시스템이다. 프런트데스크에 호텔의 상징처럼 크게 설치되어 있던 키랙(key rack)을 사용하는 호텔이 차츰 줄어드는 반면에 열쇠서랍장(keys drawer)을 설치하여 체재기간이 끝나면 객실열쇠도 함께 사용이 제한되는 시스템으로 발전되고 있다.

(4) 특급투숙 절차

호텔들이 단골고객(repeat guest) 확보와 VIP고객관리를 위해 활용하고 있는 특급서비스의 일환으로 예약 시 모든 영접계획을 충실히 결정해 둠으로서 고객의 도착시간에 맞춰 총지배인, 부총지배인, 객실담당 임원, 객실영업부서장, 당직지배인, 고객관리담당(GRO : guest relations officer) 등이 체크인에 필요한 환영편지, 객실열쇠, 쿠폰, 안내문 등이 들어 있는 봉투(check-in pack)를 들고, 현관에서 안내하여 객실이나 클럽라운지로 안내하는 방법이다. 최근 특급투숙의 한 방법으로 로비중간에 소파와 낮은 데스크를 비치하고 고객이 편히 앉아서 등록을 하도록 하기도 하며, 고객 스스로가 기계를 작동하여 객실의 위치, 방향, 가격을 정하고 신용카드로 결제하며, 객실키까지 발급 받는 자동발매기(self-registration terminal)를 설치한 호텔들도 있다.

(5) 단체투숙 과정

일부 대규모 호텔에서는 단체담당 프런트데스크가 별도로 설치되어 체크인과 체크아웃을 전담하고 있다. 그러나 일반적으로 프런트데스크의 혼잡을 피하기 위해 단체담당자(group coordinator)나 당직지배인의 데스크에서 여행사나 행사 주최측으로부터 미리 받은 고객명단을 자료로 하여 사전에 객실배정을 하고, 단체고객이 도착할 때에는 일정과 식음료업장, 부대시설이용 등에 간단한 안내와 열쇠봉투를 전달한 다음 객실로 안내한다.

3) 귀중품 보관

호텔에 체재하는 고객은 여권, 비자, 수표, 현금, 시계, 목걸이, 반지, 팔지 등 고가의 귀중품을 소지하게 되고, 호텔은 가능하면 안전금고를 이용하도록 안내하고 있다. 이 때 객실 내에 비치된 안전금고를 먼저 권해 보는 것도 업무를 줄일 수 있는 방법도 되지만 고객이 원할 때는 프런트데스크에 설치된 안전금고를 이용하도록 하는 것이 좋다.

4) 각종 안내 및 메시지 전달업무

(1) 안내 업무

호텔영업의 중심부에서 많은 고객을 접하게 되는 프런트데스크에는 항상 고객의 전화가 쇄도하고 있다. 호텔안내의 주무부서는 고객서비스의 컨시어지(concierge)나 로비 안내 데스크(bell captain)가 있지만 프런트데스크를 찾은 고객에게는 무엇이든 즉시 안내가 되도록 준비해야 한다. 프런트데스크를 통해 안내를 받고자 하는 고객은 내부 투숙객과 외부고객이 있는데 내부 투숙객은 호텔객실의 모든 전화가 코맨트센터를 거치게 되어 있으므로 종전보다 직접 받게 되는 질문 횟수는 많이 줄어져 가는 추세이지만 습관적으로 프런트데스크를 연결해 달라는 고객도 있다. 이때에는 정중하고 예의바르게 전화 받는 사람의 부서와 성명을 먼저 알리고 대답에 응해야 한다. 또한 신속 · 정확한 안내를 위해 호텔의 부대시설, 시내관광, 지역권내관광, 엔터테이먼트, 쇼핑 및 토산품, 다른 호텔의 특별 이벤트, 각종 전시회, 세계 각국의 시차표, 항공사 · 여행사 · 대사관 · 학교 등의 전화번호와 위치, 교통편 등 많은 부분에 대해 조사하여 이용하기 편리하도록 데이터베이스화 하여 업무에 도움이 되도록 한다.

(2) 메시지 전달업무

투숙객 개개인에게 오는 팩스나 전보, 전화메세지도 고객에게 제때 정확히 전달되게 하여 고객이 호텔을 신뢰할 수 있게 하고, 고객의 투숙 전에 도착된 메시지는 당해 고객의 도착 시 즉시 전달한다. 또한 고객이 외출 시는 돌아오는 즉시 그동안 도착된 메시지가 전달되도록 하고, 고객이 잠들기 전에 그 날 있었던 메시지는 모두 전달되어야 하므로 각 조별 교대가 이루어질 때는 고객의 우편물과 메시지도 함께 인계함은 물론 고객의 동향을 잘 파악하고 있어야 한다.

5) 고객원장 관리

고객원장(folio)은 예약 또는 숙박 등록시점에서 만들어지는데, 이는 고객과의 거래가 이루어지는 시점부터 거래가 끝나는 시점까지 연속성을 갖고 발생한 금액을 기입(posting), 옮김(transfer), 마감(close)할 때마다 일시, 업장명, 이유, 담당자 등과 금액이 차변(debit)과 대변(credit)에 찍혀 퇴숙 시에는 잔액(balance)이 0(zero)이 되므로 고객과의 거래가 끝나게 된다.

고객계정과목

- 객실요금, 이에 따른 봉사료, 10% 부가가치세
- 각급 식음료영업장 및 연회장에서 서명한 금액

- 객실 내 미니바 이용료
- 객실 내 유료영화 시청료
- 인터넷 접속 사용료
- 룸서비스 식음료 대금
- 객실 내에서 외부 전화요금
- 면세점, 명품점, 기념품점에서 구입한 물품대금
- 세탁물, 드라이클리닝, 다림질 요금
- 대리주차 요금
- 각급 회의실 및 회의장비 사용료
- 소액 차용금 및 기타

6) 환전업무

호텔은 외국인을 유치하여 외화를 획득하는 업체이므로 외국환관리법에 의해 외환을 취급하게 된다. 호텔의 프런트데스크에 근무하는 프런트 캐셔(front desk cashier)나 에이전트(agent)는 외환을 취급하게 되며, 법에 의해 환전절차를 이행하여야 한다. 외국인이 많이 투숙하는 비즈니스호텔이나 리조트호텔에서 투숙객의 국적과 인원수에 따라 예상 환전자금, 환전업무 수행인원 및 시간, 적용될 환율 산출 등의 준비는 물론 은행에 매각함으로서 발생되는 환차익과 환차손에 대한 계획도 철저히 세워 영업외 수입도 올리도록 한다. 환율은 매일 오전 거래은행으로부터 당일 고시통화환율 조회표를 통보 받아 매입금액을 산출하고, 이를 게시하여 고객으로부터 외화를 매입하게 되는데, 우리나라에서 사용되는 외화환전은 약 30여종이며, 현금과 여행자수표로 구분하여 매입하고 여행자수표가 현금보다 높은 값에 거래되고 있다. 환전은 호텔마다 국적별 투숙객에 따라 주요 외환매입환율을 게시하고, 그 산출방법은 거래은행의 현찰매입률에서 한국은행의 전신환매입률과 특정호텔이 정한 수수료(commission)를 곱한 금액을 뺀 액수로 정한다.

7) 퇴숙업무

고객은 예약, 도착, 등록, 체재, 출발의 과정을 거치면서 호텔을 이용하게 된다. 퇴숙업무는 체재를 마치고 떠나가는 고객에게 호텔을 다시 찾아 주도록 좋은 이미지를 심는 짧은 시간이다. 따라서 프런트데스크 에이전트의 따뜻하고 상냥한 환송인사와 체재기간 불편했던 점을 꼭 시정하겠다는 약속으로 단골고객 확충에 힘쓰게 된다. 퇴숙절차는 특급퇴숙(express check out), 객실 TV 퇴숙, 일반 퇴숙, 단체 퇴숙, 늦은 퇴숙(late check out) 등이 있다.

8) 조별 업무마감

프런트오피스 에이전트는 일일 3교대 근무를 하게 되며, 각 조(shift)별 근무가 끝나기 전에 전달사항 기록장(log book)에 근무 중에 있었던 사항을 상세히 적어 다음 근무조에서 업무가 연계되도록 세심한 주의가 필요하다. 주로 업무 마감은 회계원업무를 말하므로 마감 전에 현금시재를 파악하고 현금시재보고서를 작성하여 다음 조에게 인계하고, 본인이 취급했던 모든 계정을 컴퓨터상에서 마감하여 현금입금과 전표 및 각종 보고서를 인계한 후 일과를 끝낸다.

9) 야간 회계감사업무

야간 회계감사(night auditor)는 그날그날 영업을 체계적이고, 정확하게 마감하여 경리부서나 타 영업 부서에서 필요로 하는 정보자료를 생산하여 제공한다. 각부서가 이를 바탕으로 호텔의 각종 보고서 작성을 원활히 할 수 있도록 준비작업을 하는 초급 간부이다. 최근에는 호텔영업을 위한 컴퓨터 시스템과 소프트웨어가 잘 개발되어 있어서 그 업무가 단순, 신속, 정확해져 가고 있으며, 이에 따라 관리부문의 업무량이 많이 줄어가고 있다.

제5절 고객서비스 업무

1. 고객서비스 업무개요와 조직구성

호텔은 다양한 사회계층의 고객이 현관을 통해 출입하므로 근무하는 직원의 태도, 실내 분위기 및 청결 등이 고객에게 주는 호텔의 이미지가 크다고 볼 수 있다. 고객의 편의와 고품위 서비스 제공을 위해 현관지역(lobby area)에서 고객접점직원들의 업무를 관장하고, 고객의 필요와 욕구에 적극적으로 대응하는 사람을 고객서비스지배인(guest service manager), 현관지배인(front uniformed service manager), 콘시어지지배인(concierge manager) 등으로 부르며, 규모가적은 호텔을 현관안내계장 / 주임(bell captain)이 이 업무를 수행하기도 한다. 고객서비스 부서의 조직은 도어맨(doorman), 벨맨(bellman), 현관주차요원(valet parking man), 호텔기사(hotel driver) 등이 있지만 일부 호텔들은 비즈니스 센터(business center), 교환실(telecommunication), 룸서비스와 미니바(room service & mini-bar), 이그제큐티브 클럽(executive club), 고객관리담당(guest relations officer) 등을 포함하는 곳도 있다. 이와 같은 조직들은 고객지향적, 서비스지향적인 조직을 표방하여 모든 업무를 고객을 중심으로 추진하고, 고객으로부터 피드백(feedback)받아 호텔경영에 반영하고 있다.

2. 고객서비스 부서의 업무내용

고객서비스 부서에 근무하는 사람은 항상 정중하고, 예의바르며, 친절하고 미소를 잃지 않아야 한다. 근무수칙을 준수하며 근무에 임하기 전엔 머리끝에서 발끝까지 깨끗하게 정리하여 호텔 내에서 마주치는 모든 고객이나 동료에게 행복감을 전할 수 있어야 한다.

① 고객 서비스 지배인의 업무
② 로비 컨시지 업무

③ 벨 캡틴의 업무
④ 벨맨의 업무
⑤ 도어맨의 업무
⑥ 대리주차요원의 업무

3. 비즈니스센터 운영

호텔고객은 그 투숙 목적상 관광, 레저 · 스포츠, 비즈니스 등 다양하지만, 도심의 대규모 호텔을 중심으로 상용고객을 위해 사무실에서 못 다한 업무를 호텔에서 할 수 있도록 일정한 장소에 각종 사무기기를 갖추고 고객의 요구에 응하고 있다. 비즈니스센터에 설치된 사무기기로는 팩시밀리(facsimile), 컴퓨터와 모뎀, 복사기, 프로젝터(projector), AP-DJ(Associated Press-Dow Jones)의 뉴스서비스, OHP(over head project)와 스크린, 스크린 화이트보드(screen automation white board) 및 회의실(meeting room)이 있다.

4. 귀빈층 운영

귀빈층(executive floor)은 잦은 사업여행객(frequent business traveller)을 표적시장으로 안락감을 느낄 수 있도록 고객접점직원의 인간미 넘치는 고급스럽고, 차별화된 서비스를 바탕으로 호텔내의 작은 호텔(a small hotel within a hotel)의 개념으로 2~3개 층을 지정하여 운영하고 있다. 이는 항공사의 비즈니스 클래스와 비슷한 등급의 객실로 이해될 수도 있으며, 이들 층을 출입하기 위해서는 허용되는 열쇠를 소지해야 한다. 우리나라는 대부분의 특1등급 호텔과 일부 특2등급 호텔이 이를 운영하고 있는데, 호텔의 매출 증진과 이미지 제고에 도움이 되고 있다. 주된 서비스는 클럽 라운지를 운영하며 아침에는 대륙식 조식(continental breakfast), 저녁에는 간단한 칵테일 파티, 하루 종일 커피, 홍차, 주스, 과일, 쿠키 등이 제공되고, 미팅룸은 무료로 사용하고, 급행 입 · 퇴숙절차, 항공예약 · 확인 등 개인비서급서비스가 제공된다. 이 부서를 중심으로 고객서비스를 하는 직원은 이그제큐티브 클럽 콘시어지(executive club concierge), 버틀러(butler)가 있으며, GRO(guest relations office)를 함께 묶어 운영하는 호텔도 있다.

[그림 8-4] 귀빈층 라운지

[그림 8-5] 귀빈층 콘시어지 데스크

5. 서비스 익스프레스 부서의 운영

날로 심화되어 가는 호텔기업의 서비스경쟁에서 살아남기 위하여, 또한 앞서가는 호텔기업들은 계속 발전하기 위하여, 새로운 서비스제도와 그 기법들을 개발하여 추진할 뿐만 아니라 고객접점부문의 조직을 통합운영 하므로 고객편의위주의 호텔경영에 박차를 가하고 있다. 최근 들어 컴퓨터와 통신의 발달로 호텔의 교환원 업무가 크게 줄어들면서 이를 개편하여 종합안내센터 또는 예약센터의 역할을 하도록 하는

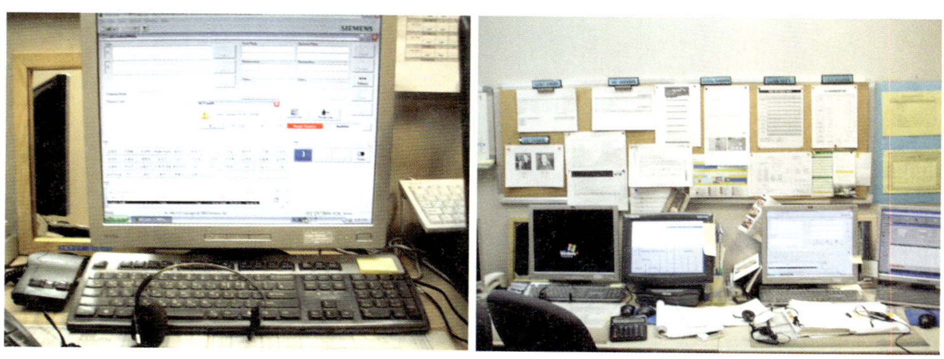

[그림 8-6] 서비스 익스프레스 부서

호텔들이 늘어나고 있는 추세다. 서비스 익스프레스제도(service express system)도 결국은 효율적인 고객서비스와 조직의 슬림화에 의한 비용절감을 목적으로 기존의 교환실, 벨맨, 룸서비스, 예약, 비즈니스센터, 하우스키핑, 고객세탁업무 등 투숙객을 중심으로 이뤄질 수 있는 모든 업무를 통합 운영하므로 업무 상승효과를 얻고자 발족한 새로운 형태의 고객서비스 조직이다.

제9장 호텔의 객실관리

제1절 객실관리의 개요

1. 객실관리의 중요성과 기본업무

사업여행이나 관광여행을 떠나는 사람이 여행 중 가장 중요하게 생각하는 것은 가정과 같은 안락감과 청결한 휴식공간이다. 유로머니(Euro-Money)가 잦은 사업 여행객을 대상으로 일류호텔의 조건에 대한 설문조사를 실시한 결과 시설, 서비스를 제치고 청결이 가장 중요함을 알게 되었다. 현대적 객실관리의 중요성은 호텔건물의 주된 시설인 객실정비는 물론이고, 식음료 영업장, 연회장, 대소회의실, 유흥장, 사우나 및 헬스, 공공장소, 서비스지원 공간, 정원, 주변진입로, 건물의 외벽 등 호텔 내 · 외부의 모든 시설과 설치물, 조경을 최상의 상태로 유지관리하여 고객만족을 이루며, 고급스런 호텔서비스 상품의 이미지를 제고하는 역할이 매우 중요하다. 객실관리부서는 이러한 정비 업무를 담당하여 호텔의 서비스상품을 최상의 상태로 유지하는 임무를 띠고 있다. 또한 많은 인원과 장비를 운영하므로 비용관리에도 세심한 계획이 필요하며, 모든 고객을 중심으로 타 부서와 업무상 밀접한 연계를 맺고 있으므로 내부 커뮤니케이션을 활성화하여 업무효율을 높이는 것도 중요하다.

객실관리부서가 수행하는 기본업무는 첫째, 객실정비이며, 객실내부에 있는 객실설비, 욕실설비, 가구, 비품, 장식의 정비 및 관리를 꼼꼼히 수행해야 하고, 둘째, 호텔의 리넨을 관리한다. 리넨관리는 객실용 리넨, 식음료 및 부대시설에 사용되는 리넨류를 관리하며, 객실에 필요한 소모품류의 구입과 배치를 책임진다. 셋째, 공공장소의 정비이다. 주야를 가리지 않고 공공구역 정비 및 유지에 힘쓰며, 넷째, 대고객서비스 업무도 담당하고 있다. 고객이 두고 간 휴대품의 분실과 습득물 관리(lost & found service)와 어린이를 대동하고 여행하는 고객의 어린이 돌봄서비스(baby sitting service)를 제공하며, 다섯째, 세탁실도 운영하여 고객에게 서비스를 제공함과 동시에 호텔의 매출에도 기여하고 있다. 그 외 정원관리와 꽃가게 운영 등 실로 다양한 업무를 일일 24시간 이행하게 된다. 이렇게 복잡하고, 다양한 업무를 책임지는 객실관리부서의 장은 부지런하고, 세심한 관찰력이 있고, 너그러운 성격을 가진 간부가 적합하며, 그는 깨끗한 정비업무를 위해 다양한 인력관리에 많은 시간을 할애하게 된다.

2. 객실관리부서의 경영관리 방향

객실관리부서는 시설관리부서와 함께 호텔의 영업이 원활히 진행되도록 건물 및 시설물을 쾌적하고, 안전하게, 유지관리 하는데 만전을 기한다. 업무 성격상 많은 인력과 장비를 동원하므로 이에 따르는 예산의 씀씀이도 크다. 객실관리부서는 호텔의 이익관리에도 중요한 역할을 담당하므로 목표관리가 명확해야 한다. 객실관리부서 운영에는 첫째, 고객만족을 업무의 중심에 두어야 하고, 둘째, 내부고객인 종업원 만족에 힘써야 하고, 셋째, 비용절감으로 호텔기업에 기여하여야 한다. 이와 같은 목표관리를 위해서는 인력, 시간, 자재 등을 효율적으로 관리하고, 각종 설비를 기능적이고 위생적으로 최상의 상태를 유지하며, 건축, 위생, 방재 등에 세심한 배려와 안전에 유의하여 방문하는 고객에게 "가정을 떠난 가정(a home away from home)"의 편안함을 실제로 제공할 수 있는 역할을 충분히 발휘할 수 있도록 경영관리에 만전을 기해야 한다. 객실관리부서장은 객실청결상태 유지, 욕실청소, 침대꾸미기(bed making) 등의 기본업무도 중요하지만 더욱 중요한 것은 고객들이 많은 경쟁호텔 중에 우리호텔을 선택해 준데 대한 감사의 표시로 고객에게 정성스런 서비스를 제공하여 오래도록 기억에 남을 호텔로 만들어 가는 것이다. 그러나 현실적으로 객실관리부문에 종사하는 사람들은 고등교육의 혜택, 고도의 기술, 자아실현의 의지 등이 강할 수 없는 약자의 위치에 있음을 부인할 수 없다. 따라서 회사의 목표를 달성하기 위해서는 이들의 생활문화, 기본욕구, 경제상태, 대인관계 등을 이해하고, 후생복리를 개선하므로 투철한 서비스 정신이 행동으로 나타날 수 있도록 근무분위기를 조성하여야 할 것이다. 동기 부여된 직원이 생산성을 높인다는 이론은 많은 경영학자들의 연구에 의해 검증된 바 있으며, 호텔현업에서 경영관리활동을 경험한 사람이라면 누구나 공감하는 원칙적인 일일 것이다. 동기부여된 장기근속자가 많고, 직원의 사기가 충천한 직장 또는 조직에는 긍정적인 사고를 가진 사람이 많게 마련이다. 이를 위해서 회사는 객실관리부서원의 선발과정에서부터 능력위주의 객관성 있는 인사를 이행하고, 양질의 교육과정을 이수하게 하며, 많은 부분의 권한위양이 이루어져야 한다. 이러한 것들이 객실관리부서 경영관리의 기저를 이루어야 성공적으로 품격 있는 호텔서비스상품의 생산이 이루어질 것이다.

3. 객실관리부서의 조직과 역할

1) 객실관리부서의 조직

객실관리부문은 호텔의 주 상품인 객실상품의 생산, 건물관리, 부대업장의 유지와 관리를 업무로 하기 때문에 조직은 실무형 또는 기능형으로 구성하고 있다. 객실관리부서의 책임자는 호텔의 규모나 그 호텔기업이 추구하는 서비스 방향에 따라서 객실관리부장 또는 차장(director of housekeeping, housekeeping manager, executive housekeeper)으로 보직하며, 업무지시와 보고는 부총지배인(executive assistant manager)에게 하게 된다. 객실관리부서장은 객실부서의 예산편성, 비용관리, 인력관리, 건물관리, 정원관리, 아웃소싱 협력업체관리 등 다양한 업무의 책임자이다. 아래 객실관리부서 조직은 우리나라의 500실 규모의 체인호텔이 택하고 있는 실례를 바탕으로 설계된 것이다. 객실관리부서장이 관장하는 조직내부에는 객실정비, 공공장소와 영업장 정비, 세탁업무, 외주업체관리, 바느질, 꽃꽂이, 정원사, 목공, 카펫수선공 등 수많은 기능직이 집결되어 있으며, 업무지원 및 리넨을 담당하는 행정직도 보직되어 있다.

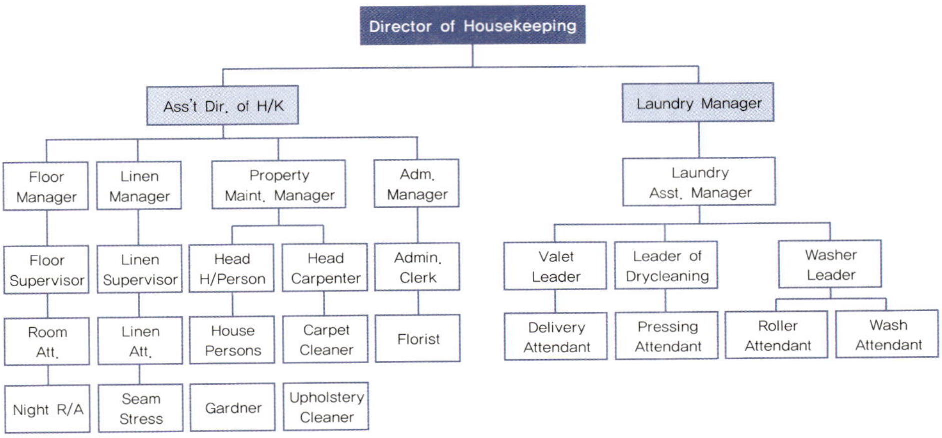

[그림 9-1] 대규모 호텔 객실관리부서의 조직도

2) 객실관리부서의 역할

(1) 객실관리부서장의 역할

객실관리부서장은 호텔이 수립한 정책, 기준, 지침에 따라 객실관리부서를 유지 발전시키며, 호텔 전체에 걸쳐 청소와 청결 유지를 위한 계획, 조직, 감독에 주력한다. 청결을 유지해야 하는 구역의 구체적인 책임은 객실, 공공장소, 식음료 영업장, 부대시설, 사무실 및 서비스지역 등과 세탁, 리넨, 유니폼 및 분실물 취급업무 등이다. 객실관리부서는 많은 인원으로 구성되므로 부서원 한 명 한 명이 호텔기업의 철학과 정책 및 방침을 알 수 있도록 교육하고, 주기적으로 간부회의, 전체 직원회의 등을 소집하여 부서원이 질 높은 서비스를 제공할 수 있도록 동기부여하고 독려하게 된다.

(2) 객실관리부서장의 감독업무

① 예산관리

- 예산목적 : 동 회기 내 운영비 예상, 실제 결과 측정
- 예산편성 : 각 계정(single line account)을 바탕으로 편성, 자본적 투자예산(capital investment budget)은 단 · 중 · 장기별 계획 수립
- 예산집행 : 비용증감을 정확히 분석, 통제

- 기록 : 비용, 생산, 품질을 함께 기록(작업시간, 초과시간, 구매품, 공급품 등)

② 생산관리

- 생산량 확인을 위한 일일 객실정비업무 보고
- 카펫, 샴푸 작업량
- 마블관리 내용
- 페인트 및 도장작업
- 전등, 햇볕 가리게(blinder), 커튼 정비 및 세척
- 일일 장비사용 내용
- 세탁실 생산내역 및 매출액
- 고장난 방(out of order room) 확인 및 작업지시

③ 품질관리

- 표준화 작업, 체크 리스트에 의한 작업내용 확인
- 작업방법 및 관리방법 연구
- 현장 확인 점검
- 검사원의 업무교육 및 인성교육

3) 객실관리부서 주요 간부직원의 역할

(1) 객실관리과장의 역할

객실관리과장은 객실관리부서장의 업무를 보좌하며, 주로 객실과 공공장소의 청결유지 및 정비업무를 관장하고, 현장에서 감독업무를 수행한다. 대규모 이하의 호텔은 객실 관리과장이 행정지배인의 업무도 관장하기도 한다.

(2) 객실정비지배인의 역할

객실정비지배인(Floor Manager)은 객실현장에서 객실정비주임(Floor Supervisor), 객실정비원(Room Attendant)이 생산 및 점검한 객실서비스상품이 고객에게 최상의 상태에서 제공될 수 있도록 관리하는 역할을 한다. 본인에게 주어진 업무를 추진하

기 위해서는 업무는 엄격히 챙기면서 동료나 부하직원에게는 따뜻한 인간적인 배려가 있어야 한다.

(3) 공공장소관리지배인의 역할

공공장소는 호텔에서 가장 번잡한 공간으로 모든 방문객이 왕래하므로 수시로 쓸고, 닦고, 광택을 내어 호텔을 찾는 고객에게 좋은 이미지와 청결감을 주어야 한다. 공공장소 정비담당자는 타일, 카펫, 대리석, 아스팔트 등을 전문적으로 관리하며, 각 영업장, 연회장, 서비스공간 등 넓은 부분의 청소를 담당한다. 또한 객실정비원이 요청하는 목공, 가벼운 페인트칠, 카펫, 침대이동 등 힘겨운 일들을 지원하는 업무도 수행한다. 이 부문의 책임자는 대규모 호텔에서는 대리급, 계장급을 두고, 대부분 경력이 많은 기능 보유자를 보직한다.

(4) 행정지배인의 역할

객실관리부서의 행정업무는 객실관리부서장의 행정보조업무, 고객서비스업무, 부서원의 행정서비스업무로 이뤄진다. 객실관리부서의 행정지배인(Administration Manager)은 객실관리부서장과 객실관리과장의 업무지시를 받으며, 객실관리부서의 행정업무를 관장한다. 행정지배인은 부서 커뮤니케이션의 통로에 있으므로 부서의 살림살이를 가장 잘 아는 사람이다.

(5) 리넨지배인의 역할

초대규모 이상 호텔에서는 리넨관리업무를 행정업무에서 분리하여 수행하게 된다. 규모가 500실 이하인 대규모호텔에서는 객실관리부서 내의 행정업무와 리넨업무를 통합관리하기도 하지만 국제적인 체인호텔에서는 리넨업무의 중요성으로 인해 이를 분리하는 경우가 흔히 있다. 리넨관리업무는 객실부서는 물론 식음료부서, 부대시설 부서의 리넨도 함께 관리하게 된다.

(6) 세탁지배인의 역할

세탁지배인(Laundry Manager)은 세탁실을 대표하고, 호텔의 경영관리방침과 시책에 적극 동참하여 세탁실의 청결 유지, 안전관리, 정비감독, 조직편성 계획, 연간 매출목표 설정, 연간 소요경비 설정, 객실관리부서와 긴밀한 보고체제 유지, 직원들의 지속적인 업무교육, 직원과의 원활한 대화유지 및 매출액 증대 등에 총력을 기울이며, 타부서와도 원활한 대화 유지와 연계업무에 힘쓴다. 세탁부문은 고객의 세탁물을 드라이클리닝, 물세탁, 다림질 하는 등의 업무가 기본이며, 호텔의 리넨 및 유니폼을 세탁하여 제 때 각 부서에 공급해 주는 업무를 관장하므로 수익부문과 비용부문을 함께 운영하게 된다. 이에 따른 세탁지배인은 적절한 인력과 세제의 배분과 투입으로 효율을 극대화하는데 노력한다.

제2절 객실관리부서의 장비와 세제

1. 호텔객실관리의 장비들

객실관리부서가 호텔의 청결과 시설물의 유지관리를 책임지고 업무를 추진하는 데는 유능한 관리자, 부지런하고 알뜰한 정비요원, 그리고 시설물의 유지관리에 알맞은 적절한 장비가 있어야 한다. 호텔이나 대형건물을 관리하는 데는 인력도 중요하지만, 생산성과 정비관리의 능률을 올리기 위해서는 청소장소나 대상물에 대해 적절한 장비, 세제, 청소방법이 필요하다. 카펫, 대리석, 나무, 타일, 장판 등에 따라 사용되는 장비와 세제도 다르며, 장비는 클리닝 카(cleaning car)에서부터 빗자루, 걸레 등까지 여러 종류가 다양하게 있으며, 이들의 용도도 매우 다양하다. 청소장비는 세계적으로 유명한 Clarke, 3M, Rubbermaid 제품 등이 있으며, 각 호텔마다 값싸고, 질 좋은 장비를 보유하여 작업안전, 업무효율, 비용절감에 노력하고 있다. 호텔이나 대형 건물을 관리하는 데 이용되는 장비들은 아래 그림과 같으며, 사용 용도를 구분하면 카펫, 대리석, 타일, 목재, 시멘트 바닥 등에 쓰이는 장비들이 주류를 이루고 있다. 최근 수년간 많은 장비들이 발명되고 개발되어 규모, 면적, 건물형태에 따라 사용하는 장비를 다르게 선택할 수 있게 되었다. 호텔객실관리에 사용되는 장비는 광택기

(polishers), 수중광택기(burnisher), 고속광택기(ultra speed burnisher), 진공청소기(dry vacuum cleaner), 물기제거용 진공청소기(wet / dry vacuum cleaner), 문지르기 기계(scrubbing machine), 후진 문지르기 기계(behind scrubber), 콤비형 진공청소기(combination vacuum cleaner), 카펫 세척기(carpet cleaner), 카펫 탈수기(carpet extractor), 대형 진공청소기(suction sweeper), 어깨걸이 진공청소기(CoachVac : coach vacuum cleaner), 바닥 고르기(floor sander), 청소차(cleaning engine), 매트(mat) 등이 있다. 호텔의 로비바닥은 고급스런 마블이나 나무, 타일, 카펫 등으로 장식되어 있어 깨끗하고 우아하게 관리되어야 한다. 그러나 가끔 비, 눈, 먼지, 모래 등으로 인해 유지관리가 어렵게 된다. 이 때 굵고, 가는 올레핀 섬유로 만든 인핸스 매트(Enhance mat)나 고무로 만든 노매드(Nomad) 등을 깔아 현관입구나 로비지역을 안전하고 품위 있게 유지, 관리하게 된다.

[그림 9-2] 호텔 건물을 관리하는 각종 장비들

인핸스™ 500(Enhance™ 500)

색상	규 격	특징 / 용도
적색 회색 갈색	0.6m×0.9m 0.9m×1.5m 1.2m×1.8m 1.2m×3m 1.2m×1.8m 1.8m×18m	장마철인 여름, 눈오는 겨울에 특히 효과적이며, 호텔 등의 빌딩 내부용 매트로 사용

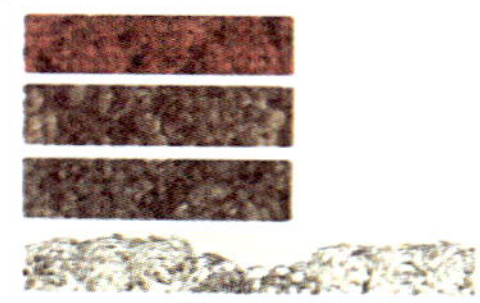

인핸스™ 750(Enhance™ 750)

색상	규격	특징 / 용도
스프러스 그린 체커 그레이 모카 버건디 블루베리	0.6m×0.9m 0.9m×1.5m 1.2m×1.8m 1.2m×3m 1.8m×3m 1.8m×18m	인텔리젠트 빌딩, 호텔 등의 내부용 매트로서 인핸스 500보다 다양한 색감을 제공

내부용

노매드 쿠션 플러스(Cushion Plus)

색 상	규 격	특 징	용 도
적 색 청 색 황 색 녹 색 회 색	1.2M×12M / 9㎜	특수한 코일에 backing이 있는 매트로서 통행량이 많은 출입구 내부의 로비, 쇼룸 등의 인도어에 적합 우천시 사용하면 실내에 유입되는 수분을 제거하고 오염물을 없애 미끄럼 사고를 방지하고, UV코팅이 되어 있어 탈색이 되지 않으며 강한 내구성을 발휘	로비, 쇼룸 등의 출입구 지역 건물 내부 엘리베이터까지의 통행로 지역

[그림 9-3] 인핸스 매트(Enhance mat)와 노매드(Nomad)

2. 호텔객실관리부서의 세제들

호텔에는 가정에서 보다 더 많은 세제와 화공약품이 청소에 이용된다. 1980년대 이후 환경보존운동으로 인해 더 강화된 법규를 적용받게 되면서 환경 친화적인 세제가 많이 개발, 보급되어 왔다. 특정세제를 선택하는 데는 안전성, 경제성, 편리성, 농축성이 요구되며 청소의 성격, 대상품의 재질에 따라 다양한 품종이 이용된다.

〈표 9-1〉 호텔에서 사용하는 세제들

세제명	단 위	용 도
유리용 세제	208리터(12말)	유리창/거울/전시용 케이스/책상/스테인리스 스틸/세라믹 타일/ 크롬제품
강력 다용도 세제	24리터(1.3말)	오염된 벽/바닥/장비/세척 가능한 표면/천으로 된 커버/카펫의 얼룩 제거
중성 세제	760리터(42말)	모든 세척 가능한 단단한 표면/바닥 청소/스크러빙 작업 시
욕실용 세제	100리터(6말)	세라믹 타일/플라스틱/석회석/유리 섬유/스테인리스 스틸/대변기 보올/소변기
살균, 소독제	410리터(23말)	살균/소독/항균/바이러스 박멸/악취제거/살균소독을 요하는 집기류 및 표면 세척 시
초고속 박리제	30리터(2말)	실러 및 다층 왁스 제거용/빠른 박리 효과
다용도 세제	128리터(7말)	모든 세척 가능한 바닥/벽/각종 집기류/시험관/피/기름기 제거
카펫 세정제	512리터(28말)	오염된 각종 카펫 세정
카펫 전 처리제	300리터(17말)	심하게 오염된 카펫 세정작업 시 카펫 세정제 전에 사용
본네트용 세제	100리터(6말)	카펫의 가벼운 오염 제거 및 보호에 적합/스카치 브라이트 카펫 크리닝 패드와 함께 사용
방향제	114리터(6.5말)	향기롭지 못한 향의 제어를 필요로 하는 모든 곳 화장실/회의실/락카룸/지하실 등
비산성 욕실용 세제	80리터(6말)	세라믹 타일/플라스틱/석회석/유리섬유/스테인리스 스틸/대·소변기/대리석 살균소독기능 함유
소독제	318리터(18말)	벽/바닥/영업장/조리부서/집기/식판/테이블 등의 항균 소독
강력 내부용 세제	15리터(1말)	벽/유리창/거울/테이블/플라스틱류/스테인리스 스틸/카펫/오븐기/실내외 벽 세척

〈표 9-2〉 존슨제품의 객실관리 세제와 용도

사용구역	상품명	용 도	희석비율
욕 실	브레이크 업	일상 청소	1 : 170
유리, 플라스틱	제이 - 필 글랜스	일상 청소	1 : 40
나무, 가구	플레지	가구 관리제	-
공기청향제	굳 센스	공기 청향제	1 : 170
변 기	브레이크 업	변기 세척제	1 : 170
변 기	제이 필 크루	변기 세척제	-
바 닥	브레이크 업	일상 청소	1 : 170
공기청향제	누수멜	화장실 청향제	-
공기청정기	글래이드	객실 청향제	-

제3절 객실정비업무

1. 객실정비원의 업무개요

객실관리부서의 중요한 업무 중 하나가 깨끗하고 안락한 객실상품의 생산이다. 객실상품은 아래의 절차에 의해 이뤄지며 객실정비원은 고객접점에 있는 종업원이므로 호텔의 예절과 숙련된 실무를 몸에 익혀 항상 명랑하고 즐거운 마음으로 업무에 임하도록 교육이 잘되어 있어야 한다. 객실청소는 객실정비원에 의해 이루어지는데, 주간에 근무하는 객실정비원을 룸 어텐던트(room attendant) 또는 룸 메이드(room maid)라고 하며, 오후에 출근하여 야간 객실정비 및 잠자리 준비업무를 수행하는 객실정비원을 야간 담당(night duty), 또는 턴다운 어텐던트(turn down attendant)라고 한다. 객실정비업무는 간단치가 않아서 객실에 들어가는 편의품(amenities)의 종류와 명칭, 침대 꾸미기(bed making), 타월 비치(towel set-up), 세제 사용법 등 많은 부분을 이해하고 익혀야 한다. 객실정비시 객실정비원과 객실점검원(room inspector)은 먼저 객실상태를 점검하여 퇴실과 재실로 구분하고, 그 중에도 미리 청소해야 하는 방의 순서에 의해서 정비를 하게 된다. 객실 청소의 우선순위는 호텔마다 조금씩 다를 수도 있지만, 대부분 호텔은 고객이 요구하는 객실, VIP 객실, 퇴숙된 객실, 고객이 사용 중인 객실, 퇴숙이 예상되는 객실, 그 외 고객이나 객실영업부서 또는 객실관리부서에서 필요로 할 때 청소를 하게 된다. 또한 그들은 정비업무가 끝나면 일일 점검표에 의해 청소상태를 확인하여 객실상품의 품위를 유지하는데 최선의 노력을 다하게 된다. 우리나라 호텔들은 객실정비원에게 하루 작업량을 15실(30㎡) 정도로 배정하며, 객실 평수가 넓거나 특실 또는 온돌방 등은 작업량을 조금씩 감해주고 있다.

2. 객실정비원의 일일업무 준비사항

객실정비원은 객실정비를 하기 위해 출근과 동시에 객실관리지배인(floor manager) 또는 객실정비주임(floor supervisor or room inspector supervisor)으로부터 전일, 당일 객실상황과 특이사항 및 전달사항을 듣고 업무에 임하게 된다. 이 때 객실의 담당구역에 대한 마스터 키(master key)를 수령하고 관리대장에 서명하게 된다. 객실마스터키는 고객의 생명과 재산을 보호하기 위해 매우 소중히 관리해야 하며, 이로 인한 사고는 즉시 보고되어야 더 큰 일을 방지할 수 있다. 마스터키를 인수하고 객실정비원 청소차(room attendant's cart)에 객실소모품과 침대보(bed sheets), 편의품, 청소용구 및 세제를 싣고 담당구역으로 가게 된다. 일부 체인호텔에서는 프로호스타시스템(ProHost System)을 이용하여 리넨을 중앙공급식으로 보급하는 호텔도 있다.

3. 객실출입

객실을 출입할 때는 꼭 노크를 하고, 인기척을 기다렸다가 문을 열고 들어간다. 노크시에는 항상 손가락 뒷면의 뼈 부분을 사용하여 노크한다. 그러나 현대식시설을 갖춘 호텔은 벨을 사용하여 고객과 의사소통을 하며 '방해하지 마시오(DND : do not disturb)' 표시가 있으면, 이 사인이 해제될 때까지 고객을 방해하지 않는다.

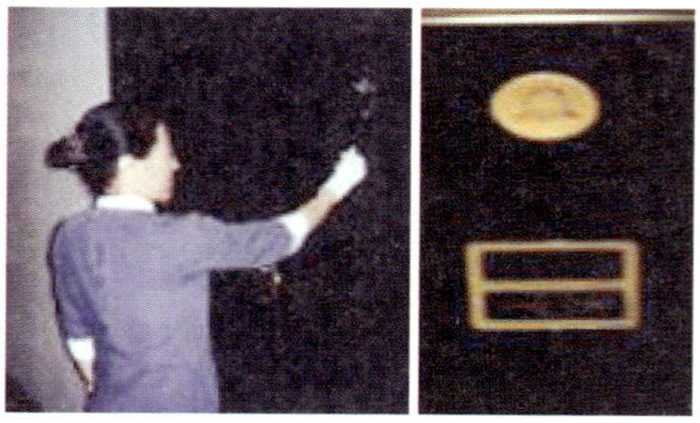

[그림 9-4] 객실출입절차

[그림 9-5] 객실청소 준비작업

4. 객실청소 준비작업 및 청소

객실 출입절차에 의해 빈 객실에 들어가면 고객의 귀중품이 떨어져 있는지를 먼저 확인하고, 주어진 절차에 따라 청소에 들어간다. 이 때 새로운 고객을 위해 청결하고 안락한 공간을 창조한다는 마음으로 정성들여 객실을 정비하여야 한다.

[그림 9-6] 프로호스타시스템

[그림 9-7] 호텔의 객실상품(계속)

[그림 9-7] 객실상품의 구성(계속)

[그림 9-7] 객실상품의 구성(계속)

[그림 9-7] 객실상품의 구성

5. 턴다운 서비스

[그림 9-8] 침대 옆의 발 깔개

턴다운 서비스(turn down service)는 호텔이 가정과 같은 친근감을 고객에게 제공하기 위해 특급호텔을 위주로 개발한 서비스의 일종이다. 고객의 잠자리를 돌봐주는 방법으로 침대 깃을 벗기고, 고객이 침대에 쉽게 들어 갈 수 있도록 할 뿐만 아니라 조식주문, 그린카드 활용, 호텔이나 호텔주변의 각종 행사 등에 대한 정보를 제공한다. 세계 제일의 호텔서비스를 자랑하는 방콕 오리엔탈 호텔에는 턴다운 서비스와 함께 매일 색다른 과일과 총지배인의 감사편지를 함께 제공하고 있어 매우 인상적이다. 또한 발 깔개를 침대 옆에 펴놓으므로 최상의 공손함을 표현하고 카펫 정전기를 방지한다.

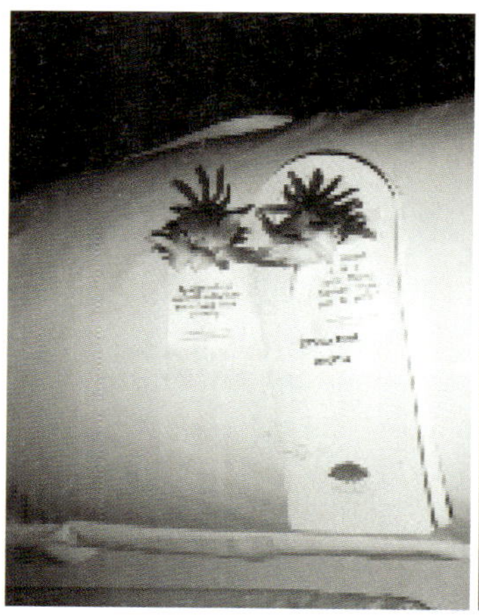

[그림 9-9] 단꿈 메시지와 조식 메뉴

[그림 9-10] 얼음 준비

제4절 공공장소 및 영업장 관리

1. 공공장소 및 영업장 정비

공공지역은 크게 고객지역과 종업원지역으로 나눈다. 고객지역은 객실, 식음료영업장, 대 · 소 연회장, 로비지역, 복도, 계단, 부대영업시설, 승강기 등 고객이 주로 이용하는 지역을 말하며, 호텔의 주요 상품으로 중요한 지역이다. 여기 못지않게 고객을 위해 서비스하는 종업원이 이용하는 시설로 기능이 중요시되는 종업원 지역이 있는데, 사무실, 락카룸(locker room), 각층 서비스지역, 비상계단, 직원숙소, 휴게실 등이 있다. 호텔은 복합건물이므로 관리하기에 어려운 점이 많다. 특히 건물의 외벽, 내벽, 천장 등은 그 높이가 높아서 관리하는 데 전문적인 기술이 필요하게 된다. 따라서 이런 위험지역의 관리는 호텔의 아웃소싱(outsourcing) 전문용역회사에 맡기게 되며 공공지역의 청소와 유지보수는 공공장소 정비원(house person)이 맡아서 하게 된다.

공공지역의 관리는 로비와 복도를 24시간 지속적으로 관리하고, 계단과 엘리베이터는 필요한 부분은 광택을 내고, 장식 · 거울 · 벽면은 먼지와 손자국을 없앤다. 공공지역에는 많은 화분과 꽃꽂이 장식을 비치하게 되는데 언제나 생동감 있도록 유지관리한다.

그 외에 공중화장실, 직원구역을 깨끗이 청소하고, 고객이 없는 시간을 이용하여 식음료 영업장, 연회장 등의 바닥 · 벽 · 천정 · 유리 등을 청소하게 된다.

2. 고급 설치물 관리

1) 샹들리에와 벽등

호텔서비스의 기본은 청결이다. 흔히 평상시에 눈에 잘 띄지 않는 곳도 고객의 눈에는 잘 보인다. 특히 로비의 분위기를 돋보이게 하는 장식용품 샹들리에와 벽 등은 보이지 않는 부분까지 청소가 철저히 되어 있어야 한다. 이들의 관리는 주기적으로 스케줄에 의해 필요한 인력, 장비, 약품, 세제를 이용할 수 있는 전문가에 의해 관리되어진다.

[그림 9-11] 객실 전등

[그림 9-12] 호텔로비의 샹들리에와 벽등

2) 마블관리

마블(marble)이라고 하면 대리석, 화강암이라고 하여 고급 호텔의 천장, 로비, 벽면의 마감재로 사용한다. 마블은 고액의 설치비를 요구할 뿐만 아니라 강도도 타 건축재료에 비해 약하므로 특별히 관리하지 않으면 금이 가거나 깨어져 품위를 유지하기가 매우 어렵다. 마블은 세제나 약품에 민감하게 반응하며, 대리석은 약품에 약하다.

화강암은 오물에 약하여 연마제를 사용하지 않으면 오점의 제거가 어렵다. 따라서 이들을 잘 관리하기 위해서는 청소장비가 동원되고, 이 분야의 기능에 뛰어난 숙련공을 보유하거나 아웃소싱에 의존하여 관리하지 않으면 안 된다.

[그림 9-13] 마블의 모양

〈표 9-3〉 마블의 강도 비교

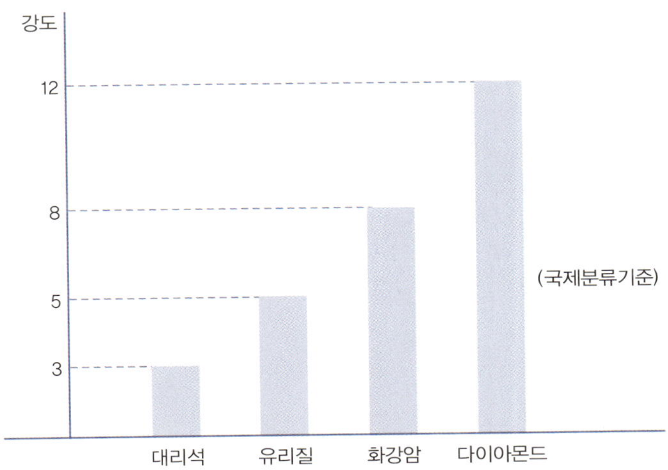

3) 카펫의 관리

카펫의 종류로는 양모, 화학섬유, 혼방으로 직조된 것이 있으며, 이들을 관리하는 방법도 각각 다르다. 카펫의 청소방법에는 진공청소(vacuum cleaning)와 샴푸(shampoo)가 있는데, 고급스런 카펫일수록 취급에 신중을 기하여야 한다. 호텔에서는 많은 카펫이 설치되어 있고, 샴푸작업 그 자체가 기술이며, 기계를 사용하여야 하므로 카펫 샴푸담당자(carpet shampoo attendant)는 기술직으로 분류하여 관리하게 된다. 카펫의 수명은 제품 자체가 중요하지만, 관리를 어떻게 하느냐 하는 것도 수명을 연장하는데 큰 영향을 미친다.

카펫은 장소에 따라 색상, 재질, 모양(pattern)이 각각 다르게 선택되며, 관리방법에 대한 것도 사전에 검토되어야 한다. 설치방법은 마블과 같이 전문가에 의해 디자인되고 설치되어야 하는데, 주로 시멘트 바닥에 나무로 된 졸대를 일정한 간격으로 바닥에 고정시켜 설치하고, 펠트(felt)를 깐 후 카펫을 깔아 가장자리부분을 고정시키게 된다. 카펫은 신축성이 강하여 내 · 외부 온도와 습도에 민감하게 반응하므로 재질에 세심한 신경을 써서 선택하여야 한다.

[그림 9-14] 호텔의 카펫

4) 매트(mats)와 러너(runner)관리

호텔의 현관, 로비, 영업장에 모래, 흙, 불순물이나 먼지, 물기가 유입되는 것을 방지하는 방법은 매트나 러너를 깔아 두는 것이다. 매트나 러너는 사용목적과 주위의 분위기에 맞는 고급스러운 것을 선택하여 호텔의 이미지 관리에 세심한 배려가 필요하다.

매트와 러너의 필요성

- 미끄러움을 방지하여 안전에 대비한다.
- 모래나 흙, 신발의 먼지로부터 카펫이나 마블을 보호한다.
- 호텔입구의 분위기를 살려준다.

제5절 객실관리의 행정

객실관리부서에서 수행하게 되는 행정업무는 고객관련업무, 객실관리부서장의 행정보조, 소속부서원의 행정업무지원, 리넨 및 소모품 재고관리와 구입요청, 분실물관리, 리넨관리, 유니폼관리 등 많은 업무가 진행된다. 객실관리부서원이 현장에서 차질 없이 일할 수 있도록 지원을 아끼지 않는 것은 가족 같은 분위기에서 생산성과 효율성을 높이는 팀워크(team work)가 이뤄질 때 가능하다.

대체로 객실관리부서의 구성원은 저학력과 풍요롭지 못한 가정 사정으로 인해 택한 일자리임을 감안할 때 타 부서에 비해 인간적인 배려와 헌신적인 행정지원을 필요로 하는 곳이다. 따라서 구성원들의 휴가신청, 의료보험, 급여 등 많은 부분의 행정업무를 사무직원들이 감당하고 있는 것도 현실이며, 이런 것들이 부서의 결집력을 더 돈독히 하고 있다. 이 분야의 조직은 초대형 호텔을 제외하면 대부분의 호텔들이 행정요원과 리넨 관리요원의 업무를 통합 운영하게 되며, 행정지배인, 대리, 계장 밑에 행정요원과 리넨 요원을 두어 상호 업무를 보완 협조하도록 하고 있다.

1. 객실관리부서의 고객요청사항 접수

서비스익스프레스를 추진하는 호텔은 코맨드센터(command center)에서 객실고객의 요청사항을 접수하여 무선 또는 유선으로 객실관리부서에 통보해 오지만, 일반적인 호텔의 기능은 고객이 직접 객실관리부서에 필요한 물품을 요청하게 된다. 칫솔, 치약, 면도기, 면봉, 타월, 어린이용 침대, 보조침대, 다리미세트, 커피메이커, 청소요청, 어린아이 돌보기 등 수 많은 요구사항이 접수되게 된다. 그뿐만 아니라 객실영업부서, 식음료영업부서, 시설관리부서, 인사부서 등 호텔 내부에서도 청소요청, 긴급상황 발생 등의 업무가 접수되게 된다. 업무가 접수될 때마다 기록장(log book)에 빠짐없이 기록하여 담당자에게 서면·구두로 업무요청을 하고 그 결과에 대해 고객, 타부서 등에 연락하여 한건 한건의 문제를 풀어 간다. 일반 행정업무가 바빠서 고객요청사항을 뒤로 미루게 되면 내·외부 고객의 불만을 살 수 있으므로 업무 중 가장 먼저 해결해야 하는 사항은 바로 고객요청사항임을 명심해야 한다. 호텔은 어느 부서를 막론하고 서비스 기본예절을 익히고 실천하게 되어 있으므로 객실관리부서에 걸려오는 전화는 행정요원이든 리넨 담당이든 전화로 업무를 접수하거나 회신을 해줄 때에는 꼭 이런 원칙에 따라 업무가 진행되도록 하여야 한다.

〈표 9-4〉 업무기록장(log book)

GUEST REQUEST ITEM LOG BOOK

Room	Item	Date / Time out of Linen Room	Initial	Date / Time into Linen Room	Initial

2. 객실관리부서의 소모품관리

객실관리부서는 리넨관리와 함께 객실소모품과 고객편의품도 취급한다. 객실에 비치하거나 공공장소에 비치하는 품목의 수는 매우 많아 정확한 재고 파악이 어렵지만, 만약 재고가 부족하다면 필요시에 낭패를 당하므로 신중하게 취급해야 한다. 간혹 고객편의품을 직원들이 사용하는 경우도 있으며 목적 외에 낭비되는 경우도 있어 교육과 주의를 환기시켜 재고파악이 잘 되도록 해야 한다. 고객편의품과 객실소모품(guestroom supplies and guestroom amenities)은 계속 쓰는 것들이어서 객실관리부서의 예산으로 정기적인 납품을 받게 되는데, 이들은 매월마다 재고조사를 통해 월말에 소비된 양을 당월의 비용으로 장부 정리한다. 이러한 고객편의품과 객실소모픔은 리넨 어텐던트(linen attendant)에 의해 객실정비원(room attendant)과 공공장소정비원(public area attendant)에게 불출되며, 프로호스타 시스템을 운영하는 호텔에서는 리넨 어텐던트가 토트(tote)에 담아 객실정비원의 모빌에 적재해 준다. 한편, 호텔마다 고객이 쓰다 남긴 비누나 샴푸 등은 고아원이나 양로원에 공급하여 어려운 사람들을 돕는데 요긴하게 쓰여지고 있다. 객실소모품 외에 객실관리부서에서는 고객이 필요로 하는 컴퓨터 잭, 어댑터, 소형 변압기, 다림질세트, 커피메이커, 가습기 등도 준비해 두고 고객의 요청에 응하고 있다.

3. 리넨관리

객실관리부서 사무실에는 사무행정과 함께 호텔 전체의 리넨을 관리해야 하는 업무도 주어져 있다. 객실에서 사용되는 리넨은 침대시트(bed sheet), 이불(duvet or bed quilt), 베개와 베갯잇(pillow & pillowcase), 대 · 중 · 소 타월류(towels), 잠옷(bath robe), 방석(cushion), 커튼(curtain) 등이 있고, 식음료 부서는 식음료 영업장에서 사용되는 테이블보(table cloth), 테이블 보 깔개(under cloth), 냅킨(napkin), 의자 덮개(chairtop), 연회 테이블용 드래퍼리(drapery) 등이 있다. 헬스와 사우나에서 사용되는 헬스 가운(health gown), 체육복(training shirts & pants), 운동용 신발(sports shoes), 대 · 중 · 소 타월류(towels) 등이 있다. 이런 것들은 구입에서 마모로 못쓰게 되어 폐기처분할 때까지 모든 과정이 객실관리부서를 통하여 이루어지게 되어 있으며, 여기에 따른 보고서 관리 또한 만만치 않다. 대부분의 체인호텔들은 리넨류를 5벌(5par) 보유하게 되며 세탁실의 업무와 객실점유율을 감안하여 4벌(4par) 정도로 운영하는 호텔도 있다. 이를 세분화하면 현장에 1 내지 1.5벌, 세탁실에 2벌, 리넨룸 1 내지 1.5벌로 배치하고 적은 양으로 운영할 때에는 현장과 리넨룸에 있는 것을 각각 1벌씩으로 투입한다.

4. 유니폼관리

호텔의 유니폼은 일반적인 복장과는 다르게 무형화된 서비스를 유형화하는 이미지를 중요하게 고려해야 하므로 그 선택에서 매우 신중해야 한다. 또한 호텔의 유니폼은 각 호텔그룹의 표상을 나타내며, 단독호텔의 상징성을 나타내는가 하면 업장별로 전달하고자 하는 이미지를 담고 있어야 한다. 그러하면서도 전체가 조화롭고 통일된 형상을 표출하며, 직위에 대한 구별을 할 수 있어야 하고, 소속원의 책임감과 자신의 위치에 대한 올바른 인식을 갖게 하기도 하여야 한다. 유니폼은 기능성, 상징성, 심미성이 두드러져야 하며, 호텔서비스에 있어서 유니폼은 또 하나의 호텔이미지이다. 유니폼을 외부에서 맞출 때에는 디자인, 색상, 패턴이 그 영업장과 잘 맞아야 하므로 객실관리부서장이 가지고 있는 체인의 표준을 근거로 최적의 제품을 납품받도록 한다. 가능하면 많은 시간을 가지고 샘플을 만들어 사전에 세탁도 해본다. 샘플은 담당 부서장과 경영진, 종업원이 함께 참석하여 품평을 하며, 그 옷을 입고 서브(serve)하는 사람과 고객의 입장, 경영진의 입장에서 꼼꼼히 따져 결정해야 한다. 이렇게 사입된 유니폼의 관리업무는 객실관리부서에서 하게 된다. 유니폼은 각 부서의 인원이 갈아입어야 하는 주기 등을 고려하여 제공하지만, 보통 영업장의 유니폼은 2벌, 이에 따른 드레스셔츠는 4벌, 스카프와 보우타이는 3벌, 조리부서복은 4벌씩 준비하면 큰 무리가 없다.

〈표 9-5〉 유니폼 청구전표(Uniform Request Slip)

The World Best Smile Hotel, Busan

Uniform Request Slip

No.

Date	
Item	Q'ty
Features	
Required by :	
Received by :	

5. 습득물 처리

객실정비를 맡고 있는 룸 어텐던트(room attendant)와 공공지역 청소를 맡고 있는 공공지역정비원(public area attendant)은 업무 중 발견된 고객의 소지품을 발견 즉시 객실관리부 행정담당에게 신고하고, 습득한 물건(lost and found)은 빠른 방법으로 객실관리 사무실로 보낸다. 접수받은 행정담당은 물품을 고객에게 찾아 돌려 줄 수 있는 방법을 모색하게 된다. 고객이 밝혀진 물품은 모니터에 고객의 위치를 조회하거나 객실영업부서에 연락하여 고객이 호텔 내에 있다면 찾아서 이를 전달하도록 한다. 만약 고객이 출발한 후라면 절차에 의해 보관하고 고객과 연락이 닿도록 노력한다.

제6절 세탁실 관리

1. 세탁실의 조직

호텔의 세탁실은 객실관리부(housekeeping)에 소속되어 객실관리부서장(director of housekeeping)의 지휘와 지원을 받게 된다. 그 조직은 세탁부문을 총괄 지휘하는 세탁지배인(laundry manager), 세탁부지배인(assistant laundry manager), 고객세탁물의 출입(pick-up and delivery)을 담당하는 바렛주임(valet leader), 기름세탁을 관장하는 드라이 크리닝주임(leader of dry cleaning), 물세탁을 담당하는 세탁주임(leader of laundry) 등이 있으며, 각 파트의 주임은 전문요원으로 보직되고, 실무자는 주로 기술을 가진 숙련공과 단순노동을 제공하는 일반직으로 구성되어 있다.

2. 세탁장비와 세제류

1) 세탁실의 레이아웃

호텔의 세탁실은 계속되는 인건비 부담, 장비에 대한 투자, 공간 확보, 유지관리비를 필요로 하므로 호텔의 규모에 알맞은 세탁실을 만드는 것이 관건이다. 물론 세탁실을 건설하기 위해서는 총 생산량을 모두 카버 할 것인지, 고객세탁만 생산할 것인지, 외부 고객 세탁도 고려하여 하나의 매출공간(revenue center)으로 활용할 것인지도 고려하여야 한다. 미국호텔숙박협회(AHLA)에 의하면 월간 외부용역에 의한 세탁비용이 미화 900달러 이상이면 호텔 내부세탁을 고려할 수 있다고 분석하였다. 120실 규모의 호텔에서 주당 필요한 리넨을 생산할 때 자체시설 및 장비에 의하면 미화 1,015달러, 외부 용역에 의하면 미화 1,782달러가 소요된다는 연구보고가 있다. 세탁실을 설계하고자 할 때는 첫째, 호텔세탁과 고객세탁의 필요한 범위를 결정, 둘째, 설치될 장비에 필요한 공간과 도입될 시스템의 구성에 대해 검토, 셋째, 인건비를 최소화할 수 있는 동선의 구성, 넷째, 최적의 장비 선택, 다섯째, 도면의 작성 등을 고려하여야 한다. 장비로는 물세탁기, 기름세탁기, 비누믹서기, 시트다리미, 셔츠다리미, 양복 상의 다리미, 바지 다리미, 시트홀더(sheet holder), 시트 홀딩 테이블(sheet holding table), 타월 홀딩 테이블(towel holding table), 이동 카트(moblie cart or hampers), 대기 공간 등을 고려하여야 한다.

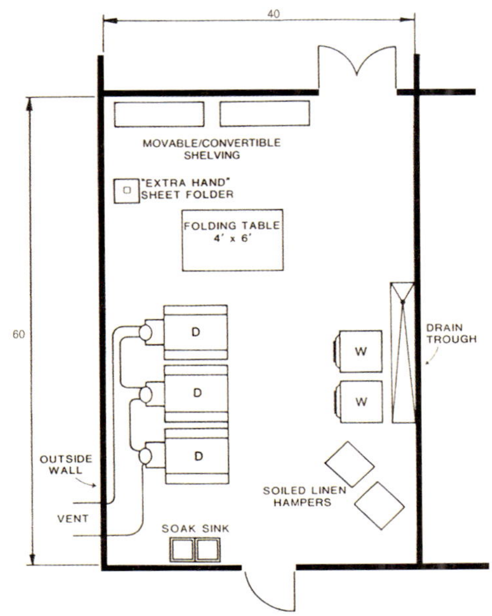

[그림 9-15] 세탁실의 레이아웃

2) 세탁장비

호텔은 매일매일 영업의 규모에 따라 생산해야 하는 세탁작업량이 있으므로 세탁장비도 이런 영업의 규모에 따라 설비해야 한다. 일반적으로 객실점유율 80% 정도의 생산 가능한 설비를 갖추고, 계속해서 객실점유율이 높거나 식음료, 부대시설의 영업이 호조를 띤다면 2개조로 편성하여 생산을 늘려 나간다. 세탁장비에는 물세탁, 기름세탁, 건조, 다림질, 시트용 롤러 등을 호텔의 규모에 맞게 설치하게 된다.

3) 세탁 세제류

호텔마다 사용하는 세제가 조금씩 다를 수도 있지만, 이는 거래하는 생산자의 상표의 차이로 보면 대부분 비슷한 것을 알 수 있을 것이다. 세탁물의 재질과 세탁방법에 따라 세제를 선정하게 된다.

〈표 9-6〉 호텔 세탁부서에서 사용하는 세제류

순위	품 명	단위	용 도	생산국 / 생산처	비 고
1	Build-S	Pail	의류 세탁용 주세제	한국 / 이콜랩(주)	
2	Detergent plus	Pail	의류 세탁용 주세제	〃	
3	Soft	Pail	섬유 유연제(탈취제)	〃	
4	Oxy-Brite	Pail	산소계 표백제	〃	
5	StainBlaster A,B,C	Box	찌든 때(전 처리 세제)	〃	
6	Clean Hof Super	Pkg	일반세탁용	한국 / 존슨	
7	Clean Hof Strong 1000	Pkg	염소계 표백제	한국 / 존슨	
8	Clean Hof White	Pkg	산소계 표백제	한국 / 존슨	
9	Bounce	Box	정전기 방지	미국	
10	Polysol / SL	Pail	찌든 때 전 처리	미국	
11	Perchloethylene	Drm	드라이 크리닝 기름	미국 / 일본	
12	과망간산가리	Kg	곰팡이 제거	한국	
13	V-1(Spot detergent)	Pail	페인트, 잉크, 왁스 등	미국	
14	V-2	"	음식물, 우유 등	미국	
15	V-3	"	와인, 콜라, 주스 등	미국	
16	Rustgo	"	녹물제거용	미국	

3. 세탁실과 관련 부서의 협력체계

세탁실은 객실관리부서장의 지원을 받아 업무를 추진하며, 최고경영층의 관심 아래 중·장기계획을 세워 승인을 받아 업무를 추진한다. 또한 기계의 원활한 운전을 위해 시설관리부서의 지원을 받으며, 각종 재료의 구입을 위해 구매부서의 도움을 받는다. 고객세탁의 수령과 배달(pick-up and delivery)을 위해 객실영업부서와 당직지배인의 도움을 받기도 한다. 따라서 세탁부서는 독자적인 운영을 하면서도 여러 부서의 도움을 받아 운영하므로 쌍방향 커뮤니케이션을 원활히 하여 생동감 넘치는 직장이 되도록 구성원 모두가 노력해야 한다.

4. 세탁물 변상과 변제

세탁물의 분실 또는 파손 기타 발생되는 사고에 대하여는 고객의 편의를 최우선으로 하여 고객이 원하는 바에 따라 적절한 선에서 우선 변제 또는 변상한다. 비용조달은 우선 회계담당(general cashier)으로부터 차용하는 형식으로 하고 변상 및 변제 처리한 내용과 영수증 또는 고객이 변상 또는 변제받았다는 고객의 서명 날인이 된 확인서 등을 첨부하여 경영진에 보고하여 처리비용을 지급받는다. 신속한 업무처리의 효율을 기하기 위하여 보고체계와 양식은 간편한 것이 바람직하며 사고처리보고 및 비용결재도 객실관리부장 결재로 끝나는 것이 바람직하나, 금액의 정도에 따라 총지배인 또는 사장의 결재를 득해야 할 때도 있다. 세탁물 변상에 이용되는 기준연수는 모, 혼방, 추동복 상하는 4년, 포리에스텔 기타는 3년을 기준으로 양복상의는 한 벌 가격의 65%, 양복하의는 한 벌 가격의 35%를 변상한다.

〈표 9-7〉 한국 소비자보호원 총연맹 보상기준

구입기간	배상률(%)	구입기간	배상률(%)
0~1.5개월 미만	85%	1.5~3개월	70%
3~4.5개월	60%	4.5~6개월	50%
6~7.5개월	45%	7.5~9개월	40%
9~10.5개월	35%	10.5~12개월	30%
12개월 이상	20%		

제10장 호텔의 식음영업

제1절 호텔 식음영업의 의의

1. 식음부서의 중요성

호텔의 식음영업부서는 객실영업부서와 함께 호텔에 큰 규모의 매출과 이익을 가져다주는 양대 부서이다. 호텔의 레스토랑이 외부의 전문식당과 다른 점은 특별한 고객서비스와 전문성이 갖춰진 메뉴를 고객에게 제공한다는 것이다. 호텔의 레스토랑은 다양성과 전문성을 갖추고 있어서 고객이 이용하기에 편리하면서 격식에 맞게 고객을 접대할 수 있어 많은 돈을 지불하고 호텔의 레스토랑을 찾게 된다. 외부의 전통식당은 하루에 한번 또는 두 번에 걸쳐 제한된 메뉴를 서비스하지만 호텔의 레스토랑은 조식, 중식, 석식과 연회장 또는 룸서비스를 통해 다양한 메뉴로 1년 365일을 고객의 요구와 욕구를 충족시켜 주게 된다. 호텔은 건물 내에 커피숍에서부터 가장 고급스런 식사를 제공하는 프렌치 레스토랑(Franch Restaurant)까지 운영하고 있다. 흔히 말하기를 호텔의 식당은 넓은 공간, 많은 노동력, 비싼 식자재 구입비에 비해 적은 이익을 내는 부서로 인식이 되어 있다. 그러나 사회적 양극화 현상이 두드러지게 나타나는 현실로 볼 때 호텔의 고급식당은 보다 많은 매출과 이익을 내고 있으며, 컨벤션과 이벤트를 겸한 식음영업의 매출은 객실의 매출을 앞서고 있다. 뿐만 아니라 객실영업과 식음영업은 상호 보완적이라서 어느 한쪽이 고객으로부터 선택을 받게 되면 나머지 부분도 매출의 증가를 기할 수 있으며, 이는 호텔의 이익을 견인하고 호텔의 이미지를 상승시킨다.

[그림 10-1] 호텔의 식음료 영업장

2. 식음영업부서의 조직

호텔의 경영관리조직에는 최고경영자인 총지배인과 부총지배인 아래 식음담당임원이 있으며, 식음료임원(Director of Food & Beverage)을 중심으로 식음료 영업을 관장하는 식음료부장(Assistant Director of Food and Beverage), 조리부서를 관장하는 총주방장(Executive Chef)이 경영관리를 맡게 된다. 식음부장은 다양한 식당(restaurants section)과 바와 라운지 및 메인 바(beverage section)를 관장하게 되며, 연회장의 영업을 책임지게 된다. 식음부서장 아래는 레스토랑과장(Restaurant Manager), 음료과장(Beverage Manager), 연회서비스부서장(Catering Manager) 또는 연회과장(Banquet Manager)이 업무를 보좌하게 된다. 각 영업장에는 지배인(Outlet Manager)이 있고, 그 아래는 규모가 큰 호텔은 부지배인(Assistant Outlet Manager)이 있으며, 그렇지 않은 호텔에는 캡틴(Captain)이 있어서 각 영업시간대별로 영업장의 서비스 업무를 관장하게 된다. 캡틴은 각 조별 또는 구역별 업무를 관장하고, 레스토랑별 서비스 특성에 따라 쉐프 디 랑(Chef De Rang), 그 아래 데미 쉐프 디 랑(Demi Chef De Rang), 꼬미 디 랑(Commis De Rang), 꼬미 드 바라쉬르(Commis De Barraseur)가 한 팀이 되어 서비스를 담당하게 된다. 일반 식음영업장에는 헤드 웨이터(Head Waiter)가 웨이터(Waiter)와 웨이트리스(Waiteress), 보조웨이터(Assistant Waiter)와 보조웨이트리스(Assistant Waiteress)와 함께 서비스를 담당하게 된다. 고급식당이나 고객이 많은 식당에는 좌석을 지정하고 안내를 담당하는 영접원(Greetress)이 있으며, 영업회계를 담당하는 영업회계원(F/B Cashier)이 있다.

3. 식음영업부서의 역할

1) 식음영업부장의 역할

식음영업부서장은 식음담당임원을 보좌하여 식음영업업무를 총괄하고 인원배치, 예산수립, 정보교환, 각종 서비스 프로그램 등을 개발하여 고객만족과 호텔 발전에 일익을 담당하게 된다. 주요업무는 다음과 같다.

① 일일 영업업무에 적절한 인원확보
② 식음영업업무에 필요한 장비확보
③ 고객서비스 프로그램 개발 및 실천
④ 식음료 판매전략 수립 및 집행
⑤ 각종 이벤트 개발 및 이행
⑥ 이익목표 설정 및 결과 분석
⑦ 정확한 고객정보 확보로 마케팅 및 판촉부서 지원
⑧ 타 부서와 협조하여 고객에게 최고의 서비스 제공
⑨ 소속원의 직무와 서비스에 대한 교육 및 모니터링
⑩ 내 · 외부 고객만족을 위한 프로그램 개발 및 추진
⑪ 총주방장과 함께 메뉴의 개발과 메뉴판 디자인
⑫ 식음료 코스트에 대한 자료 검토 및 관리
⑬ 기물파손(breakage)을 줄이기 위한 교육 및 대책수립

식음영업부서장은 위에 제시된 주요업무들을 보다 발전적인 서비스부서로 이끌어 가기 위해 심명을 다 하지만 업무 중에 가장 중요한 업무를 든다면 첫째, 고객관리, 둘째, 인력관리, 셋째, 이익계획과 원가관리, 넷째, 메뉴관리일 것이다.

(1) 고객관리

호텔의 핵심영업부서인 식음료부서에는 대단히 많은 고객이 끼니별로 찾아든다. 호텔을 이용하는 고객은 다양한 욕구와 요구를 가지고 있으며 극진한 대접을 받기를 원한다. 따라서 서비스접점에서 이뤄지는 서비스상품의 제공과정에서 자그마한 실수도 허용되지 않게 되므로 현장 확인이 무엇보다 중요하다. 각 영업장을 순회하면서 고객의 동태를 파악하고, 고객의 소리를 경청하며, 이를 데이터베이스화 하여 영업에 활용함과 동시에 DM의 자료로 삼게 되면 단골고객이 점점 증가하여 영업이 활성화 될 수 있다.

(2) 인력관리

호텔의 식음부서는 호텔 내에서 가장 규모가 큰 부서이고 이 부서에 소속된 종업원은 전체 종업원의 20~30%를 차지하게 된다. 이렇게 많은 인원이 무리 없이 고객에게 최상의 서비스를 제공하기 위해서는 표준화된 매뉴얼에 의해 철저히 교육되고, 이의 이행을 모니터링하여야 한다. 뿐만 아니라 각 영업장은 일별, 요일별, 계절별로 각각 다른 성수기와 비수기를 가지고 있어 인력을 효율적으로 배치하지 않으면 서비스의 차질과 경비의 상승을 유발하게 된다. 따라서 식음부서장은 각 과별, 영업장별 인력 수요에 적극적으로 대처하여 필요인력의 수급에 만전을 기하여야 한다.

(3) 이익계획과 원가관리

식음부장은 연간 영업계획에 의해 월별, 주별, 일별로 목표달성을 위해 세부계획을 짜고 이를 관리해 나가게 된다. 특히 식음료 원가관리는 지속적으로 관리해야 할 주요한 지표이며, 이를 위해 조리부서, 원가관리부서와 함께 업무협조를 하게 된다. 작성하는 손익계산서(P&L : profit and loss statement)는 간단한 공식과 도표에 의해 산출이 가능하며, 위에 예시된 표에 따른 공식은 다음과 같다.

① 식음료 총비용(%) $= \dfrac{\text{식음료 총비용}}{\text{총매출}} = \dfrac{2{,}679{,}800{,}000}{3{,}645{,}000{,}000} \times 100 = 73.5\%$

② 인력관리비(%) $= \dfrac{\text{인력관리비}}{\text{총매출}} = \dfrac{1{,}379{,}200{,}000}{3{,}645{,}000{,}000} \times 100 = 37.8\%$

③ 기타경비(%) $= \dfrac{\text{기타경비}}{\text{총매출}} = \dfrac{38{,}180{,}000}{3{,}645{,}000{,}000} \times 100 = 10.5\%$

④ 식자재비(%) $= \dfrac{\text{식자재비}}{\text{식음매출}} = \dfrac{918{,}800{,}000}{3{,}470{,}000{,}000} \times 100 = 26.5\%$

⑤ 이익률(%) $= \dfrac{\text{총이익}}{\text{총매출}} = \dfrac{965{,}200{,}000}{3{,}645{,}000{,}000} \times 100 = 26.5\%$

〈표 10-1〉 2012년 3월 식음영업부서 이익계획과 원가분석

	프렌치	양식	한식	일식	중식	연회장	라운지	합계	비율
식음매출	280	540	265	360	320	1,350	355	3,470	100.0%
기타수입									
공간대여						120			3.5%
기자재대여						55			1.6%
총매출	280	540	265	360	320	1,525	355	3,645	100.0%
자재원가	90.4	151.2	78.2	113.8	87.7	338.9	58.6	918.8	26.5%
%	32.3	28.0	29.5	31.6	27.4	25.1	17.5		
매출이익	189.6	388.8	186.8	246.2	232.3	1,186.1	296.4	2,726.2	78.6%
부서비용									
급 여	104.2	167.4	77.9	107.6	91.2	355.1	107.2	1,010.6	27.7%
%	37.2	31.0	29.4	29.9	28.5	26.3	30.2		
인사비	33.9	61.0	29.1	40.0	33.9	132.3	38.4	368.8	10.1%
%	12.1	11.3	11.0	11.1	10.6	9.8	10.8		
간접비	30.8	59.4	29.2	39.6	35.2	148.5	39.1	381.8	10.5%
%	11.0	11.0	11.0	11.0	11.0	11.0	11.0		
비용계	168.9	287.8	136.2	187.2	160.3	635.9	184.7	1,761.0	50.7%
%	60.3	53.3	51.4	52.0	50.1	47.1	52.0		
총비용	259.3	439.0	214.4	301.0	248.0	974.8	243.3	2,679.8	73.5%
%	92.6	81.3	80.9	83.6	77.5	63.9	68.5		
부서이익	20.7	101.0	50.6	59.0	72.0	550.2	111.7	965.2	26.5%
%	7.4	18.7	19.1	16.4	22.5	36.1	31.5		

(4) 메뉴 디자인

식음영업부서장은 호텔에서 판매되는 각 영업장의 기본 메뉴를 비롯하여 각종 이벤트나 특별 행사에 필요로 하는 메뉴를 총주방장에게 요청하고, 총주방장은 코스트콘트롤러와 협의하여 메뉴를 개발하여 영업부서에 넘기게 된다. 이 때 식음영업부장은 양목표에 걸맞는 메뉴의 디자인을 시도하므로 상품화 계획을 이행하게 된다. 메뉴디자인은 호텔 전체 식당의 품격을 바탕으로 각 영업장의 특색을 살려 기본메뉴, 계절별 메뉴, 특별메뉴의 형태로 디자인 되어 진다. 대규모 체인호텔들은 식음료부서

에 메뉴디자인을 위한 전문가를 고용하고 있으며, 대부분의 의사결정은 식음영업부서장이 내리고 있다.

2) 레스토랑과장의 역할

레스토랑과장은 식음영업부서장을 도와 각 영업장의 일일 영업활동에 대해 실무책임자로서 책임성을 가지고 업무를 진행하게 된다. 또한 식음영업부서장이 수행하는 업무 중에서도 각 영업장의 인력관리, 매출관리, 비용관리, 메뉴관리 등 보다 구체적인 업무를 맡아 진행하기도 한다.

3) 음료과장의 역할

호텔에서 판매하는 음료는 청량음료는 물론 와인, 쉐리, 샴페인, 맥주 등 양조주를 비롯하여 위스키, 브랜드, 보드카, 럼, 데킬라, 진 등 증류주와 각종 혼성주, 그리고 칵테일이 있다. 이렇게 복잡한 음료를 각 영업장에 공급하고, 직접 라운지와 바의 영업에 참여하는 간부를 음료과장 또는 음료담당지배인이라고 부른다. 음료과장은 식음영업부장을 보좌하여 음료의 사입, 판매, 이동, 생산부서에 지원 등의 업무를 관장한다. 음료과장은 연회장에 설치되는 바를 관장하며, 조리부서에서 요리를 위해 투입되는 각종 음료도 공급하게 된다.

4) 식음료 영업장지배인의 역할

식음료 영업장지배인은 영업장에 소속된 인적자원과 기자재를 최대한 활용하여 최고의 서비스를 고객에게 제공할 책무를 지니고 있다. 지배인 담당 영업장을 찾는 고객을 단골고객으로 만들어 안정적인 매출을 획득하고, 적정한 이익을 유지할 수 있도록 고객서비스에 만전을 기하며, 생산부문인 조리부서와도 긴밀한 업무협조와 인간적인 우애를 바탕으로 영업장을 이끌어 가야 한다.

5) 캡틴의 역할

캡틴은 부지배인이 없는 영업장에서는 부지배인의 역할도 수행하며, 헤드웨이터를 지휘하여 각 영업장의 식사시간대(meal period)에 책임 있게 영업장을 운영한다. 또한 주요한 고객은 직접 서비스하여 단골고객을 늘리는데 노력하게 된다.

6) 영접원의 역할

영접원(Greeter, Receptionist)은 영업장의 입구에서 근무하며, 고객의 예약, 자리안내, 환송 등의 업무를 수행한다. 주요업무는 예약대장의 관리, 각 구역별 배정된 헤드웨이터와 긴밀한 협무협조, 고객을 지정좌석까지 안내하면서 베푸는 친절한 서비스, 웨이터와 웨이트리스를 도와 필요한 서비스 제공, 고객관리에 대한 제반사항 기록관리 및 고객관리 프로그램 운영 등이 있다.

7) 영업회계원의 역할

호텔정보시스템의 발달로 영업장에 배속되어 영업회계를 담당하던 업장회계원(Food & Beverage cashier)의 업무는 웨이터와 웨이트리스가 서비스와 계산을 함께 하게 수행하게 되었다. 그러나 고객이 몰려 혼잡한 식당이라든가 격식을 갖추는 고급식당에는 아직까지 영업회계원이 그 업무를 수행하고 있다.

제2절 레스토랑의 분류

1. 서비스조직에 따른 분류

식음료서비스 조직은 고객 만족과 식음료 점포의 수익이라는 목표달성을 위해서 존재하며 이러한 서비스 조직은 업종 · 업태 · 메뉴 · 가격 · 서비스 방법 및 고객 수용능력에 따라 상이하지만 기본적인 식음료서비스 조직의 형태는 쉐프 디 랑 시스템, 헤드 웨이터시스템, 스테이션 웨이터시스템으로 나누어 설명할 수 있다.

1) 쉐프 디 랑 시스템

쉐프 디 랑 시스템(Chef De Rang System)은 가장 정중하고 최고급의 서비스를 제공하는 고급식당에 적합한 서비스 조직으로 총책임자인 메트로 도텔(maitre d'hotel : Head waiter)의 지휘아래 일정 테이블 또는 스테이션을 담당하는 서비스 조장인 쉐프 디 랑(chef de rang)이 있고, 그 밑에 데미 쉐프 디 랑(demi-chef de rang), 꼬미 디 랑(commis de rang), 드바라쉬르(commis de barraseur)가 한 팀이 되어 서비스를 제공하게 된다. 쉐프 디 뱅(chef de vin : sommelier)은 와인을 전문적으로 서비스하는 임무를 담당하며 음식을 서비스하는 쉐프 디 랑의 업무를 도와준다. 쉐프 디 랑 시스템은 게리동(gueridon) 또는 플램비 웨곤(flambee wagon)을 사용하여 음식을 서비스하게 되므로 전문적인 조리기술을 가지고 있어야 하고, 대고객서비스를 제공하기 때문에 서비스 능력 또한 갖추고 있어야 한다. 또 팀원들이 한 조가 되어 서비스와 메뉴를 제공하기 때문에 팀워크 역시 매우 중요하다.

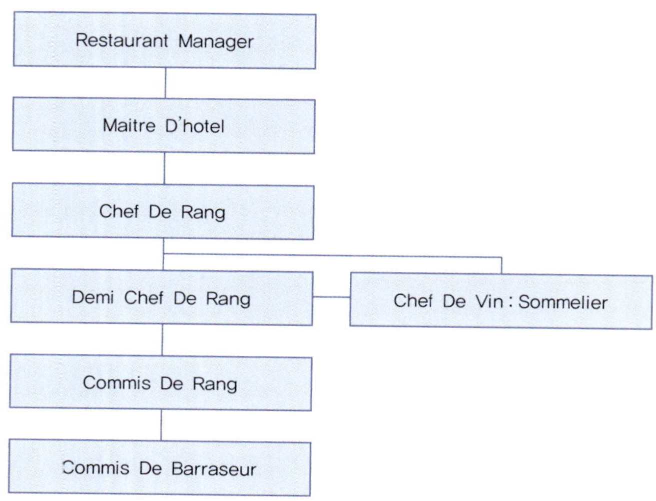

[그림 10-2] Chef De Rang System

2) 헤드 웨이터시스템

헤드 웨이터시스템(Head Waiter System)은 영업에 가장 적합한 유형의 조직으로 쉐프 디 랑의 복잡하고 번거로운 운영조직을 능률적이고 간편하게 변형시킨 것으로 헤드 웨이터 밑에 음식을 서비스하는 웨이터와 음료를 서비스하는 웨이터가 있고 지정된 테이블이나 스테이션 없이 웨이터 또는 웨이트리스가 모든 곳을 서비스할 수 있는 것이 특징이다. 이는 쉐프 디 랑을 보완한 시스템으로서 인건비의 과대지출과 영리상의 문제를 보완하여 적은 인원으로 큰 효과를 얻고자 하는 시스템이라 할 수 있다.

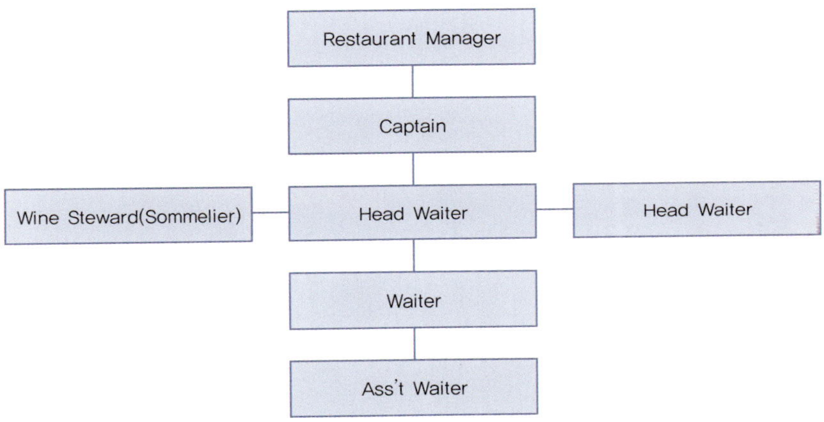

[그림 10-3] Head Waiter System

3) 스테이션 웨이터시스템

스테이션 웨이터시스템(Station Waiter System)은 헤드 웨이터 밑에 여러 명의 웨이터들이 각각의 테이블 또는 스테이션을 맡아서 식음료의 주문은 물론, 서비스를 제공하는 조직이며, 규모가 있는 패밀리 레스토랑, 나이트클럽, 극장식 식당 등에서 많이 사용하는 서비스 운영조직이다.

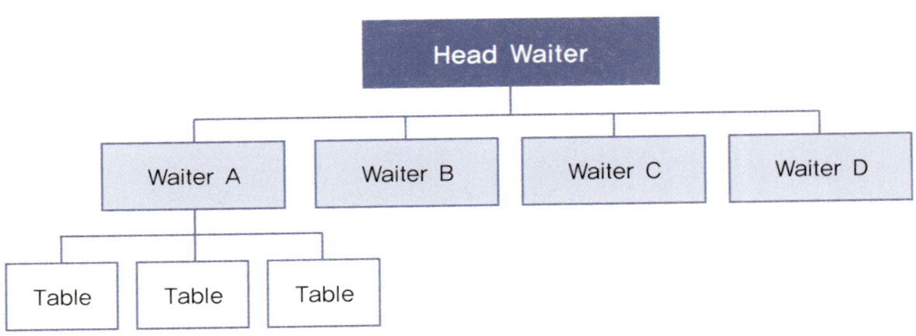

[그림 10-4] Station Waiter System

2. 식당 업무형태에 따른 분류

1) 다이닝 레스토랑

다이닝 레스토랑은 고급식당으로서 식탁과 의자를 마련해 놓고, 고객의 주문에 의하여 웨이터나 웨이트리스가 고급스런 서비스를 제공하는 식당이다.

[그림 10-5] 고급식당(Dining Restaurant)

2) 그릴

일품요리(A La Carte)를 제공하는 식당으로 아침, 점심, 저녁 등을 계속해서 제공하며, 수익을 증진시키고 고객의 기호와 편의를 도모하기 위해 그날의 특별요리(Daily Special Menu)를 제공하기도 한다.

[그림 10-6] 그릴(일품요리식당)

3) 카페테리아

음식물이 진열되어 있는 카운터 테이블에서 음식을 고른 다음, 요금을 지급하고 손님 자신이 직접 가져다 먹는 셀프서비스식의 식당이다.

4) 다이닝 룸

주로 정식(Tabel d'hote)을 제공하는 호텔의 주식당으로, 이용하는 시간을 정하여 조식을 제외한 점심과 저녁식사를 제공한다. 아침식사는 일반적으로 커피숍이나 별도의 Breakfast Buffet Restaurant에서 제공되는 것이 보통이다.

5) 커피숍

고객이 많이 왕래하는 장소에서 커피와 음료수 또는 간단한 식사를 판매하는 식당이다. 호텔의 부대시설로 대부분의 호텔이 커피숍을 운영하고 있다.

6) 뷔페 식당

준비해 놓은 요리를 일정한 요금을 지급하고 자기 양껏 뜻대로 선택해서 먹을 수 있는 셀프서비스 식당이다.

7) 드라이브 인

도로변에 위치하여 자동차를 이용하는 여행객을 상대로 음식을 판매하는 식당으로 넓은 주차장을 갖추어야 한다.

8) 런치 카운터

식탁 대신 조리과정을 볼 수 있는 카운터 테이블에 앉아서 조리사에게 직접 주문하여 식사를 제공받는 식당이다. 고객은 직접 조리과정을 볼 수 있기 때문에 기다리는 지루함을 덜 수 있고 식욕을 촉진시킬 수 있다.

9) 리후레시먼트 스탠드

간편한 간이음식을 만들어 진열장에 미리 진열해 놓고, 바쁜 고객들로 하여금 즉석에서 구매해 먹을 수 있도록 한 식당이다.

[그림 10-7] 뷔페식당(Buffet Restaurant)

10) 스낵 바

일종의 간이식당으로 가벼운 식사를 제공하는 식당이다.

11) 다이닝 카

기차를 이용하는 여행객을 위하여 식당차를 여객차와 연결해서 그곳에서 음식을 판매하는 식당이다.

12) 백화점 식당

백화점을 이용하는 고객들이 쇼핑도중 간이식사를 할 수 있도록 백화점 구내에 위치한 식당이다. 보통 셀프서비스의 형식으로 회전이 빠른 식사가 제공된다.

13) 인더스트리얼 식당

회사나 산업체의 구내식당으로 비영리 목적의 식당이다. 학교, 병원, 군대의 급식식당이 이에 속한다.

14) 패밀리 레스토랑

패밀리 레스토랑은 세계적으로 넓은 의미의 레스토랑으로 사용되고 있는 대표적

[그림 10-8] 패밀리 레스토랑

명칭이다. 보통 고객의 주문에 의하여 웨이터나 웨이트리스가 음식을 제공하여 주는 테이블 서비스를 하며, 대중적인 음식과 중간 정도의 식사가격, 정중한 서비스, 훌륭한 시설을 갖춘 레스토랑을 말한다.

15) 패스트푸드 레스토랑

패스트푸드 레스토랑은 유통에서 생산에 이르기까지 표준화되어 있는 시스템을 이용하여 한정된 메뉴 품목을 주로 셀프서비스 방식으로 제공하는 레스토랑을 말한다.

3. 서비스 방법에 따른 분류

1) 테이블 서비스 레스토랑

테이블 서비스 레스토랑은 전체요리, 주요리, 디저트 등의 순서로 고객이 메뉴를 보고 주문에 따라 종업원이 요리를 제공하는 방법으로, 호화로운 분위기와 높은 객단가 그리고 최상의 서비스를 제공함으로써 만족도를 높이는 레스토랑을 말한다. 또 서비스 방법에 따라 아메리칸 서비스, 프렌치 서비스, 러시안 서비스 등으로 구분된다.

2) 카운터서비스 레스토랑

조리부서를 직접 고객이 볼 수 있게 공개형(open kitchen)으로 디자인하고, 그 앞에 카운터를 식탁으로 하여 음식을 제공하는 레스토랑을 말한다. 이러한 카운터서비스 레스토랑의 장점은 서빙하는 종업원 없이 직접 조리사에게 주문하기 때문에 경제적이고, 조리과정을 고객이 직접 볼 수 있기 때문에 위생적이며, 주문한 요리가 완성될 때까지 지켜볼 수 있어 기다리는 지루함을 덜어줄 수 있다.

3) 셀프서비스 레스토랑

셀프서비스 레스토랑은 시간대에 따라 다르게 책정된 일정한 식사가격을 지급하고 고객 자신이 직접 기호에 맞는 음식을 선택, 운반하여 식사하는 방법으로 운영되는 레스토랑이다. 이와 같은 셀프서비스 레스토랑은 카페테리아서비스, 뷔페서비스로 나눌 수 있다.

4) 비영리단체 급식

특정단체에 급식을 제공하는 레스토랑을 말한다. 일시에 많은 인원을 수용하여 식사를 제공할 수는 있으나, 일정한 메뉴에 의한 식사이기 때문에 고객의 기호에 맞는 음식을 선택할 수 없다는 단점이 있다.

5) 자동판매기 레스토랑

자동판매기 레스토랑은 일정한 공간에 자동판매기를 설치하여 자동판매기 안에 비치된 음식들을 동전을 투입하여 제공받는 레스토랑을 말한다.

4. 음식종류에 따른 레스토랑

음식종류에 의한 분류는 크게 서양식 레스토랑과 동양식 레스토랑으로 나눌 수 있으며 그 특징을 살펴보면 다음과 같다.

1) 서양식 레스토랑

(1) 프랑스식 레스토랑

프랑스 요리는 가장 품위 있고 세계적으로 명성 있는 요리로 다양한 조리법들이 발달하였다. 프랑스 요리의 특징은 지중해와 대서양에 면하고 있어 기후가 온화하고 농산물, 수산물이 모두 풍부하여 요리의 재료가 다양한 편이어서 조리시 그러한 재료를 충분히 살리는 한편, 합리적인 고도의 기술을 구사하여 섬세한 맛의 요리를 만들어 내는 것이 프랑스 요리의 특징이다.

또 격조 높은 요리의 내용만큼 그릇의 선택이나 식탁의 조화를 찾는 테이블 문화가 큰 비중을 지닌 것도 특징이다. 프랑스 테이블 문화의 전통은 금은세공, 도자기,

섬유예술을 크게 발전시킨 요체이기도 하다. 프랑스 요리가 유명하다는 조건에는 좋은 요리의 맛 때문이기도 하지만, 순서를 갖춘 격식 있는 식사 매너도 한 몫을 차지하고 있다. 저녁식사는 나오는 메뉴가 8~10코스가 되고, 시간은 보통 3~4시간이 소요된다.

(2) 이탈리아식 레스토랑

이탈리아는 비옥한 토양에서 과일, 야채, 향료 식물과 양념이 풍부하게 생산되고, 바다에서는 질 좋은 어류들이 공급되어 자연의 풍요로움이 이탈리아의 요리를 유명하게 만들었다.

프랑스 요리의 맛이 소스에 있다면, 이탈리아 요리의 맛은 신선한 육류와 해물 그 자체에 담겨 있다. 또 하나의 특징은 샐러드유를 쓴다는 것이다. 대표적인 것은 면류(pasta)이며, 그 밖의 요리들은 프랑스 요리와 별로 다를 바 없다.

이탈리아에서 면류는 수프 대신에 먹는 것이 특징이며, 스파게티 나폴리탄을 가장 많이 먹는다. 지역별로 향토음식이 잘 발달되어 있으며 스파게티, 라비올리, 리조토, 치즈 등의 요리가 유명하다.

(3) 미국식 레스토랑

미국인들의 식생활은 빵과 곡물, 육류와 달걀, 낙농식품, 과일 및 야채 등을 이용하고 식사는 간소한 메뉴와 경제적인 재료 및 영양본위의 실질적인 식생활이 특징이다. 비프스테이크, 햄버거, 바비큐 등이 대표적이다.

(4) 스페인식 레스토랑

주위가 바다로 둘러싸인 스페인은 해산물이 풍부하여 생선요리가 유명하다. 스페인요리는 올리브유, 포도주, 마늘, 파프리카, 샤프란 등의 향신료를 많이 쓰는 것이 특색이다.

2) 동양식 레스토랑

(1) 한국식 레스토랑

한국식 레스토랑은 우리나라 고유의 음식을 제공하는 레스토랑으로 외국인들에게 한국의 음식을 맛볼 수 있는 좋은 기회를 제공한다. 한국음식은 주식과 부식이 분리되어 있고 음식의 간을 중시하는 특색이 있다. 이와 같은 한식의 메뉴는 밥, 죽, 면 등의 주식류와 국, 찌개, 구이, 찜, 조림, 산적, 나물, 전, 김치 등의 부식류로 구성되어 있다.

(2) 중국식 레스토랑

중국요리는 중국대륙에서 발달한 요리의 총칭으로 청요리(淸料理)라고도 불린다. 중국은 광대한 영토와 영해에서 풍부한 해산물을 통해 넓은 재료의 이용, 맛의 다양성, 풍부한 영양, 합리적인 조리법 등으로 오늘날 세계적인 요리로 발전하게 되었다. 음식색채의 배합이 일본요리나 서양요리에 비해 화려하지는 않지만 미각을 중시한다. 이와 같이 독특한 개성을 지니고 발전해 온 각 지방의 요리는 북경요리, 난징요리, 광동요리, 사천요리 등으로 구분할 수 있다.

(3) 일본식 레스토랑

일본요리는 지리적 특성에 따라 관서요리와 관동요리로 뚜렷하게 대별된다. 관서요리는 식재료의 색, 형태 그리고 연한 맛이 특징이며, 관동요리는 관서요리에 비해 맛이 농후하며, 국물이 적다. 일본요리는 맛과 함께 모양과 색깔, 그릇과 장식에 이르기까지 전체적인 조화에 신경을 쓰는 특징이 있다. 일본요리는 형식에 따라 본선요리, 회석요리, 차회석요리, 정진요리, 보채요리 등이 있다.

(4) 태국식 레스토랑

태국요리는 일반적으로 밥과 세 가지의 반찬으로 구성되며, 각각의 요리가 순서대로 나오지 않고 한 식탁에 동시에 제공된다. 태국음식은 조미료, 향신료로 독특한 맛을 내는 특징이 있다. 카레, 장류에 찍어 먹는 음식이 주요리이고, 국과 샐러드 종류가 곁들여진다.

제3절 서비스의 형태와 방법

레스토랑에서의 서비스 형태는 레스토랑의 콘셉트에 따라서 다양한 형태를 가지고 있으며, 이는 결국 고객들의 요구와 욕구를 가장 잘 채워줄 수 있는 형태를 레스토랑에서 선택하여 사용해야 한다.

서비스의 형태는 크게 테이블 서비스, 뷔페 서비스, 카운터 서비스로 나누어 볼 수 있으며 다음과 같다.

1. 테이블 서비스

테이블 서비스(Tabel service)는 가장 전형적인 서비스 방법으로서 고객이 앉은 테이블에서 직접 주문을 받고 테이블로 주문한 음식을 가져다주는 방식이다. 테이블 서비스를 맡은 직원은 테이블에서 고객을 서비스하는 업무뿐만 아니라 테이블의 크리닝과 세팅까지의 업무를 담당하게 된다. 테이블 서비스의 방식으로는 아메리칸 서비스, 프렌치 서비스, 러시안 서비스, 영국식 서비스의 4가지 방식이 보편적으로 사용된다.

1) 아메리칸 서비스

아메리칸 서비스(American service)는 일명 플래이트 서비스(Plate service)라고도 부르며, 고객이 주문한 음식이 모두 조리부서에서 접시에 담아져 서브되는 형식으로 대부분 빠른 서비스를 추구하는 레스토랑에 적합한 서비스 방식이다. 특징을 살펴보면 다음과 같다.

① 조리부서에서 모든 음식은 접시에 담아져 제공된다.
② 접시에 담아서 제공됨으로 신속한 서비스가 가능하다.
③ 적은 인원으로 많은 고객을 서브할 수 있으므로 효율적이다.
④ 음식이 비교적 빨리 식기 때문에 고객의 미각을 사로잡기 힘들다.
⑤ 고급 식당보다 중급 정도의 식당에 가장 적합한 서비스 방식이다.

2) 프렌치 서비스

프렌치 서비스(French service)는 비교적 서비스 시간이 길고 우아한 서비스를 제공하는 레스토랑에 적합한 서비스 방식이다. 고객이 보는 앞에서 전 조리과정이 보여지며, 고객의 식탁 앞에서 게리동(gueridon)을 이용하여 쉐프 디 랑(chef de rang)이 조장이 되고 코미 디 랑(commis de rang) 등이 한 조가 되어 요리가 완성되고 제공되어진다.

고급 서비스를 제공할 수 있는 장점이 있는 반면 여러 명이 한 조가 되어 한 테이블을 서비스해야 하기 때문에 인건비의 부담이 높다고 할 수 있다. 특징을 살펴보면 다음과 같다.

① 게리동을 이용하기 때문에 테이블 사이의 간격 등 넓은 공간이 필요하다.
② 팀을 이루어 서비스를 제공해야 하기 때문에 인건비의 비율이 높다.
③ 비교적 서비스 시간이 많이 걸리는 편이다.
④ 고급식당에 적합한 서비스 방식이다.

3) 러시안 서비스

러시안 서비스(Russian service)는 주로 은기류를 사용하므로 실버 서비스(Silver service) 혹은 프레터 서비스(Platter service)라고도 한다. 러시안 서비스는 생선이나 가금류를 통째로 요리하여 아름답게 장식을 한 후 고객에게 서브되기 전에 고객들이 잘 볼 수 있도록 사이드 테이블에 전시함으로써 식욕을 돋우게 한다.

러시안 서비스 방식은 프렌치 서비스와 마찬가지로 우아하며, 프랑스식보다 더 신속하고 더 실용적인 서비스로 연회장에서 주로 이 서비스 방식을 사용한다.

4) 영국식 서비스

영국식 서비스(English service)는 가족형 서비스라고도 불리며 많은 고객을 대상으로 한다. 가정에서 이루어지는 식사형태와 매우 흡사한 서비스 방식으로 많은 양의 음식이 사발이나 큰 접시에 담겨져 테이블을 돌며 전달된다. 웨이터는 큰 접시를 테이블로 가져가 조금씩 고객의 접시에 덜어주며 이후 고객들이 테이블을 돌리며 음식을 덜어 먹는 방식이다.

2. 뷔페 서비스

뷔페 서비스(Buffet service)는 음식을 보기 좋게 플래터에 담아두면 고객이 직접 테이블로 가서 자신이 원하는 음식을 접시에 담아서 먹는 셀프 서비스 방식이다. 웨이터들은 고객이 사용한 빈 접시 등을 치워주고 음료와 주류 등을 서비스하며, 테이블 세팅 업무를 한다.

뷔페 서비스는 셀프 서비스 스타일이므로 종업원의 수가 상대적으로 적어 세심한 서비스를 제공하지 못하는 단점이 있기는 하나 인건비가 다른 레스토랑에 비해 작은 장점을 가지고 있다. 또 뷔페의 경우 음식이 과도하게 남는 경우가 있어 식재료비 상승의 원인이 되기도 한다.

3. 카운터 서비스

카운터 서비스(Counter service)는 조리부서와 붙은 카운터를 식탁으로 해서 고객이 직접 조리과정을 보며 식사를 할 수 있는 형태이다. 주로 바, 라운지, 스낵숍, 일식식당 등에서 볼 수 있다. 이 서비스의 특징은 식사를 빠르게 제공할 수 있으며, 서비스 인원이 닳이 필요 없어 인건비가 적게 든다는 장점이 있다.

제4절 기물관리와 테이블 세팅

레스토랑에 있어서 서비스 기물들은 레스토랑의 자산이며 고객들이 사용하는 물품임으로 세심한 관리가 필요하다. 레스토랑에서 사용하는 기물들은 레스토랑의 격과 이미지를 나타내주는 것으로 레스토랑의 수준에 맞는 것을 선택하여 사용할 필요가 있다. 비품은 크게 기물류, 장비류, 리넨류 등으로 나눌 수 있으며 본 장에서는 주로 기물류와 리넨류를 다루고자 한다.

1. 기물관리

1) 은기물류

은기물류(Silver ware)는 순은제와 은도금이 있다. 순은제의 경우는 고가여서 잘 사용하지 않고 있으며 일반적으로 은도금제나 스테인리스 제품 등을 많이 사용하는 편이다. 은기제품으로 나이프와 포크, 서비스 팰래터, 트래이 등이 있다.

(1) 포크

포크(Fork)는 용도에 따라서 다음과 같이 나눌 수 있다.

① 에스카르고 포크(Escargot fork, Snail fork)
② 칵테일 포크(Cocktail fork)
③ 샐러드 포크(Salad fork)
④ 피시 포크(Fish fork)
⑤ 미트 포크(Meat fork)
⑥ 디저트 포크(Dessert fork)
⑦ 과일 포크(Fruit fork)
⑧ 카빙 포크(Carving fork)
⑨ 서빙 포크(Serving fork)
⑩ 애피타이저 포크(Appetizer fork)

(2) 나이프

나이프(Knife)는 그 용도에 따라 다음과 같이 나눌 수 있다.

① 애피타이저 나이프(Appetizer knife)
② 샐러드 나이프(Salad knife) ③ 휘시 나이프(Fish knife)
④ 미트 나이프(Meat knife) 혹은 앙트레 나이프(Entree knife)
⑤ 디저트 나이프(Dessert knife) ⑥ 과일 나이프(Fruit knife)
⑦ 카빙 나이프(Carving knife) ⑧ 버터 나이프(Butter knife)
⑨ 테이블 나이프(Table knife)

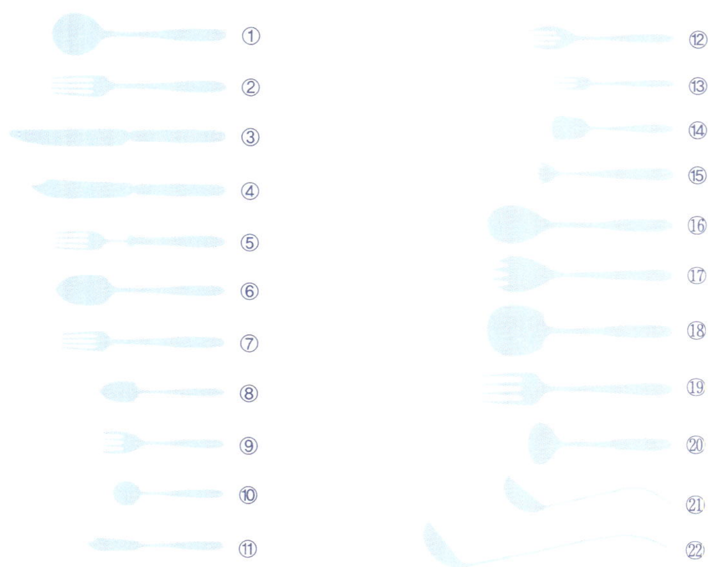

① Soup Spoon	⑫ Salad Fork
② Dinner Fork	⑬ Cake Fork
③ Dinner Knife	⑭ Ice Cream Spoon
④ Fish Knife	⑮ Ice Tongs
⑤ Fish Fork	⑯ Salad Serving Spoon
⑥ Dessert Spoon	⑰ Salad Serving Fork
⑦ Dessert Fork	⑱ Serving Spoon
⑧ Tea Spoon	⑲ Serving Fork
⑨ Oyster Fork	⑳ Sauce Ladle
⑩ Sugar Ladle	㉑ Soup Ladle(SM)
⑪ Butter Knife	㉒ Soup Ladle(LG)

[그림 10-9] 은기물류(Silver Ware)

(3) 스푼

스푼(Spoon)은 용도에 따라 다음과 같이 나눌 수 있다.

① 뷔용 스푼(Bouillon spoon)
② 수프 스푼(Soup spoon)
③ 디저트 스푼(Dessert spoon)
④ 티 스푼(Tea spoon)
⑤ 멜론 스푼(Melon spoon)
⑥ 아이스크림 스푼(Ice cream spoon)
⑦ 서빙 스푼(Serving spoon)
⑧ 소스 래들(Sauce ladle)
⑨ 슈거 래들(Sugar ladle)

이 밖에 은기물의 종류로는 수프 튜린(Soup tureen), 냅킨 홀더(Napkin holder), 소스 보트(Sauce boat), 워터 피쳐(Water pitcher), 와인 쿨러(Wine cooler), 커피 포트(Coffee pot), 아이스 패일(Ice pail) 등이 있다.

2) 도자기류

도자기류(China ware)는 레스토랑에서 음식을 담아서 제공하는 용도로 사용되기 때문에 음식과의 조화에 많은 신경을 써야 한다. 대부분의 레스토랑에서 손쉽게 파손되는 경우가 많으므로 주의 깊게 다루어야 한다. 기물파손이 많다는 것은 결국 식당의 수익과 연관되므로 운반시나 취급시 주의를 요한다.

(1) 플래이트

플래이트(Plate)의 종류는 크기나 사용 용도에 따라 종류는 다음과 같다.

① 서비스 플래이트(Service plate)
② 비앤비 플래이트(Bread & Butter plate)

③ 애피타이저 플레이트(Appertizer plate)

④ 샐러드 플레이트(Salad plate)

⑤ 앙트레 플레이트(Entree plate)

⑥ 디저트 플레이트(Dessert plate)

⑦ 쇼 플레이트(Show plate)

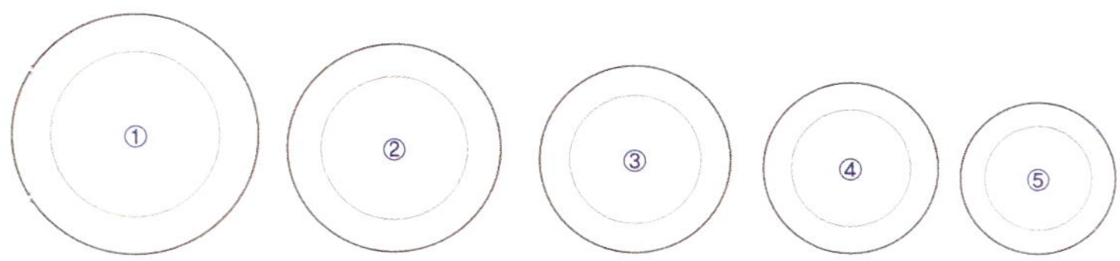

① Service Plate D–298 H–31 ② Dinner Plate D–263 H–24 ③ Meat Plate D–230 H–24 ④ Dessert Plate D–20 H–21 ⑤ B/B Plate D–161 H–18

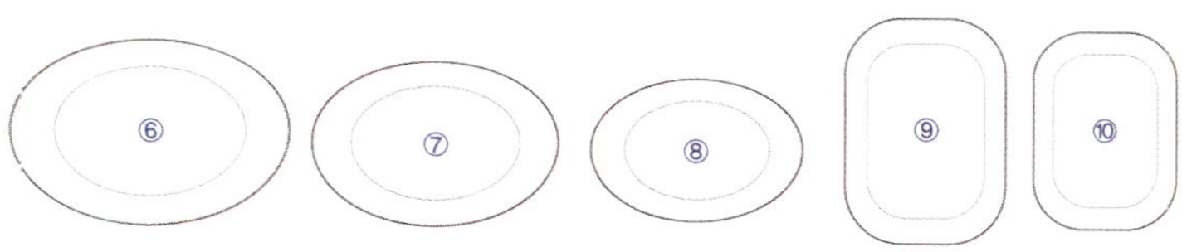

⑥ Oval Plate L–355 W–258 H–25 ⑦ Oval Plate L–315 N–230 H–25 ⑧ Oval Plate L–246 W–178 H–22 ⑨ Oblong Platter L–310W–198 H–31 ⑩ Oblong Plate L–245 W–161 H–21

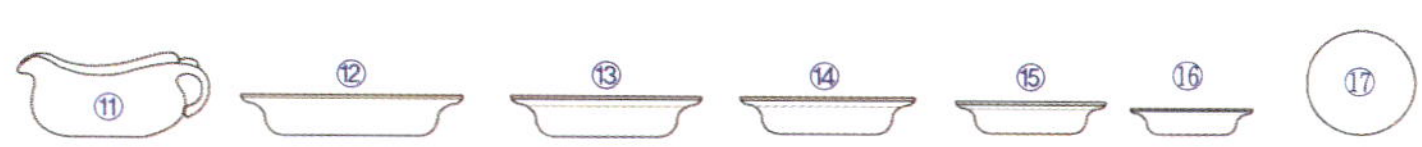

⑪ Sauce Por H–74 C–360 ⑫ Baker L–268 W–206 ⑬ Soup Plate D–233 H–41 ⑭ Salad Bowl D–191 H–39 ⑮ Salad Bowl D–167 H–42 ⑯ Finger Bowl D–141 H–34 ⑰ Sutter Dise D–100 H–15

⑱ Egg Stand D–61 H–63 ⑲ Sugar Bowl D–86 H–87 C185 ⑳ Creamer L–87 W–67 H–68 C–140 ㉑ Teapot L–196 W–108 H–151 C–700 ㉒ Soup Cup & Saucer D–106 H–105 C–225 D 175 H–25 ㉓ Coffee Cup & Saucer(A) D–78 H–68 C–210 D 150 H–19 ㉔ Coffee Cup & Saucer(B) D–83 H–53 C–155 D 149 H–18

[그림 10–10] 도자기류(China Ware)

(2) 보올

접시 형식과 컵의 형식으로 가미된 것을 보올(bowl)이라고 한다.

① 샐러드 보올(Salad bowl)

② 수프 보올(Soup bowl)

③ 시리얼 보올(Cereal bowl)

④ 슈가 보올(Sugar bowl)

(3) 컵과 밑받침

컵을 제공할 때에는 반드시 밑받침(saucer)을 받쳐 제공하여야 한다. 그 종류로는 커피컵과 밑받침, 수프와 밑받침, 크림피처와 밑받침, 버터와 밑받침 등이 있다.

3) 글라스류

레스토랑에서 사용하는 글라스(Glass)는 디자인과 모양, 용량에 따라 다르게 구분된다. 유리컵은 크게 두 가지의 종류로 구분되며, 원형으로 되어 있는 원통 글라스(Cylindrical glass)와 목이 있는 목긴 글라스(Stemmed glass)가 있다.

유리컵 역시 깨지기 쉬우므로 주의 깊게 다루어야 한다. 글라스의 종류를 살펴보면 다음과 같다.

(1) 글라스 종류

① 워터 글라스(Water glass)

일반적으로 폭이 넓고 깊으며, 위가 밑보다 약간 넓다. 물은 글라스의 80% 정도 채운다. 용량은 10온스 정도가 일반적이다.

② 샴페인 글라스(Champagne glass)

원래 소우서(saucer)형이었으나, 거품이 흘러내리지 않도록 튤립형(tulip-shaped)을 많이 사용한다. 용량은 5온스가 일반적이다.

③ **와인 글라스(Wine glass)**

폭보다 길이가 길고 위와 밑의 넓이가 비슷하다. 일반적으로 적포도주 잔(red wine glass)이 백포도주 잔(white wine glass)보다 큰 것이 보통이다.

④ **칵테일 글라스(Cocktail glass)**

대개 삼각형(V-shaped)으로 되어 있으나, 크기나 모양은 여러 가지로 변하고 있다. 일반적인 용량은 3~4온스이다.

⑤ **위스키 사워 글라스(Whisky sour glass)**

목(stem)이 길고, 위는 좁고 깊다. 일반적인 용량은 3~5온스이다.

⑥ **쉐리 글라스(Sherry glass)**

위가 넓고 밑으로 갈수록 폭이 좁아지면서 깊다. 일반적인 용량은 2~3온스 정도이다.

⑦ **브랜디 스니후터(Brandy snifter)**

브랜디 글라스 혹은 브랜디 인헤일러(brandy inhaler)라고도 부르며, 튤립이나 전구와 같은 모양을 하고 있다. 1~2온스 정도 채우며, 용량은 6~8온스 정도이다.

⑧ **리큐르 글라스(Liqueur glass)**

여성용의 혼성주를 마실 때 사용하며, 목(stem)이 짧고, 작은 튤립형이다. 용량은 3온스이나 일자로 쭉 빠진 1온스들이가 있다.

⑨ **탐 칼린스 글라스(Tom Collins glass)**

실린드리컬 글라스형으로 워터글라스와 비슷하며, 용량은 12온스이다.

⑩ **올드 패션 글라스(Old fashioned glass)**

높이가 낮고 목줄기가 없으며, 둘레가 약간 넓으며, 두터운 글라스로 되어 있다. 용량은 4~6온스 정도이다.

[그림 10-11] 글라스류(Glass Ware)

⑪ 하이볼 글라스(High glass)

탐 칼린스 글라스보다 작으나 모양은 같으며, 용량은 5~10온스 정도이다.

4) 리넨류

(1) 리넨의 종류

① 테이블 클로스(Table cloth)

테이블 클로스는 레스토랑에서는 주로 청결함을 나타내기 위해서 흰색을 많이 사용한다. 테이블 클로스 윗부분에 탑 클로스(top cloth)를 깔아서 고급스러움을 추구하기도 하고, 유리를 올려 편의를 추구하는 경우도 있다. 유리를 깔 경우 고급스러움이 없기 때문에 고급 레스토랑에서는 바람직한 방법이 아니다.

② 언더 클로스(Under cloth)

테이블에 식기나 기물을 놓을 때 소음을 줄이고자 테이블 밑에 깔아서 촉감을 부드럽게 하는 것으로 면 종류의 천으로 만들어지며 테이블에 움직이지 않도록 고정시켜 사용한다. 사이런스 클로스(Silence colth)라고도 한다.

③ 냅킨(Napkin)

냅킨은 고객이 식사도중에 입을 닦거나 음식물을 흘려 옷이 더러워지지 않도록 하기 위해서 사용하는 것으로 규격은 일반적으로 50×50cm가 이상적이다. 고급스럽고 화려하게 보이기 위해 접는 방법에도 여러 가지가 있다.

④ 서비스 타월(Service towel)

서비스 종업원이 사용하는 타월로 암 타월(arm towel) 혹은 핸드 타월(hand towel)이라고도 한다. 서비스 종업원은 항상 몸에 지니고 있어야 한다.

⑤ 워셔 타월(Wash towel)

기물이나 집기류를 닦을 때 사용하는 타월로 별도의 컬러 및 디자인하여 냅킨과 구분되게 하는 것이 좋다.

2. 테이블 세팅

테이블 세팅(Table Setting)은 고객이 식탁에서 주문한 음식을 편하게 먹을 수 있도록 분위기를 연출하여 테이블을 꾸미는 것으로 식사제공에 필요한 기물들을 갖추어서 효율적인 테이블 서비스가 이루어지도록 해야 한다.

테이블 세팅은 식당의 종류와 식사에 따라서 다양한 형태가 있으나, 기본적으로 테이블 세팅시 아래의 사항을 기준으로 한다.

① 테이블과 의자가 흔들림이 없으며, 깨끗한지를 확인한다.
② 테이블 매트를 깐다.

③ 센터피스를 세팅한다.

④ 테이블 세팅에 사용할 기물류들이 깨끗한지 확인한다.

⑤ 은기물류를 세팅할 때는 지문 등이 묻지 않도록 손잡이나 바깥쪽을 잡는다.

⑥ 포크와 나이프는 냅킨을 기준으로 양옆으로 1cm 정도 간격으로 놓는다.

⑦ 브레드 플래이트는 포크 바깥쪽 1cm 정도 띄워서 놓고, 그 위에 버터 나이프를 우측으로 3분의 1 지점에 놓는다.

⑧ 물잔은 meat knife 위 1cm 정도 위에 놓는다.

⑨ 와인잔은 물잔의 좌상 방향으로 1cm 정도 띄어서 놓는다.

⑩ 기물류의 배열은 전체적인 균형을 이룰 수 있도록 한다.

① Soup Spoon　② Meat Knife(Table Knife)　③ Salad Fork
④ Meat Fork(Table Fork)　⑤ Bread & Butter Plate(B.B Plate)　⑥ Butter Knife(Butter Spread)
⑦ Water Goblet　⑧ Flower Vase　⑨ Pepper Mill
⑩ Salf Shaker　⑪ Ash Tray Match　⑫ Service Plate
⑬ Napkin

[그림 10-12] 기본 세팅

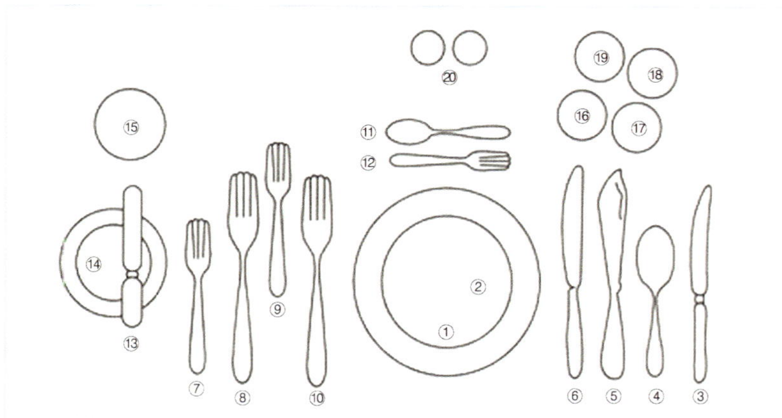

① Service Plate	② Napkin	③ Appertizer Knife(Hors D' oeuvre Knife)	④ Soup Spoon
⑤ Fish Knife	⑥ Meat Knif(Entree Knife)	⑦ Appetizer Fork(Hors D' oeuvre Fork)	⑧ Fish Fork
⑨ Salad Fork	⑩ Meat Fork(Entree Fork)	⑪ Beverage Spoon	⑫ Dessert Fork
⑬ Butter Knife(Butter Spread)	⑭ Bread & Butter Plate(B.B Place)	⑮ Butter Bowl	⑯ Water Goblet
⑰ White Wine	⑱ Red Wine Glass	⑲ Champagne Glass	⑳ Salt & Pepper(Caster Set)

[그림 10-13] 정식 세팅

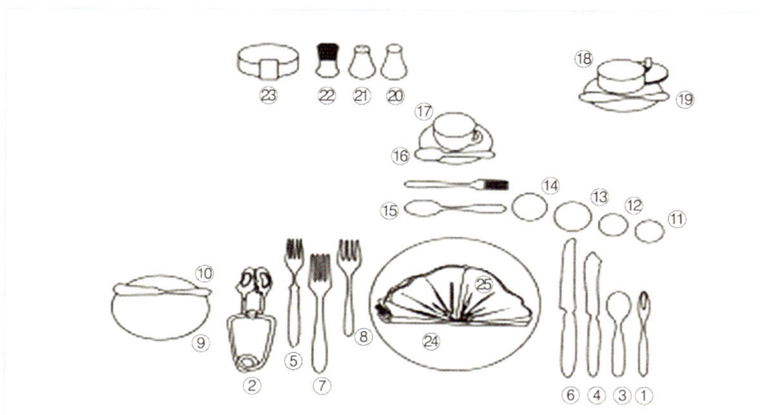

① Escargot Fork	② Escargot Tong	③ Bouillon Spoon	④ Fish Knife
⑤ Fish Fork	⑥ Meat Knife(Entree Knife)	⑦ Meat Fork(Entree Fork)	⑧ Salad Fork
⑨ Bread & Butter Plate(B.B Plate)	⑩ Butter Knife(Butter Spread)	⑪ White Wine Glass	⑫ Red Wine Glass
⑬ Water Goblet	⑭ Champagne Glass	⑮ Dessert Spoon & Fork	⑯ Coffee Spoon
⑰ Coffee Cup & Saucr	⑱ Butter Bowl	⑲ Butter Spread	⑳ Salt Shaker
㉑ Pepper Mill	㉒ Toothpick Case	㉓ Ash Tray & Match	㉔ Service Plate
㉕ Napkin			

[그림 10-14] 특별식 세팅

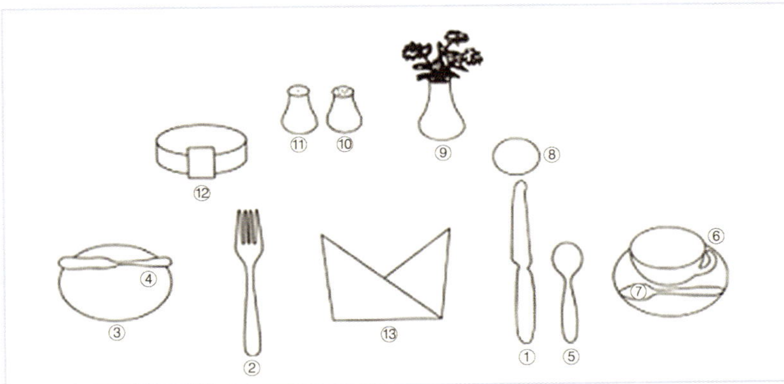

① Table Knife
④ Butter Knife(Butter Spread)
⑦ Coffee Spoon
⑩ Pepper Mill
⑬ Napkin
② Table Fork
⑤ Soup Spoon(Bouillon Spoon)
⑧ Water Goblet
⑪ Salf Shaker
③ Bread & Butter Plate(B.B Plate)
⑥ Coffee Cup & Saucer
⑨ Flower Vase
⑫ Ash Tray & Match

[그림 10-15] 조식 세팅

제5절 식음료 고객서비스

1. 예약 서비스

예약은 고객과 레스토랑 간의 약속이며 고객의 인적사항, 예약날짜, 시간, 인원, 메뉴, 기타 필요사항들을 고객과 약속하여 제공하고 제공받는 것을 말한다. 따라서 예약담당자는 예약에 관한 모든 고객의 요구사항을 파악하여 예약을 받아야 하며, 최소 1일 전에 고객과 다시 통화 후 예약에 대해서 확인 절차를 거쳐야 한다. 예약의 경우 예약 장부를 별도로 관리할 필요가 있으며, 예약 사항에 관해서는 조리부서와 홀, 담당 매니저와의 사전 업무 커뮤니케이션을 해야 한다. 식음료부서는 각 영업장별로 예약을 접수하게 되며 다음과 같은 방법이 이용된다.

① 직접 예약(방문 예약)
② 전화 예약

③ Telex, Telgram, Fax, 편지 예약
④ Internet 예약
⑤ 대리 예약

2. 고객영접 및 안내

고객의 영접과 안내는 주로 영업장지배인과 고객영접원(greetress)이 담당한다. 담당자는 식당입구에서 단정한 자세로 대기하고, 고객의 입장 시 미소 띤 얼굴과 예의 바른 자세로 고객을 맞이하여 고객의 테이블까지 안내하도록 한다. 테이블까지의 안내 시 손으로 방향을 가리키며 고객의 우측 2~3걸음 정도 앞장서면서 고객과 보조를 맞추어 이동한다.

1) 고객영접

① 미소 띤 얼굴로 정중한 인사와 아울러 레스토랑의 격과 시간대에 맞는 인사말로 고객을 맞이한다.
② 고객이 예약을 한 성함, 시간, 특별 준비사항 등을 확인하도록 한다.
③ 예약을 하지 않았을 경우 고객이 원하는 테이블에 가능한 착석할 수 있도록 한다.
④ 테이블이 없을 경우 웨이팅리스트에 고객의 인적 사항을 기재한 후 기입순서에 따라 테이블을 배정한다.
⑤ 고객의 특별한 요구가 없을 경우 가능한 한 고객의 특성에 맞게끔 테이블을 배정한다.

- 어린이 동반가족은 다른 고객에게 방해가 되지 않도록 가능한 레스토랑의 구석진 테이블에 안내하도록 한다.
- 젊은 남녀 고객은 타인의 방해를 받지 않는 조용한 쪽으로 안내한다.
- 노인이나 신체가 부자유스러운 고객은 입구 가까운 쪽으로 안내한다.
- 혼자 오신 고객은 벽 쪽 조용한 곳으로 안내한다.
- 정복차림의 군인이나 경찰은 다른 고객의 눈에 잘 띄지 않는 곳으로 안내한다.

- 화려하게 차려입은 고객들은 가능한 레스토랑의 가운데 쪽으로 안내한다.
- 서로 모르는 고객끼리의 합석은 하지 않도록 한다.
- 술에 취한 사람이나 정신이상자 등은 지배인에게 연락해서 조치를 취하도록 한다.

⑥ 안내시 고객에게 레스토랑의 정보(행사 내용, 이용시 유의 사항, 편의시설 안내)를 상세하게 제공해야 한다.

2) 착석

① 고객이 자리에 앉기 편하게 의자를 빼주며, 앉을 때 두 손과 무릎을 사용하여 의자를 살며시 밀어준다.

② 착석순서는 노약자, 어린이, 지체부자유자 또는 여성 순으로 앉도록 도와야 하며, host가 마지막으로 착석하도록 한다.

③ 착석이 끝나면 테이블 웨이터에게 인계하고 "식사 맛있게 하세요", "즐거운 시간 되십시오"라는 인사말을 건네고 위치로 돌아가도록 한다.

3) 물품의 보관

① 보관요청이 없을 경우, 고객의 빈 좌석에 올려놓도록 한다.

② 보관을 원하면 보관표(번호표, 열쇠 등)를 본인에게 주고 보관품을 보관장소에 보관하도록 한다.

③ 체크 아웃시 보관표를 확인한 후 다른 고객의 물품과 바뀌지 않도록 돌려준다.

④ 고객의 외투, 우산, 가방 등을 놓는 일은 도와주어도 되나, 고객의 허락 없이 핸드백을 만지지 않도록 주의한다.

3. 메뉴의 주문

1) 메뉴를 주문받는 방법

아래의 사항은 정식코스(full course)를 주문하는 방법이며, 레스토랑의 상황, 메뉴의 종류에 따라서 약간 상이할 수 있다.

① 고객이 착석하고 나면 담당 웨이터는 고객에게 인사를 하고 메뉴판을 준 후 고객에게 메뉴를 선정할 시간적 여유를 주도록 한다.
② 항상 메뉴 주문서와 볼펜 등을 지참하여 즉시 주문 내용을 받아 적을 수 있도록 한다.
③ 주문기록은 약어(abbreviation)를 이용하여 간결하게 작성하도록 한다.
④ 메뉴 설명시 손가락으로 가리켜서는 안 되며, 손바닥이 위로 오도록 해서 메뉴를 가리키도록 한다.
⑤ 성급하게 주문을 받지 않도록 하며 고객에게 시간적 여유를 배려하고, 궁금한 사항을 물어볼 시간을 주고 질문에 대한 대답을 정확히 해주어야 한다.
⑥ 주문을 받을 때에는 주빈 또는 주최자의 왼쪽부터 시계방향으로 여자, 남자, hostess, host 순으로 돌면서 주문하는 것이 원칙이다.
⑦ 조리부서와 항상 긴밀한 협조 하에 품절 품목 등을 확인하여 고객의 불편사항이 없도록 해야 한다.
⑧ 고객의 특별 주문 요청이 있을 경우 조리부서와 신속히 연락하여 가능 여부를 확인 후 주문을 받도록 한다.
⑨ 시간이 많이 소요되는 메뉴는 소요시간을 반드시 알려주도록 한다.
⑩ 육류를 주문할 경우 굽기 정도, 달걀요리는 익힘의 정도, 샐러드는 드레싱의 종류 등 고객의 기호에 맞게 선택할 수 있도록 물어본 후 기재하도록 한다.
⑪ 요리 주문이 끝나면 음료나 wine list를 주도록 한다.
⑫ 음료나 wine의 경우 주문한 요리와 잘 어울릴만한 것을 권유한다.
⑬ 주요리의 식사가 끝난 경우 후식 주문과 디저트 음료의 주문을 받는다.

⑭ 주문이 끝나면 감사의 표시로 정중하게 인사를 한다.

2) 메뉴를 추천하는 방법

① 메뉴를 추천하기 전에 가능한 빨리 고객의 유형을 파악하여 고객의 구매의욕을 최대한 유발시킬 수 있도록 한다.
② 단골고객인 경우 고객의 기호를 기억하여 두었다가 고객의 기호에 맞는 품목의 메뉴를 추천하도록 한다.
③ 고객의 주문에 따라서 당일 레스토랑의 영업성과에 영향을 줌으로 행사 메뉴, 추천 메뉴 등을 집중적으로 판매할 수 있도록 한다(Up-selling, Cross-selling).
④ 고객에게 고가의 메뉴를 강매하는 인상을 주는 것은 바람직하지 않으므로 항상 고객의 입장과 레스토랑의 매출입장을 생각하여 합리적인 주문을 할 수 있도록 추천해야 한다.
⑤ 행사 메뉴, 오늘의 특별 요리(Daily special menu), 신 메뉴, 수익성이 높은 메뉴, 재고가 많은 메뉴 등을 상황에 따라 추천하여 판매하도록 한다.
⑥ 음료주문과 추가주문은 매출 증대와 이윤 증대에 많은 비중을 차지하므로 적극적으로 추천하여 판매하도록 한다.

4. 메뉴에 의한 서비스

1) 수프 서브

① 수프는 고객의 우측에서 제공하도록 한다.
② 래들을 사용할 때는 고객의 좌측에서 담도록 한다.
③ 수프가 테이블에 흐르지 않도록 한다.
④ 수프볼은 항상 뜨겁게 준비되어져야 한다.

2) 샐러드 서브

① 샐러드는 고객의 우측에서 제공하도록 한다.
② 드레싱은 고객의 좌측에서 제공하며 어떤 드레싱을 선택할 것인지 물어 본 후 샐러드 위에 얹도록 한다.
③ 드레싱이 테이블에 흐르지 않도록 한다.

3) 주요리의 서브

① 뜨거운 요리는 뜨거운 식기에, 차가운 요리는 차가운 식기에 제공되어야 한다.
② 주요리는 고객의 우측에서 제공하도록 한다.
③ 소스는 고객의 왼편에서 제공하도록 한다.
④ 접시가 뜨거울 경우 고객에게 뜨겁다는 환기를 시키도록 한다.
⑤ 주요리를 조금 드셨을 경우 고객의 만족도를 체크하도록 한다.
⑥ 소스나 다른 요구 사항이 있을 경우 신속한 서비스를 제공하도록 한다.

[그림 10-16] 양식 메뉴

4) 디저트의 서브

① 디저트 나이프와 스푼은 고객의 오른쪽, 포크는 왼쪽에 세팅하고, 포크만 세팅할 때는 고객의 오른쪽에 놓는다.
② 케이크나 파이 등을 제공할 때는 뾰족한 부분이 고객 앞으로 향하도록 한다.
③ 아이스크림은 녹지 않은 상태에서 제공하도록 한다.
④ 과일류는 신선한지를 체크한 후 제공하도록 한다.

5) 브래드와 버터의 서브

① 빵은 고객이 착석하면 빵 바구니에 담아서 테이블에 제공한다.
② 버터보올은 BB plate 위측 2cm 정도 위에 고객이 쉽게 먹을 수 있도록 놓는다.
③ 브레드 카트(bread cart)나 트래이에 담아서 제공할 때에는 고객의 좌측에서 보여주고, 원하는 빵을 BB plate 위에 올려놓는다.
④ 빵을 집을 때는 손을 사용하여서는 안 되며, 반드시 빵 집게나 서빙 스푼, 포크를 사용한다.

6) 음료 서브

① 음료를 제공할 경우 반드시 트래이를 사용하여야 한다.
② 병뚜껑이 있는 음료는 미리 따서 테이블로 가져와 제공하도록 한다.
③ 모든 음료의 경우 고객의 오른쪽에서 오른손으로 제공한다.
④ 테이블에 글라스를 놓을 경우 소리가 나지 않도록 한다.
⑤ 음료를 제공할 경우 다른 고객의 얼굴을 막으면서 제공해서는 안 된다.
⑥ 와인 시음을 제외한 모든 음료의 서비스는 여성을 우선으로 한다.
⑦ 글라스를 잡을 경우 1/3 하단 쪽을 손끝으로 가볍게 쥐도록 한다.
⑧ 맥주를 제공할 경우 잔에 닿지 않도록 1~2cm 정도 띄워서 따르고, 따르고 남았을 경우 잔 위쪽에 두도록 하며, 맥주의 거품이 3cm 정도 나도록 제공하여야 한다.

7) 와인 서브

① 와인을 주문한 고객에게 라벨을 보여주고, 주문한 와인이 맞는지를 확인한다.
② 고객의 와인 확인 후 코르크를 싼 호일의 윗부분을 제거하고 코르크를 빼고 깨끗한 냅킨으로 병 입구를 닦아준 다음 와인을 제공한다.
③ 와인 코르크는 코르크 홀더에 안쪽이 위로 향하게 꽂은 다음 손님이 후각으로 테스트할 수 있도록 테이블에 올려놓는다.
④ 찌꺼기가 많은 좋은 와인은 병을 세워 찌꺼기가 병바닥에 완전히 가라앉게 되

면 흔들리지 않게 조심히 코르크를 제거한 후 디켄터(decanter)에 옮겨 붓는다.

⑤ 와인을 주문한 고객이 먼저 1온스 정도의 양을 시음한 후 그 결과가 만족스럽다면 다른 고객에게 와인을 제공한다.

⑥ 와인잔에 1/2 정도(화이트 와인), 2/3 정도(레드 와인)를 채우고 와인 서브가 끝날 때까지 같은 양을 유지하도록 한다.

⑦ 테이블클로스에 와인 방울이 떨어지지 않도록 조심해서 서브한다.

⑧ 레드 와인의 경우 고객에게 물어보고 미리 오픈해 두는 것이 좋다.

⑨ 제공하고 남은 와인은 화이트 와인의 경우 와인 쿨러(wine cooler)에, 레드 와인의 경우 basket에 두도록 한다.

[그림 10-17] 와인 테스트

⑩ 와인을 따를 때 잔에 와인 병이 닿지 않도록 조심해서 서브하고 잔을 잡을 때는 하단을 잡도록 한다.

8) 커피의 서브

① 커피나 차의 제공은 개인별 글라스에 제공하도록 하며, 컵은 항상 뜨겁게 준비되어야 한다.
② 슈가, 크림 등은 양이 충분한지 확인하고 손잡이는 고객 쪽으로 향하도록 한다.
③ 커피와 차의 컵은 손잡이가 오른쪽으로 향하도록 하고, 티스푼은 컵의 앞부분에 손잡이와 평행하도록 놓는다.
④ 커피를 거의 마셨을 경우 다시 제공해야 하는지의 여부를 여쭤본다.
⑤ 커피의 온도는 크림과 설탕을 넣었을 때 60° 정도가 적당하다.
⑥ 차는 아주 뜨거운 상태에서 제공되도록 한다.
⑦ 밀크 또는 레몬을 넣을 것인지 문의해 보고 티와 함께 제공한다.

9) 핑거볼의 서브

① 물을 담을 때는 뜨겁거나 차갑지 않도록 미지근한 물을 제공한다. 레몬을 띄우기도 하고, 꽃잎을 띄워주기도 한다.
② 손을 사용해야 하는 뼈나 껍질 있는 요리, 과일 등은 핑거볼을 먼저 제공한 후 서브한다.

5. 기타 서비스

1) 재떨이 서비스

① 재떨이에는 담배꽁초가 2개 이상 있지 않도록 한다.
② 재떨이의 교체는 캐핑(Capping) 방법을 사용해서 교체하도록 한다. 교체시에 재가 날리지 않도록 주의해야 한다.

③ 재떨이는 물기나 더러운 자국이 남아있지 않도록 한다.

2) 알코올 및 와인 보관 서비스

① 고객이 마시다 남은 술의 보관을 원하면 술 보관 캐비닛에 보관한다.
② 맡긴 술은 술의 양과 성함을 기록카드에 작성 후 보관하도록 한다.
③ 맡긴 술의 기록카드에 고객의 사인을 받도록 한다.
④ 전용 술보관 꼬리표(tag)를 병에 걸어 보관하도록 한다.

3) 분실물과 습득물 처리 서비스

레스토랑에서 발생한 분실물 및 습득물에 대해서는 고객에게 찾아줄 수 있도록 최선의 방법을 강구해야 하며, 주인이 나타나지 않을 경우 사내의 내규에 따라서 정확한 서비스를 이행해야 한다.

① 고객의 분실물 발견 시 연락처가 있을 경우 연락하고, 연락처가 없을 경우 분실물 택(Lost & Found tag)을 작성하여 객실관리부서에 보관하도록 한다.
② 습득된 물건은 객실관리부서에 즉시 보고하고, 객실관리부서는 보관장부에 습득한 당사자, 물건명, 시간, 장소 등을 정확히 기입하여야 한다.
③ 고가품, 부패 가능성이 있는 물품 등은 당직 지배인에게 보고하여 처리하도록 한다.
④ 습득물의 보관기간은 사내 내규를 마련하여 규정에 따르도록 한다.
⑤ 고객이 물건을 찾아갈 경우 고객의 사인을 받아서 보관하도록 한다.
⑥ 우편 이송을 원할 경우 우송청구서가 있기 전에는 우송하여서는 안 되며, 우송할 경우 반드시 등기우편으로 보내는 것을 원칙으로 한다.

6. 환송 서비스

① 담당 웨이터는 고객이 일어나면 즉시 의자를 빼드리고 테이블에 고객의 물건이

남아 있는지의 여부를 확인한다.

② 나갈 때에는 고객에게 "레스토랑을 이용해주셔서 감사하다"는 인사를 하도록 한다.

③ 지배인이나 리셉션을 담당하는 직원은 보관품이 있을 경우 찾아준다.

④ 불편한 점이 없었는지의 여부를 꼭 확인하도록 한다.

제11장 호텔의 컨벤션과 연회

제1절 컨벤션과 연회업무의 의의

1. 호텔의 컨벤션과 연회의 개념

유사 이래로 오늘날과 같이 국제화, 세계화를 앞세워 국제간에 많은 교류와 협력이 이뤄진 적은 없었을 것이다. 국제교역, 교육, 정치, 문화, 예술, 경제, 외교, 과학, 사회적인 측면에서 다국 간의 교류가 해마다 그 회수를 더해가고 있다. 이러한 교류는 컨벤션이라는 회합을 통해 서로 만나서 얼굴을 맞대고 전문분야에서 각자의 입장을 밝히고, 토론하고, 상호 이해하고, 협조하여 공동의 발전을 모색하는 장이 된다. 컨벤션이 개최되면 함께 따르는 것이 연회, 워크숍, 현지문화와 관광에 대한 답사 프로그램 등이 있다.

많은 사람들이 컨벤션은 부담 없이 놀러가는 행사로 오해하는 것도 이러한 것을 표면적으로만 보는 경향에서 비롯된 것이며, 기본적으로 회합은 각자의 관점을 밝히고, 공동관심사항을 논의하는 시간으로 짜여지며, 각종 놀이와 관광은 하나의 부수적인 행사가 되며, 상호 이해의 폭을 넓히기 위한 참여의 장이 되는 것이다. 가끔 컨벤션은 전시와 함께 이뤄지며, 참가자들은 새로운 장비와 부품들을 전문가의 입장에서 살펴보고, 주최자와 얼굴을 마주보며 대화할 수 있는 기회를 가지므로 각자의 업무영역에 적용할 수 있는 아이디어를 얻어 보다 생산적이고, 효율적인 업무를 이행하게 된다. 이러한 컨벤션은 호텔의 영업활동에 중요한 대상이 되며, 대부분 초대형 호텔들은 컨벤션 시설을 갖추고, 이를 성공적으로 진행할 수 있는 인적, 물적 자원을 확보하고 있다.

연회는 흔히 잔치라는 말로 좋은 일에 따르는 흥을 표출하는 자리라고 할 수 있으며, 사전적 의미로는 "축하, 위로, 환영, 환송 등을 위하여 여러 사람이 모여 베푸는 잔치"로 이해할 수 있다. 호텔에서 연회의 의미는 잔치라는 의미 외에 각종 회의, 전시회, 세미나, 패션쇼, 디너쇼 등 다목적의 의미도 포함된다. 호텔의 연회장은 작게는 5~6명에서부터 많게는 수천 명의 인원을 수용할 수 있으며, 각종 행사 시 공간을 대여하거나 식음료를 판매하는 식음료영업부문의 대규모 영업장이다. 호텔의 영업부서는 객실부문과 식음료부문으로 크게 대별되지만 최근에는 식음료영업부문 중에서도 연회부문의 비중이 높아 객실, 식음료, 연회, 부대시설부문으로 구분할 만큼 중요성이 높아지고 있다. 연회부문은 단 한 번의 행사로 인하여 많은 매출을 올릴 수 있으며, 객실매출이나 커피숍 등의 타 업장에 영향을 미치고 홍보 및 판촉효과도 좋아 호텔 전반에 공헌도가 높다고 할 수 있다. 따라서 각 호텔에서는 연회고객을 위하여 별도의 연회판촉 요원 및 부서를 두어 전문적으로 판촉활동을 하고 컨벤션을 위한 연회장의 시설보완에 많은 투자를 하고 있다.

MICE 산업의 전망

세계 각국에서는 관광 자원으로 MICE 산업의 부가가치를 인식하여 MICE 산업을 국가 전략산업으로 육성하기 위하여 대규모 컨벤션 시설과 전시장을 건립하거나 국가차원의 유치활동 지원에 앞장서고 있습니다.

MICE 산업에 이렇듯 국가들이 관심을 갖고 있는 이유는 MICE 방문객이 지출하는 금액이 단순 레저나 관광 목적의 일반 여행자보다 높고, 행사의 규모가 커서 경제적 파급효과가 크기 때문입니다. MICE 산업은 대규모 회의장이나 전시장 등 전문시설을 갖추고 국제회의 전시회 인센티브투어와 이벤트를 유치하여 MICE 진행 관련 각종 서비스 제공을 통해 경제적 이익을 실현하는 산업으로 숙박, 교통, 관광, 무역, 유통 등 관련 산업과 유기적으로 결합한 고부가가치 산업입니다.

MICE 관련 관광객의 경우 일반 관광객보다 소비규모가 클 뿐 아니라 고용창출 효과가 높고, 국가 이미지 제고 등 파급 효과가 커 중국·일본·싱가포르·미국 등 주요 국가에서 전략산업으로 적극 육성 중입니다. 여기에 MICE 관광객들의 입소문을 통해 전해지는 국가이미지 제고 효과도 무시할 수 없습니다. 국제회의 참가자의 경우 각국 해당 분야의 여론 주도층이 대부분인데, 이들이 회의 참가 뒤 고국으로 돌아가 자연스럽게 대한민국의 홍보대사 역할을 하기 때문에 이는 수치로 환산할 수 없는 이미지 제고 효과로 이어질 것입니다.

자료 : 한국관광공사(2012)

[그림 11-1]

2. 호텔 컨벤션 유치의 효과

세계 각 도시에서 개최되는 컨벤션은 해마다 9,000여건이 넘으며, 경제적인 규모는 1,000억 달러가 넘고 있다. 우리나라에서 개최되는 컨벤션 전시회, 회의 등도 해마다 그 회수와 규모가 커져가고 있으며, 호텔은 이러한 행사에 중추적인 역할을 해오고 있다. 컨벤션에 참가하는 인사들은 행사에 따라 각 분야별 국제적 명성이 높은 인사들로 구성되어 있으며, 그들이 묵는 호텔은 대외적 이미지와 신뢰성에 큰 도움을 주기도 한다. 2005년 11월에 있었던 APEC총회에 참석한 아시아태평양지역 26개국 정상들은 부산의 특급호텔에서 투숙하면서 다자간 회의를 숙소호텔에서 개최하여 호텔의 컨벤션 시설을 충분히 활용하였다. 세계적인 정상들이 묵은 호텔들은 나름대로 호텔홍보에 성공적인 컨벤션을 충분히 활용하였고, 어떤 호텔은 객실평균요금이 상승하는 계기가 되기도 하였다.

호텔에 컨벤션을 유치하게 되면 그 효과로 첫째, 이 행사에 참가하는 대표자들은 객실을 비롯하여 식음료, 부대시설, 세탁, 쇼핑, 각종 입장료 수입 등에 기여한다. 둘째, 대형 행사의 유치는 높은 객실점유율과 채류기간을 늘릴 수 있고, 이로 인해 고정경비인 인건비 절감이 가능하다. 셋째, 비수기의 대형행사 유치는 완만한 영업상황을 상승세로 치켜 올려서 경영관리자와 종업원의 마음을 편안하게 해준다. 넷째, 행사관련 비즈니스는 단골고객 창출에 큰 도움을 주며, 이러한 행사가 자주 반복되면 호텔의 영업이 크게 활성화 된다. 뿐만 아니라 대단위 고객이 구전을 통해 호텔의 홍보요원이 된다. 다섯째, 컨벤션 참가자는 일반적으로 동반자가 있으므로 이들에 의한 부대시설영업과 쇼핑 판매가 높아진다. 여섯째, 전시회가 수반되는 컨벤션은 규모가 크고, 외부인의 호텔이용을 유도한다.

우리나라는 컨벤션산업 측면에서 후발주자임에도 불구하고, 2012년 국제회의유치건수 563회로 세계 5위를 차지했으며, 2003년 18위에서 지속적으로 성장하고 있다.

UIA(Union of International Associations) 기준 국제회의 국가 순위

국가별 세계 순위(2006~2012년)

국가	2012년		2011년		2010년		2009년		2008년		2007년		2006년	
	순위	건수	순위	건수	순위	건수	순위	건수	순위	건수	순위	건수	순위	건수
싱가포르	1	952	1	919	3	725	2	689	3	637	4	466	10	298
일본	2	731	3	598	2	741	5	538	4	575	5	448	17	166
미국	3	658	2	744	1	936	1	1,085	1	1,079	1	1,114	1	894
벨기에	4	597	5	533	5	597	6	470	9	383	11	307	12	239
대한민국	**5**	**563**	**6**	**469**	**8**	**464**	**11**	**347**	**12**	**293**	**15**	**268**	**15**	**185**
프랑스	6	494	4	557	4	686	3	632	2	797	2	598	2	634
오스트리아	7	458	8	390	10	362	8	421	11	315	9	366	5	382
스페인	8	449	9	386	6	572	10	365	5	467	8	393	6	362
독일	9	373	7	421	7	499	4	555	6	440	3	523	3	434
호주	10	287	10	329	12	356	16	227	13	273	14	272	14	202
영국	11	272	12	293	9	375	11	347	10	349	10	327	7	350
이탈리아	12	262	13	269	11	357	9	391	8	413	7	414	9	324
캐나다	13	228	17	186	16	221	15	229	14	267	13	275	13	230
네덜란드	14	177	11	299	13	329	7	458	7	428	6	423	4	391
덴마크	15	175	22	126	24	130	20	162	21	141	24	107	21	106
스위스	16	166	15	219	14	322	13	336	15	232	12	284	11	288
스웨덴	17	165	19	161	20	161	14	246	23	124	19	183	16	176
노르웨이	18	164	18	169	18	172	21	151	19	145	20	132	26	87
핀란드	19	160	21	159	21	152	19	166	17	168	17	200	8	325
중국	20	155	16	200	15	236	18	173	16	216	16	204	18	163
포르투갈	21	142	20	160	22	145	17	194	18	159	18	188	19	118
헝가리	23	129	14	221	17	181	23	134	19	145	27	97	20	108
총 개최건수		10,498		10,743		11,519		11,503		11,085		10,318		8,871

집계기준: A+B 타입

A Type. UIA's Yearbook of International Organizations에 수록된 국제기구(IGO, NGO)가 개최하거나 후원하는 회의
- 참가인원이 50명 이상이거나, 알려지지 않은 경우 모두 포함

B Type. UIA's Yearbook of International Organizations에 수록된 국제기구(IGO, NGO)가 개최하지 않을 경우 위 국제기구에 속한 국가단위의 조직(지부)가 개최하는 국제적인 성격의 회의로 아래 조건 충족 시
- 참가자의 40%가 외국참가자
- 총 참가국가가 5개국 이상
- 회의기간이 3일 이상인 회의나 회의기간이 알려지지 않은 경우
- 전시회가 병행되거나 (EITHER OR) 참가자가 최소 300명 이상인 경우
  (전시회가 병행될 경우 최소 300명 참가인원에 구애받지 않음)

세계 주요 도시별 국제회의 개최현황(2006~2011년) (단위 : 건)

		2011년	2010년	2009년	2008년	2007년	2006년
순위	국 가	건수	건수	건수	건수	건수	건수
1	싱가포르	919	725	689	637	466	298
2	브뤼셀	464	468	395	299	229	179
3	파 리	336	394	316	419	315	363
4	빈	296	257	311	249	298	316
5	서 울	232	201	151	125	121	89
6	부다페스트	168	144	108	116	70	88
7	도 쿄	153	190	134	150	126	58
8	바르셀로나	150	193	148	193	161	139
9	베를린	149	165	171	94	115	84
10	제네바	121	189	183	102	170	169
11	암스테르담	118	131	126	99	120	117
12	마드리드	116	175	61	85	58	75
13	스톡홀름	109	92	159	59	93	83
14	런 던	105	164	125	103	103	118
14	코펜하겐	105	102	127	104	72	83
15	시드니	103	137	81	97	90	40
16	멜 번	99	92	39	67	42	53
17	리스본	96	91	115	98	104	61
18	이스탄불	92	86	70	82	73	61
19	베이징	90	79	80	75	88	80
20	방 콕	88	61	81	42	62	45
21	요코하마	84	82	54	68	54	16
22	부 산	82	93	41	60	42	37
23	오슬로	74	64	69	55	70	35
24	두바이	73	56	32	28	28	24
25	헬싱키	70	73	76	79	79	140
25	쿠알라룸푸르	70	61	49	55	60	44
26	제 주	68	67	61	53	50	33
	인 천	24	22	26	2		
	대 구	20	8	8	5	13	5
	대 전	10	18	23	14	9	6
	광 주	9	12	11	7		

순위	국 가	2011년 건수	2010년 건수	2009년 건수	2008년 건수	2007년 건수	2006년 건수
	창 원	6	3	5	7	5	
	경 주	4	9	1	6		
	고 양	3	7	2	1		

* UIA A+B 타입 기준

2011 ICCA Statistics Report

2011년 국가별 국제회의 개최순위

순위	국가명	개최실적 2011년		전년도 개최실적 2010년		2009년		2008년	
		개최건수	순위변동	순위	건수	순위	건수	순위	건수
1	미국	759	–	1위	623	1위	595	1위	507
2	독일	577	–	2위	542	2위	458	2위	402
3	스페인	463	–	3위	451	3위	360	3위	347
4	영국	434	–	4위	399	5위	345	5위	322
5	프랑스	428	–	5위	271	6위	341	4위	334
6	이탈리아	363	–	6위	341	4위	350	6위	296
7	브라질	304	+2	9위	275	7위	293	7위	254
8	중국	302	–	8위	282	9위	245	11위	223
9	네덜란드	291	+4	13위	219	10위	236	10위	227
10	오스트리아	267	+4	14위	212	10위	236	12위	196
11	캐나다	255	+1	12위	229	13위	213	9위	231
12	스위스	240	−2	10위	244	12위	214	13위	194
13	일본	233	−5	7위	305	8위	257	8위	247
14	포르투갈	228	+1	15위	194	17위	168	15위	177
15	대한민국	207	+2	17위	186	15위	176	16위	169
16	호주	204	−5	11위	239	16위	169	14위	182
17	스웨덴	195	−1	16위	192	14위	184	17위	163
18	아르헨티나	186	–	18위	172	19위	145	22위	115
19	벨기에	179	–	19위	164	20위	130	20위	122
20	멕시코	175	+2	22위	140	27위	107	24위	112
21	폴란드	165	+9	32위	98	29위	103	27위	101
22	핀란드	163	−1	21위	150	22위	124	18위	142

순위	국가명	개최실적 2011년 개최건수	개최실적 2011년 순위변동	2010년 순위	2010년 건수	2009년 순위	2009년 건수	2008년 순위	2008년 건수
23	터키	159	−3	20위	160	25위	118	28위	98
24	싱가포르	142	–	24위	136	24위	119	21위	118
25	덴마크	140	−1	24위	136	18위	151	23위	113
26	노르웨이	138	–	26위	125	23위	120	26위	107
27	대만	131	−4	23위	138	32위	91	35위	79
28	그리스	127	–	28위	119	21위	128	19위	123
29	말레이시아	126	−1	28위	119	31위	96	32위	87
30	헝가리	125	−3	27위	124	26위	112	25위	111

*ICCA 기준 국제회의: 3개국 이상을 돌아가며 정기적으로 개최한 회의(참가자 수: 50명 1이상)

2011년 도시별 국제회의 개최순위

순위	도시명	개최실적 2011년 개최건수	개최실적 2011년 순위변동	2010년 순위	2010년 건수	2009년 순위	2009년 건수	2008년 순위	2008년 건수
1	비엔나	181	–	1위	154	1위	160	1위	139
2	파리	174	+1	3위	147	3위	131	3위	139
3	바르셀로나	150	−1	2위	148	2위	135	2위	136
4	베를린	147	–	4위	138	4위	129	5위	100
5	싱가포르	143	–	5위	136	5위	119	4위	118
6	마드리드	130	–	6위	114	13위	87	22위	65
7	런던	115	+7	14위	97	16위	83	19위	68
8	암스테르담	114	+1	9위	104	8위	98	7위	89
9	이스탄불	113	−2	7위	109	17위	80	15위	72
10	베이징	111	+2	12위	98	10위	96	14위	73
11	부다페스트	108	+7	18위	87	13위	87	6위	95
12	리스본	107	−4	8위	106	8위	98	10위	83
13	서울	99	+3	16위	91	11위	90	9위	84
14	코펜하겐	98	+1	15위	92	6위	103	11위	82
14	프라하	98	+5	19위	85	15위	86	13위	74
16	부에노스아이레스	94	−3	13위	98	11위	90	15위	72
17	스톡홀름	93	–	17위	89	7위	102	8위	87
17	브뤼셀	93	+5	22위	80	21위	73	22위	65
19	로마	92	+6	25위	72	23위	69	25위	63

순위	도시명	개최실적		전년도 개최실적					
		2011년		2010년		2009년		2008년	
		개최건수	순위변동	순위	건수	순위	건수	순위	건수
20	타이페이	83	−9	11위	99	25위	64	32위	52
21	쿠알라룸푸르	78	+2	23위	79	22위	72	27위	61
22	홍콩	77	−2	20위	82	24위	67	21위	66
23	더블린	76	+10	33위	60	33위	51	28위	57
24	상하이	72	−3	21위	81	28위	58	28위	57
25	힐싱키	71	−4	21위	81	28위	58	28위	57
26	방콕	70	+2	28위	67	32위	56	26위	62
27	리우데자네이로	69	+4	31위	62	26위	62	36위	41
28	바르샤바	65	+37	65위	28	49위	32	39위	38
29	제네바	63	−8	35위	57	41위	39	33위	50
29	취리히	63	−6	38위	56	35위	57	45위	35

* 2011년; 제주: 56위(37건), 부산: 76위(27건), 대전: 197위(10건), 대구: 197위(10건), 인천: 312위(6건)

* 2010년; 제주: 59위(31건), 부산: 70위(25건), 인천: 215위(8건), 대전: 249위(7건), 대구: 309위(5건)

* 2009년; 제주: 60위(28건), 부산: 114위(15건), 인천: 139위(12건), 대구/대전: 183위(9건)

* 2008년; 부산: 50위(28건), 제주: 65위(24건), 대전: 111위(14건)

MICE 산업통계조사 결과 중 국내 국제회의 개최현황

Convention+Meeting 국제부분 합계

년 도	개최 건수	외국인 참가자수	한국인 참가자	전체 참가자
2001년	294	40,625	81,943	122,568
2002년	296	35,100	81,197	116,297
2003년	298	34,467	99,046	133,513
2004년	302	39,669	109,865	149,534
2005년	306	69,941	289,751	359,692
2006년	420	79,177	189,448	268,625
2007년	456	88,294	404,364	492,658
2008년	634	120,011	326,219	446,230
2009년	1,057	152,906	487,384	640,290
2010년	1,070	160,173	565,078	725,251

자료 : 한국관광공사 컨벤션뷰로(2013)

3. 컨벤션과 연회부서의 조직과 역할

1) 컨벤션과 연회부서의 조직

호텔의 규모와 영업성향에 따라 컨벤션과 연회부문은 마케팅을 주요업무로 하는 세일즈와 마케팅부서에 소속되어 있거나 식음료부서에 속해져 있거나 하게 된다. 주로 국제적인 체인호텔은 마케팅부서에 소속되어 판매촉진에 중심을 두고 있지만 연회장의 운영은 식음료부서장의 지휘를 받는 연회서비스부서(Catering Department)에서 이행하게 된다. 이는 세일즈와 마케팅은 참모조직으로서 총지배인을 보좌하고, 식음료부서는 계선조직으로서 연회 현장에서 고객에게 서비스하는 영업부서이기 때문이다. 따라서 컨벤션과 연회부문은 연회판촉부서와 연회서비스부서로 구별하며, 연회판촉과 연회예약부서는 다양한 경로를 통해 예약을 접수하고, 이를 연회행사지시서(Banquet Event Order, Function Order)에 의해 연회서비스부서로 넘겨주는 역할을 하며, 연회서비스부서는 연회예약을 통하여 받은 행사를 차질 없이 준비하여 집행하는 역할을 한다. 일부 대규모호텔에서는 식음료부서에 연회판촉지배인을 소속시키고, 판매촉진과 연회장영업을 연회부서장이 직접 책임을 지기도 한다. 규모에 따라 호텔 판촉지배인은 각 세분시장별로 적절한 인원을 배정하게 된다. 컨벤션과 연회부서의 조직도는 아래와 같다.

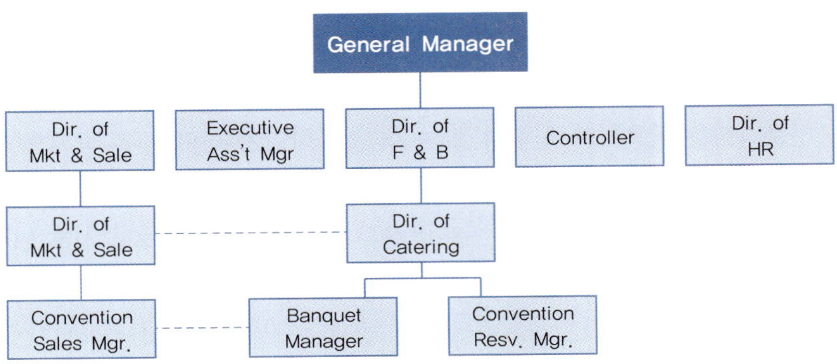

[그림 11-2] 컨벤션 / 연회부서의 조직도

2) 컨벤션과 연회부서의 역할

(1) 컨벤션 판촉지배인

컨벤션과 연회부문의 판촉지배인은 세일즈와 마케팅부서에 소속되어 마케팅임원의 지휘에 의해 업무를 진행한다. 각 세분시장별 맡은 영역을 카버하게 되며, 주로 전시·컨벤션, 기업회의, 협회회의, 결혼식 및 가족모임 등으로 구분하거나 지역별로 업무를 분장하고 판촉활동을 전개한다. 중소규모 호텔에서는 판촉지배인 1~2명이 시장을 세분화하지 않고 연회부문 전반에 대해 판촉활동을 한다. 전시·컨벤션 행사기획자를 방문하고, 여행사와 단체관광객에 대해 논의하며, 기업체의 행사담당자와 관계를 유지하기도 한다. 판촉지배인은 호텔을 대표하여 외부고객과 마주치는 최초의 종업원이다. 판촉지배인의 행동, 태도, 언어의 품격에 따라 호텔의 이미지가 달라질 수 있다. 따라서 호텔의 판촉지배인은 전문영역에 정통한 전문가이어야 하고, 지식이 풍부하여야 하며, 서비스마인드가 뛰어나야 한다. 뿐만 아니라 판촉으로 얻어진 성공을 오래 간직하기 위해 행사기획자와 지속적인 관계를 유지하고, 호텔 내의 행사를 처음부터 끝까지 책임성 있게 진행과정에 참여하여 고객에게 신뢰성있는 서비스를 제공하므로 거래처 관리에 세심한 배려를 하여야 한다.

(2) 컨벤션 예약지배인

컨벤션이나 연회예약을 담당하는 예약지배인은 판촉지배인을 통해 협의된 내용을 문서화하여 관련 부서에 협조를 구하고, 이를 연회장서비스부서에 넘겨 행사를 진행하게 한다. 판촉지배인을 통하지 않고 호텔을 방문한 연회행사 고객을 위해 충분한 자료와 전문지식을 활용하여 신뢰성 있는 협상을 하여야 한다. 그리고 컨벤션이나 연회행사 기간 동안 고객이 필요로 하는 행정업무를 주관적으로 보필하여 성공적으로 행사를 마칠 수 있도록 고객서비스에 만전을 기한다. 연회예약사무실은 컨벤션과 연회행사를 치루는 공간에 접한 곳이 거래를 성사시키고, 행사를 진행하고, 마무리하는데 가장 적합한 장소임을 유념하여 공간을 확보하여야 한다. 연회예약사무실에는 고객이 이용하기에 안락한 시설과 가구를 비치하고, 음료서비스가 가능한 공간을 확보하는 것도 필요하다. 시설에 대한 안내서(Fact sheet), 각종 행사에 필요한 장비와 기구, 행사진행을 모니터를 통해 시뮬레이션으로 볼 수 있는 프로그램을 준비하고, 진행했던 주요 행사들을 앨범을 통해 볼 수 있도록 준비한다.

(3) 연회부서장

연회부서를 관장하는 식음료담당 임원을 비롯하여 식음료영업을 담당하는 식음료 부서장의 조직 아래 연회부서가 있고, 이를 담당하는 부서장을 연회부장 또는 연회차장(Director of Catering)이 있다. 연회부서는 객실영업부서, 식음료영업부서와 같이 고객의 서비스를 담당하며, 재방문 고객을 창출하는 것이 가장 큰 목적이 된다. 연회부서장은 연회부문의 예산을 짜고, 인력계획을 세워 다양한 컨벤션과 연회행사를 품위 있게 치르는 역할을 담당하게 된다. 마케팅과 판촉부서와 연회장을 운영하는 연회지배인의 업무를 지원하며, 호텔의 고객인 회의기획자와 함께 전반적인 회의와 연회행사를 위한 장소확인, 장비와 기구 확인, 서비스의 질적 제고를 위한 종업원 서비스 교육, 다양한 행사를 전문적인 시각에서 평가하는 업무도 연회부서장의 역할이 된다. 일부 체인호텔에서는 식음료영업부장은 식음료담당 임원을 보좌하는 직위에서 각종 식당과 음료부문을 책임지고, 연회부서장이 연회업무를 총괄하고 있다. 이는 그 중요성, 전문성, 영업의 성향이 일일 식음료 영업과는 다르기 때문에 조직관리 측면에서 고안된 역할분장이기도 하다.

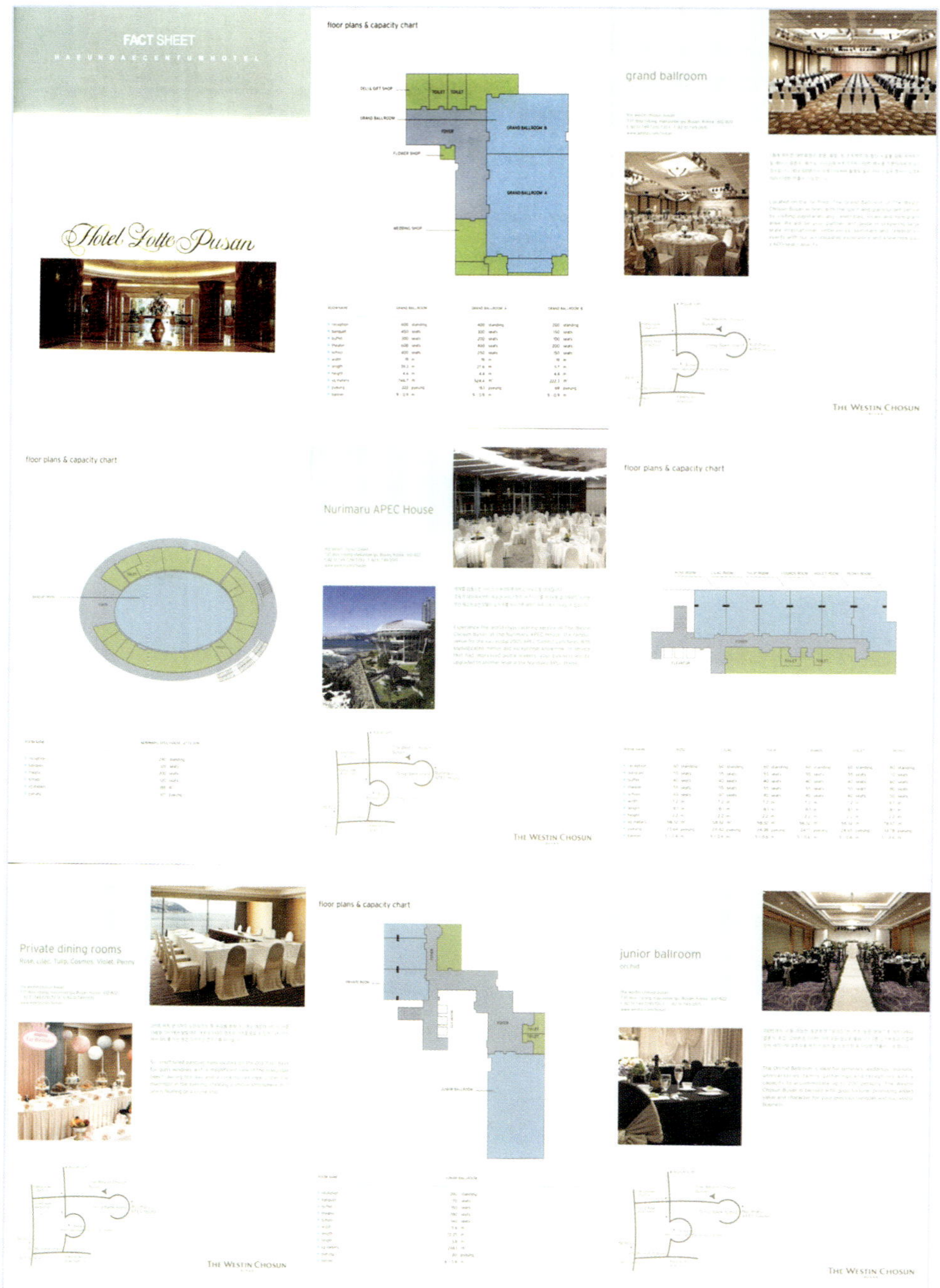

[그림 11-3] 시설안내서(Fact Sheet)

(4) 연회서비스지배인

컨벤션이나 각종 대형 행사를 연회부서장을 통해 넘겨받은 연회서비스지배인은 그 행사에 맞는 현장의 레이아웃(lay-out)을 하고, 필요한 인력을 확보하게 된다. 뿐만 아니라 행사장에서 서비스를 책임지고 진행시키게 된다. 연회서비스지배인은 타 식음료영업장의 지배인과는 조금 다른 업무를 진행하게 되므로 전문성과 오랜 경험이 있는 유능한 지배인으로 보직하게 된다. 연회서비스의 특성은 첫째, 한꺼번에 대량의 식음료를 서비스한다. 둘째, 동일한 메뉴와 동일한 서비스가 동시에 이뤄진다. 셋째, 예약을 통하여 영업이 가능하다. 넷째, 영업시간은 고객의 요청에 의한다. 다섯째, 행사의 성격에 따라 연회장의 준비도 달라진다. 여섯째, 각종 회의를 수반할 때는 다양한 장비를 목적에 맞게 비치하여야 한다. 일곱째, 외부행사도 내부 행사에 못지않게 철저히 준비하여야 한다.

(5) 연회장 캡틴

다양한 연회장이 곳곳에 펼쳐져 있고, 같은 시간에 여러 행사를 치르게 되면 실제적으로 연회장 하나하나를 책임지고 운영하는 사람은 연회장의 캡틴이 된다. 이들의 업무는 연회지배인을 보좌하고, 현장서비스를 수행하는 웨이터와 웨이트리스를 리드하고 지원한다. 연회행사지시서(banquet event order, function sheet)에 의해 행사준비 작업을 하고 체크하고, 행사에 따라 필요한 장비, 기구, 기물들을 준비한다. 행사장의 테이블을 레이아웃된 대로 정리하고 정돈하는 것을 리드하며, 필요시 메뉴를 준비하여 테이블에 비치한다. 서비스에 필요한 인원을 확보하고, 헤드 테이블의 서비스를 직접 수행한다. 행사 후 마무리를 위해 계산서를 검토하고, 고객과 정산작업을 이행하며, 필요한 고객관계 업무와 보고사항을 준비한다.

(6) 연회장 웨이터와 웨이트리스

연회장에 배속된 종업원은 불규칙한 근무스케줄과 테이블의 이동, 설치, 기물의 배치 등 단시간에 매우 많은 업무를 소화해야 하므로 체력, 서비스정신, 서비스 숙련도가 크게 요구되는 직책이다. 주로 수행되는 업무는 행사장을 정돈하고, 테이블을 셋업 한다. 각종 기물(Silver Ware, Glass Ware, China Ware, Utensil) 등을 닦아 제 자리에 정돈하고, 행사 시 이를 테이블에 비치한다. 행사를 위해 주어진 행사지시서에 의해 연회장을 정리하고 테이블을 배열한다. 연회장 시설이나 기구, 가구 등이 파손되지 않도록 관리하고 만약 보수가 필요하면 캡틴에게 보고하여 제때 관련 부서에 넘겨 활용이 가능하도록 한다. 실내의 온도와 습도의 조정이 필요할 때 캡틴에게 보고하고, 관련 부서에 연락하여 지원을 받는다. 연회행사에 제공될 메뉴를 준비하고, 와인리스트/베브리지리스트가 필요하면 이를 제시하고 주문을 받는다. 순서에 따라 정중하고, 예의바르게 서비스하여 고객의 식사를 돕는다. 코스에 따라 필요한 접시와 집기를 셋업 하거나 치운다. 필요한 리넨의 청구, 수령, 반납 등의 업무를 담당한다. 사용 후 기물과 기기들을 관련 부서에 반납한다. 연회지배인이나 캡틴의 지시에 따라 연회장의 기타 업무를 수행한다.

제2절 컨벤션과 연회의 종류

컨벤션의 종류는 정부회의, 기업회의, 협회회의 등이 있으며, 정부 간 회의는 외교통상부가 주관부서가 되어 정부를 대표하는 각급 인사를 국제기구, 정부 간의 회의에 참여하게 하고 이들이 모여 관련사항을 논의하는 회의이다. 기업회의는 관련기업들이 상호이익과 공동의 발전을 모색하고, 관련정보를 교환하기 위해 한 자리에 모여 협의하고 토론하는 자리이다. 협회회의는 주로 비영리단체가 상호 공동관심사를 논의하기 위해 정기적, 비정기적으로 회합을 갖는 것을 말한다. 우리나라 국제회의산업 육성에 관한 법률 제2조 1항에 나타난 국제회의의 종류와 규모를 보면 첫째, 국제기구 또는 국제기구에 가입한 기관 또는 법인 · 단체가 개최하는 회의로서 당해 회의에 5개국 이상의 외국인이 참가할 것, 회의참가자가 300인 이상이고 그 중 외국인이 100인 이상일 것, 3일 이상 진행되는 회의일 것. 둘째, 국제기구에 가입하지 아니한 기관 또는 법인 · 단체가 개최하는 회의로서 회의참가자중 외국인이 150인 이상일 것, 2일 이상 진행되는 회의일 것을 요건으로 정하고 있다.

호텔에서 치러지는 연회는 컨벤션과 관련된 각종 연회와 국내 단체의 월례회, 정기총회, 회장단 이 · 취임식, 송년모임, 신년하례식 등 각종 단체의 회의가 있으며, 각 학술단체에서 주관하는 컨퍼런스, 세미나, 워크숍 등의 학술회의, 각종 기업이나 협회에서 주관하는 임원회의, 지역장회의, 대리점장회의, 협력업체회의, 상품설명회, 협회모임, 각종 교육 등과 각종 지방자치단체의 모임 등이 있다.

1. 회의의 종류

1) 컨벤션(convention)

컨벤션에서 가장 일반적으로 쓰이는 용어로서 정부, 각종 단체, 기업 등이 주제하

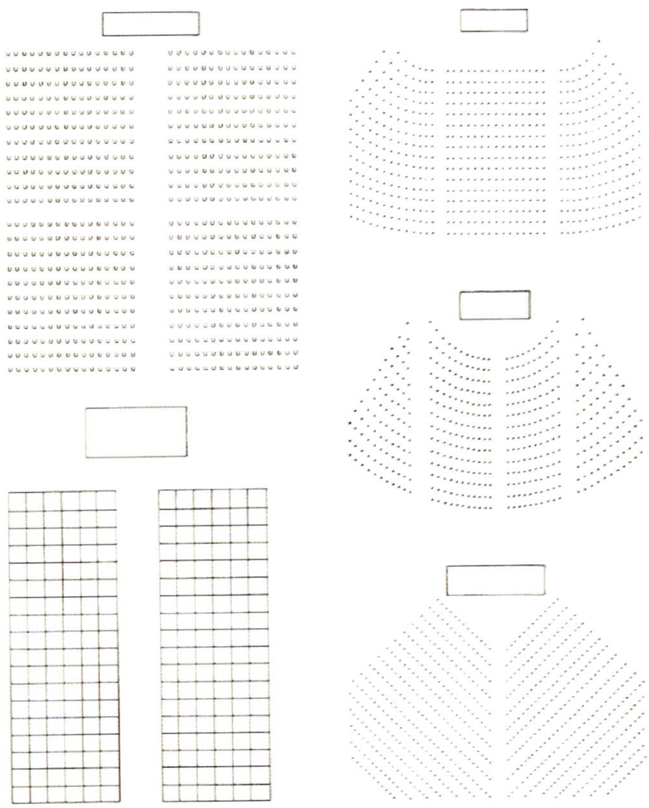

[그림 11-4] 컨벤션룸 배열

는 대형 국제회의 행사이다. 주로 컨벤션을 개최하는 주체자는 국제단체와 다국적 기업이 많다. 기업의 신상품 소개, 전략회의 등을 주목적으로 하는 정기집회에 많이 사용되며 전시회를 수반하는 경우도 흔히 있다. 과거에는 각 기구나 단체에서 개최하는 연차총회의 의미로 쓰였으나, 요즈음에는 총회, 휴회기간 중 개최되는 각종 소규모 회의, 위원회 회의 등을 포괄적으로 의미하며, 연회를 수반한다. 컨벤션을 전문적으로 주관하는 조직은 컨벤션기획가(Convention planner)이다.

2) 컨퍼런스(conference)

컨벤션과 비슷한 의미를 가진 용어로서 통상적으로 컨벤션에 비해 회의진행상 토론회가 많이 열리고 회의 참가자들에게 토론의 참여 기회도 많이 주어진다. 또한 컨벤션은 다수 주제를 다루는 업계의 정기회의에 자주 사용되는 반면, 컨퍼런스는 주로 과학, 기술, 학문 분야의 새로운 지식습득 및 문제점 토론을 위한 회의에 보다 비중을 둔다.

3) 콩그레스(congress)

컨퍼런스와 같은 의미를 지닌 용어로서, 유럽지역에서 빈번히 사용되며, 주로 국제규모의 회의를 의미한다.

4) 회의(meeting)

크고 작은 회의를 총칭하며 가장 포괄적인 용어로 사용되고, 격식을 갖추거나 격식을 갖추지 않을 수도 있다. 특히 컨벤션, 컨퍼런스 등이 이뤄질 때 부수적으로 진행되는 다양한 회의에는 회의참가자들의 참여를 독려하기 위해 모든 참가자들을 토론그룹에 배정하고 전체회의에서 논의된 사항을 보고하는 자문회의(buzz session), 본회의 기간 중 또는 휴회 기간 중 소집하여 위임된 사항을 연구 검토하고, 토론하여 본 회의에 건의하는 위원회회의(committee meeting), 의사결정 순서가 비밀리에 진행되는 집행회의(executive session) 등의 회의가 함께 진행된다.

5) 심포지엄(symposium)

제시된 안건에 대해 전문가들이 다수의 청중 앞에서 벌이는 공개토론회로서 포럼에 비해 다소의 형식을 갖추며 청중에게도 질의의 기회가 주어지지만 한정적이다.

6) 포럼(forum)

사회자의 주도하에 청중 앞에서 벌이는 공개토론회로서 제시된 한 가지의 주제에 대해 상반된 견해를 가진 동일 분야의 전문가들이 서로의 주장을 펼치며, 청중과 자유롭게 질의와 응답이 이뤄진다.

7) 패널토의(panel discussion)

청중이 모인 가운데 2~8명의 연사가 사회자의 주도 하에 서로 다른 분야에서 전문가적 견해를 발표하는 공개토론회로서 청중도 자신의 의견을 발표할 수 있다.

8) 세미나(seminar)

주로 교육목적을 띤 회의로서 30명 이하의 참가자가 참가자 중 1인의 주도 하에 특정 분야에 대한 각자의 지식이나 경험을 발표하고 토의한다.

9) 강연(lecture)

한 사람의 전문가가 일정한 형식에 따라 강연하며 청중에게 질의 및 응답의 시간을 주기도 한다.

10) 워크숍(workshop)

컨퍼런스의 일부로 조직되는 훈련 목적의 회의로서 30~35명 정도의 인원이 특정 문제나 과제에 대한 새로운 지식, 기술, 전략 등을 서로 교환한다.

11) 원격회의(teleconferencing)

회의 참가자가 회의 장소를 이동하지 않고 국가 간 또는 대륙 간 통신시설을 이용하여 화상으로 회의를 진행하며, 이는 회의의 시간과 경비를 절약하고, 준비 없이도 회의를 개최할 수 있는 장점이 있으며, 고도의 통신기술을 활용하여 회의를 개최할 수 있다.

2. 연회의 종류

컨벤션과 전시회가 이뤄지는 호텔의 연회장에는 다양한 행사가 함께 이뤄진다. 초청리셉션, 만찬, 각양각색의 크고 작은 파티, 이벤트가 이뤄진다. 또한 이벤트형으로는 전시회, 패션쇼, 콘서트, 디너쇼, 콘테스트 등이 있으며, 호텔 자체에서도 특정한 날 이벤트나 프로그램을 만들어 고객에게 홍보하여 식음료를 판매하는데 어린이날, 어버이날, 크리스마스이브, 송년의 밤 행사 등이 있다. 결혼식, 가족모임, 각종 단체모임 등의 행사를 치르게 된다. 이러한 행사는 목적과 규모에 맞게 스케줄에 의한 관리가 필요하고, 고객만족서비스를 위한 조직적 대처가 요구되며, 각 연회의 종류는 다음과 같다.

1) 컨벤션 연회

초청리셉션, 만찬, 각양각색의 크고 작은 파티, 이벤트가 이뤄진다. 컨벤션 연회의 종류에는 오찬, 만찬, 리셉션, 칵테일파티가 있으며, 오찬에는 참가자의 편의를 위해 가능하면 뷔페형으로 서비스하고, 주류는 제공되지 않는다. 디너는 격식에 따라 정식, 준정식, 약식 등이 있고, 각 파티에 따라 복장과 형식을 사전에 요구하기도 한다.

2) 기업연회와 사회단체연회

기업연회와 각종 사회단체의 연회에는 창업 축하연, 창립기념일, 신년하례, 송년회, 전략회의와 단합 대회, 각종 사회단체의 친목회, 동창의 밤 등이 있다. 격식을 차리는 연회와 격식 없이 식사와 유흥에 맞추어 연회를 베푸는 연회일 수도 있다.

3) 가족연회

가족연회는 결혼식과 피로연, 약혼식, 회갑잔치, 칠순잔치, 돌잔치, 생일파티, 결혼기념일 등 가족들에게 특별한 날을 기념하기 위해 베푸는 연회로서 목적에 맞게 데코레이션과 연주가 따른다.

[그림 11-5] 호텔의 연회장

4) 이벤트 연회

이벤트 연회로는 전시회, 패션쇼, 콘서트, 디너쇼, 각종 콘테스트 등와 함께 이뤄지는 연회로서 주제에 맞는 음식과 데코레이션, 복장 등을 요구하거나 참가자를 제한하는 경우도 있다.

5) 칵테일파티

컨벤션이나 컨퍼런스 등을 전후하여 초청리셉션, 만찬 등의 코스로서 참가자들이 식사에 앞서 분위기를 돋우고, 담소하는 자리를 마련하게 된다. 이 때 주로 칵테일파티를 열며 각종 청량음료, 와인, 칵테일 등이 카나페(canape)와 함께 제공된다.

6) 출장연회

고객의 요구에 의해 호텔을 떠나 주최측이 원하는 장소에서 식음료서비스를 하는 연회행사로 최근에 크게 성장하는 연회의 형태이다.

제3절 연회예약 업무

컨벤션과 연회예약의 접수는 컨벤션 기획사와 기업들에 의해 예약이 이뤄진다. 그 외의 연회는 고객이 직접 내방하거나 전화, 팩스, 인터넷 등으로 접수하게 되며, 연회판촉지배인의 활동에 의해 이루어진다. 고객이 예약을 문의하면 제일 먼저 연회의 성격이나 규모를 파악한 다음, 예약상황을 검색하여 고객이 원하는 일시에 필요한 연회장의 상황을 먼저 점검한다. 연회장 공간이 사용 가능하다면 고객과 이용 내용에 대해 협상하여 예약서를 완성한다.

예약서에 기록하는 주된 내용은 다음과 같으며, 고객과 협상한 내용을 차례대로 기록해 나가고 완성되면 연회지시서를 만들어 관련부서에 보내고 행사의 진행을 확인한다.

1) 컨벤션기획사와 기업체를 위한 견적서 작성

대규모 컨벤션을 유치하기 위해 컨벤션 판촉지배인이 외부 활동을 하는 동안 연회예약지배인은 필요한 사항을 빠짐없이 챙겨 행정적 뒤받침을 하게 된다. 견적서는 각 판촉지배인이 작성할 수도 있지만 전체적인 조율과 조정을 위해서는 예약지배인이 작성하는 것이 일반적이다. 컨벤션 기획사 측으로부터 그들이 국제입찰에 참여하거나 그들의 행사를 진행하기 위해 견적서를 요청받게 되면 연회의 성격, 규모, 인원수, 스케줄을 파악한 후 이에 적합한 견적서를 작성한다. 컨벤션기획사나 기업체가 당 호텔에 견적을 요구할 때는 항상 경쟁호텔에도 같은 내용으로 견적을 요청했을 것이라는 전제 하에서 견적서를 제출하는 것이 합당하며, 정성과 내용이 알찬 견적서가 선택될 가능성이 높다는 것을 유념하여 업무를 이행하여야 한다.

2) 연회일시

고객이 원하는 날짜를 제시하면 예약장부를 열람하여 연회장의 사용여부를 체크하고 만약 그 날짜에 앞선 예약이 있다면 그 예약이 확정적인지 잠정적인지를 확인한다. 잠정적 예약이라면 그 예약자에게 연락을 취해 빠른 결정을 요구하여 계약금을 받아 예약을 확약한다. 연회예약에 있어서 시간은 연회장의 효율적인 운영을 위해 대단히 중요한 요소이며, 연회장의 사용시간대는 크게 조 · 중 · 석식의 시간대로 나누어서 관리하여 매출의 극대화를 기해야 한다. 예약을 받을 때 중식은 12 : 00~15 : 30까지로 한정하고, 석식은 18 : 00 이후로 정하여 중식 후 석식을 준비할 수 있는 시간적 여유를 가져야 한다. 만약 고객이 원하는 시간이 맞지 않으면 앞선 예약을 확약하고, 그 후 발생하는 예약은 시간적 여유를 고려하여 예약을 받아야 한다.

3) 연회장소

호텔은 대 · 중 · 소규모의 연회장을 여러 개 보유하고 있으므로 연회의 종류와 인원에 맞게 적절한 장소를 배정하는 것은 연회장 매출의 극대화와 효율적인 운영을 위해 매우 바람직한 일이다. 연회장 수용범위의 기준은 면적과 연회장의 스타일과

레이아웃이다.

4) 제공될 식음료 협의

연회에 서비스되는 메뉴는 사전에 준비된 시식품을 바탕으로 고객과 협의 한다. 경우에 따라서는 특별메뉴를 주문하는 경우도 있고, 예산에 맞는 메뉴를 요구하는 경우도 있다. 메뉴를 추천할 때는 연회의 성격에 맞는 것을 제안하고, 음료도 함께 판매하므로 업셀링(up-selling)에도 힘써야 한다. 주문을 받을 때는 첫째, 확정인원(guarantee person)과 예상인원(expect person)을 설명하고, 이를 확정한다. 둘째, 메뉴별 최저인원(minimum attendee)과 최저매출(minimum revenue)을 이해시킨다. 셋째, 외부반입 음료에 대한 서비스요금부가(corkage charge)에 대해 논의하고, 이를 주문서에 포함한다.

5) 안내판 내용 협의

행사를 주관하는 주체측은 행사장 안내판을 잘 보이는 곳에 부착하거나 게시해 줄 것을 요청하게 된다. 외부에는 현수막(banner), 내부에는 안내판(sign board)을 품위 있게 제작하여 부착한다. 행사의 규모에 따라서 또는 호텔의 홍보계획에 따라 현수막은 무료로 제공하는 경우도 있지만, 청구를 하게 되는 경우 장비, 기구, 현수막, 부가서비스요금 등을 빠짐없이 계상하게 된다. 이 때 중요한 것은 주체측이 제공하는 내용을 충분히 이해하고, 오자와 탈자가 없도록 제작을 의뢰하여야 한다.

컨벤션에 사용되는 각종 안내판은 외국어 표기를 정확하게 하여야 하고, 요청이 있을 때 각종 인쇄물, 편지지와 편지봉투도 준비하여야 한다.

6) 선수금의 수령

연회고객과 행사에 대한 모든 협의가 끝나면 예약금을 받는다. 연회예약은 일반적으로 예상금액의 30% 이상을 예치하여 행사진행에 대한 위험부담(risk)을 덜게 된다. 예치금을 입금시키면서 영수증과 함께 연회계약서를 작성하여 고객과 예약지배인이 각각 서명하여 부본을 고객에게 교부한다.

7) 연회행사지시서(Function Order)의 작성과 배부

연회계약서가 완성되면 늦어도 행사일 7~10일 전에 연회행사지시서를 작성하여 필요한 결재를 득한 후 각 부서에 업무를 할당하고, 협조를 요청하게 된다. 작성요령은 연회행사지시서에 있는 각종 내용을 채워 나가면서 특이 사항은 상세히 기록하면 된다.

8) 예약의 취소와 변경

연회를 예약한 고객이 사유에 의해 취소나 변경을 요구할 경우 계약의 조건에 의해 인정하게 된다. 예약의 내용이 변경되거나 취소되면 "Revise Slip"을 작성하여 즉시 관련부서에 통보하여야 한다. 그리고 연회예약장부(banquet control book)에도 그 결과를 정리한다. 취소의 경우 계약금 환불문제가 파생되는데, 특별한 경우를 제외하고 행사일 하루 전의 취소는 불가능하며 요금징수에 협상이 이루어져야 한다. 2일전의 취소는 계약금의 50%를 공제하고, 그 이상은 전액을 환불하는 것이 일반적이다.

〈표 11-1〉 연회행사지시서(Function Order)

The World Best Smile Hotel Busan

FUNCTION ORDER

DATE : Sept 14, 2013	DAY : Thursday	TIME : 19 : 00~22 : 00 C-3
VENUE : Gaya (Dinner), Silla A+B+C(Cocktail)		TYPE OF FUNCTION : Post-Naming Cocktail & Dinner
GUARANTEED : 56 PAX	EXPECTED : 60 PAX	SEATS : 60PAX
ENGAGER : Mrs. Elisabeth Schuler		COMPANY : Rickmers Reederei GmbH & Cie.KG
TEL # : +001+49+40+389+177+312	E-mail : e.schuler@rickmers.com	FAX # : +001+49+40+389+177+500

ADDRESS : Neumuehlen 19,22763 Hamburg, German

NAME OF PARTY : Post Naming Ceremony

BILLING INSTRUCTION : Master Foli	DEPOSIT : Non
FOOD & PRICE : Menu Price : W 150,000++ = W181,500(INCL) (See Attached Menu) Wine & Champagnes - Champagnes Moet Chandon Imperial / Brut. W150,000++ = W181,500(INCL) - White Wine Mouton Cadet,Medoc,Baron & Philippe. W70,000++= W84,700(INCL) - Red Wine Villa Antinori Chianti Classico. W80,000++ = W96,800(INCL)	SET-UP REQUIREMENTS Room Set-Up *1. Standing Cocktails(Silla A+B+C, 19 : 00~19 : 30)* *- Glass High Table & Lighting & Flower* *- Bistro Tables with flowers* *- Complimentary dry snacks and cold canapes* *2. Dining Area(GBR A,19 : 30~22 : 00)* *- Cherry Blossoms Theme Decoration : W1,500,000+* **Same as Hamburg Deco will be set up East Aisle* **to stage Cherry Blossoms Deco* *- Gaya Room Stage must be extended.* *- Podium 2 Ea with mike* *- 7 Round Table * 8 People each (To be revised)* *- Red Color Table Top Flower on the table* *- White Table Cloth (no need runner)* *- White Chair Cover with Red Ribbon* *- Registration Desk will be set up across Kuromatsu* *- Korean Traditional Dance Troupe : : W 1,700,000+* *- Menu design shall be Teekay type*

BEVERAGE & CORKAGE FEE : Post-Dinner Cocktail : Open Bar Set-Up

P/R & G. DESIGNER : None	TYPE OF ICE-CARVING : Type of seagull (Comp.)
ENGINEERING : Need	SOUND & LIGHTING : M/C 2, Podium 2.
BANNER : Comp.	CANDLE & DRY ICE & SOAP DROP : None
PHOTO : NONE	STEWARDING : None
FLOWER : See the BQ Manager	
HOUSEKEEPING : None	PARKING & VEHICLE DISPATCH : None
SIGN BOARD : To be advised	
DATE : Aug. 28. 2013 INCHARGED BY : D. H. Park	APPLICANT BY : G. H. Lee

제4절 연회장의 서비스상품

1. 식음료 서비스

연회장에서는 호텔내의 식음료 영업장에서 취급하는 모든 메뉴를 서비스할 수 있으나 조리부서시스템 및 서비스 인력, 매출과 이익을 고려하여 고객에게 제안한다. 연회메뉴는 종류별로 등급화되어 고객의 선택이 용이하도록 구성되어 있으므로 대량 인원으로 인한 동일한 메뉴를 제공하는데 별다른 문제가 없다. 그러나 연회메뉴는 신축성이 높아 고객과의 협상을 통하여 특별한 메뉴를 구성할 수도 있다.

1) 식사서비스상품

(1) 조찬메뉴

한식, 일식, 양식, 조식뷔페 등의 메뉴를 구성할 수 있다.

(2) 정찬과 만찬메뉴

중식, 석식에 제공되는 것으로 한 · 일 · 중 · 양식의 정식이 등급별로 세트화 되어 있고, 뷔페 메뉴와 또는 일품요리(a la carte) 메뉴도 준비할 수도 있다.

(3) 뷔페메뉴

뷔페메뉴도 등급별로 구성할 수 있으며, 착석뷔페(seating buffet)와 입석뷔페(standing buffet)로 나눌 수 있다. 입석뷔페는 서 있는 자세에서 자유롭게 이동하면서 환담을 곁들여 식사를 하므로 스프를 강화하지는 않으며, 나이프를 사용하지 않으므로 대부분의 요리가 포크로 찍어 먹을 수 있도록 커트되어서 제공하게 된다.

(4) 칵테일 리셉션의 음식 메뉴

칵테일 리셉션은 공식 만찬에 들어가기 전에 이뤄지는 입석형식의 가벼운 파티이므로 담소하면서 간단하게 먹을 수 있는 요리로서 오드블(horsd'oeuvre), 과일 카나페

(vagetable canape), 야채 레리쉬(vegetable relish), 스넥류 등이 주로 제공된다.

(5) 티파티(tea party) 메뉴

식사 전후에 간단하게 쿠키, 과일, 카나페, 커피, 홍차, 녹차, 음료수 등이 제공된다. 칵테일 리셉션이 없는 연회행사에 이를 제안한다.

(6) 커피 휴식(coffee break) 메뉴

각종 회의를 진행하는 동안 잠시 쉬는 시간을 이용하여 커피, 홍차, 녹차, 음료수 등과 다과류가 제공되는 메뉴이다. 컨벤션이 이뤄지면 각급 중 · 소규모 회의가 수없이 이뤄지게 되고, 이러한 세션에는 꼭 "Coffee Break"이 따른다.

(7) 출장연회 메뉴

출장연회는 호텔 외부에서 요리가 제공되는 특수성으로 인하여 대부분의 메뉴는 뷔페나 칵테일 리셉션으로 구성되며, 이동 시 보온과 보냉에 강한 장비와 단시간에 상하지 않는 메뉴로 구성한다.

2) 음료서비스상품

연회석상에서의 음료는 테이블 위에 원하는 품목과 수량을 진열하는 'Table Service Bar'와 고객이 직접 품목을 주문하는 'Bar Service'가 있다. 전자는 주로 정찬과 Seating Buffet에서 후자는 Standing Buffet와 Cocktail Reception에서 이루어진다. 각종 연회에 설치되어 서비스되는 바에는 호텔 브랜드(house brand)와 국내산 브랜드(domestic brand)의 음료로 구성되는 'Standard Bar'와 수입음료로 구성되는 'Deluxe Bar'로 구분된다. 부가되는 요금을 설치 시간으로 계산하는 방법과 소모된 음료의 양으로 계산하는 방법이 있다. 스탠다드 바에는 Whisky, Gin, Vodka, Rum, Campari, Vermouth, Wine, Beer, Juice, Mixer류 등으로 구성하며, 디럭스 바에는 스탠다드 바 품목에 Aperitif류, Liquor류, Brandy가 추가되고, 와인, 맥주, 주스, 믹서류가 수입품 브랜드로 구성된다.

2. 각종 회의실과 기자재의 대여

1) 연회장 대여

호텔은 대규모, 중규모, 소규모 회의나 전시회, 이벤트 등을 위해 연회장을 대여하게 되는데 대여요금은 연회장의 규모, 사용 시간에 따라 청구하게 된다. 회의와 식사를 함께 예약하는 경우와 회의를 위한 공간만 예약하는 경우에는 협상에 따라 각각 다른 요금을 부과할 수밖에 없다. 회의 중 식사를 중식과 석식을 제공하게 되면 연회장은 무료로 대여할 수 있을 것이고, 만약 식사를 1회 제공하게 되면 회의실 이용료는 반값에 제공할 수도 있을 것이다.

2) 기자재 대여

각종 회의를 위한 연회장의 기자재는 회의실 기자재(meeting equipments)와 시청각시스템(audio-visual system), 조명시스템(lighting system) 등이 있다. 행사의 규모와 매출의 규모에 따라 기자재의 요금을 부과하는 경우와 무료로 제공하는 경우가 있으며, 대부분이 협상에 의해 요금을 청구하게 된다.

(1) 일반 기자재

회의실 기자재에는 행사의 명칭, 시간, 장소 등을 안내하는 안내판을 비롯하여 조립식 무대, 무대 위에 까는 붉은 색 카펫, 연설을 위한 포디엄(podium)과 렉턴(lectern), 브리핑에 사용하는 플립 차트(flip chart), 소형 화이트보드(white board), 흑판(black board), 댄스 플로어(dance floor), 번호봉(numbering stand), 피아노, 각국의 국기 등이 있다.

(2) 시청각 시스템(audio-visual system)

시청각 기자재에는 각종 마이크(Microphone), 18㎜ Motion Picture, Overhead Projector, Reel to Reel Recording System, Video Beam Projector, Video Carmera & VHS Recorder, Slide Projector, Laser Pointer & Electric Pointer, Portable Screen & Automatic

Screen, Multivision, Simultaneous Translation System, Walki-Talki, Turntable & Cassette Deck 등이 있다.

(3) 조명 시스템(lighting System)

호텔연회장에는 연회장의 규모와 목적에 따라 많은 조명시설이 되어 있으며, 특별한 행사에는 여기에 맞는 조명을 추가로 설치하게 된다. 조명등의 종류로는 대상물에 고정하는 Pin Spot Light, 등장인물에 집중적으로 비춰주는 Long Pin Spot Light, 무대 위쪽 테두리를 비춰주는 Border Light, 무대 위쪽을 수평으로 비춰주는 Horizontal Light, 무대 중앙에 설치된 공 모양의 회전용 조명으로 Mirror Ball, 무대를 중심으로 번쩍거리는 Strobe Light, 무대 위에 안개를 뿜어내는 Fog Machine 등이 있다.

3. 그 밖의 서비스상품

호텔이 제공하는 연회에는 행사의 멋과 품위를 극대화하기 위해 매우 다양한 전문가들이 필요한 서비스를 제공하게 된다. 호텔의 연회장에서 제공하는 그 밖의 서비스상품으로는 꽃꽂이, 사진, 비디오, 엔터테인먼트, 각종 목적에 적합한 케이크, 아이스카빙, 현수막, 비즈니스센터 서비스, 리무진 서비스 등이 있다. 이러한 서비스상품도 협상의 대상이 되며, 고객의 요청에 따라 제공되고, 합당한 요금을 부과하게 된다.

제5절 연회서비스와 사후관리

1. 연회장의 테이블 배열

연회는 컨벤션을 축하하는 공식적인 행사이므로 격식을 갖추고, 에티켓과 매너에 의해 진행되어지기 때문에 행사의 종류와 인원에 따라 철저히 준비하므로 성공적인 컨벤션에 기여하게 된다. 연회장이 타 식음료영업장과 다른 점은 고객의 요청에 의해 공간과 서비스가 이뤄진다는 것이다. 따라서 호텔은 테이블의 배치를 다양하게 할 수 있도록 시뮬레이션을 통한 자료를 확보하고, 주최측과 협의에 의해 테이블의 배열을 완성하여야 한다. 연회장에 테이블을 배치하는 방법은 원형테이블, 타원형, T형 배열, E형 배열, I형 배열, U형 배열, 사각형 배열, 교실형 배열 등이 있다.

1) 원형 테이블(round table shape)

많은 인원을 수용하여 식사와 함께 제공하는 연주회, 디너쇼, 패션쇼 등에 이용되는 형태이다. 테이블과 테이블 간격은 3.3m 정도, 의자와 의자 사이의 간격은 90cm 정도로 하고, 양쪽 통로는 60cm 공간을 유지하도록 한다. 테이블은 무대를 중심으로 중앙부분을 고정한 뒤 앞줄부터 맞추면서 배열하면 되지만 뒷줄은 앞줄의 중앙부분이 보일 수 있도록 지그재그 식으로 맞춘다.

2) 타원형 배열(oval shape)

타원형은 양쪽에 반달형 테이블(half round table)을 붙여서 사용한다. 이는 I형 테이블의 모형과 비슷하게 배열되어진다.

3) T형 배열(T-shape)

이 형은 많은 손님이 상석에 앉을 때 유용하다. 상석을 중심으로 T형으로 길게 배열할 수 있으며, 상황에 따라서 테이블의 폭을 2배로 늘릴 수 있다.

4) E형 배열(E-shape)

E형은 많은 인원이 식사를 할 때 활용되며 테이블 안쪽의 의자와 뒷면 의자의 사이는 출입이 편리하게 120cm 정도의 간격을 유지하여야 한다.

5) I형 배열(I-shape)

예상되는 참석자 수에 따라 테이블을 배열하고, 의자와 의자의 간격은 60cm의 공간을 유지하도록 한다.

6) U형 배열(U-shape)

U형에서는 일반적으로 직사각형 테이블을 사용하는데, 테이블 전체 길이는 연회 행사 인원수에 따라 다르게 배치한다. 일반적으로 의자와 의자 사이에는 50~60cm의 공간을 유지한다. 테이블클로스는 양쪽이 균형 있게 내려와야 하며, 헤드 테이블 앞쪽에는 드랩스(drapes)를 붙여 고객의 다리가 보이지 않게 한다.

7) 사각형 배열(square-shape, hollow-shape)

U형 테이블 모형과 비슷하게 배열하나 테이블 사각이 밀폐되기 때문에 좌석은 외부 쪽에만 배열한다.

8) 극장식 배열(theater-style)

의자만을 배치하는 것으로 의자와 의자 사이를 공간과 의자의 앞줄과 뒷줄의 간격을 적절히 맞춰 고객이 이용하는데 불편하지 않게 배열한다.

연설자의 테이블과 첫 번째 줄은 앞에서 2m 정도의 간격을 유지하고, 400명 이상의 홀 좌석 배치는 통로가 1.5m 이상의 넓이를 유지하도록 한다. 소연회일 경우는 복도 폭이 1.5m 정도가 되도록 한다. 의자의 배치를 똑바로 하기 위해서는 긴 줄을 이용하여 가로, 세로를 조화롭게 맞춘다.

9) 교실형 배열(class-style)

세미나 테이블을 이용하여 교실의 책상과 의자처럼 배열하는 것으로 무대와 앞 테이블의 간격은 1m 정도 떨어지게 설치하고, 중앙 복도의 간격은 1.5m 이상 띄우며, 테이블과 테이블의 간격은 150cm, 의자와 의자 사이의 간격은 40cm 정도로 배열한다. 일반적으로 1개의 테이블에 3개의 의자를 배치한다.

2. 연회고객의 좌석 배치

연회장에 고객을 모시고 연회를 베푸는 것은 컨벤션에서 빠질 수 없는 공식적인 행사이므로 음식, 분위기, 의전, 무대행사 등 모두가 매우 중요한 요소들이다. 테이블에 명패를 비치하고, 격식에 맞게 안내하고, 식전행사를 진행하고, 식사를 즐겁게 할 수 있도록 준비하는 것은 호텔의 품격과 서비스품질에 크게 영향을 미치고 나아가서 호텔의 이미지를 드높이는 계기가 된다. 연회는 주빈이 있는 경우와 주빈이 없는 경

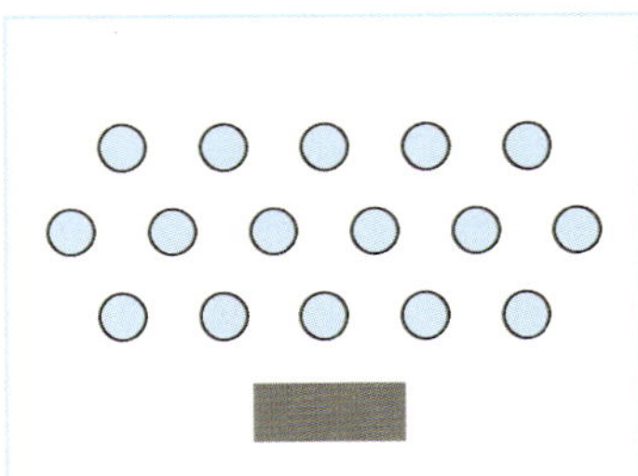
원형 테이블 배열(round table style)

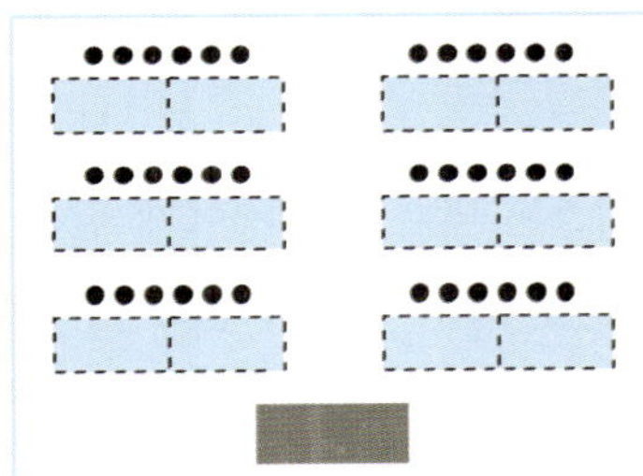
학교교실형 배열(school room style)

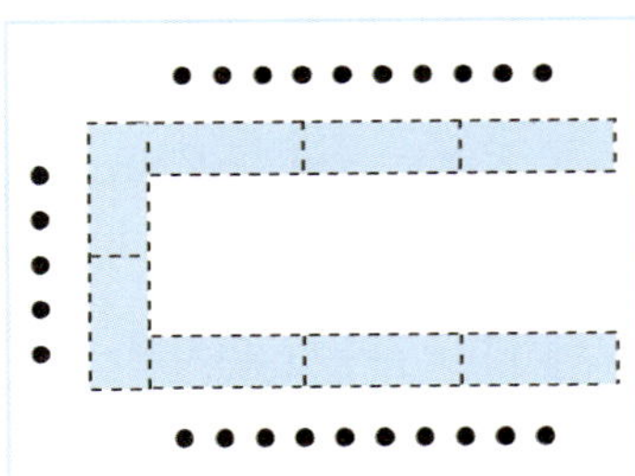
U형 배열(U-shape)

극장형 배열(theater style)

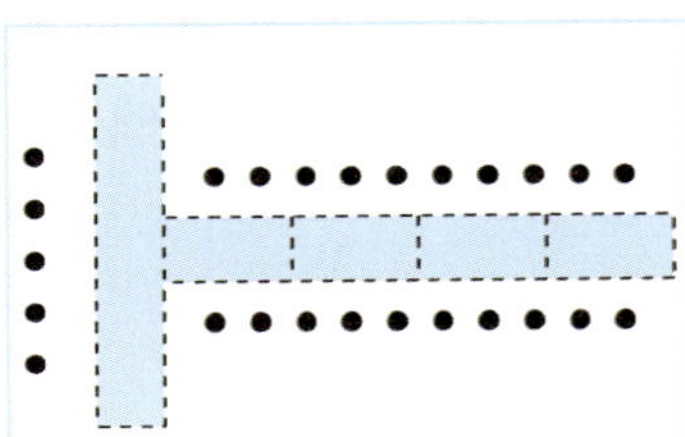
T형 배열(T-shape)

Oval 배열(conference style)

[그림 11-6] 연회장 배치형태

우 주빈이 부부가 참석하는 경우, 주빈이 혼자 참석하는 경우를 구분하여 좌석을 배치하게 된다. 주빈의 자리는 테이블의 중앙이 되며 출입문의 반대편에서 출입문을 향해 배열한다. 부부가 참석할 때는 부인은 남편의 왼쪽에 앉는 것이 예의이며, 주빈이 없는 연회의 I형 테이블에는 부부가 각각 마주보면서 반대편 테이블에 앉게 된다. 또한 공동주최의 만찬에는 각각의 부부가 마주 앉고 부인은 남편의 왼쪽에 앉으며 초청고객은 그 옆으로 앉게 된다. 모든 식음료서비스는 주빈을 중심으로 먼저 서비스하게 된다.

3. 연회서비스 방법

연회서비스는 많은 참석자에게 같은 서비스를 동시에 진행해야 하므로 서비스에 필요한 인원을 충분히 확보하고, 리허설을 거쳐 진행에 차질이 없도록 한다. 연회의 성격에 따라 준비와 서비스 방법을 다르게 하기도 한다.

1) 식음료 제공시 서비스 방법

(1) 칵테일 리셉션

칵테일 리셉션은 정식 전에 실시하거나 정식과 겸해서 이행하게 된다. 정식 전의 칵테일 리셉션은 대개 본 연회장 앞의 복도(foyer)나 별실을 이용하여 개최하는데 음식은 간단한 오드볼 정도이고, 바는 인원의 규모에 따라 적당한 위치에 2~4곳에 설치한다. 음식은 참석 고객들이 제자리에서 고객접점서비스요원들에 의해 코스별로 서비스 되지만 칵테일 바를 중심으로 이뤄지는 칵테일파티는 고객이 찾아오면 서비스해 주는 경우도 있고 대개 서비스요원이 트레이에 칵테일과 주스류를 담아 현장을 돌면서 서비스하기도 한다. 잔에 든 음료를 서브할 때는 종이 내프킨에 싸서 서브하여 물기가 고객의 손에 묻거나 흘러내리지 않게 한다.

(2) 정식코스 서비스

연회지배인은 사전에 서비스 요원들에게 담당구역을 정하고, 첫 번째 코스의 음식은 전체인원에게 동시에 서브되어야 하므로 캡틴이나 지배인이 주빈부터 서브하는 것을 신호로 동시에 맡은 구역을 서브한다. 지배인은 코스가 진행되는 상황을 면밀히 관찰하고, 전체의 흐름에 맞춰 캡틴에게 신호를 보내고 웨이터와 웨이트리스는 그 동작에 맞춰 서브를 진행한다.

(3) 가족연회

가족연회는 결혼피로연, 약혼식, 회갑연, 수연, 돌잔치, 축하연 등이 주종을 이루게 된다. 일반적으로 가족연은 의식, 식사, 여흥이 따르게 되므로 각 장르별로 필요한 준비를 사전에 해 두어야 한다. 연회행사를 맡은 지배인이나 캡틴은 행사 순서를 잘 파악하여 주도적으로 식순에 의해 행사를 진행하여 나가며 이는 매우 부드럽고, 매끄럽게 장르를 잘 연속시켜 나가야 한다.

가족연에는 사후 방문객에게 별도의 인사를 위한 방명록 기록이 매우 중요하므로 접수대의 설치와 필요한 기자재 및 필기구를 준비하여야 하고, 식순에 따라 케이크, 안개, 아이스카빙, 피아노, 엔터테인먼트 등도 사전에 점검하여야 한다. 연회장의 분위기를 고취시키기 위해 배달되는 화환, 꽃바구니 등은 입구와 행사장에 적절히 안배하여 진열하고, 코사지(corsage)는 주빈의 취향에 맞게 색의 조화를 이뤄야 한다. 가족연은 대부분이 뷔페를 중심으로 메뉴가 구성되므로 음식의 재공급과 테이블의 청결 및 위생에 각별히 신경을 써야 한다.

[그림 11-7] 격식 있는 가족연회장

2) 회의실의 서비스 방법

회의는 사전에 Banner, Sign Board, 명찰, 방명록 등을 준비하고, 기자재의 작동을 점검하여 두면 회의시간 동안에는 별다른 업무가 없다. 또한 행사장의 규모에 따라 1~2명의 서비스절점요원을 배치하여 주최 측의 담당자로부터의 돌발적인 주문사항에 대처하면 된다. Coffee Break 시간에 맞춰 커피, 주스, 물, 다과를 준비하고, 고객이 회의장 밖으로 나왔을 때 행사장 정리와 음용수를 보충하면 충분한 서비스가 된다.

3) 출장연회 서비스 방법

출장연회는 고객이 원하는 장소나 시간에 따라 행하여지는 행사이므로 요리, 음료, 식기, 테이블 등 행사에 필요한 식음료와 기물을 고객이 원하는 장소에 제 때 운반하여 서비스에 임하여야 한다. 출장 연회 담당자는 사전에 현장을 답사하여 테이블의 레이아웃을 설계하고, 음식과 장비의 이동에 필요한 동선을 잘 체크하여야 한다. 아래와 같은 사항을 숙지하여 차질이 없이 훌륭한 행사를 진행하여야 한다. 행사장 내 전기, 수도 및 조리부서시설 유무에 따라 준비할 품목도 달라짐을 유념하여야 한다. 장소가 야외일 경우에는 우천 시를 대비한 텐트나 이동공간을 확보하여 행사계획을 수립한다. 음식의 이동으로 일어날 수 있는 문제점을 파악하여 보온, 보냉, 위생에 보다 세심한 배려가 있어야 호텔의 이미지를 손상시키지 않는다. 현장서비스요원을 선정할 때는 경험이 풍부한 사람들로 팀을 구성하므로 비상대처 능력을 확보하여야 한다. 위와 같이 행사에 필요한 제반기구, 장비, 음식, 음료 등이 정해지면 호텔의 외부로 나가는 물품은 반출증을 작성하여 부서장의 결제를 득하여 안전관리부서에 제출한 후 호텔을 출발하고, 귀사 후에도 이러한 방법에 의해 제자리에 두도록 한다.

4) 연회 종료 후의 정리업무

(1) 계산서 발급과 후불관리

상설 연회장을 운영하는 호텔을 제외하면 대부분 호텔들의 연회장에는 영업회계원이 배치되지 않는다. 따라서 행사를 진행한 지배인이나 캡틴이 계산서를 발급하고, 대금을 고객으르부터 수령하여 프런트데스크 에이전트, 또는 식음료부서의 영업장 회계원에게 입금시키게 된다. 계산서를 작성할 때는 행사지시서를 바탕으로 진행하며, 추가로 제공된 품목과 수량을 검토하여 청구하게 된다. 할인혜택을 받게 되는 회원에게는 합당한 할인혜택이 주어졌는지를 검토하고, 예치금에 대한 공제도 빠짐없이 확인한다. 호텔의 협력회사로부터 사입된 품목은 사전에 영수증을 확보하여 함께 청구하도록 한다. 호텔의 절차에 따라 사전에 승인된 후불은 고객으로부터 후불 약정서를 받아 경리관련 부서로 넘기며, 후불회수에 필요한 제반 서류와 증빙자료를 잘 정리해 두어야 한다.

(2) 기물과 테이블의 정리

연회행사가 끝나서 고객의 환송을 마친 연회부서는 기물의 정리와 테이블의 원위치가 큰 업무로 남는다. 다음 행사의 준비와 타 부서의 원활한 업무를 위해 가능하면 빠른 시간 내에 이를 이행하여야 한다. 수거용 트롤리를 사용하여 여러 개의 용기(inset)를 용도별로 배열해 놓고 분리수거를 실시한다. 용기별로 은기물과 집기, 남겨진 음식물, 일반 쓰레기 등으로 구분하면 처리가 용이하다. 사용한 접시는 크기별로 겹쳐놓고 컵은 글라스 랙(racks)에 쌓아 스트워드로 보내며, 사용된 리넨은 종류별로 일정한 양을 묶어 세탁실로 보낸다. 사용되지 않은 음식, 버터, 크림, 밀크 등은 조리부서로 되돌려 보내고, 소금, 후추, 설탕 등은 잘 수거하여 저장고에 깨끗하게 보관한다.

테이블 위의 각종 기물이 제거되고 난 후 테이블을 접어서 보관 장소로 옮긴 다음 의자들을 쌓아서 치워놓고 다음 행사를 치를 수 있도록 홀 바닥을 깨끗이 청소하여야 한다. 의자는 다음에 있을 행사의 종류에 따라 용도별로 쌓아 놓는다. 의자는 8개씩 쌓아 놓는 것이 이동이 용이하고, 배치하기에도 좋다. 의자를 쌓아 올릴 때 고장난 의자나 더러워진 것들은 골라내어 세탁을 의뢰하거나 수리를 의뢰하여야 한다.

제12장 호텔의 부대시설영업

제1절 부대시설영업의 의의

호텔은 객실, 식음료, 연회, 부대시설영업을 중심으로 수입부문이 구성되어 있다. 전통적으로 호텔은 객실과 식음료를 중심으로 영업을 영위해 왔으며, 20세기에 들어 경제가 발달하고, 국제교류가 활발해 지면서 호텔의 연회 및 컨벤션이 매출의 큰 몫을 차지하게 되었다. 이어서 호텔의 지역사회 커뮤니티센터 기능이 강화되고, 국민의 생활수준이 향상되면서 호텔부대시설영업이 또 다른 소득원으로 부각되게 되었다. 호텔기업은 부대시설영업에 많은 재원을 투자하여 시설을 고급화하고, 서비스를 표준화하여 영업의 활로를 찾아가고 있으며, 이 부분의 학문적 뒷받침과 연구를 필요로 하게 되었다. 우리나라 특1등급 호텔들도 부대시설영업의 매출이 전체 매출의 10%를 넘어서고 있으며, 이 부분의 영업이 점점 확대되어 가는 추세이다. 부대시설영업은 호텔의 영업다각화는 물론이고, 경제적 여력이 충분한 부유층을 호텔의 멤버십에 의해 단골고객화 하므로 객실, 식음료, 연회영업 등에 긍정적 영향을 미치게 되어 영업의 안정화에 없어서는 안 되는 세분시장으로 자리매김을 하고 있다. 각급 호텔들은 시장확보 측면에서 부대시설영업을 활성화 하고, 수익부문의 동반 상승을 꾀해 가고 있다. 호텔의 위치, 규모, 영업의 형태, 경영방침, 이용하는 주고객층에 따라 부대시설의 종류와 규모의 차이는 있으나 초대규모, 대규모 호텔들이 보유한 시설은 헬스, 사우나, 수영장, 멤버십클럽 등이며, 어떤 호텔은 컨트리클럽, 카지노, 승마장 등도 갖추고 있고, 그 외에도 영업환경에 따라 다양한 부대시설영업을 추진하고 있거나 구상하고 있다.

1) 부대시설 운영의 필요성

① 사회적 측면 : 라이프스타일 변화, 경제적 여력과 시간적 여유, 정보의 발달
② 호텔경영관리측면 : 호텔수익부문의 확대, 호텔 사업의 다각화
③ 호텔이미지측면 : 헬스시설의 유무가 특급호텔의 이미지 및 등급에 영향을 줌
④ 운영 측면 : 호텔의 규모, 위치, 종류, 경영형태 등에 따라 그 호텔에 어울리는 부대사업 운영에 박차를 가하는 추세

2) 부대시설의 종류

호텔의 부대시설로는 헬스사우나, 카지노, 컨트리클럽, 나이트클럽, 각종 오락시설, 실내·외 수영장, 연초신문소매점, 기념품상점, 문구류점, 양복점, 클리닉, 이·미용실, 사진현상점, 승마장, 실내골프장, 스키장, 수상스키장, 보트장, 테니스장, 영화관 등 다양하게 구성할 수 있다. 그러나 호텔의 위치, 규모, 호텔경영관리의 방향, 경영형태, 이용고객의 수요에 따라 부대시설도 가감을 하게 된다.

3) 호텔위치에 따른 부대시설의 종류

① 바닷가의 휴양지호텔 : 보트장, 수상스키장, 요트장, 해수욕장 등
② 겨울철 휴양지호텔 : 온천장, 스키장, 눈썰매장, 사냥터 등
③ 도심호텔 : 사우나, 헬스클럽, 실내골프장, 볼링장, 수영장 등
④ 리조트 관광지호텔 : 카지노, 컨트리클럽, 승마장, 유기장, 볼링장 등

제2절 멤버십클럽

1. 멤버십클럽의 개요와 조직

1) 멤버십클럽의 개요

호텔의 멤버십클럽은 객실, 식음료, 연회에 이어 또 다른 수익원으로 자리 메김하

고 있으며, 호텔영업의 다각화에 일조를 하고, 단골고객 확보에 기여하고 있다. 호텔이 보유한 멤버십 클럽은 규모, 형태, 시설, 멤버십의 종류에 따라 다양하다. 어떤 클럽이든 고객이 이용하기에 편안하고, 사용 목적에 합당한 기구와 장비를 갖추며, 식음료서비스가 이뤄지게 된다. 호텔 내의 멤버십으로 영업을 활성화하고 있는 시설들은 헬스클럽, 사우나, 수영장, 멤버십 다이닝과 바 등이 있다.

2) 멤버십클럽의 조직

멤버십클럽은 호텔 내 · 외부 고객을 위한 다양한 시설, 기구와 휴게공간을 마련하고, 이를 고객이 이용목적에 맞게 편안하게 이용할 수 있도록 편의를 제공하고, 기구를 안전하게 활용할 수 있도록 프로그램에 의해 전문적인 지도를 제공하게 된다. 따라서 멤버십관리, 일반고객관리 등의 서비스요원과 행정요원, 헬스클럽의 전문지도요원, 수영장의 전문안전요원 등으로 조직을 구성하게 된다. 클럽의 행정, 고객관리, 시설관리, 종업원관리 등의 업무를 총괄하는 클럽지배인, 클럽지배인을 보좌하면서 각 부문별업무를 책임지는 부지배인이 있다. 또한 각 조별로 현장에서 업무를 지휘하는 조장(captain, head attendant)이 있고, 직접 고객에게 서브하는 고객접점종업원이 있다. 조직의 규모는 각 분야별 수용인원에 따라 다르게 구성한다.

2. 헬스클럽의 운영

최근 우리나라에도 특급호텔들에 의해 별도의 건물을 신축하여 헬스센터로 개장을 하고, 호텔고객뿐만 아니라 많은 외부 회원을 모집하여 영업을 활성화시키는 곳도 있다. 뉴욕 맨해튼에 있는 다운타운클럽(The Downtown Athletic Club)은 대형 오피스건물 35층 전체와 옥상에 선덱(sun deck)을 갖추고, 1,000여명을 수용할 수 있는 식당과 연회장을 함께 갖춰 영업에 임하고 있어 세계 최대의 규모를 자랑하고 있다. 여기에는 다양한 헬스기구, 스쿼시 룸, 핸드볼 코트, 테니스 코트, 실내 수영장 등을 갖추고 있다. 이 영업장은 사회체육에 대한 다양한 프로그램을 개발하여 지역사회에 공급하는 것으로도 유명하다. 뿐만 아니라 오하이오에 있는 데이톤 라켓 클럽(The

Dayton Racquet Club)은 29층 현대식 오피스텔을 스퀘시 클럽, 조깅 클럽, 피트니스 클럽으로 구분하여 공간을 배치하고, 체육행사를 유치하는 클럽으로 유명하다.

우리나라에 서양식 헬스클럽이 처음 등장한 것은 1972년 서울시청 광장 건너 편 백남 빌딩 9층에 개업했던 클라크해치 피트니스센터(The Clerk Hatche Fitness Center)이다. 이러한 시설은 국제적 체인호텔들이 호텔의 부대영업 활성화와 고객편의를 위해 적극적으로 도입해 왔다. 소득의 증가와 여성의 사회적 참여가 늘어나면서 이용객이 크게 증가하게 되었다. 이는 호텔의 멤버십 가입비와 연간 이용료 수입이 늘어나는 결정적 역할을 하였고, 명성이 높은 호텔의 클럽에는 멤버십을 구입하려는 수요자가 몇 개월씩 기다리거나 높은 프리미엄에 의한 거래가 이루어지기도 한다. 호텔이 보유한 헬스클럽은 호텔의 경영관리방침에 따라 수준 높은 고객관리가 이뤄지지만 멤버십 보유자는 상호간에 또 다른 사회를 구성해 가게 된다. 호텔의 헬스클럽이 고객들에게 제공 하는 기능은 첫째, 건강관리기능이 있다. 멤버십 보유자는 체력을 키우고, 건강을 다지며, 몸매를 가꾸므로 정신적, 육체적 건강을 정진시키는 효과가 있다. 둘째, 레크리에이션 기능이 있다. 각종 스트레스 해소와 취미생활을 함께 할 수 있는 공간과 프로그램이 마련되므로 레크리에이션과 교양을 넓히는데 활용될 수 있다. 셋째, 레저관광생활의 기능을 제공한다. 호텔이 위치한 자연환경을 최대한 활용하여 각종 야외활동에 참여하므로 생활체육과 레저 및 관광활동의 매개역할을 한다. 넷째, 동호인활동을 통한 대화의 창구기능을 한다. 헬스클럽은 다양한 시간대에 다양한 사람들이 모여서 프로그램에 의해 활동하게 되므로 자생적인 동아리가 구성되고, 이를 계기로 동호인 활동에 참여하므로 친밀한 유대관계를 구축해가게 된다. 다섯째, 멤버십에 가입한 고객은 호텔의 구전홍보 기능을 담당한다. 호텔의 정보를 가장 많이 알고 있는 고객층으로서 마케팅활동에 민감하게 반응할 수 있는 노출된 고객그룹이다. 호텔이 제공하는 고객지향적 서비스와 각종 이벤트에 대한 메신저 역할을 잘 수행하게 되므로 항상 가족적인 분위기를 조성하는 것이 무엇보다 중요하다. 호텔이 운영하는 헬스클럽은 체력 조성을 목적으로 구성하게 된다. 대부분 공간은 바닥 면적이 200~500㎡ 정도이며, 최근에는 의료시설이 병설되어 있어 의학적 검사와 운동 부하검사 등을 하며, 의학적 검진에서부터 운동지도까지 이루어지는 시스템을 갖춘 호텔들이 늘어나는 추세이다. 공간 배치는 워밍업과 쿨다운 공간으로 사용하는 오픈 공간, 심폐지구력 공간, 근력트레이닝 및 머신트레이닝 공간, 프리웨이트 공간, 릴랙스 공간, 유연성 향상을 위한 조정력 공간으로 이루어져 있다.

헬스클럽의 공간 구성

- 스쿼시 존(Squash Zone) : 2~4면의 공간과 라켓 및 용품을 무료로 대여
- 카디오 존(Cardio Zone) : 러닝머신, 바이크, 스텝퍼, 엘립터 컬 등 설치
- 레지스턴스 존(Resistance Zone) : Cybex, Nautilus 등 설치
- 프리웨이트존(Free Weight Zone) : 파워렉, 벤치, 덤벨 1kg에서 50kg까지 구비
- 그룹 체련구역(Group Exercise Zone) : 각종 프로그램을 비치하고, 고객에게 제공
- 골프연습장(Golf Zone) : 골프채 무료 대여 및 고객 서비스

[그림 12-1] 헬스기구와 프로그램

- 퍼팅장(Putting Green) : 경사를 이용한 실전/퍼팅 연습장
- 요가 스튜디오(Yoga Studio) : 요가전문 강사에 의한 프로그램 운영
- 운동처방실(Fitness Testing Office) : 체질관리 프로그램을 실시하고, 전담제 트레이닝 서비스
- 놀이방(Kids Club) : 어린이를 위한 공간과 다양한 놀이 프로그램 운영

3. 사우나의 운영

도심호텔이든 리조트호텔이든 호텔의 사우나는 부대시설의 핵심시설이며, 주로 멤버십에 의해서 클럽이 운영되면서 객실고객에게 무료 또는 할인가격으로 시설을 제공하고 있다. 시설의 구성은 사우나에 냉탕, 온탕, 열탕, 습식도크, 건식도크, 개인샤워부스 등을 설치하며, 특수한 목적으로 황토방, 보석방, 안마실 등을 설치한다. 수용인원에 따라 탈의실, 사물함, 화장대, 휴게실 등을 구비한다. 멤버십클럽의 회원, 객

[그림 12-2]

실고객, 또는 외부고객이 부대시설을 방문할 때 주된 출입구의 역할을 담당하게 되는 부분이 사우나시설의 입구이다. 따라서 클럽의 경영관리를 위해 고객관리 프로그램을 개발하고, 서비스표준을 세우며, 멤버십 판매, 양도고객을 위한 수수료 규정도 설정하여 원활하게 운영하여야 하며, 이 모든 업무는 고객지향적인 서비스를 바탕으로 진행되어야 한다.

1) 멤버십의 가입 및 양도

멤버십은 호텔의 명성과 이미지, 서비스의 질적 수준, 시설의 규모와 다양성, 위치, 주변 환경, 고객구성원에 따라 다양하게 판매된다. 멤버십의 종류에는 평생회원, 연회원, 단기회원이 있으며, 멤버십가격(membership fee)은 일반적으로 가입비, 가입보증금, 연회비, 기타회비 등으로 구성되어 진다. 가입비는 가입을 위한 제반 행정서비스에 투입되는 비용으로 일회성 경비이며, 가입보증금은 고객이 탈퇴를 원할 때 고객에게 되돌려 주는 금액으로 국내 특급호텔들은 1천만원에서 5천만원 정도의 금액을 책정하고 있다. 연회비는 회원이 1년간 사용하므로 투입되는 비용으로 1백만원에서 3백만원 내외로 부담을 하게 된다. 여기에 부부회원과 가족회원제도가 있어 단독회원을 기준으로 인원수를 환산하여 가격을 책정하게 된다. 기타회비는 멤버십클럽 내의 각 서클별 합의에 의해 징수하는 특별회비로 호텔의 회계와는 관련이 없는 동아리회비의 성격을 띠고 있다.

멤버십을 양도하거나 인수를 하려는 고객은 멤버십 행정담당(membership secretary)를 통해 클럽지배인에게 요청을 하게 된다. 호텔은 양도에 대한 규정을 설정하여 멤버십 구입자의 자격을 심사하게 되며, 심사에 통과된 멤버십에 대해 양도를 허가하게 된다. 이 때 호텔이 설정한 일정액의 수수료를 징수하게 된다. 멤버십의 양도는 컨트리클럽의 멤버십이 거래될 때 커미션이 따르듯이 호텔의 명성과 멤버십의 희소가치에 따라 거래액이 정해진다.

2) 멤버십의 프런트데스크 업무

멤버십업무는 행정실에서 담당하는 회원관리업무를 제외하면 대부분이 프런트데스크에서 이뤄지는 일일고객관리 업무이다. 멤버십클럽의 업무는 주로 오전 6시부터 오후 10시 사이에 이뤄지며 2개조로 나눠서 업무에 임하게 된다. 보편적으로 멤버십클럽은 가족적인 분위기에서

[그림 12-3] 멤버십 프런트데스크

멤버들의 일일생활을 지원하게 되므로 이 부서에서 근무하는 종업원은 세련되고, 친절과 예의를 잘 갖춘 구성원으로 보면 무리가 없다.

(1) 오전조의 주요업무 내용

① 근무에 필요한 자금(house fund)을 호텔금고에서 인수
② 각종 전달사항(Comment, Flag & Message)을 확인
③ 멤버의 신속한 체크인을 위해 데스크를 정리하고, 락카 키(locker key)를 확인
④ POS(point of sale) 계산기의 작동상태를 점검
⑤ 금일 호텔에 도착예정인 고객 "VIP" 및 주요 "GROUP"별 현황 파악
⑥ 외국환으로 계산하는 쿠폰소지고객을 위한 환율표 준비
⑦ 멤버가 체크인할 때 가족처럼 따뜻하게 맞이하며, 선호하는 락커를 배정
⑧ 금일 객실부문에서 필요로 하는 부대시설이용고객 파악 및 필요사항 준비
⑨ 멤버 및 객실고객 메시지 확인 및 전달
⑩ 원활한 운영을 위해 남 · 여 사우나 종업원(attendant)과 수시로 고객정보 공유
⑪ 멤버에게 전달할 정기 간행물 및 각종 메시지 전달
⑫ POS 마감 시 "Audit Balance Shift Work" 및 "Check Out with Balance" 확인
⑬ "Shortage & Overage" 상태 확인 및 서면보고
⑭ 조별업무 마감 및 멤버와 고객에 대한 특기 사항 인수인계
⑮ 각종 회의 및 교육 참석

(2) 오후조의 주요업무 내용

① 근무에 필요한 자금(house fund)을 오전조로부터 인수
② 오전조로부터 각종 전달사항(Comment, Flag & Message)을 확인
③ 멤버의 신속한 체크인을 위해 데스크를 정리하고, 락카 키(locker key)를 확인
④ POS(point of sale) 계산기의 작동상태를 점검
⑤ 금일 호텔에 도착한 고객 "VIP" 및 주요 "GROUP"별 현황 파악
⑥ 외국환으로 계산하는 쿠폰소지고객을 위한 환율표 인수
⑦ 멤버가 체크인할 때 가족처럼 따뜻하게 맞이하며, 선호하는 락카를 배정
⑧ 금일 호텔 내에서 이뤄지는 특별한 이벤트 파악
⑨ 멤버 및 객실고객 메시지 확인 및 전달
⑩ 원활한 운영을 위해 남·여 사우나 종업원(attendant)과 수시로 고객정보 공유
⑪ 멤버에게 전달할 정기 간행물 및 각종 메시지 전달
⑫ POS 마감 시 "Audit Balance Shift Work" 및 "Check Out with Balance" 확인
⑬ "Shortage & Overage" 상태 확인 및 서면보고
⑭ 조별업무 마감 및 멤버와 고객에 대한 특기사항 인수인계
⑮ 각종 회의 및 교육 참석

4. 수영장의 운영

대부분의 특급호텔은 부대시설로서 수영장을 운영하고 있다. 호텔의 위치와 수영장의 규모에 따라 수익의 규모는 다르지만 호텔의 수익과 이미지에 큰 영향을 주는 것에는 틀림이 없다. 호텔의 수영장은 멤버십클럽의 일환으로 객실고객도 함께 이용하게 되며, 운영과 행정은 헬스와 사우나 부문에서 함께 진행하고 있다. 대부분의 호텔수영장은 무료로 운영되지만 수영장의 규모가 큰 몇몇 호텔은 수영장을 유료화 하고, 독자적으로 운영하며, 대대적으로 수강생을 모집하여 큰 수입을 올리기도 한다.

호텔이 운영하는 수영장은 청결과 위생 및 안전관리가 가장 중요한 요소이다. 시설은 환경위생법에 적합하도록 설계하고, 수영장물 관리는 여과기와 화학적 처리로 양질의 물을 충분히 공급하여 일정수준을 유지하여야 한다. 수영장에서는 탈의실 등에

[그림 12-4]

서 분실물이 흔히 발생되며, 수영장에서의 부주의는 고객의 생명과도 관계되므로 호텔은 안전관리요원을 배치하여 수영장 안전관리에 만전을 기하게 된다.

1) 수질과 환경위생

수영장의 물을 깨끗이 관리하기 위해서는 여과기계(filtering machine)와 화학적 처리로서 물을 주기적으로 갈아 주어야 한다. 수영장의 물은 항상 깨끗하고 청결을 유지하도록 배수해야 하고, 일정한 수준의 물을 항상 유지하여야 한다. 수영장의 설계 · 건축 · 운영 · 유지에는 환경위생법에 의해 행정기관으로부터 감독을 받게 된다.

환경위생기관은 수영장의 시설, 수용인원의 통제, 수질검사 등의 행정감독을 하게 된다. 호텔이 운영하는 수영장은 법적인 제재보다 고객편의를 먼저 생각하는 방향으로 운영하여야 한다.

2) 수영장의 유지

① 물은 여과시켜 깨끗하고, 순수하도록 유지하여야 한다.
② 옥외 수영장은 물 표면의 나뭇잎, 벌레, 이물질을 자주 걷어내어야 하고, 날씨의 변화에 따라 적극적으로 대응해야 한다.
③ 수영장 밑바닥과 옆 벽에 붙은 물 떼와 침전물을 자주 제거해야 한다.
④ 물에 있는 유해물을 없애고 살균을 위하여 적절한 약품을 써야 한다.
⑤ 물은 알칼리 혹은 산성을 조절할 뿐만 아니라 화학적 처리로써 고객의 눈병과 피부병 등의 예방에 힘써야 한다.

5. 멤버십 다이닝과 바 운영

호텔이 운영하는 멤버십은 각종 체육시설, 레저시설, 휴게시설을 비롯하여 다이닝(dining)과 바(bar)가 있다. 멤버십 다이닝과 바를 보다 세분하면 멤버십 다이닝, 전문가 다이닝 및 바, 비슷한 사회적 배경을 바탕으로 모여드는 소셜클럽(social club), 대학의 동창생, 교수, 학생들의 전용공간인 유니버시티클럽 등이 있다. 설립목적에 따라 운영체계가 다를 수도 있지만 이곳에서 제공되는 식음료서비스는 비슷하다고 볼 수 있다. 이들을 잘 수용할 수 있는 호텔은 특히 도심에 있는 비즈니스호텔로서 대도시에 집중되어 있음을 알 수 있다. 멤버십클럽의 운영의 유래를 살펴보면 도심 중심가의 금융기관, 무역회사, 유통기관 등이 고객관리를 위해 점심식사를 별도식당(private dining room)에서 상담과 함께 진행하는 것에 초점을 두고 멤버십클럽으로 운영하게 되었다. 대표적인 멤버십클럽은 뉴욕의 와돌프 아스토리아 호텔(The Waldorf Astoria Hotel)이 운영하는 "The Marco Polo Club"이 있으며, 이 클럽은 1960년대 뉴욕의 금융회사 대표들이 별도의 상담공간과 접대공간의 필요성을 느끼고 아스토리아호텔의 공간을 임대하여 설치한 클럽으로 조리는 호텔에서 공급받고, 식당의 운영은 선임된 지배인에 의해 독자적으로 운영할 수 있도록 설계하였다. 또한 워싱턴 D.C.에서 운영되고 있는 기자들을 위한 "The Press Club", 뉴욕의 저널리스트와 법률가를 위한 "The Journalists and the Lawyer's Club", 배우와 영화산업 관련자를 위한 뉴욕의 "The Friars Club" 등도 매우 유명하다. 이들을 전문가 멤버십 다이닝과 바라고 할 수 있다. 쇼셜클럽은 영국에서 발달하였으며, 사회적 지위와 생활배경이 비슷한 사람들끼리 모여서 그들의 생활을 함께 논의하고, 즐기는 클럽으로 "Boodle's", "St. James", "White's" 등이 있다. 이들은 하루의 일과를 마치고, 이 클럽에 모여 칵테일과 담소로 하루를 정리하는 과정으로 삼고 있으며, 비즈니스를 떠나 순수한 엔터테인먼트로 운영되고 있다. 유니버시티클럽이 가장 활성화 되어 있는 대학은 미국의 "Harvard", "Yale", "Princeton", "Cornell", 그리고 스위스의 "The Ecor Hotel School in Lauzan"으로 유명하다.

호텔에서 운영하는 멤버십클럽은 호텔의 주 고객으로서 사회적 명성과 부를 축적한 고객이 별도의 공간에서 그들이 초청한 인사들과 함께 식사를 즐기고, 칵테일을 즐기며, 사업을 논하고, 인생을 논하는 특별한 공간으로 활용되고 있다. 호텔은 이러한 멤버십에 가입할 수 있는 고객을 매우 제한적으로 고려하고 있어 매출보다는 호텔의 품격유지에 더 많은 기여를 기대하게 된다. 따라서 이러한 멤버십클럽의 운영을 맡은 지배인은 당해 호텔 고객서비스의 대표주자로서 자긍심이 충만하게 되고, 호텔리어로서의 꿈을 실현하는 기회가 될 것이다.

제3절 컨트리클럽

호텔이 운영하는 부대시설 중에서 가장 규모와 면적이 큰 것은 컨트리클럽이다. 몇몇 리조트호텔이 운영하고 있는 컨트리클럽은 호텔의 부대사업이라기보다 리조트와 함께 운영되는 컨트리클럽 호텔로 분류되고 있다. 그러나 컨트리클럽은 호텔의 경영관리자가 운영할 수 있는 다양한 시설 중에 하나로서 컨트리클럽의 하우스에는 호텔의 식음료서비스가 이뤄지며, 운영자체는 서비스산업의 주체들이 운영하기에 매우 합당한 부대시설이라고 할 수 있다. 미국의 경우 18홀 컨트리클럽을 하나 건설하는데 필요한 대지는 110에이커로 보며, 소요자금은 5천만 달러 정도로 보고 있다. 이는 멤버십을 구입하고자 하는 사람이 각각 15만 달러를 부담해야 하며, 최소한 월 1,000달러의 사용료를 내어야 조달할 수 있는 큰돈이 된다. 그러나 대부분의 컨트리클럽은 입장료로 50달러 내외를 받고 있어 수익성보다는 부동산의 가치 또는 지방정부의 도심확장 정책으로 활용되고 있다. 우리나라의 경우 국토의 균형발전과 지방자치단체의 세원확보, 국민건강증진을 위해 건설허가를 완화하고 있는 실정이다. 컨트리클럽의 운영은 컨트리클럽 운영의 기본지식인 역사와 게임운영에 대한 이해, 시설관리와 클럽하우스 영업으로 구분하여 설명할 수 있다.

1. 컨트리클럽의 이해

1) 골프의 역사

골프는 잔디위에서 자연을 즐기며 클럽으로 볼을 쳐서 홀에 넣는 스포츠이다. 그 유래는 기원전 네덜란드 지방에서 어린이들이 실내에서 즐겨하던 코르프(KORF)라는 경기에서 비롯되었다는 설과 스코틀랜드 지방의 양치는 목동들의 민속놀이에서 비롯되었다는 설이 있다. 골프는 처음에는 평민들의 놀이로 성행하다가 골프 금지령이 내려진 후로는 특권층인 왕족들만이 할 수 있게 되어 왕족들의 경기로 바뀌게 되었다.

초창기의 코스들은 모두 바닷가와 접해 있는 링크스코스이며, 오늘날의 모래벙커는 바로 링크스코스와 관련이 있다. 원래의 벙커는 '토끼굴'이었다. 바닷가의 거센 비바람을 피하기 위해 토끼들은 해안 여기저기에 굴을 파놓았고 어부들이 조약돌을 칠 때 그 돌이 토끼굴로 들어가는 경우를 쉽게 상정할 수 있다. 그래서 토끼굴을 탈출하는 기술이 연구되었을 것이며, 또한 벙커가 골프코스의 한 요소로 자리잡았을 것으로 추정한다. 오늘날 1라운드 18홀은 1764년 무렵부터 확정되었으며, 그 이전에는 '정해진 홀수'가 없었다고 한다. 1754년 결성된 세계최초의 골프클럽인 영국 "Royal & Agent"는 올드코스의 22홀을 18홀로 줄였으며, 그때 비로소 골프규칙이 만들어져서

[그림 12-5] 컨트리클럽

18홀이 골프의 정규코스로 정해졌다.

세계 최초의 공식적인 골프경기는 1860년 스코트랜드의 “Prest Wick Club” 주최로 프레스트윅 코스에서 열린 제1회 영국 골프 선수권대회로 상금 5파운드를 놓고 8명의 영국프로선수가 출전하여 열전을 벌인 가운데 윌리 파크(Willie Park) 선수가 36홀에서 174타의 스코어로 5파운드의 상금과 은제 챔피언 벨트를 차지하였다. 1861년부터는 참가자격을 전 세계에 개방함으로써 오픈대회로 성장하였다. 미국에서는 1888년 골프장이 탄생하고, 1894년에 미국 골프협회가 창립되었고, 1895년 제1회 아마추어 선수권대회가 열렸으며, 같은 해에 전미 오픈 선수권대회가 시작되었다.

2) 골프경기

일정한 막대기를 사용하여 공을 쳐서 홀 안에 집어넣는 경기이며, 여기서 가장 적게 쳐서 홀 컵 안에 공을 집어넣는 사람이 이긴다.

2. 시설관리와 클럽하우스의 운영

1) 시설관리

컨트리클럽의 시설은 경기장인 잔디, 자연녹지, 진입로 등을 자연환경에 가장 근접하도록 관리하게 되며, 이 분야에 전문적인 지식과 경험을 가진 사람을 필요로 한다. 뿐만 아니라 클럽하우스의 관리는 호텔의 하우스키핑부서가 호텔의 건물을 관리하는 방법으로 관리가 가능하다. 특히 넓은 로비지역과 식음료영업장의 관리는 호텔의 업무매뉴얼에 의해 관리하는 것이 바람직하다.

2) 클럽하우스 운영

컨트리클럽의 클럽하우스는 로비, 라커룸, 식음료영업장, 골프용품 판매장, 각급 사무실로 구성되어 있다. 특히 식음료를 담당하는 클럽하우스에는 특급호텔의 식음료영업장에서 서브되는 다양한 식사와 음료가 판매된다. 클럽하우스의 책임을 맡은 지배인인 조식, 중식, 석식 또는 특별행사를 위한 다양한 메뉴를 개발하고, 매출신장에 노력하며, 우아하고 멋진 서비스를 구사하여 호텔과 컨트리클럽의 이미지를 상승시키는데 노력하게 된다. 클럽의 조직과 운영은 호텔식음료영업부문을 참조하면 유익한 자료가 되리라 본다.

제4절 카지노영업

1. 카지노영업의 의의

카지노사업은 관광객의 수요를 창출하는 기능을 가지고 있으며, 관광사업 중에서도 매출액 규모가 매우 큰 관광사업이다. 호텔 내에 위치하고 있어 호텔의 부대사업으로 분류가 가능하지만 영업이 활성화되어 있는 카지노는 당해 호텔의 매출액 규모의 4~5배 정도가 되는 것으로 추정하고 있다. 이러하듯이 카지노영업의 부가가치는 매우 높게 평가되고 있다. 카지노의 어원은 이탈리아어의: "CASA"에서 발전되었으며, 갬블링(gambling), 음악(music), 쇼(show), 댄스(dance) 등이 어울러져 고급사교장을 이루었던 상류사회의 별관(bungalow)에서 시작되었다. 카지노는 인류의 문화와 함께 발전하였으며, 고대 이집트 문화유물에서 발견된 것을 토대로 기원 전 2000년경부터 오락이나 스포츠로 도박을 즐겨 왔음을 추측하고 있다. 처음에는 대중적 사교행위로 발전하였으나, 점차 해변가, 온천지, 휴양지 등에 있는 일반 옥내 도박장으로 변화해 가게 되었다. 근대 카지노의 발달은 17~18세기 중세유럽의 귀족사회에서 놀이의 수단으로 소규모 카지노가 개설되었던 것이 유럽 각지로 확대되어 보급되었다. 유럽지역에서는 왕국의 재원을 충당하기 위해 18~19세기에 각지에 개설을 권장하였는데, 그 후 나라에 따라서 과세, 관광시설, 외화획득 등의 목적으로 개설을 권장하는 곳도 있었다. 특히 독일과 오스트리아에서 매우 활성화되었다. 그러나 근대 유럽지역의 혁명과 더불어 귀족계급이 몰락하거나 예속화되면서 잇따라 카지노영업이 금지되었다. 현재 유럽에는 지중해에 면한 남프랑스의 칸과 니스지역, 1861년에 개설된 모나코왕국의 몬테카를로 카지노가 유명한 카지노 도시라고 할 수 있다.

미국의 경우 서부개척기 이래 도박이 활발했으나 본격적인 카지노를 선보인 것은 19세기 중엽부터 남북전쟁 때까지 미시시피강변에 있는 200여 척의 호화 도박선이 이 사업을 주도하였다. 19세기 말에는 뉴올리언스에서 과세목적으로 카지노 설치를 공식적으로 허용하였다. 현재 미국에서 카지노개설을 허용하고 있는 주는 네바다, 뉴저지, 노스다코타이며, 네바다의 라스베이거스 리노에는 20여개의 카지노가 성업 중이다. 중남미에는 우루과이의 몬테비데오, 푸에르 토리코의 샌환 카지노가 널리 알려져 있다. 쿠바에는 아바나 카지노가 있었으나 혁명 후 문을 닫았다가 2000년대에 들면서 국가의 개방정책에 힘입어 다시 관광객을 맞이하고 있다.

아시아에는 홍콩, 마카오 등이 카지노 사업을 관광상품으로 개발하여 관광객을 맞이하고 있다. 특히 마카오는 아시아 제일의 카지노관광지로 발전해 가고 있다.

우리나라는 「관광진흥법」에서 관광사업으로 규정하고 있다. 「관광진흥법」 제3조 제1항에는 "전문영업장을 갖추고 주사위, 트럼프 등 특정한 기구 등을 이용하여 우연의 결과에 따라 특정인에게 재산상의 이익을 주고 다른 참가자에게 손실을 주는 행위" 등을 하는 업이라고 명시하고 있다. 카지노는 관광사업으로서 관광객의 레저스포츠로 인식되며, 건전한 위락형 오락으로 참여하여 즐기는 관광행위로 볼 수 있

[그림 12-6] 카지노 업장

다. 우리나라 카지노는 서울지역에 3개, 부산지역에 2개, 제주지역에 8개, 그 외 인천, 강원, 경북에 각각 1개씩 개설되어 있으며, 특히 강원랜드에 설치된 카지노에는 내국인 출입이 가능하여 영업이 매우 활성화되어 있다.

2. 카지노영업의 역사

1) 해외

- 17~18세기 유럽에서 처음 발달
- 1930년대 대공황 이후 미국 네바다 라스베이거스 등장
- 1934년 마카오 카지노 도입
- 1976년, 미국 아틀란틱 시티에 카지노 합법화 이후 카지노 합법화 붐
- 1989년 리조트 카지노 개념 등장
- 1997년도 미국 전체 관광수익 중 20%가 카지노 수익
- 현재 미국 26개주가 카지노 합법화
- 리조트화를 통한 대중화
- 지역발전 위해 인디언 보호구역에 카지노 붐
- 갬블 5대국 : 미국, 프랑스, 영국, 독일, 마카오
- 세계적 카지노 도시 : 라스베가스, 애틀랜틱시티, 몬테카를로, 칸느, 바덴바덴, 디본누, 모나코, 마카오, 겐팅 하이랜드 등

2) 우리나라

- 1961년 1월 제정된 '복표발행현상 기타사행행위단속법'에 의거 국내 카지노산업 도입 근거 마련
- 1962년 워커힐 카지노 개설
- 1967년 인천 올림포스호텔 카지노 개설
- 1969년 내국인 출입금지법 제정
- 1970년대 속리산, 제주 칼, 해운대, 코오롱 등 6개 업체로 확대

- 1980년 설악 파크, 제주 하얏트 개장
- 1990년대 초 제주지역 카지노업 규제완화 조치
- 1994년 내무부에서 현 문화체육관광부로 주무관청 이관 및 법적 근거 이관(「사행행위 단속법」 → 「관광진흥법」)
- 1995년 5월 외국인 카지노 투자 합법화
- 2000년 10월 강원 랜드 스몰 카지노 개장
- 2003년 강원도 폐광카지노 메인빌딩 개장
- 2005년 서울의 코엑스와 부산의 롯데호텔에 한국관광공사가 운영하는 세븐럭 카지노 개장
- 2007년 코오롱호텔 소재 카지노 경주 코모도를 거쳐 대구 인터불고호텔로 이전 개설

현재 제주 8개 업소를 포함하여 전국에 16개 업소가 운영되고 있다.

3. 카지노의 조직과 역할

1) 카지노의 조직

카지노는 호텔의 부대사업으로 분류를 하지만 영업의 특성상 별도의 조직을 구성하여 영업에 임하게 되며, 대표이사를 호텔의 대표이사가 겸하거나 완전 분리하여 영업에 임하기도 한다. 카지노의 총지배인은 영업을 총괄하며, 쾌적한 시설과 고객지향적인 서비스를 이행하는데 총력을 기울이게 된다.

2) 각 부서의 역할

① 대표이사 : 이사회를 대표하며, 카지노의 영업활동과 내부 통제에 관한 최종적 권한과 책임을 가진다.

② 총지배인 : 영업장 내의 게임운영 총괄, 시설 및 기구의 현대화, 서비스표준의 설정, 서비스요원의 업무 지도 및 감독, 세일즈 및 마케팅 활동업무 총괄한다.

③ 영업담당 임원 : 영업담당임원은 총지배인을 보좌하여 영업에 관련된 업무를 총괄하고, 영업장 내의 인력관리, 고객관리에 최선을 다한다.

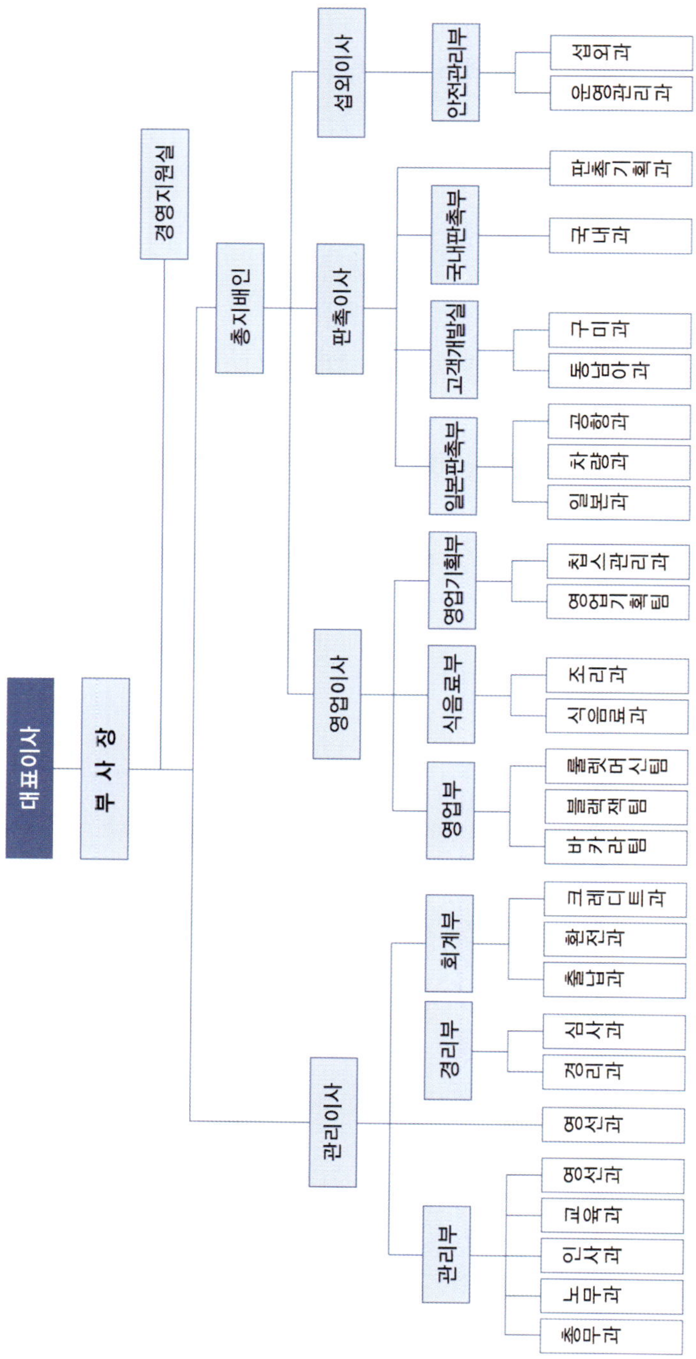

[그림 12-7] 카지노의 경영조직도

④ 마케팅담당 임원 : 마케팅담당 임원은 각 지역별 해외사무소를 통해 카지노를 홍보하며, 예약고객의 이동, 숙박, 식사, 레저와 휴식 등에 관련된 제반업무를 관장한다.

⑤ 관리담당 임원 : 기획, 시설, 경리, 관리부서를 총괄하며, 보고체계는 대표이사에게 하게 된다.

⑥ 영업부문의 역할 : "Dealer", "Floor Person", "Pit Boss", "Shift Manager" 등으로 구성되어 있으며, 카지노를 방문한 고객접점에서 필요로 하는 사항을 서비스하고, 매출을 올리게 된다.

⑦ 마케팅부문의 역할 : 카지노 고객유치에 따른 다양한 업무를 기획하고, 이행한다.

⑧ 관리부문의 역할 : 인사, 교육, 노무, 총무, 비상기획 등의 분야를 관장하며, 영업부문의 업무를 지원한다.

⑨ 안전관리부서의 역할 : 내국인 출입통제, 영업장 질서유지, 고객과 직원의 안전, 폐쇄회로 시설의 운영 등으로 카지노의 안전을 유지한다.

⑩ 회계부서의 역할 : 출납부서와 환전부서로 나눠지며, 출납부서는 칩의 공급과 회수, 카운트관리, 영업 관련 현금 / 수표 / 유가증권의 거래와 보관 등을 업무를 관장한다. 환전부서는 정부로부터 허가된 범위 내에서 환전 업무를 취급한다.

⑪ 전산부서 : 카지노에 설치된 모든 전산시설을 관리하며, 보다 선진화된 전산시설로 카지노영업을 지원하기 위해 노력한다.

3) 카지노의 영업규칙

① 플레이이어는 관계당국이 승인한 장비와 시설에 대한 검시 및 교체를 요청할 수 없다.

② 하우스가 제공하는 게임기구 외의 기구 사용 혹은 부정행위를 행하는 경우, 그 행위로 인한 모든 민 / 형사상의 책임을 지게 된다.

③ 대한민국 정부에서 정한 금액 이상의 잭판 또는 이에 준하는 금액이상을 획득한 플레이어는 관련법이 정하는 세금납부의 의무를 진다.

④ 고객 사이 좌석을 팔거나 사는 행위, 또는 이를 양도하는 행위는 금한다.

⑤ 고객 사이에 부정수수료를 주거나 받아서는 안 된다.
⑥ 1시간 이상 테이블을 떠날 경우, 자리의 소유권은 인정되지 않는다.
⑦ 알콜에 취한 상태로는 게임을 할 수 없다.
⑧ 금연 테이블에서는 절대 흡연하여서는 아니 된다.
⑨ 고객에게 돈을 빌려주는 사채행위를 해서는 안 된다.
⑩ 플레이어는 하우스 매뉴얼을 반드시 준수해야 하며, 게임진행에 지장을 초래하는 어떠한 행동을 하여서도 안 된다.
⑪ 고객카드를 소지하지 않으면 어떠한 혜택도 받을 수 없다.
⑫ 다른 고객의 게임에 간섭해서는 안 된다.
⑬ 블랙잭 테이블에서의 메모지 사용은 금지되어 있다.
⑭ 본인이 베팅한 칩은 본인이 주의를 기울여야 한다.

4. 게임의 종류와 방법

1) 블랙잭(Black Jack)

딜러와 고객이 2장 이상의 카드로 21이 되거나 가까운 것으로 승패를 가름한다. 고객이 처음 2장으로 21을 만들면 건 돈의 1.5배를 받으며 그 외는 서로 건 돈만큼 주고받는다.

2) 바카라(Baccarat)

카지노 게임의 왕이라 불려진다. 뱅커와 플레이어(banker and player) 어느 쪽에 걸 수 있지만 9가 최고의 수이고, 한 자리 숫자만 계산하게 된다.

3) 룰렛(Roulette)

카지노 게임의 여왕이라 불려지며, 룰렛 원반에 38개의 숫자가 있고, 숫자가 새겨진 회전판에 구슬을 넣고 돌려 숫자를 맞추면 최저 1에서 최고 35배까지의 당첨금을 받을 수 있다.

4) 다이사이(Tai-Sai)

중국인이 즐기는 게임이며, 유리용기(dice-shaker)에 있는 3개의 주사위를 딜러가 3회 또는 4회를 진동시킨 후 뚜껑을 벗겨 3개의 주사위가 표시한 각각의 숫자 또는 구성되어 있는 여러 종류의 칩 위에 올려놓고 맞추는 게임이다.

5) 빅휠(Big Wheel)

손으로 큰 바퀴모양의 기구를 돌려 가죽막대기에 걸쳐 멈추는 번호, 그림에 돈을 건 사람이 당첨금을 받는 게임이다.

6) 포커(Pocker)

브리지(bridge)와 함께 세계에서 가장 널리 보급된 게임이며, 딜러가 카드를 분배한 후 미리 정해진 카드 순서의 기준에 따라 가장 높은 순위의 카드를 가진 자가 우승하는 게임이다. 게임의 종류도 120여종 이상이 있다.

제13장 호텔의 조리부서

제1절 조리부서관리의 의의

1. 조리부서 관리개요

식음료영업은 크게 각종 영업장과 조리부서로 구성된다. 조리부서란 각종 조리기구와 저장설비를 갖춘 기능적이고 위생적인 조리작업을 통해 고객에게 제공될 식료서비스상품을 생산하는 시설을 갖춘 작업 공간으로서 실질적으로 눈에 띄는 부분은 아니지만 조리부서의 기능과 중요성은 업소운영에 매우 중요한 역할을 한다. 조리부서의 중요성은 실질적으로 발생하는 비용 중에서 조리부서 운영을 위한 지출비용의 크기와 매출에 대한 이익 공헌도를 살펴보면 잘 알 수 있다. 따라서 조리부서 관리는 식사를 위한 상품을 생산하는 단순한 관리부문이 아닌 호텔이 자랑할 수 있는 시설과 관리가 요구되는 분야이다.

호텔의 조리부서는 생산과 소비가 동시에 이루어질 수 있는 상황변수가 많은 독특한 특성을 갖고 있는 공간으로 식음료업장의 경영관리 성과와 수익성에 중요한 역할을 하고 있다. 협의의 조리부서 관리란 음식을 생산하기 위해 기본적으로 요구되는 조리부서 설계, 조리부서 시설, 조리부서 기기, 조리부서 기물, 조리부서 비품 등을 체계적으로 관리하는 것이며, 광의의 조리부서관리란 협의의 조리부서 관리에 조리부서의 조직과 직구, 위생과 안전, 메뉴관리, 원가관리, 식자재에 대한 구매 · 입고 · 검수 · 불출 등의 관리를 포함하게 된다. 주로 초대규모 체인호텔에서 파견되는 총주방장은 광의적 조리부서 관리의 업무를 수행하게 되어 호텔 내에서 영향력이 큰 직책을 수행하는 것이 일반화 되어있다. 궁극적으로 조리부서관리란 조리부서라는 공간을 중심으로 효율적으로 판매에 필요한 상품을 가장 경제적으로 생산하여 최대의 이윤을 창출하는데 쓰이는 인적자원, 물적자원, 시설자원을 관리하는 과정이다. 인적자원에 대한 계획 · 조직 · 충원 · 지휘 · 통제를 실시함으로써 조직의 목표를 설정하고 달성하는 것이다.

2. 조리부서의 조직과 역할

호텔의 조리부서는 고객을 위해 고급스럽고, 맛있는 음식을 만들어 서비스부서를 통해 고객에게 서비스를 하게 된다. 조직의 특성상 총주방장은 식음료담당 임원의 지휘를 받게 되지만 고도의 기술과 기능과 경력을 요구하는 직책이기 때문에 호텔의 최고 경영관리자인 총지배인보다 더 많은 대우를 받는 경우도 있다. 조리부서에는 총주방장(Executive Chef)을 중심으로 외국인으로 보직되는 부총주방장(Executive Sous Chef)과 내국인으로 보직되는 내국인 부총주방장(Local Sous Chef)이 있다. 외국인 부총주방장은 국제적인 음식문화와 기술을 제공하는 기능에 치중하고, 내국인 부총주방장은 주로 각 영업장에 배속된 조리부서 소속 종업원을 관리하는데 치중하므로 자연스럽게 역할분담이 이뤄진다. 또한 조리부서에는 기물과 집기를 담당하는 기물과(계)장이 있다. 간혹 식음료영업부서에 배속되어 식음영업부장의 지휘를 받기도 하지만 대부분의 체인호텔은 조리부문에서 함께 업무를 진행하고 있다. 외국인 부총주방장은 조리부서의 지휘부격인 메인 주방(Main Kitchen)에서 더운 음식(hot foods)과 차가운 음식(cold foods)을 생산하는데 업무의 역량을 집중하게 되므로 직접 지휘하는 파트는 제과제빵(pastry), 식자재 준비주방(pantry, butchery), 주식주방(broiler / grill / fry), 수프와 사라다(soup / vegetable) 등이다. 내국인 부총주방장은 대부분의 시간을 내국인 인력관리와 총주방장 및 외국인 부총지배인이 추진하고자 하는 조리기술 향상에 대한 업무를 지원하게 된다. 즉 구성원의 의사소통을 원활하게 해 주는 매개역할을 하며, 각 영업장에 소속된 조리부서 인력을 관리하게 된다. 대규모 이상의 호텔들은 각 국적별 식당이 있고, 각 영업장에는 특색에 맞는 음식을 제공하기 위한 주방이 상설되어 있다. 예를 들면 양식당(Dining Room), 한식당, 일식당, 중식당, 이

태리식당, 뷔페식당, 연회장, 종업원 카페테리아 등이 있고, 영업규모에 따라 룸서비스주방을 분리 운영하는 곳도 있다. 이렇게 방대한 조직을 운영하기 위해서는 인력관리, 기술관리, 식자재관리, 양목표(recipe) 관리, 장비 및 기자재 관리, 조리실 시설관리에 많은 경험을 가진 간부가 보직이 되어야 한다.

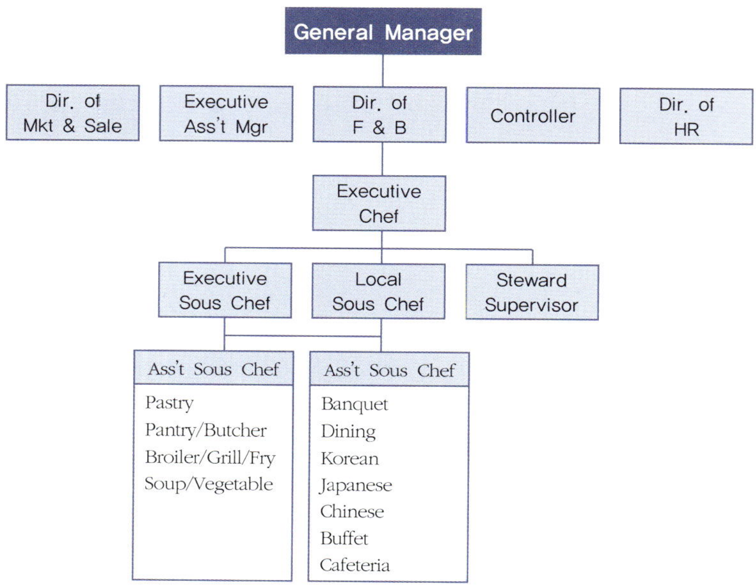

[그림 13-1] 조리부서의 조직

제2절 조리부서의 유형

1. 조리부서의 기본형태

식재료의 반입 · 저장 · 조리 · 서비스 등 작업동선의 흐름을 효과적으로 처리하는데 중점을 두어야 한다. 조리부서의 특성에 따라 약간의 차이는 있으나 [그림 13-1]과 같은 모델이 조리부서의 기본적 흐름이라고 할 수 있다.

2. 조리부서에 필요한 공간

- 식자재의 수령 및 검수장소
- 식자재의 저장 및 일반자재의 보관장소
- 공정 및 메뉴차림 장소
- 가열장소
- 취반작업 장소
- 메뉴 차림 · 배선 · 식기류의 보관과 세척장소
- 조리부서기기의 세척과 보관장소
- 쓰레기 · 잔반폐기와 보관장소
- 관리사무실 및 회의실
- 직원용 탈의실 락카 · 샤워실 · 화장실 등 후생시설
- 환기장치 · 보일러 · 냉동기에 필요한 조리부서기기 기계실

3. 조리부서의 유형

조리부서는 일정한 규격과 형태가 공식화되어 있지 않고 영업장 형태 · 규모 · 운영방법 · 효용성 등에 따라 독립조리부서 · 메인 조리부서 · 단위조리부서 · 즉석 조리부서로 구분한다.

(1) 독립조리부서

독립조리부서는 일반 레스토랑에서 흔하게 볼 수 있는 조리부서의 형태로 모든 종류의 음식을 자체에서 해결하는 조리부서로 시설에 대한 투자비용이 많이 소요되고 많은 직원수를 필요로 한다. 호텔에서는 메인 조리부서가 존재하더라도 대부분 독립조리부서를 보유하고 있는데, 이는 연회파티의 기능 및 각 영업장이 직접 영업을 하기 위한 기능을 갖는 경우이다.

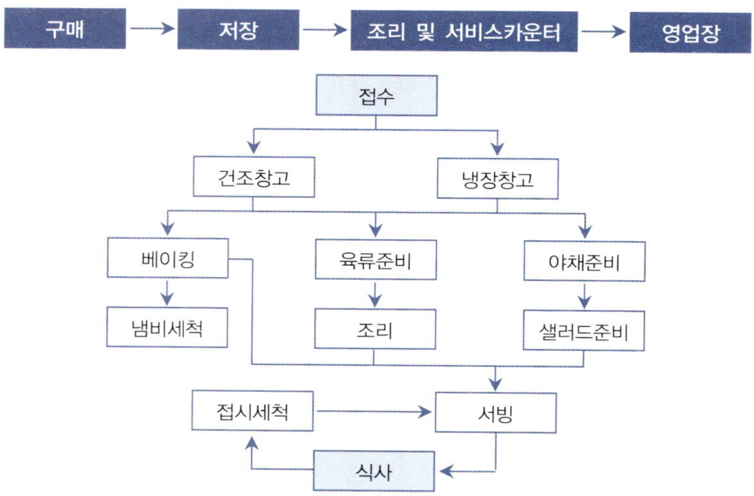

[그림 13-2] 조리부서의 작업흐름 분석표

(2) 메인 조리부서

일반적으로 서양식 조리부문에서 채택하는 형태로 동일부문 내에 여러 조리부서의 형태를 갖추고, 소스 · 수프 · 스톡 · 반제품 등을 생산하여 여러 조리부서에 공급해 주는 기능을 가진 조리부서로 지원 조리부서 또는 준비 조리부서라고도 불린다.

대규모의 면적과 식재료 출입이 용이한 메인 조리부서 시스템의 조리부서는 모든 종류의 기자재를 구비하고 있고 대규모의 시설을 갖추고 있다.

① 핫 키친(hot kitchen) : 핫 키친에서는 스톡(stock), 수프(soup), 소스(sauce)를 생산하여 영업조리부서에 공급을 하는 역할을 하는데, 호텔 또는 대규모(upscale) 레스토랑에서는 핵심적인 역할을 한다.

② 가르드 망제(garde manger) 또는 콜드 키친(cold kitchen) : 전채(appetizer), 소스, 수프, 샐러드, 테린(terrine), 파테(pate)와 같은 안티파스토 중 차가운 음식을 준비하여 영업조리부서에 공급을 하는 역할을 한다. 음식의 신선함을 유지하기 위하여 실내온도가 매우 낮은 것이 특징이다.

③ 육가공 조리부서(butcher shop) : 육류, 가금류, 어패류 등을 손질하여 햄, 소시지 등으로 생산하여 영업조리부서에 공급한다. 그러나 육가공 조리부서는 규모가

크지 않은 외식업장에서는 필요하지 않다.

④ 제빵조리부서(pastry) : 빵, 케이크, 초콜릿, 쿠키, 파이 등의 디저트류를 생산하는 조리부서다.

⑤ 연회조리부서(banquet kitchen) : 대규모 연회행사에 필요한 음식을 조리하는 부서로서 주로 메인키친에서 업무가 이뤄지지만 규모나 용도에 따라 독립된 공간을 만들 수도 있다.

(3) 단위 조리부서

각 식음료업장에 부속된 조리부서로 영업에 필요한 최소한의 면적 · 기자재 · 저장시설을 갖추고 반제품을 수령하여 완제품 생산을 위한 조리부서로 불필요한 시설과 기자재는 축소시키고, 고객에게 가능한 빠른 시간 내에 음식이 제공될 수 있도록 주방을 설계하며, 영업장과 가까운 곳에 위치한다.

(4) 즉석 조리부서

반제품을 완제품으로 생산하기보다는 퀵 서비스 형태의 조리부서로 완제품을 간단히 조리한 후 제공하는 조리부서의 형태를 말한다.

4. 조리부서의 운영시스템

(1) 전통적인 시스템

식음료업장에서 제공되는 음식이 재료구입 · 입고 · 저장 · 서비스 제공까지 전 단계를 거치는 시스템을 말한다. 원자재를 이용하여 음식을 만드는 시스템으로 일반적으로 대부분의 식음료업장에서는 이 시스템을 사용하고 있다.

(2) 주문시스템

이 시스템은 원자재가 어느 정도 다듬어져 있으며 즉각적으로 요리가 가능하도록 만들어진 시스템이다. 보통 이런 시스템에서는 조리부서 기물에서 요리를 만들 수 있도록 하였으며 한두 가지 음식만 취급하는 식음료업장이 이 시스템을 선호한다.

(3) 중앙집중 조리부서시스템

일시에 많은 사람들에게 음식을 제공해야 하는 식음료업장이나 연회장에서 많이 쓰이는 시스템으로, 회사 · 학교 · 병원과 같이 음식을 제공해야 할 사람이 정해진 시간에 많이 몰리는 경우 쓰인다.

(4) 중앙배급 조리부서시스템

기내식과 같은 경우에 이 시스템이 사용된다. 중앙배급 시스템에 의해 요리가 완전히 완성되지 않은 상태에서 즉석 가열로 고객이 즉시 식사할 수 있도록 조리부서를 갖춘 시스템을 말한다. 음식은 냉동시설이 부착되어 있는 자동차나 관을 통해서 대량으로 이동되며, 이러한 시스템에서는 특정의 몇 가지 메뉴만을 취급한다.

(5) 인스턴트 조리부서시스템

최근 고속도로 휴게소 등지에서 사용되는 시스템으로 음식 자체에 이미 양념이 부과되어 뜨거운 물만 있으면 요리가 가능하도록 설비된 시스템이다.

제3절 조리부서의 설계

식음료업장의 디자인과 설계는 종업원과 고객에게 많은 영향을 준다. 시설의 디자인이 잘못되었을 경우, 고객은 불편을 느낄 것이며, 신속한 서비스를 제공받을 수 없을 것이다. 또한 조리부서의 종업원 역시 조리를 하는 동안 불필요한 움직임으로 시간을 낭비하게 된다.

올바른 조리부서설계는 음식의 품질과 생산성을 향상시키는 동시에 레스토랑의 수익성에 큰 영향을 미친다. 디자인과 설계시 불필요한 공간이 디자인되었다면 초기 자본과 인건비는 불필요하게 증가할 것이고, 난방 · 환기 · 청소 · 냉방 등의 운영비용이 발생하게 된다.

레스토랑의 메뉴는 유동적이기 때문에 고객의 욕구에 따라 변화한다. 그렇기 때문

[그림 13-3] 조리부서의 작업기구

에 조리부서설비는 이러한 메뉴 변화에 따라 유연성을 갖고 대응할 수 있도록 설계되어야 한다.

1. 조리부서 설계의 기본

조리부서 설계는 식음료업장의 컨셉에 따라 다양하지만 일반적으로 조리부서를 설계하는데 참고해야 할 사항이 몇 가지 있다. 이것은 조리부서설계가 음식을 만드는 장소의 역할뿐만 아니라 홀에서 근무하는 종업원 · 구매물품의 보관장소의 기능을 수행하기도 하기 때문이다.

일단 조리부서에서 음식을 만드는 데 필요한 재료를 보관하는 장소로서의 기능을 갖춘 공간이 필요하다. 음식을 만드는 공정 동안 재료의 출입과정이 끊임없이 이어져가야 하며, 재료의 보관이 간소하게 이루어질 수 있도록 공간이 배치되어야 한다.

고객서비스를 하는 종업원이 업무 중 불편을 느낄 수 있으므로 조리부서와 홀의 동선은 같은 층으로 또한 조리부서와 홀은 최단거리로 설계해야 한다. 서비스 동선이 길어지게 되면 고객이 불편해 하거나 음식을 옮기는 과정에 위생적인 문제나 인건비 및 기타 비용의 소비가 생길 수 있기 때문이다. 또한 효율적인 작업공정을 위하여 홀과 조리부서 사이뿐만 아니라 조리부서 내에서도 동선을 축소시켜야 한다. 즉 조리부서 설계는 요리사의 작업동선과 식품의 위생과 안전을 고려하여 설계되어야 할 것이다.

2. 조리부서 시설 및 설비계획의 목표

(1) 조리실 시설 및 보수계획 시의 목표

① 보수되는 시설이 고객과 종업원에게 편리함을 제공할 수 있도록 해야 한다.
② 투자에 대한 최대의 수익이 보장되어야 한다.
③ 시설과 설비의 배치에 있어서 동선의 흐름을 효율적으로 해야 한다.
④ 위생적인 측면을 고려하여 설계해야 한다.
⑤ 건물과 설비는 에너지 효율성을 고려해야 한다.

(2) 조리실의 설비계획의 목적

① 생산설비 측면의 목적

② 설비투자 최소화의 목적

③ 공간에 대한 효율적인 이용의 목적

④ 원가관리의 목적

⑤ 노동력의 효율증진과 그 유용화의 목적

(3) 조리실 시설 계획의 원칙

① 종합적인 조화의 원칙

② 최단거리 운반의 원칙

③ 유통원활의 원칙

④ 공간활용의 원칙

⑤ 안전도와 만족감의 원칙

⑥ 융통성의 원칙

3. 조리부서 시설의 계획과정

(1) 조리부서 시설 계획시 고려사항

계획과정의 첫 번째는 계획팀을 구성하는 일인데, 지배인이나 소유주 · 설계사 · 레스토랑 전문가는 팀의 일원이 되어야 한다. 팀이 구성된 후 시설의 개념과 아이디어를 개발해야 하며, 설비와 공간은 메뉴에 따라 결정된다. 메뉴의 다양성과 판매량 · 종업원 개인의 작업대에 따라 디자인되어야 한다. 작업대는 메뉴나 종업원에 따라 분리된다.

설계도는 설비의 배치 · 작업동선 · 작업공간 등을 나타낸다. 설계에 대한 계획을 미리 세워 설계에 따른 비용분배를 해야 한다. 초기 계획이 확정되면 최종설계도와 설비명세서가 작성되어야 한다. 이러한 최종설계도와 설비명세서는 시설보수를 하게 될 건축사 · 설비공급업체 · 경영진에게 설계 스케줄을 제공할 뿐만 아니라 건축사와 설비공급업체 선정결정에 영향을 준다.

(2) 조리부서의 디자인

조리부서의 디자인 계획시 고려할 사항은 다음과 같다.

① 신체적 피로(Physical fatigue) : 조리부서는 많은 신체적 활동이 일어나는 곳으로 가능한 종업원의 피로를 줄일 수 있는 짧은 동선으로 계획하고 작업대의 높이도 고려해야 한다. 직원들을 위한 편리한 라커룸, 화장실, 식사시설을 제공하는 것 또한 중요하다.

② 소음(Noise) : 소음은 종업원과 고객으로 하여금 불편을 느끼게 한다. 따라서 소음을 줄이는 조리부서설비와 소리를 흡수하는 방음장치로 소음을 최소화한다.

③ 조명(Lighting) : 각 작업에 필요한 조명을 설치하도록 한다. 조리부서의 조리구역에 중점을 두어 설계한다. 충분한 조명은 조리부서직원들로 하여금 눈의 피로를 줄인다.

④ 온도(Temperature) : 조리부서는 조리기구를 사용하는 곳으로 실내온도가 높으며, 높은 실내온도는 작업환경에 영향을 줄 수 있다. 작업환경이 항상 쾌적하도록 온냉방 · 환기 시스템을 고려해야 한다.

⑤ 안전수칙 준수(Safety accordance) : 조리부서의 디자인 · 크기 · 환기장치 · 건축자재 · 출구 · 상하수도의 배관 · 전기 시스템 · 화재예방 장치에 따른 안전수칙을 지킨다. 레스토랑이 속해 있는 지역의 법규에 맞추어 설계한다.

⑥ 비용(Cost) : 초기 계획단계에서 필요한 경비를 산출하므로 예산보다 초과되면, 비용이 마련될 때까지 연기하거나, 예산에 맞추어 프로젝트를 다시 수립하거나, 프로젝트를 포기하는 방향으로 수정하는 것이 바람직하다. 현장경험이 많은 매니저, 위탁경영업체 등 관계자들이 최선의 방법을 찾는데 기여할 수 있다.

⑦ 메뉴(Menu) : 조리부서 디자인에 영향을 주는 가장 중요한 요소는 바로 메뉴이다. 조리부서에서 조리해야 하는 메뉴의 품목에 따라 필요한 조리부서 공간과 설비가 결정된다. 단순한 조리과정을 요하는 메뉴를 선택하여 조리부서를 설계한 경우, 조리부서의 크기가 작아도 무관하다. 그러나 차후, 메뉴에 변동이 있을시 수용할 수 있는 메뉴가 제한될 수 있다.

⑧ 식당의 크기(Size) : 즉 좌석수에 따라 필요로 하는 식료의 양이 결정된다. 많은

식자재를 구매 · 접수 · 저장 · 출고 · 생산하여 서비스하는 조리부서는 넓은 공간과 규모 있는 설비를 필요로 한다.

⑨ 음식의 품질(Food Quality) : 음식이 서비스되기 바로 직전에 조리되어야 음식의 질이 높아진다. 그러나 조리부서에서는 배치조리법을 사용하여 미리 5~10인분의 분량을 조리하여 놓은 후 필요시 배치로 조리한다. 배치조리는 공간 · 인건비 · 조리설비를 효율적으로 이용할 수 있는 반면 배치 조리로 인해 인건비가 상승할 수도 있으므로 각 업장별 메뉴 품목에 따른 품질수준을 결정한 후 품질을 일관성 있게 유지해야 한다.

⑩ 조리부서 설비(Facility) : 모든 조리부서 설비는 이동이 가능하며 설치가 용이할 수 있도록 유연성 있게 계획되어야 한다. 다용도로 사용할 수 있는 설비를 이용하여 메뉴의 변화에 대응할 수 있도록 한다. 또한 품질에 따른 조리부서 설비와 조리기구의 수명도 고려해야 한다.

⑪ 에너지(Fuel) : 전기와 가스는 조리부서에서 가장 많이 사용하는 에너지로, 전기와 가스의 선택시 비용분석이 선행되어야 한다.

⑫ 공간(Space) : 조리부서의 면적은 영업장보다 작게 분배되므로 생산시 작업의 효율성이 떨어져 신속하게 서비스되지 못하면 고객이 불만족하게 된다. 이러한 이유로 공간에 대한 효율적인 이용이 필요하다. 많은 레스토랑이 넓은 영업장을 위해 조리부서의 면적을 적게 분배한다. 그러나 영업장에 비해 조리부서의 면적이 현저히 작아지면, 주어진 시간의 생산량도 낮아지게 된다. 보편적으로 영업장과 조리실의 면적은 6 : 4가 이상적이지만 취급하는 요리에 따라서는 7 : 3의 비율도 허용된다.

⑬ 위생과 안전(Sanitation & Safety) : 식음료 경영자는 고객과 종업원을 위해 안전과 위생을 고려한 운영에 대한 책임이 있다. 그러므로 레스토랑 경영자에게 안전과 위생관리의 규칙을 준수하는 것은 매우 중요한 일이다.

⑭ 서비스의 종류(Type of Service) : 업장의 서비스 형태에 따라 조리부서의 디자인은 달라진다. 예를 들어, 연회 서비스는 많은 음식을 준비하고 서비스해야 하므로 넓은 조리부서를 필요로 하나 카운터서비스를 하는 커피숍일 경우에는 넓은 조리부서가 필요하지 않다.

4. 조리부서 공간의 안내

배치는 종합설비의 배치를 구성하고 있는 구역들이 배치될 때 반드시 고려되어야 하며, 교대로 구성하고 있는 구역의 배치는 종합설비를 배치할 때 고려되어야 한다. 배치의 계획단계에서는 운영시 조리부서 설비에 영향을 주는 대부분의 요소를 통합하기 때문에 주의해야 한다.

〈표 13-1〉 배치의 원리

항 목	원 리
재료 · 상품	① 생산하기 쉽게 설계되어야 하며, 가공하지 않은 재료의 이용은 최소 단계과정을 요구한다. ② 과정이 크기 · 모양 · 재료의 포장을 수행하기 알맞아야 한다. ③ 온도 · 습기와 같은 외부 환경변화로부터 보호해야 한다. ④ 재료저장의 순환을 고려하여 공급되어야 한다. ⑤ 저장구역은 재고조사를 하기에 용이해야 한다. ⑥ 쓰레기를 저장하기 위한 설비가 필요하다.
기계 · 장비	① 배치에 공급된 설비는 과정에 적합해야 한다. ② 설비의 최대 이용을 위한 계획이 필요하다. ③ 설비를 손쉽게 배치해야 한다. ④ 융통성 있는 설비공간이 있어야 한다. ⑤ 조리부서 설비의 이동을 용이하도록 해야 한다. ⑥ 설비의 보존을 위한 충분한 접근 공간과 통풍 · 배기장치가 있어야 한다. ⑦ 설비를 손상하지 않게 배치해야 한다.
작업자	① 근로자를 안전하게 배치해야 한다. ② 충분한 조명이 필요하다. ③ 먼지와 같은 불쾌한 요소들로부터 보호되어야 한다. ④ 근로자의 신체조건과 동작에 맞추어 배치해야 한다. ⑤ 설비의 위험을 감안할 수 있도록 색체로 부호화해야 한다. ⑥ 고객과 환자의 행동을 위한 충분한 공간이 제공되어야 한다.
이동 · 흐름	① 식자재와 작업자의 이동에 불편이 없도록 배치해야 한다. ② 후방이동을 방지해야 한다. ③ 동선의 중복을 피해야 하며 최소화해야 한다. ④ 재료 이동시 근로자의 이동거리를 최소화해야 한다. ⑤ 움직임이 최소화 되도록 공간을 배열해야 한다.

항 목	원 리
공간의 짜임새	① 적절한 높이와 충분한 넓이가 제공되어야 한다. ② 능률적인 복도가 배치되어야 한다. ③ 내부벽은 움직임에 방해가 되지 않아야 한다. ④ 기둥의 위치는 이동과 운영에 방해가 되지 않아야 한다. ⑤ 검수시설은 저장구역 가까이에 있어야 한다.
서비스 요인	① 휴게실은 고객과 종업원을 위해 제공되어야 한다. ② 검열 · 고찰 · 통제의 공간이 제공되어야 한다. ③ 수선과 서비스 장비를 위한 공간이 제공되어야 한다. ④ 고객에게 제공될 특수한 설비의 이동을 용이하게 해야 한다.
대기 · 지연의요인	① 재료의 효과적인 저장을 위해 배치해야 한다. ② 대기상품의 질이 보존 · 보호 · 유지되도록 배치해야 한다. ③ 고객의 대기는 예측되고 고객대기에 맞춤공간이 제공되어야 한다.

5. 조리부서 배치의 형태

종업원의 동선을 고려해야 하기 때문에 조리부서의 설계 · 보수는 단순하지 않은 작업이다. 다음은 많이 사용되고 있는 조리부서의 설계유형이다.

(1) 단일직선형 배치

가장 간단한 형태이지만, 장비와 작업장에 제한을 준다. 벽을 따라서 놓여지거나 고립된 형태를 갖는다. 밑의 그림은 냄비와 팬의 세척과정을 보여준다. 사용한 냄비와 팬은 카운터(①)로 운반되고, 남은 음식물은 수거되어 세척 전에 쓰레기토 갈아서(②, ③) 처리된다. 위생규칙에 따라 세척하고, 헹구고, 위생처리(④, ⑤, ⑥)되는 싱크대가 필요하다. 말려진 후 이동식 선반(⑦)에 놓여져 운반된다.

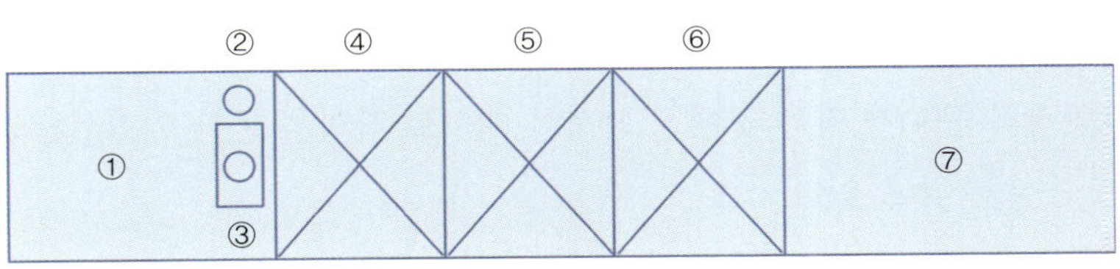

[그림 13-4] 단일직선형 배치

(2) L자형 배치

이런 형의 진열은 많은 수의 장비를 수용할 수 있으며 작업장을 효율적으로 활용할 수 있는 형태이다. 그러나 조리부서의 모형이 직선일 경우 제한될 수 있다. 이 형태는 주요한 두 장비가 분리된 것에 적합하다.

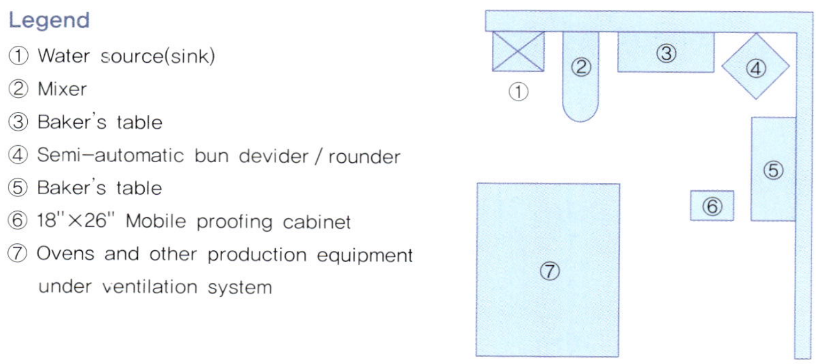

[그림 13-5] L자형 배치

그림에 나타난 L자형 설계는 단체급식 서비스의 조리부서 형태로 제빵작업에 있어 효율적이다. 빵을 만드는 작업을 예로 들면, 빵을 만드는데 물이 필요하므로 싱크대 옆 ①에 믹서 ②를 설치하면 시간을 절약할 수 있다. 빵 제조 과정에서 반죽을 개고, 나누어 모양을 내는 작업을 해야 하므로 제빵 테이블 ③은 믹서 옆에 위치하고 있다. 다음 절차로 반자동으로 모양을 낼 수 있는 절단기 ④를 사용하므로 테이블 옆에 위치한다. 모양이 만들어진 테이블 ⑤에서 빵을 팬에 담는 작업을 하게 된다. 팬에 담겨진 빵은 숙성되어 오븐으로 운반하는데 이동식 숙성 캐비닛 ⑥을 사용하며, 제빵 조리부서에서 많이 사용되는 오븐 ⑦은 베이커리와 가깝게 위치한다.

(3) U자형 배치

식음료업장의 규모가 작은 곳에 이상적인 배치로 작업을 통한 일직선상의 흐름이 통제되는 단점을 갖고 있다.

Legend

① Refuse container
② Solied dish counter with shelf adove
③ Solied dish counter
④ Spray rinse assembly with disposer in trough
⑤ dish machine
⑥ Clean dish table with rack storage below
⑦ Dish carts

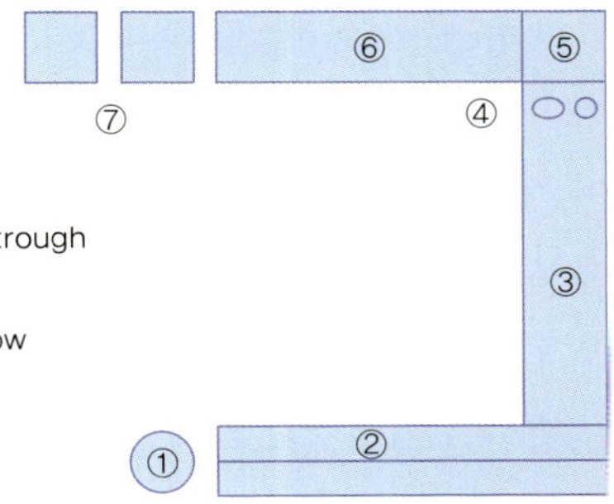

[그림 13-6] U자형 배치

그림은 U자형 세척장의 모양이다. 세척과정은 접객원의 수거된 그릇을 놓는 카운터 ①로 시작된다. 수거된 접시 카운터 ② 위에는 선반이 있으며, 접시가 세척될 때까지 수거된 접시를 놓아둘 수 있다. 다음 카운터 ③은 예비세척 ④와 그릇세척기 ⑤에 넣기 전에 수거된 접시를 정리할 수 있다. 세척된 접시는 공기로 말린 후 깨끗한 접시 테이블 ⑥에 놓여 정리된 후 서비스 카운터로 운반된다. 운반시에는 이등식 접시 카트 ⑦이 사용된다.

(4) 평행 배치(등을 마주하는 배치)

밑의 그림은 튀김작업장의 평행형 설계이다. 작업대 ①의 밑은 냉동창고로 튀김에 사용될 식재료를 보관한다. 작업대에서 튀김옷을 입혀 튀김대 ②에서 익힌다. 튀겨진 후 작업대 ③에서 접시에 담겨지며, 주문한 음식을 수거하는 카운터 ⑤에서 접객원에

Legend

① Work counter with refrigerated storage below, dish shell adove
② Deep fryer
③ Work counter with storage
④ Range oven
⑤ Work counter / pickup station refrigerated storage below

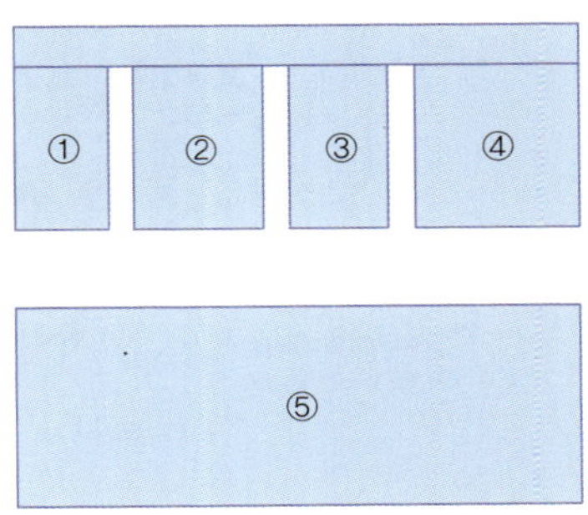

[그림 13-7] Parallel Layout in a Frying Station

게 주문한 메뉴 품목을 제공한다. ④는 그릴이 있는 오븐으로 튀김기구 옆에 설치한다. 때때로 튀김과 그릴을 동시에 사용하기도 하는데, 이런 경우에는 그릴이 작업대에 가까이 위치하여야 한다.

평행 배치는 두 가지의 형태가 있다. 첫 번째는 등을 마주하는 평행배치로, 조리부서의 작업대가 서로 평행한 두 라인으로 배치되어 장비에 유용한 라인을 집중화시킨 형태이다. 공간을 효율적으로 활용할 수 있다. 두 번째는 얼굴을 마주하는 평행배치로, 가장 일반적인 형태로 많은 조리부서에서 사용된다. 작업대가 평행하게 맞닿아 있어 제한된 순서에 영향을 받지 않고 작업진행이 가능하다. 보통 직원용 식당이나 병원 등에 적합한 형태로 한편에는 중량이 덜 나가는 음식을 조리하기에 적합한 기기를 설치하고, 다른 한편에는 무겁고 부피가 큰 품목들로 구성하는 것이 일반적이다. 이 형태는 작업 중심점의 변화에 따라 자유롭게 이동할 수 있는 공간적 여유가 있어야 하며 작업대가 긴 경우, 양편에 싱크대를 설치하여 불필요한 동선을 줄인다.

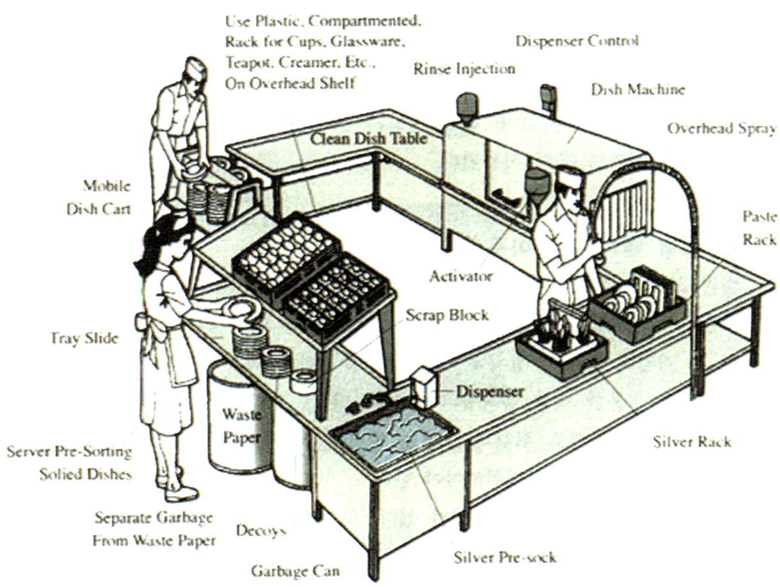

[그림 13-8] Modified ㅁ-Shaped Layout in Dishwashing Area

6. 조리부서 공간의 배치

(1) 검수 · 저장고의 배치

저장지역은 편의성과 접근성에 중점을 두고 설계한다. 무게가 많이 나가고 부피가 큰 재료를 되도록 쉽게 이동할 수 있도록 하는 것이 좋으며, 보조공간을 가진 중앙의 저장시설은 활용이 다양한 좋은 설계이다. 저장고는 위생을 위하여 바닥에서 최소 8인치의 공간을 두는 것이 최적이며, 식자재와 비식자재의 저장실은 분리되어 위치하여야 한다. 검수지역은 모든 물품을 처리할 수 있도록 넓게 설계되어야 하며 저울, 카트 및 검수기구를 설치할 수 있어야 한다. 또한 검수장소는 고객의 눈에 띄지 않아야 하며, 유용성 있는 디자인과 통상적 규칙에 의해서 검수지역은 가능한 한 배달장소와 가까워야 한다. 배달되는 모든 물품을 다루기에 충분히 넓은 공간이 필요하며, 검수지역은 저장지역과 가까워야 한다. 또한 저장창고는 조리부서와 가까운 곳에 위치해야 한다.

저장지역은 건조 · 냉장 · 냉동된 물품을 위해 요구되는 공간으로 규모가 큰 업장은 고기와 생선을 구분한 냉동 저장고를 갖고 있기도 하다. 일반적으로 품질관리를 위하여 적정한 온도유지가 중요한데 건조창고는 10~21°, 냉장창고 7° 이하, 냉동창고는 -18°이하여야 한다. 일반적으로 6° 정도의 온도로 모든 식재료를 저장하기 위해 관리자가 걸어들어 갈 수 있는 냉장고를 설치하는데, 냉장실의 출입구는 바닥과 같은 높이로 되어 있어 이동 카트와 선반을 사용하게 하는 것이 중요하다. 건조창고는 금고로 생각되어야 한다. 계속적인 재고기록 시스템을 통해 값비싼 식자재와 기물을 기록하여야 한다.

(2) 영업장의 배치

식음료 영업장에서 서비스를 제공하는 종업원과 조리부서에서 음식을 생산하는 종업원은 고객에게 음식을 제공하는 과정에 있어 중요한 역할을 한다. 그러나 카페테리아나 뷔페식당의 경우는 셀프 서비스의 형태로 종업원의 협조가 그리 중요하지 않다. 그러므로 영업장의 설비는 서비스의 종류에 영향을 받는다.

식음료의 구매 · 검수 · 저장 · 출고 · 제품화 과정을 통해 메뉴 품목의 품질 유지에 주의해야 하며, 필요한 장비를 편리한 곳에 배치시켜야 한다. 주문된 메뉴를 서비스 하는 과정에 있어 제공될 메뉴 수납시 넓은 공간이 필요하다. 또한 테이블 서비스 형태의 식당에는 종업원의 작업거리를 줄이기 위해 작업장(service station)을 설치하여 사용하지 않은 접시 · 컵 · 은기를 보관하는 데 사용한다.

영업장 디자인에 특별한 주의를 기울여야 하는데, 식음료서비스에 대한 고객의 반응은 업장의 분의기에서 많은 영향을 받기 때문이다. 또한 레스토랑의 분위기는 마케팅 차원에서도 중요한 요소가 되며, 영업장의 크기는 조리부서의 메뉴 생산능력과 조화를 이루어야 한다. 영업장에서 고객과 종업원의 동선형태는 통로의 넓이 · 화장실의 위치 · 카운터 등의 위치에 따라 영향을 받는다. 또한 식음료 경영에 있어 업장 종업원들이 고객들의 음료를 서비스 할 수 있도록 서비스 바는 업장과 가까운 곳에 설치되어야 한다. 즉 작업동선을 방해받지 않고 시간을 절약하면서 고객에게 서비스를 제공할 수 있어야 한다.

(3) 조리부서의 배치

메인 조리부서는 고객에게 제공될 식사를 빠르고 효율적으로 생산하는 것에 중점을 두어 설계해야 한다. 이 구역은 저장고와 준비구역으로부터 세척장 그리고 서빙되기 전의 준비대로 이어지는 흐름을 고려하여 배치해야 한다. 조리기구나 설비를 배치할 때 통풍구나 배기구 등의 환기시스템을 가로막지 말아야 하며 제빵 구역과 주요리 구역은 세척해야 할 식기가 많이 나오므로 이 두 구역 사이에 세척장을 배치해야 한다. 식재료 준비부서는 업무의 순서에 따라 실행되므로 장비가 다듬기−씻기−준비와 같은 순서로 배치된다.

(4) 서빙구역의 배치

음식의 적당한 온도유지와 신속한 서비스를 위하여 서빙구역의 장비는 효율에 기초하여 배열하며, 서비스직원의 접근이 용이하도록 배치하여야 한다.

카페테리아 서비스에 있어서 카운터는 전시용 음식이 잘 나열되고 식사의 순서에 맞도록 음식이 배열되어 있어야 한다. 더운 음식은 픽업하기까지 온도가 식을 위험이 있으므로 픽업 마지막 단계에 배치하도록 한다. 카페테리아의 계산구역은 현금과 전표를 취급하는 구역으로 특별한 주의가 요구된다.

(5) 서비스 바의 배치

바의 디자인과 업장 디자인은 조리부서 설계에 있어서 중요한 요소이다. 바의 디자인은 고객과 운영 측면이 함께 고려되어야 한다. 즉 종업원의 개인 작업공간 개념으로 효율적인 디자인이 되어야 하며, 최소의 투자로 설치되어야 한다. 바의 디자인은 종업원 작업의 단순화에 역점을 두고 편안한 동선이 만들어지도록 설계해야 효율적이다.

바 설계시 고려해야 할 사항

- 바텐더는 한 곳에서 모든 작업을 할 수 있어야 한다.
- 주문한 음료를 생산하기 위해 적절한 공간이 필요하다.
- 바텐더가 수행하는 각 작업의 연계성을 고려해야 한다.
- 장비는 작업의 순서에 따라 설치되어야 하는 것을 원칙으로 한다. 컵을 씻어 보관하고, 냉장 · 냉동 상태의 음료자재를 저장하는 곳은 독립되어 위치해야 하나 공간이 좁을 경우, 위 · 아래로 배치할 수 있다.
- 적절한 조명과 작업대의 높이도 고려되어야 하는데, 작업대의 높이는 바닥으로부터 34인치가 적당하다.
- 작업공간 배분에서 효율적인 서비스를 위해 음료 수납장소 · 다른 비품을 보관하는 장소가 필요하다.

(6) 식기세척구역의 배치

세척구역은 식기구분하기－잔반처리하기－세척하기－쌓아놓기의 세척흐름에 따라 배치되어야 하며, 유리나 은기류는 따로 씻을 수 있도록 해야 한다. 식기세척구역을 통한 식기류의 흐름이 끊이지 않도록 하며 가장 짧은 거리로 계획되어야 한다.

제4절 조리부서의 설비

적절한 설비는 식음료 종업원이 효과적으로 저장 · 준비 · 조리할 수 있는데 큰 영향을 미치므로 제품의 품질과 생산의 효율성 향상을 위해 설비의 선택은 매우 중요하다. 한번 설계된 조리부서는 장기간 사용되므로 비용측면에서 효율적인 의사결정이 필요하다.

설비결정시 설비를 사용하는 종업원의 의사를 반영하는 것이 효과적이다. 즉 종업원이 설비사용방법을 알고 있으므로 종업원의 설비에 대한 의견을 반영하는 것이 생산성 향상에 도움이 된다.

식음료설비는 메뉴를 제조하고 공급하는데 사용되는 것으로, 도마 · 칼과 같은 작은 도구에서부터 냉장고 · 오븐 등과 같은 규모가 크고 비용이 많이 드는 설비들이 있다.

식음료설비 선택에 있어서 유용성과 유연성이 가장 중요한데, 고려해야 할 사항은 다음과 같다.

(1) 비용

구입가격은 중요한 요소로 설비구매가격은 타당해야 한다. 구매가격은 운영비를 고려하여 책정해야 한다.

(2) 안전

설비의 사용은 안전하게 설치되어야 한다. 돌출되거나 날카로운 가장자리, 작동하는 설비에 대한 손쉬운 접근은 위험을 유발하는 요인이 된다. 미국의 경우 직업안전 · 보건법이 설비의 사고 및 재난을 방지할 수 있는 최저기준을 설치하였다. 이 기준에 따라 설비의 결정시 안전이 지켜진다.

(3) 위생

설비는 쉽게 세척할 수 있어야 하며, 위생관리가 용이하여야 한다. 설비 디자인의 위생적인 측면은 사용되는 재질에 따라 다르다. 설비는 식음료의 부식을 막을 수 있고 향기 · 색깔 · 맛이 변하지 않아야 하며 벌레 · 해충의 침투를 막을 수 있는 장비여야 한다. 나무는 가볍고 경제적인 반면 물이나 공기의 침투로 위생관리가 어렵다. 따라서 운영상 규제되어야 한다. 나무는 저장고의 선반에 많이 사용되며, 영업장에서도 사용되지만 조리부서에서는 사용이 자제된다. 금속으로는 스테인리스 스틸이 일반적으로 많이 사용된다. 철 · 동 · 구리 · 주석 등과 같은 금속을 도금하는 것이 가능하여 음식이 접촉되는 부분에 사용된다. 따라서 조리부서 설비 및 작업대는 대부분 스테인리스 스틸로 제작한다.

(4) 기능과 디자인

설비의 디자인은 간단하고 기능적이어야 한다. 기능측면이란 적시에 좋은 품질의 메뉴를 조리하여 제공하는 것으로 작동이 용이하며, 가능하면 여러 가지 기능을 수행할 수 있도록 유연성이 있어야 한다. 예를 들어 믹서는 적절하게 부속품을 교환하여 갈고, 얇게 썰고, 채로 써는 기능을 할 수 있다. 요즘은 많은 비용을 들이지 않고도 설비의 기능을 추가시킬 수 있으므로 필요에 따라 선택할 수 있다.

(5) 유지 보수

대부분의 설비는 효율적인 사용을 위해 사용기간 동안 수리와 수선이 필요하다. 따라서 수선시 비용에 대해 살펴보아야 한다. 수선기간 동안 메뉴를 조정하여야 하는가도 고려할 사항이다.

(6) 설비의 용량

식당의 형태와 크기에 따라 필요한 설비의 크기와 종류가 결정된다. 즉 메뉴의 종류와 생산량에 따라 조리부서의 설비가 결정된다. 불필요한 조리부서 설비를 설치하면 불필요한 경비 및 자금의 낭비가 발생하지만 설비가 제한적이면 메뉴를 다양하게 공급할 수 없다. 공간을 지나치게 효율적인 설비로 배치하다 보면 새로운 메뉴 개발시 어려움을 겪기도 하는데, 그럴 경우에는 이동식 설비를 이용하기도 한다.

제5절 조리부서의 관리

1. 조리부서원 인력관리

최근에는 조리부서가 개방되어 있는 호텔업체가 늘고 있어 조리부서 인력관리가 무엇보다 중요하다. 경영관리자는 교육 · 훈련의 중요성을 인식해야 할 것이다. 고객에게 제공할 음식을 생산하는 조리부서의 청결유지는 고객만족과 위생에 큰 영향을 미치므로 보다 철저한 관리가 요구된다.

① 조리부서종업원의 복장은 청결해야 하며, 위생모 · 앞치마는 항상 착용하여야 한다.
② 근무시간 내 잡담이나 난폭한 행동을 삼가도록 교육한다.
③ 조리부서물품은 용도에 맞춰 구별되어 사용하고, 정기적으로 소독을 한다.
④ 온수 · 가스를 절약할 수 있도록 교육한다.
⑤ 종업원 건강관리에 유념하도록 교육하며, 매니저는 조리를 하는 종업원의 건강상태를 관찰해야 한다.
⑥ 안전사고가 발생하지 않도록 조리부서의 바닥을 물기 없는 상태로 유지하도록 한다.
⑦ 미끄러지지 않는 신발을 착용하도록 한다.
⑧ 전열기구나 냉온장실의 온도를 기억하도록 교육한다.
⑨ 칼은 반드시 정해진 장소에 둔다.
⑩ 소화기가 놓여있는 장소와 사용방법을 숙지하도록 한다.
⑪ 화재와 같은 중대한 사고 발생에 대한 대응방법을 교육한다.

2. 조리부서의 위생관리

아무리 훌륭한 음식과 서비스를 제공하는 레스토랑이라도 안과 밖이 청결하지 않으면 고객으로부터 외면을 당하게 된다. 조리부서의 위생은 레스토랑 경영에 있어 가장 중요하고도 기본적인 사항으로서 고객만족을 실현시키기 위해 경영자나 모든 종업원들은 조리부서 위생점검을 철저히 해야 한다. 호텔은 위생법규에 의해 일정수준의 청결과 위생을 유지하도록 법으로 정해 놓았기 때문에 지켜야 하는 것이 아니라 고객의 건강과 직결되는 문제이기 때문에 위생에 최대한의 노력을 기울여야 한다.

조리부서의 위생관리를 위해 기본적으로 지켜야 할 사항들은 다음과 같다.

① 안전한 음식을 공급하기 위한 조리부서시설과 위생교육을 실시하며, 상호 감시와 점검을 통하여 관리한다.
② 정기적으로 시설물과 직원의 위생상태를 점검하며, 필요시 개선할 수 있도록 한다.
③ 정부의 위생관계자가 점검을 나오면 적극적으로 협조한다.
④ 식품위생 프로그램의 HACCP시스템을 준비한다.

PART 3

호텔 업무지원부문의 경영관리

제14장 호텔의 인력관리

제1절 호텔인력관리의 방향

1. 호텔인력관리의 중요성

호텔은 이익을 추구하는 영리기업이다. 영리기업은 기업의 목적과 목표를 달성하기 위해 자본, 물자, 인력을 투입하며, 양질의 인력을 확보하는 것은 자본이나 물자를 확보하는 것보다 더 중요하며, 호텔기업의 성공의 열쇠가 된다. 경영학자 요더(Dale Yoder)는 인력관리란 "기업이 종업원들에게 그들의 직장에 최대한 공헌할 수 있게 하고, 최대의 만족을 느낄 수 있게 도와주며, 지도하는 기능 또는 활동이다"라고 하였다. 호텔의 인력관리는 호텔기업의 서비스생산성 향상과 양질의 서비스문화를 정착시키기 위해 필요로 하는 경영관리이며, 앞선 내부고객관리가 외부고객만족으로 이어지는 과정으로 이해하고 있다. 이러한 측면에서의 인력관리는 기업의 생존과 발전을 위한 전략적 차원에서 그 중요성을 인식하고, 전략적 인력관리(strategic human resources management)에 집중하여야 한다.

2. 인력관리부서의 역할

흔히 "인사가 만사다"라고 한다. 오늘날 인력관리는 경영학에서 말하는 인사관리, 마케팅, 생산관리, 회계학, 재무관리, 정보시스템 등의 한 분야에 국한되지 않고, 우수인력으로 하여금 호텔기업을 경영관리 할 수 있도록 하여 호텔기업 성공의 토대를 마련한다는 의미에서 전사적 경영관리기능으로 접근하고 있다. 초대규모호텔과 대규모호텔에서 인력관리부서는 관리부문과 분리되어 대표이사나 총지배인의 참모기능을 수행하며, 이부서의 주된 업무는 호텔이 필요로 하는 인력의 모집, 채용, 교육, 임금, 노무, 인사고과, 생애관리 등의 업무를 수행할 뿐만 아니라 호텔소속원의 후생복리에 많은 연구와 시간을 할애하게 된다. 인력관리부서가 수행하는 주된 업무와 더불어 호텔기업의 기업주나 체인본부의 경영철학, 경영목적, 경영목표 등에 대한 정신교육을 주도하고, 다양한 직무관리 프로그램에 의해 혁신적인 업무수행으로 자아실현과 성취감을 고취하는 전문상담자(counsellor) 역할도 수행하게 된다. 나아가서 사내 경력관리와 더불어 퇴직 후의 경력관리에도 많은 연구와 노력을 기울이고 있음을 알게 된다.

3. 각 부서의 인력관리업무

호텔기업의 인력관리부서는 호텔기업 전체 구성원에 대한 모집, 채용, 교육, 임금, 노무, 인사고과, 생애관리, 후생복리 등의 업무를 포괄적으로 수행하게 되는 반면, 각 부서장은 부서가 필요로 하는 인력을 인력관리부서를 통해 공급받고, 이를 직무교육을 통해 현장에 투입하고, 지휘하고, 통제하며, 평가하고, 이동(transfer)하는 다양한 인력관리업무를 수행하게 된다. 이를 위해 관련 부서는 필요한 충원계획과 예산계획을 세우게 된다. 각 부서장은 부서를 원활히 운영하고, 고객감동서비스를 제공하며, 이익창출을 위해서는 무엇보다 인력관리에 심혈을 기울여야 한다. 모두가 주지하듯이 호텔산업은 인력에 대한 의존도가 매우 높아 조직구성원 한명 한명이 양질의 서비스를 창출할 수 있는 역량에 의해 호텔의 이미지관리가 가능하다. 따라서 능력 있고, 서비스 마인드가 충만한 인력자원을 확보하기 위해 부서장은 자체적 노력이 필요하다. 각 부서에서도 전사적 인력관리의 큰 틀에서 부문적인 사기앙양책이 마련되고, 각 부서장의 책임아래 추진하게 된다. 각 부서장의 책임 하에 진행되는 인력관리업무는 부문별 인원분석, 충원요청, 채용방법결정, 인터뷰과정, 오리엔테이션, 실무교육, 동기부여, 직무평가 및 승진 · 징계 · 해고 등이 있다.

제2절 인력의 충원계획과 직무분석

1. 인력의 충원계획

각 부서가 영업이 활성화되어 현재의 조직구성원으로는 고객서비스에 차질이 발생될 가능성이 있다면, 각 부서장은 원활한 부서 운영을 위해 이를 미리 예측하고, 적절한 대응책을 강구하여야 한다. 가끔 현장 슈퍼바이저들로부터 인력이 부족하여 고객서비스에 문제가 발생하게 되며, 고객 불평불만이 발생하게 되는데, 이 때 가장 먼저 고려해야 할 사항은 담당종업원의 숙련도, 근무스케줄, 직무기술서(job description) 등을 면밀히 분석하여 업무방법의 개선, 행정의 간소화, 지원가능자원을 투입하여 개선책을 세워야 한다. 만약 개선의 여지가 없다면 인원을 보충하여 고객서비스에 만

〈표 14-1〉 인력충원요청서

The World Best Smile Hotel, Busan

REQUEST FOR NEW HIRE

DATE : ____________

1. NAME ____________ POSITION TITLE ____________ SEX ____________
2. SALARY ____________ PER MONTH HOURLY ____________ PER HOUR
3. QUALIFICATION REQUIREMENTS :
   a. Experience : Yes ( ) No ( ) If Yes, ____________ Years
   b. List of skills needed : ____________
   c. Education : Number of Years ____________
4. REPLACEMENT : Yes ( ) No ( ) Replaces whom : ____________
5. OTHER REASONS : ____________
6. HOW MANY ON PAYROLL IN THE CLASSIFICATION? : ____________
7. PROPOSED ON-PAYROLL DATE : ____________
8. PRE-EMPLOYMENT TRAINING :
   FROM : ____________ TO : ____________

REQUESTING DEPT. HEAD APPROVED BY GENERAL MANAGER

전을 기해야 하며, 현재인원에 대한 인력분석(manpower analysis)을 바탕으로 총지배인에게 보고하고, 이를 근거로 인력관리부서와 논의하여 필요한 인력을 보충받게 된다. 충원요청서가 인력관리부서에 접수되면 인력관리부서는 지원자를 모집하기 위해 공고하고, 인터뷰 일정을 짜게 된다. 이 때 인력관리부서에서는 필요한 보직에 충원되어야 할 사람의 업무숙련도, 언어구사능력, 특기사항 등에 대해 정확히 파악하여 충원계획을 세우고, 필요한 인원의 모집에 들어간다.

2. 직무분석

직무분석이란 수행하게 되는 직무의 내용과 성격에 관한 체계적인 조사를 의미하며, 그것은 직무기술서와 직무명세서의 기초가 된다. 직무분석결과는 채용관리는 물론이고 건강과 안전, 교육 및 훈련, 업무의 표준량 결정, 임금, 직무평가, 인사고과, 생애관리 등에 활용된다. 따라서 호텔기업 구성원의 직무분석은 호텔경영관리 또는 인적자원관리에 크게 기여하게 된다. 직무분석은 직무를 구성하고 있는 업무와 그 직무를 수행하기 위하여 담당자에게 요구되는 전문지식, 현장경험, 다양한 기능, 책임과 의무 등이 타 직무와 구별되는 요인을 각각 명확하게 밝혀 기술하는 방법이다. 직무분석의 기초가 되는 정보를 얻는 원천으로는 첫째, 직무상의 직원 둘째, 이들 직무를 잘 알고 있는 감독자(supervisor)와 관련 직종의 직원 셋째, 이 직무를 수행할 직원을 관찰하는 독자적인 관찰업무의 수행자 등이다. 그러므로 이러한 여러 원천을 알아보면 직무분석을 할 수 있는 방법이 발견될 수 있을 것이다. 직무분석에 많이 활용되는 방법으로는 면접방법, 질문서방법, 종합적 방법 등이 있다. 그러나 호텔기업에서는 체인호텔 본부에서 전문가들에 의해 설정되어진 서비스표준 매뉴얼이 이를 담당하게 된다. 가끔 단독호텔에서 직무분석을 시도하게 되는데, 이때는 담당자와 면접에 의한 직무분석방법을 택하고, 여기에 전문가들의 의해 분석된 내용을 덧붙이는 방법을 택하는 것이 가장 적절한 방법일 수 있다. 직무분석의 구체적인 내용은 첫째, 직무의 전반적인 내용을 파악한다. 둘째, 직무의 목적을 파악한다. 셋째, 그 직무를 수행함에 있어서 정신적 강도를 파악한다. 넷째, 직무의 신체적 강도를 알아본다. 다섯째, 업무환경과 근무조건에 대해 알아본다. 여섯째, 직무수행에 필요한 자격요건을 파악한다. 마지막으로 직무가 필요로 하는 숙련과정을 분석한다.

3. 직무기술서와 직무명세서

1) 직무기술서

직무기술서(job description) 또는 직위기술서(position description)라고 하는 양식의 업무기술서는 직무평가자가 동일한 직무를 다양하게 분석한 결과를 정리한 것이다. 즉 직무기술서는 직무분석의 결과를 정리해서 일정한 문서로 기록한 것이며, 내용은 일반적으로 직무의 성격과 그 직무에 관한 인적 요건으로 구성된다. 호텔기업의 직무기술서는 서비스접점요원, 지원부문의 사무직, 시설관리와 안전관리 등 각종 기술 및 기능직 또는 일반 관리직에도 적용된다. 직무기술서는 직무급의 기초가 되는 직무평가의 기준이 되고, 승진인사의 결정기준도 되며, 경영간부 육성의 기준이 되기도 한다.

2) 직무명세서

직무명세서(job specification)는 직무분석의 결과에 의거하여 직무수행에 필요한 직원의 행동 · 기능 · 능력 · 지식 등을 일정한 양식에 기록한 문서를 말한다. 즉 직무명세서는 직무기술서를 기초로 하여 채용 · 배치 · 승진 · 평가 등 인력관리의 목적에 따라 필요한 자료를 추출하고, 이를 편성하여 작성한 양식이라고도 말할 수 있다. 따라서 각 직무에 필요한 자격요건을 직무기술서에서 찾아내어 더욱 상세하게 기재한 것이 직무명세서이다. 최근 호텔기업에서는 직무의 특성을 기술하고 직무에 요구되는 인적 요건을 기술하여 혼합식 직무기술서를 제공하기도 한다.

〈표 14-2〉 직무명세서

Job Title. Convention Sales Manager
Department : Marketing
Reports to : Director of Sales

Basic Functions : Reviews with director of sales the marketing strategy that will obtain maximum occupancy levels and average rate. Responsible for all convention group business related to the market segments as they relate to annual revenue projection.

Consults daily with the director of sales concerning the defined territory and how it relates to the marketing success of the hotel through effective merchandising. prospecting, solicitation, and booking of business.

Scope :

Sales manager will be the primary person for booking of long-term convention group business (business that is more than six months away).

Work Perform : Initiate prospecting and solicitation of new accounts; manage current accounts to maximize room nights from the account in relation to the hotel marketing plan; responsible for administrative efforts necessary to perform the aforementioned.

1. Quotas for this position are :
   - Room nights per month 1200
   - Soft spot percentage 20

   Phone calls per week :
   - Trace : 20
   - Prospecting : 25
     - Personal calls per week 10
     - New accounts per week 10

   Individual to supply weekly, monthly, and annual reports supporting productivity standards.
2. Probe for customer needs : rooms. suites, desired dates, day-of-week pattern, program agenda, food & beverage requirements, and degree of flexibility in each of these areas.
3. When possible, obtain information an the group's past history-that is, its previous rooms picked up, arrival and departure pattern, and double occupancy percentage.
4. Review availability of client's REQUIRED DATES AND ANY ALTERNATE DATES that should be offered. The dates presented to the customer should satisfy the customer's needs while allowing the hotel to maximize occupancy and average rate.
5. Negotiate with the customer : day / day-of-the-week pattern, day-by-day room block, group rates (within guidelines as set by the director of sales). complimentary rooms, and function space.
6. Tentatively block rooms and function space in accordance with office policy.
7. Confirm in writing all aspects of the meeting. Check to ensure they received the signed contract.
8. Alert front office and credit departments of pending tentative.
9. Upon receiving the signed contract, process a definite booking ticket, a definite function room

cutline, and a credit application.

10. Oversee, manage, and track the way in which reservations are to be made, the pick-up of the group block, adherence to the cutoff date, and any subsequent adjustment to the room block (positive or negative).
11. Periodically contact the customer while the customer is in-house to be certain all is in order and going well, Handle any last-minute needs as they arise.
12. Conduct an exit interview with the customer to determine their level of satisfaction and ask for additional business.
13. Send a letter of appreciation to the customer. (The letter should include actual room night consumption and the letter should be tailored to previous exit interview discussions.)
14. Atiend extracurricular activities and meetings and accept amy responsibilities or projects as directed by the director of sales.

Supervision Exercised. Supervise and share one secretary with another individual.

Supervision Received. Primary supervision from the director of sales. Initial training, and retraining as needed, also received from the director of sales, as well as direction as to room merchandising.

Responsibility & Authority. Upon satisfactorily completing rooms merchandising and operational training. the individual will have the authority to make decisions and confirm dates, room blocks, and rates to the clients.

Minimum Requirements : Bachelor of Arts of Science degree-preferably in business, hotel, or restaurant administration. Individual must also be professional in appearance and approach.

Exercised : Minimum of two years' experience in hotel sales.

Sales Competencies :

1. Ability to negotiate
2. Account strategizing
3. Ability to prospect
4. Ability to judge profitability of new business
5. Knowledge of product
6. Knowledge of competition
7. Ability to make presentations
8. Ability to organize and plan
9. Ability to utilize selling skills
10. Ability to overcome objections
11. Ability to solve problems and make decisions
12. Ability to write effectively

제3절 인력관리부서의 업무

1. 모집과 채용

호텔기업은 타 업종에 비해 이직률이 높은 기업이다. 호텔의 총지배인과 인력관리부서장은 이직률을 낮추기 위해 경력관리, 후생복지에 관련된 다양한 프로그램을 개발하고, 활용하게 된다. 그러나 아무리 좋은 제도가 있고 관리기능이 향상되어 있어도 호텔조직에는 이직과 채용이 항상 있게 마련이다. 채용관리업무는 각 부서에서 요청하는 인력을 호텔의 전반적인 인사정책의 범위 내에서 검토하여 합당한 인력을 공급하는 것을 말한다. 채용에는 내부채용과 외부채용의 방법이 있다. 고도의 서비스를 구사하는 호텔기업의 인력은 단시일에 양성될 수 없으므로 기업의 서비스철학과 고객을 잘 인지하고 있는 내부자원의 활용이 가장 좋은 방법일 수 있다. 내부자원을 활용할 경우 승진, 전보를 전제로 타 부서장의 추천을 받아 인터뷰에 임한다. 주로 종업원 게시판을 이용한 내부공모가 일반적이며, 특정인과 면담을 통해 전보하는 경우도 있다. 만약 내부에 희망자원이 없다면 외부자원을 공모하게 되고, 이 때 많이 이용되는 방법은 신문광고, 학교추천, 대행점 활용 등을 들 수 있다. 외부자원을 공모할 때에는 호텔의 이미지도 함께 고려하는 광고가 되어야 하고, 필요한 정보를 충분히 제공하여야 한다. 즉 채용하는 직명, 직책, 직급, 필요경력 및 교육수준, 급여 관계, 각종 혜택, 연락방법, 담당자 등을 상세히 안내한다. 외부인력을 충원할 때 지원자는 입사지원서를 쓰게 되고, 입사지원서의 내용은 인터뷰 전에 인사부서에서 검토를 하게 되는데, 필요사항의 기록, 진실성, 호텔이 요청한 지원요건 및 자격 등을 중점적으로 확인하게 된다.

〈표 14-3〉 입사지원서(앞면과 뒷면)

The World Best Smile Hotel 20 년 월 일 작성

	성명			
	국 문		제 1 지망	
	영 문		제 2 지망	
	한 문		희망하는 최저 연봉	
	본 적 :			
	현 주 소 :			
주민등록번호	신장 / 몸무게	종교 / 혈액형	취미 / 특기	보훈가족 Y N 장 애 인 Y N

학력사항	학교명	전공과목	기 간	비 고
대 학 원			~	학위취득, 수료, 재학
대 학 교			~	졸업, 재학, 중퇴
전문대학			~	졸업, 재학, 중퇴
고등학교			~	졸업, 재학, 중퇴
중 학 교			~	졸업, 재학, 중퇴
초등학교			~	졸업, 재학, 중퇴
기 타			~	

언어능력 (해당란○표시)	이해			말하기			독해			작문		
	상	중	하	상	중	하	상	중	하	상	중	하
영 어												
일본어												
중국어												

외 국 어 평가능력시험	TEPS / TOEFL / TOEIC (점 / 년), JLPT / JPT (점 / 년), HSK (급 / 년), 기타 (점 / 년)

컴퓨터 능력 (해당란 0표시)	HWP			POWER POINT			WORD			EXCEL		
	상	중	하	상	중	하	상	중	하	상	중	하

기타 가능한 프로그램	

입사전 근 무 경 력	회사명	근무기간	직위 및 직종	연봉	주소지	사직이유

가족사항	성 명	관계	생년월일	동거여부	최종학력	근무처	직위
미 혼 □							
기 혼 □							
배우자사망 □							
이 혼 □							
별 거 □							

병역사항		주거사항		자격증 취득 사항	자격, 면허종류	취득연월일
복무기간		자 택				
군 번		전 세				
역종 / 계급		부모동거				
군 별		하 숙				
병 과		기 타				

The World Best Smile Hotel

성장과정	
생활신조	
성격소개(장 · 단점)	
지원동기	
희망업무 및 포부	
특기사항	

2. 인터뷰와 선발

호텔은 특정한 자리에 일할 진정한 호텔리어를 찾기 위해 다양한 방법으로 선발과정을 거치게 된다. 첫째, 입사지원서 검토가 있다. 우선 모든 입사지원서를 인력관리부서, 관련 부서, 담당임원, 부총지배인, 총지배인이 심사를 하여 인터뷰에 임할 대상자를 선정하게 된다. 둘째, 선정된 후보자를 대상으로 공개 인터뷰를 추진하게 된다. 최근에는 인터뷰도 공개적으로 진행하고 여기에는 호텔의 임원, 담당부서장, 인사책임자는 물론 인터뷰 참여자도 상호간에 질문을 주고받으면서 응시자의 우열을 가리게 된다. 인터뷰에 임하는 응시자는 많은 내용을 공부하지만 실제로 필요한 사항은 인적사항, 가족관계, 출퇴근 문제, 장래희망, 당 호텔을 택한 이유 등 기본적인 사항과 취업 후의 당해 호텔에 대해 가질 수 있는 충성심, 기여도, 협동심 등에 대한 질문과 환경문제와 호텔의 관계, 호텔산업의 미래, 창의적인 서비스 기법 등에 대하여 질문함으로 서비스제공자의 자질을 테스트하게 된다. 셋째, 실기 테스트와 필기시험이 있다. 채용은 호텔마다 조금씩 다르지만, 경력사원에 한해서는 실기를 테스트하는 경우도 있어 평소에 잘 연마된 기량을 유감없이 발휘하여야 한다. 이러한 과정은 향후 급여책정에도 영향을 미치게 된다. 또한 업무가 컴퓨터를 활용하도록 되어 있는 보직에는 컴퓨터시스템이나 PC를 잘 다룰 수 있어야 하고, 필요한 외국어 구사능력도 테스트의 대상이 된다. 간혹 정직성 테스트와 적성 테스트, 그리고 전공 및 외국어에 대한 필기시험을 치르는 경우도 있다. 넷째, 사실 확인 작업이 뒤 따른다. 입사지원서에 적혀 있는 전직이나 지인을 상대로 기록된 사실을 확인하고, 전직에서 있었던 문제점을 확인하기도 한다. 다섯째, 신체검사와 약물검사를 하게 된다. 특히 미국과 유럽 여러 나라는 약물에 중독된 사람을 철저히 가려내어 호텔의 취업을 막고 있다.

〈표 14-4〉 INTERVIEW SHEET

The World Best Smile Hotel

INTERVIEW SHEET FOR APPLICANT

Interview Date :

Applicant 's Name		Sex	M	F	Age
Department / Position to be hired					

	Elements for Review	A	B	C	D	Interviewer 's Initials
1	Appearance					
2	Attitudes					
3	Education					
4	Experience / Skill					
5	English Knowledge					
6	Japanese Knowledge					
7	License(Tourism / Cook / Driver)					
8	Military Duty Status					
9	Bereaved family subjected to veterans relief act.					
10	Remark					

□ Rejected	□ Pending	□ Approved
□ Regular Hire	□ Temporary Hire	□ Probational Hire

■ Hiring Date :

■ Salary to be offered : ₩ , %

H.R. Mgr.	Dept. Head	E.A.M.	Controller	G.M.

3. 오리엔테이션

오리엔테이션은 신입사원에게 호텔의 주변 환경과 내부 환경에 잘 적응할 수 있는 기초정보를 제공하는 기회이면서 호텔의 기업철학과 경영방침을 전달하는 중요한 과정이다. 이 부분은 대개 인력관리부서의 주요업무 중에 하나이다. 오리엔테이션의 주요 목적은 첫째, 새로운 조직에 대한 불안을 제거한다. 새로운 조직에서 업무를 시작하는 사람은 그들이 내린 결정에 대해 후회하지 않을 비전을 발견할 수 있어야 한다. 따라서 인력관리부서와 관련 부서장들은 호텔의 철학과 경영방침, 경력관리 등에 희망적인 방향제시가 있어야 한다. 둘째, 새로운 구성원에게 사기를 주어 호텔의 이직률을 줄인다. 오리엔테이션에서 얻은 확신과 호텔에 대한 신뢰는 오래도록 간직되며, 신입사원이 그 호텔에 입사한 것을 후회하지 않고 오래도록 봉직할 수 있도록 도움을 주게 된다. 셋째, 신입사원과 재직사원 간에 호텔기업의 기업철학, 경영방침, 영업목표, 고객안전 및 종업원안전 등에 대한 통일된 정보를 공유하게 된다. 즉 함께 일하는 구성원의 행동지침을 전달하게 된다. 넷째, 신입사원에게 그들이 택한 호텔조직에 대해 많은 정보와 지식을 얻는데 도움이 된다. 주요내용은 다음과 같으며, 교육이 끝난 후에는 오리엔테이션 체크리스트(orientation check list)에 의해 숙지상태를 확인하게 된다.

오리엔테이션의 주요 내용

- 호텔산업이 지역사회에서의 경제적, 사회적 역할 소개
- 호텔의 경영목적(Mission Statement), 고객서비스의 효과, 팀워크의 중요성 등
- 사원용 소책자(employee handbook)의 내용으로 각 부서 소개, 급여일, 후생복리 등
- 사규 및 규정집에 소개된 고객 및 사원의 안전, 노동조합 관련 정보 등
- 호텔의 각 부서 방문 및 각 부서장과 인사
- 호텔시설에 대한 소개 및 특이 사항에 대한 안내
- 기타 필요한 사항

4. 실무교육과 인성교육

오리엔테이션이 끝난 신입사원은 각 부서별 실무교육(on-the-job training)에 임하게 된다. 실무교육은 신입사원이 보직에 필요로 하는 업무지식과 기능(work knowledge and skill)을 개선하는데 도움이 된다. 실무교육은 모두에게 필요한 것은 아니며 일정기간 기존 직원이 수행하는 업무의 관찰로도 서비스태도와 방법을 익힐 수도 있다. 객실영업부서나 식음료부서의 경우 담당계장(senior agent)에 의해 교육 스케줄이 작성되고, 업무단계별 절차로 하나하나 배우고 익히게 되는데, 이 때 이용되는 교육프로그램은 체인호텔의 매뉴얼과 근무조별 업무 내용 및 서비스 프로그램 등에 의해 실무교육이 진행된다. 호텔마다 조금씩 다르지만, 세계적인 체인호텔들이 쓰는 실무교육 방법은 상급자가 교육스케줄을 작성하여 피교육자를 대동하고 실제적인 업무를 직접 보여주면서 가르친다. 또한 피교육자가 직접 업무를 해보게 하며, 그리고 스스로 했던 업무를 확인하여 절차가 업무표준과 맞는지 점검하도록 한다. 계획된 일정에 따라 추진되는 실무교육 프로그램이 끝나게 되면 현장 투입 전에 교육에 대한 체크리스트를 작성하여 확인하고 실무부서장에게 제출하게 된다. 실무교육에는 기존 종업원의 재교육도 포함된다. 각종 전산 시스템이 최첨단 장비로 바뀌거나 중요한 서비스 매뉴얼이 개발되어 각 호텔체인에 보급될 때는 해당 부서는 그룹별 실무교육이 필요하게 된다. 또한 영업부서에서 시도되는 업셀링제도(up-selling program) 등을 추진할 때도 집체교육을 받아 같은 방법의 판매기법을 구사하기도 한다.

호텔이 제공하는 교육훈련에는 실무교육을 비롯하여 인성교육이 있다. 조직문화 교육은 호텔의 인력관리부서에서 전문강사가 교육을 주도하기도 하지만 주로 임원 또는 간부사원으로 구성된 강사진에 의해 다양한 교육훈련이 마련되고, 시행되고 있다. 이와 더불어 체인호텔은 체인의 이미지와 가치를 유지하기 위해 주기별로 각 분야별, 지역별 워크숍을 개최하게 되며, 여기에 참석한 간부는 사내강사로 활동하면서 체인에서 배운 기업의 미션, 서비스마인드 및 분야별 전문지식을 전파하게 된다.

교육훈련의 중요성은 호텔의 서비스품질관리와 맥을 같이 하며, 최근 호텔기업들이 이 분야에 많은 관심과 투자를 아끼지 않아 인력관리에 심혈을 기울이고 있음을 알 수 있다.

5. 업적평가와 경력관리

호텔의 인력관리부서가 호텔조직이 필요로 하는 인력을 공급하고, 일정기간이 지나면 그 인력에 대해 평가를 하고, 필요한 경력관리와 업적에 대한 보상을 하게 된다. 이러한 업무도 각 부서의 도움을 받아 인력관리부서가 정기적으로 이행하게 된다. 업적평가방법에는 서열법, 기록법, 평가척도법, 대조법, 강제할당법, 업무보고법 등의 전통적인 방법과 주요사건 서술법, 자기신고법, 면접법, 목표관리법, 인적자원회계, 행동과학에 기초를 둔 평가 등 현대적 평가방법 등이 있다. 그러나 평가의 방법은 호텔기업의 가치기준과 경영철학에 따라 매우 다양한 방법으로 진행되고 있다. 또한 경력관리는 입사에서부터 퇴사까지 일정기간마다 부서나 직책, 직급의 이동을 전제로 성장과정을 관리하고, 종국에는 퇴사에 의한 사회로의 환원까지 관리하게 된다.

1) 업적평가

직무평가는 상·하반기로 나눠 실시하기도 하지만, 대부분의 호텔들은 10월에 다음해의 호텔경영계획을 세우고 나면 12월경 각 개인이 올해 추진해 온 업적을 평가하고, 다음 해에 각 개인이 성취할 목표를 전제로 업무계획을 세우게 된다. 호텔 구성원들 중 많은 사람들이 자신이 무엇을 해야 할 것인지 또는 호텔이 자신에게 무엇을 요구하는지에 대해 분명히 이해하지 못한다면 의욕적으로 일하지 않을 것이며, 그렇게 되면 조직의 목표달성도 어려워지게 된다. 따라서 인력관리부서와 각 현업부서는 구성원 각자가 명확한 목표의식을 갖도록 방향제시를 하여야 하며, 동기유발효과를 갖게 하기 위해서는 보다 세분화된 목표의 설정, 달성할 수 있는 기간, 달성 가능한 구체적인 수치를 제시하여 업무가 잘 추진되었는지 주기별로 평가도 하여야 한다. 아래 제시된 개인업무 평가서는 비평가자 본인이 작성하여 평가자와 함께 부서의 계획과 성과를 검토하고 다음해의 계획을 세우는 것을 전제로 작성된 것이다. 이는 호텔의 계획과 성과를 각 부서의 계획에 바탕을 두게 되며, 각 부서는 부서원 각자가 달성한 성과를 합하면 부서 전체의 성과가 되므로 공동운명체임을 인식시키는 환경이 중요하다. 그러나 결과에 대한 모든 책임은 궁극적으로 부서장과 총지배인 등 경영관리자에게 돌아가게 된다. 따라서 부서장 스스로가 최선을 다하는 모습이 필요하게 된다.

2) 경력관리

(1) 승진

업적평가의 결과는 직장인이라면 누구나 기대하는 승진으로 연결시킬 수 있다. 호텔마다 직급 간 승급이나 승진기간을 두고 있지만 뛰어난 성과를 달성한 사람은 조기진급의 기회도 주어진다. 승진의 기본요건은 개인의 능력, 기간별 목표달성, 부서에의 기여도 등이 중요한 요인으로 작용하게 되고 연공서열도 현실적으로 배제될 수 없는 요인이라고 할 수 있다.

(2) 전보

전보는 사내의 타 부서나 타 보직으로 수평적인 이동을 전제로 자리를 옮기게 되는 것을 말한다. 직무순환(job rotation)이라고도 하며, 직무 간 유사성이 있는 보직을 일정기간 돌아가면서 근무하므로 직무확대(job enlargement)의 목적도 달성하고, 다기능화 인력(multiple skilled person)의 양성에 도움이 되며, 궁극적으로 구성원의 경력개발 및 관리(career development and management)에 기여하게 된다.

(3) 징계

징계는 호텔기업이 설정한 규정과 규칙을 위반하였을 때 조직의 안녕과 질서의 유지를 위해 취하게 되는 요식행사이다. 본인의 과실이나 타인의 과실에 의해 일어날 수도 있지만 호텔이라는 조직에서 근면성실하게 대고객 서비스에 만전을 기하게 되면 그 구성원은 징계와는 거리가 멀 수밖에 없다. 그러나 뜻하지 않게 각 부서장은 상황의 경중에 따라 징계를 건의하게 되는데, 이 때 인력관리부서는 징계사유에 대한 객관적인 자료를 각 부서로부터 접수하여 상황을 분석하게 된다. 징계에는 구두경고, 서면경고, 견책 등 경징계와 정직, 해고 등의 중징계가 있다. 징계는 반드시 호텔의 사규에 의해 징계위원회를 개최하여 결정하여야 하고, 이 때 본인에게 충분한 소명의 기회를 부여하고 난 후에 의사결정을 하여야 한다. 절차상의 문제는 차후 법적 시비의 요인이 될 수도 있기 때문에 인력관리부서는 이를 정확하게 지켜야 한다.

〈표 14-5〉 호텔의 업적평가서(Confidential)

The World Best Smile Hotel Busan	개 인 업 무 평 가 표 PERSONAL PERFORMANCE REVIEW ※ 관리자용(Managerial Associates)

I. 인적사항(Associate Information)

성명 Name	사번 Emp. No.	주민등록번호 ID.No.	
소속 Dept.	부 과 Dept. Sec.	입사일 (D.O.H)	
직책 Grade		현직 발령일 (D.O.A)	
직무 Job Title		고과기간 Review Period	From To

II. 고과자(Reviewer Information)

구분	직책 Grade / Job Title	성명 Name	고과일자 Review Date	결정
1차(1st)		(Sign.)		S A B C D
2차(2nd)		(Sign.)		
조정(Coord.)		(Sign.)		

III. 고과자의 의견(Reviewer's Comments)

1차 고과자	2차 고과자
1차 고과자: (서명) Reviewer	2차 고과자: (서명) 2nd Reviewer

IV. 업적평가(Achievement Criteria)

관리항목 (Objectives)	목표수준 (Action Plan)	달성수준 (Action achieved) / %		가중치 (Adding)	자기평가 (Self)	1차 고과자 1st	2차 고과자 2nd
목표관리항목 MBO							
업무분장상관리항목 PLAN							
총계			100%	100			

〈작성요령〉

- 관리항목 : 자기 업무를 전사목표관리항목(MBO)과 업무분장상 관리항목으로 대분류하여 설정 및 기입
- 목표수준 : 관리항곡별로 연초 설정한 목표, 수명업무를 기록함
- 실　　적 : 실적은 간결하고 구체적으로 기록하되 계수화 가능부문은 계수화시킴
- 자기평가 : 각 관리항목별로 계수로 평가함
- 상사평가 : 본인 평가를 참고하여 각 관리항목별 계수로 평가함

V. 관리자 업무능력 평가(Manager's Behavior Criteria)

Criteria	Performance Level	Assessment Scale					Self	1st	2nd
1. 리더십 Quality Leadership	· 과학적인 접근방법으로 문제를 해결하고 개선하려는 행동과 책임을 맡는 능력과 모든 직원들과 회사를 위해 공헌할 수 있는 직장 분위기를 조성하려는 능력 · The ability to take charge and initiate actions; to solve problems using a scientific approach to making improvements. The ability to create a workplace that encourages everyone to contribute to the company	15	12	9	6	3			
		Comments							
2. 고객 서비스 Customers Service / Relations	· 고객의 인식과 기대가 핵심인 총체적 경쟁시장과 관련하여 생각하고 행동하는 능력 및 작업단위, 서비스가 전달되기까지의 방법과 과정이 고객의 요구를 충족시키는 정도 · The ability to think and act in context of a competitive global market-place where a customer(internal & external) perceptions and expectations are key. The ability to determine and understand the customer's wants, how the work unit can meet their needs, and ensure that work methods and procedures support delivery of service.	10	8	6	4	2			
		Comments							
3. 팀워크 Teamwork	· 개인차에 관계없이 모든 직원의 재능을 활용하고 지원하는 작업환경 조성 능력, 공동의 목표를 달성하기 위해 공동체 의식을 형성하고 함께 일하며 동료를 지원해줄 수 있는 능력 · The ability to nurture a work environment that welcomes, support and utilize the talents of all employees, regardless of individual differences. The ability to work with others, forming partnerships toward the achievement of common goals and to give support to other employees.	5	4	3	2	1			
		Comments							
4. 부하육성능력 Motivation & Development	· 부하 사원을 체계적으로 지도, 육성하려는 노력과 능력 · The ability to motivate and development their surbordinate and associates systemically.	10	8	6	4	2			
		Comments							
5. 재무관리 Financial Sucess / Economy	· 예산 / 비용관리를 통해 이윤을 증가시킬 수 있는 건전한 재정적 결정을 내릴 수 있는 능력 · The ability to make sound financial business decisions that contribute to increased profitability by managing the budget and controlling expenses.	10	8	6	4	2			
		Comments							
6. 기획 / 조직력 Planning / Organizing	· 목표 수립, 전략 설정, 조직구성 등의 능력 · The ability to set goals, define strategies, and organize resources in a manner that ensures the attainment of goals.	15	12	9	6	3			
		Comments							
7. 의사소통 Communication	· 부드럽고 협조적인 업무관계를 유지하면서 공식적인 상황에서 서로를 명백하게 이해하기 위하여 아이디어와 교육, 정보 등을 공유하는 능력 · The ability to communicate ideas, instructions and information so that they are clearly understand by others in formal situations while maintaining smooth, cooperative working relationships.	10	8	6	4	2			
		Comments							

Criteria	Performance Level	Assessment Scale					Self	1st	2nd
8. 창의성/독창성 Innovation/Initiative	· 문제를 예측하고 적절한 행동을 취하는 능력, 자기 동기화와 새로운 도전에 빨리 적용하는 능력 · The ability to anticipate problems and take appropriate actions. The ability to be self-motivated and quickly adapted to new challenges. The ability to find new and/or better ways of doing through a Continuous Improvement Process.	5	4	3	2	1			
		Comments							
9. 의사결정/문제해결능력 Decision Making/Problem Solving	· 광범위한 상황의 정보를 수집하고 효과적으로 분석하여 문제에 대한 적절한 행동양식 또는 해결방법을 적절히 판단하는 능력 · The ability to use Westin's Continuous Improvement Process to gather and effectively analyse information in various situations in order to make sound judgements, determine proper course of action or appropriate solutions to problems.	10	8	6	4	2			
		Comments							
10. 작업방법 Work Methods	· 최단시간 내에 최대한의 작업을 수행하는 능력, 치밀하고 완벽한 일처리와 지정된 시간 내에 작업을 수행하는 능력 · The ability to get the maximum amount of work done in the minimum amount of time, meets deadlines while ensuring that work is accurate and complete.	5	4	3	2	1			
		Comments							
11. 안전/손실관리 Safety & Loss Control	· 안전, 보건, 손실 관리 프로그램에 필요한 모든 요소들의 규범을 유지, 이해하는 능력 · The ability to implement and maintain the standards of performance for all required elements of the safety, health and loss control program.	5	4	3	2	1			
		Comments							

능력고과기준	S	A	B	C	D	합 계 Total	
	91점 이상	90~81점	80~51점	50~41점	40점 이하		

VI. 차기업무목표(Professional Development Plan)

관리항목 (Objectives)	목표수준 (Action Steps)	가중치 (Ratio)	조정 (Coordination)
1. 목표관리항국 (MBO)			
2. 업무분장상 관리항목 (PLAN)			

VII. 피고과자 의견(Associate's Comments)

금기의 주요 업적 (Achievement)	금기의 미진사항 (Non achievement)	본인의견 및 건의사항 (Comments & Suggestion)

- 금기의 주요 업적 : 기간 중 금기에 내세울만한 사항을 기입
- 금기의 미진사항 : 본인의 노력 부족, 판단 잘못 등으로 인한 미진사항을 기재
- 본인의견 및 건의사항 : 차기 희망교육 내용과 전배 희망 부서 기재

VIII. 고과 결과(Associate Scale)

구 분 (Assessment)	비 중 (Ratio)	피고과자 (Associate)	1차 고과자 (Reviewer)	2차 고과자 (Next Reviewer)
능력고과 (Behavior)	40			
업적고과 (Achievement)	60			
합 계 (Total)	100			

- 점수 산정방법 : (부문별 점수 합계) × (비중)

  (예) 업무능력평가점수가 70점일 때 능력과과점수는 70×(40)÷100 = 28점

6. 임금관리

임금이란 호텔의 종업원이 호텔기업에 제공한 근로의 대가로 지급되는 정기적, 비정기적 금전을 말한다. 우리나라 근로기준법 제18조 "임금이란 사용자가 근로의 대상으로 근로자에게 임금, 봉급, 기타 어떠한 명칭으로든지 지급하는 일체의 금품을 말한다."라고 임금을 정의하고 있다. 이를 해석하면 임금은 기업체가 고용원에게 지급하는 모든 금품이라고 할 수 있고, 광의의 임금은 정기적으로 지급되는 급여, 제수당, 후생복리 등으로 지급되는 금품을 말 하며, 협의의 임금은 정기적으로 본인에게 지급되는 급여를 말한다. 우리나라에도 최근 수년간 고용제도의 변화에 의해 다양한 고용방법으로 호텔종업원을 채용하여 유지하고 있으므로 이에 따른 임금지급방법도 다양하다. 서구문화에서 온 전통적인 호텔급여방법은 월급제(salary base)와 시급제(hourly base)가 있으며, 주로 영업부문의 에이전트급 이상의 사원과 관리부문의 대다수 구성원이 월급제에 의한 고용원이고, 고객접점에 있는 유니폼서비스직 종업원과 하우스퍼슨, 룸메이드, 세탁실, 안전관리요원 등은 시급제에 의한 급여를 수령하게 된다. 시급제는 매월 큰 달과 작은 달, 공휴일의 수에 따라 급여의 차이가 있으며, 이의 계산방법은 기준시급에 일한 시간을 곱하여 계산한다.

임금을 결정하는 요인으로는 사회환경적 요인, 경영관리적 요인과 노동생산적 요인 등이 있다. 첫째, 사회환경적 요인은 노동시장에서 생계비수준, 물가변동 및 노사간의 단체협약에 의해 결정되는 수준으로 국가별, 지역별, 산업별, 기업별, 근무 직군별로 서로 다르게 나타난다. 그러나 호텔기업과 그에 소속된 노동조합의 협상권에 의해 임금에 영향을 주는 요인들을 검토하고, 협상의 묘를 살려 적정한 선에게 타결을 보게 된다. 둘째, 경영관리적 요인은 호텔기업의 지급능력에 따라 임금을 결정하게 되는데, 최근 호텔기업도 국내 굴지기업들이 대주주로 경영에 참여하게 되어 그룹의 평균임금을 호텔기업에 적용하는 경우가 있으며, 이러한 호텔기업은 임금수준이 높게 마련이다. 셋째, 노동생산적 요인으로 근로자가 생산한 매출과 이익의 결과로서 임금을 결정하게 된다. 우리나라 호텔들은 봉사료제도에 의해 고객으로부터 매출의 10%를 가산하여 징수하고, 이를 임금에 포함하여 전체 근로자에게 배분하므로 실제 임금의 상승을 꾀해 왔다. 매출이 높은 만큼 덤으로 불어나는 봉사료는 호텔종업원의 임금수준 개선에 크게 기여해 온 것이 사실이다. 현실적으로 임금의 결정요인에 가장 큰 영향을 미치는 요인은 노동조합이며, 가장 바람직한 임금결정방법은 회사의 지불능력, 근로자의 생계비수준, 물가변동, 타 산업과 임금비교 등 다양한 요인을 바탕으로 노사의 협상능력에 따라 결정하는 것이며, 단순노무직은 연령에 따른 임금 피크제를 도입하여 고용을 안정시키고, 양질의 인력을 서비스접점에 배치하는 윈-윈(win-win)의 임금정책이 정착되어야 할 것으로 본다.

7. 후생복리 프로그램

1) 후생복리의 의의

후생복리는 호텔기업이 서비스품질의 향상, 노동력의 증진, 노사관계의 안정, 건전한 조직문화의 발전을 위해 종업원에게 생활수준 향상, 건강 증진, 즐거운 삶을 마련할 목적으로 베푸는 다양한 서비스프로그램이다. 이는 호텔기업이 급여 외에 지급하는 종업원의 혜택으로 간접적인 임금의 형태를 띠고 있다. 이러한 프로그램은 종업원들의 요구와 욕구에 의해 설계되며, 종업원의 대표기구인 노동조합과 호텔의 인력관리부서가 프로그램 개발에 힘쓰게 된다. 후생복리 프로그램을 잘 운영하므로 구성원의 자발적인 참여로 팀워크를 다지고, 조직에 대한 충성심을 발휘하게 하며, 궁극적으로 심적, 육체적 건강을 도모하게 하여 건강한 조직문화를 영위할 수 있게 된다.

2) 후생복리 프로그램의 형태

일반적으로 기업이 실시하고 있는 후생복리는 법에서 규정하고 있는 법적 후생복리와 회사의 경영방침에 의해 노사합의된 내용을 추진하는 법정 외 후생복리가 있다. 법정후생복리는 법률의 규제에 의한 사회보험을 회사가 일정부분 담당하는 것으로 산업재해보험, 국민건강보험, 국민연금보험, 실업보험 등이 있으며, 법정 외 후생복리는 기업에 따라 다르지만 일반적으로 첫째, 각종 생활시설 지원으로써 기숙사, 사원주택, 직원식당, 공제조합 운영 등이 있으며, 둘째, 레저문화시설 지원으로써 도서관, 헬스센터, 문화관, 동·하계 휴양소 운영, 의무실 등이 있고, 셋째, 각종 지원금으로는 주택 구입자금 보조 및 융자, 학비보조금, 경조사지원금, 재해위로금, 교통비보조, 해외유학보조금, 명절지원금 등이 있다. 그 외에도 법정 외 후생복리는 경영관리자의 경영철학에 따라 또는 노동조합의 협상력에 따라 다양하게 개발되어지고 있다.

3) 후생복리 프로그램의 운영

후생복리의 증진은 호텔기업과 종업원 모두에게 많은 혜택을 주고 있음이 분명하다. 호텔기업은 가장 큰 자산인 서비스마인드가 투철한 유능한 인재를 오래도록 유지하는 방법일 수 있으며, 종업원은 삶의 질을 높이고, 급여 외의 임금을 획득할 수 있는 좋은 방법이 된다. 그러나 후생복리가 아무리 좋은 제도라고 하더라고 호텔기업이 감당할 수 없는 재정적 지출을 요구한다면 지속적으로 프로그램을 운영하기가 힘들 것이며, 수혜를 받는 종업원이 기피하는 프로그램이라면 이 또한 오래도록 유지하기가 어렵게 될 것이다. 따라서 이러한 프로그램을 오래도록 지속할 수 있는 방법은 구성원 모두가 함께 노력하여 목표를 달성하므로 필요한 재원을 확보하고, 곁들여 이를 운영하는 주체들의 창의력과 협동심에 의해 유익한 프로그램이 생산되므로 종업원들이 때마다 즐겁게 이용할 수 있도록 운영해 나가야 할 것이다.

8. 노사관계 관리

호텔의 인력관리부서는 근로자를 향한 회사측 창구역할을 담당한다. 인력관리부서는 항상 열린 마음으로 종업원의 고충을 청취하고, 이를 해결해 줌으로서 생산성 향상에 기여하게 된다. 노동자는 고용을 통하여 기업의 구성원으로서 사용자의 경영방침, 경영계획, 지휘, 명령 등에 따라 업무를 수행하게 되는데, 노사관계는 노동자와 경영주가 고용조건을 둘러싸고 맺은 거래관계를 원활히 유지관리하고, 개선해 나가기 위해 상호 작용하는 과정을 관리하는 것을 말한다. 이 때 사회적 약자의 지위에 있는 노동자가 기업주와 대등한 입장에서 대화하고, 협상하고, 지위를 유지하는데 필요한 힘을 노동조합이라는 조직을 구성하여 갖게 된다. 흔히 노사관계를 수레의 두 바퀴로 표현하는 것도 노동자의 권익을 대표하는 노동조합의 법적 지위를 형상화한 것이다. 이러한 노동조합은 노동조합법, 노동쟁의법, 근로기준법 등에 의해서 지위를 보장받으며, 사내에서는 단체협상과 임금협상을 통해 회사측과 협상을 벌리게 된다. 노동조합법은 노동자의 단결권, 단체교섭권, 단체행동자유권을 보장하고 있으며, 이는 근로자의 인권을 존중하는 민주주의 원칙에 입각하고 있다. 노동조합은 단체교섭권을 통해 기업 내의 제반 노동조건을 유지, 개선하며, 노동조합 활동에 부당한 제재를 받거나 조합의 목적이 관철되지 않을 때 쟁의행위를 통해 회사에 대항하게 된다. 노동조합이 쟁의행위를 할 때는 법적 테두리 안에서 이행하여야 하며, 이러한 쟁의의 방법에는 파업, 정찰, 태업, 불매운동 등이 있다. 그러나 보다 바람직한 노사관계는 공동의 이익을 위해 쌍방이 노력하는 협조적인 노사관계를 형성하는 것이며, 협상 시에는 서로의 의견을 존중하는 민주적인 노사관계를 만들어가는 데 상호 노력하여야 할 것이다. 최근 몇몇 호텔기업에서는 최고경영자는 종업원의 복리증진에 힘쓰고, 현장근로자는 생산성향상에 노력하는 모습을 보여 줌으로 산업평화에 앞장선 공로로 훈장을 서훈하는 모습을 보도를 통해 보게 되었다.

제4절 동기부여 프로그램의 이론적 접근

호텔기업의 목적을 달성하기 위해 고객접점종업원의 사기진작과 동기부여는 중요한 과제이므로 이에 필요한 프로그램 개발은 곧 생산성과 직결되게 된다. 종업원을 동기부여 시키는 리더십 유형에는 여러 가지 학설이 있으며, 가장 널리 알려진 동기부여이론은 다음과 같다.

1. 동기부여이론

1) Douglas McGregor의 X · Y이론

① X이론

보통 사람은 일하기 싫어하고 기회가 있을 때마다 이를 회피하려 한다. 따라서 조직의 목표를 위해서는 대부분의 조직원을 통제하고 지시하고, 잔소리를 해가며 이끌어간다.

② Y이론

사람은 정신적으로 육체적으로 노는 것을 좋아하듯이 일하기를 좋아한다. 따라서 구성원 스스로 외압에 의한 지시나 잔소리보다는 조직의 목표를 위해 노력하게 된다. 또한 그들은 조직의 목표를 위해 협동하고 직무에 몰입하며 책임을 충분히 인식하고 있다.

호텔의 각 부서는 매출증진과 재방문고객 창출이란 명제 하에 업무를 추진하게 되므로 부서장은 부하직원에 대한 신상과 개성을 잘 파악하여 X형의 종업원이라면 맡긴 업무를 확인하는 과정을 거쳐 업무적 불안을 해소해 주어야 하고, Y형의 종업원이라면 결과에 대한 보고를 받고 중간과정은 본인에게 맡기는 것이 서비스 생산성 측면에서 도움이 될 것이다. 따라서 사람에 따라 지휘하는 방법을 달리하며, 사기진작을 위해 그들이 원하는 것을 찾아서 미리 해결하는 지배인의 역할이 요구된다.

2) Abraham Maslow의 욕구계층이론

Maslow는 인간의 중요한 개인적 욕구는 단계화 되어 있고, 가장 중요한 단계는 사람이 살아가는 기본적인 필요로 의식주라고 하였다. 저급생활자는 수입금을 지출할 때 의식주에 먼저 할애한다고 하고, 그 부분이 안정되면 다음으로 안전하게 살기 위해 투자를 한다는 것이다. 부하를 지휘하는 리더는 Maslow의 인간욕구단계를 잘 이해하고 종업원들을 이끌어갈 적절한 프로그램을 설계해야 한다. 만약 어떤 종업원이 호텔에서 지불하는 급여가 기초생계에 미치지 못한다면 고객서비스는 소홀하게 될 수밖에 없을 것이다. 따라서 부서장은 개별적 대화를 통해 각 종업원들의 가정형편도 면밀히 파악하여야 한다. Maslow의 인간욕구단계의 마지막 단계는 자아실현이다. 우리는 자아실현을 위해 호텔리어의 직업을 택한 사람들을 본다. 이들은 본인이 스스로 좋아서 호텔에서 일하게 되므로 과업의 성과는 크게 나타나게 될 것이다.

〈표 14-6〉 매슬로우의 인간욕구계층 단계

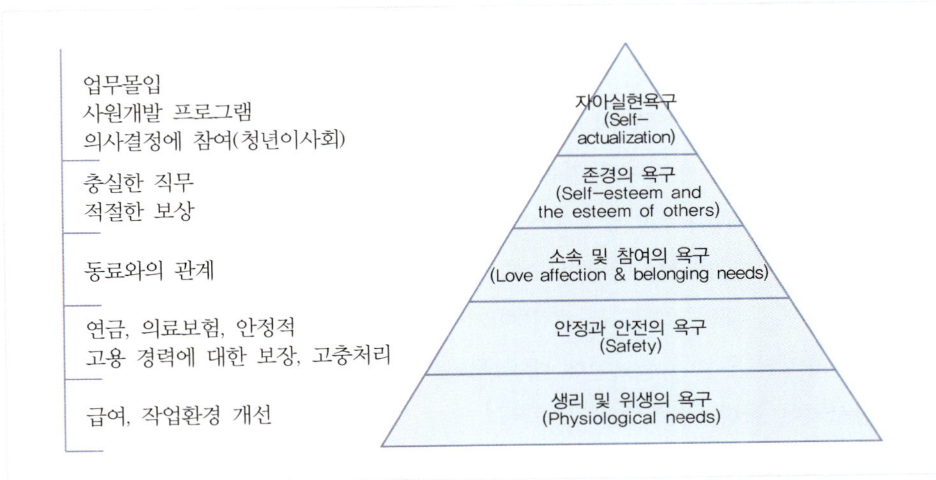

3) Elton Mayo의 인간관계론

Elton Mayo가 이끄는 연구팀에 의해 1927~1932(6년간)까지 "Western Electric Company"에서 팀워크의 중요성에 대해서 연구한 결과는 호텔기업에 시사하는 바가 크다. 이 연구팀은 작업환경인 조도를 조절하여 생산성의 차이를 조사하였는데, 팀워크의 강한 팀은 주변 환경의 변화에 상관없이 생산성이 향상된다는 결과를 도출하였다. 호텔의 종업원이 친절 서비스로 고객에게 감사편지를 받거나 매출신장으로 높은 성과를 내었을 때, 그때그때 칭찬과 인센티브를 수여하고 이를 주위에 전파하는 방법은 실제로 호텔에서 많이 이용하고 있다. 매달 이 달의 모범사원(employee of the month), 또는 올해의 모범사원(employee of the year) 등을 뽑거나 서비스 경진대회에서 수상하면 특별상이나 보너스를 지급하여 공로를 치하하는 방법 등은 좋은 예가 될 것이다.

4) Frederick Herzberg의 동기-위생이론(2요인 이론)

2요인 이론(Two Factors Theory)도 여러 가지 동기유발요인을 밝히고 있는데, 미국의 피츠버그를 중심으로 회계사나 엔지니어들을 대상으로 하여 아주 만족하여 일할 의욕을 높게 하는 요인과 반대로 아주 불만족하여 일에 대한 동기유발 정도를 낮추는 요인을 찾아낼 수 있었다. Herzberg는 동기요인(motivation factor)은 일을 통해 얻을 수 있는 성취감, 남으로부터의 인정, 내용이 알찬 직무, 책임감, 승진, 성장 등이 만족감이나 동기부여 정도를 높일 수 있으나 감독자, 작업조건, 대인관계, 임금, 고용안정성, 회사정책이나 경영방식 등과 같은 요인 등은 만족감이나 동기부여 정도를 높이기보다도 불안감을 주거나 동기유발정도를 낮추는 역할을 한다. 따라서 이런 요인을 위생요인(Hygiene factor)라고 하였다. 호텔의 공간적 양면성은 고객이 이용하는 공간과 종업원이 이용하는 공간이 크게 차이가 나고 호텔 간부가 고객을 대하는 태도와 부하직원을 대하는 태도는 큰 차이가 있을 수 있으므로 고객접점 종업원을 동기부여 시키려면 우선 위생요인에 대한 투자와 노력으로 전반적인 호텔의 시설수준을 향상시켜야 한다.

〈표 14-7〉 Herzberg의 두 요인

동기요인	위생요인
· 성취감	· 감독자
· 인정	· 작업조건
· 일 자체	· 대인관계
· 책임감	· 임금과 안정적 고용
· 승진과 성장	· 회사정책과 경영방식

5) 기대이론(Expectancy theory)과 형평이론(Equity theory)

기대이론은 V. H. Vroom에 의해 세워진 이론으로 종업원들이 어떻게 동기유발 되는지를 설명하는 이론으로 사람이 어떤 일이나 사물에 대해 갖는 동기의 정도는 그 사람이 그것을 얼마나 원하는지에 따라 다르다. 그리고 그것을 이루거나 얻을 수 있을 것이라는 생각의 정도에 따라 달라진다. 형평이론은 J. S. Adams에 의해 개발된 이론으로 사람들은 자신의 업적에 따라 주어지는 보상이 불공평하다고 느끼면 그런 불공평을 줄일 수 있는 방향으로 동기유발을 해야 한다는 이론이다. 사람들을 공평하게 대우했는지를 판단하는 방법은 자기가 직무수행을 위해 투입(inputs)하는 시간, 노력, 경험, 교육, 조직에 대한 충성심 등으로 보고 산출(outputs)을 급여, 승진, 인정, 인간관계, 성취감으로 보아 타인의 것과 비교하여 그 결과에 따라 다르게 동기유발된다고 하였다. 미국의 경영학자인 Porter와 Lawler는 기대이론과 형평이론을 한데 모아 동기유발되는 과정을 연구하여 정리하였다. 이는 성과에 따라 여러 가지 보상이 주어지며 외재적 보상은 임금, 승진 등 경제적 성격을 갖는 요인과 내재적 보상으로 성취감이나 자신에 대한 존경심 등 직무수행 자체에서 생기는 요인이라고 하였다. 호텔리어 중에는 수직 성장하는 사람과 항상 그 자리에 있는 사람을 볼 수 있다. 많은 종업원들이 자신의 노력정도와 성과를 비교해 공정하게 보상되면 행복감을 느끼게 되지만, 반대의 경우도 있을 수 있다.

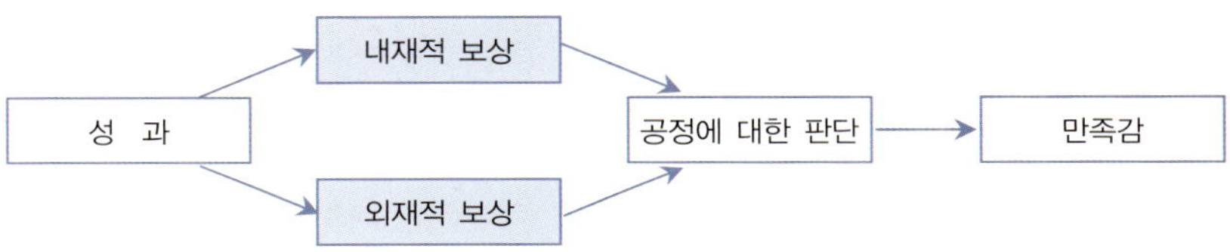

[그림 14-1] Porter와 Lawler의 동기유발모형

2. 인센티브 프로그램(incentive program)의 개발

호텔이 전반적으로 추진할 수 있는 동기부여 프로그램은 인력관리부서에서 통합 추진하게 된다. 그렇지만 영업부서 종업원의 사기앙양과 매출증진(up-selling)을 추진하는 인센티브 프로그램은 각 영업부서에서 기획하고, 인력관리부서와 협의하여 부서단위에서 추진하게 된다. 프로그램은 개발단계에서부터 관련 조직구성원이 참여하여야 하고, 각종 혜택들은 사전에 언급되어야 한다. 이때 고려될 수 있는 방법으로 현금보상, 고과성적에 반영, 근무 스케줄상의 혜택, 유급휴가 등이 있을 수 있다. 주로 호텔이 이용하고 있는 방법들로는 객실매출증진(room up-selling)과 식음료판매(food & beverage selling) 등을 들 수 있는데, 객실은 예약담당과 객실판매담당이 정규요금으로 예약하거나 이미 예약된 객실을 더 높은 값에 판매했을 때, 일정한 금액을 적립하여 월말에 시상을 하게 된다. 인센티브프로그램 운영을 위해 각 영업부서장은 업무지원부서장과 협의하여 이 계획에 따른 예산을 확보해야 한다. 시상은 금액이 너무 많으면 직원상호간의 협동심에 문제를 야기시킬 수 있고, 너무 적으면 참

여도가 낮을 수 있으므로 적정선을 제의하여야 한다. 증가되는 매출의 목표액은 참여자와 논의하여 결정하고 일일보고서를 작성하여 구성원들과 정보를 공유하며 프로그램이 완료되었을 때 구성원 전체가 참석하여 결과에 대해 토론하고 도출된 문제점과 개선방안을 마련하는 것도 조직관리에 효과적일 수 있다.

제15장 호텔리어의 서비스 리더십

제1절 리더십의 중요성

1. 리더십의 중요성

한 조사에 의하면 미국 노동자들의 75%가 그들의 일에 행복하지 않다고 응답했는데, 그 주요 이유는 그들의 상사 때문이라는 것이다. 이는 상사의 부하들에 대한 리더십의 중요성을 반증하는 자료이다.

리더십에 따라 어떤 조직은 성공하지만 어떤 조직은 실패한다. 리더십은 학교, 교회, 기업, 군대 등의 성공에 영향을 미친다. 즉 효과적인 리더십은 조직이나 사회의 공유된 신념(beliefs), 가치(values), 그리고 기대감(expectations)을 창출해 내며, 부하들의 사건이나 일에 대한 인식을 변화시킬 수 있다.

세계적으로 성공한 리더의 예를 들어보면 다양하다.

- 인도의 간디(Mahatma Gandhi),
- 미국 시민운동의 마틴 루터 킹 목사(Martin Luther King Jr.)
- 독일의 아돌프 히틀러(Adolf Hitler)
- 중국의 마오쩌뚱(Mao TseTung)

최근 "Fortune" 지에서 선정한 500대 기업들에 관한 연구에 의하면 불확실한 환경하에서 카리스마 리더십(charismatic leadership)이 기업의 재무성과를 올리는 데에 중

[그림 15-1] 세계의 지도자(킹목사, 히틀러, 마오쩌뚱, 간디)

요한 영향을 미치는 것으로 나타났다(사례 : J. C. Penny의 Allen Questrom 고용).

한편 리더십과 관련된 논문이 최근 40,000개 이상이며 책도 많이 출판되는 추세인데, 따라서 리더십교육은 대학에서 중요한 과목으로 대두되고 있다. 리더십의 필요성은 어느 조직에서나 대두되고 있으며, 이는 기업의 최고경영자 뿐만 아니라 전체 계층에서 필요한 것으로 나타나고 있다.

2. 리더십의 정의

"리더십이란 개인이 조직의 목표를 달성하기 위하여 조직구성원들에게 합법적인 영향력을 행사하는 과정이다(Leadership is a process used by an individual to influence group members toward the achievement of group goals, where the group members view the influence as legitimate)." 이러한 리더십 정의에 관한 특성을 자세히 살펴보면 다음과 같다. 첫째, 리더십이란 일련의 과정이며, 특히 조직의 목표를 향해서 행해지는 체계적이며 지속적인 행동의 과정들이다. 둘째, 리더의 행동들은 조직의 구성원들의 행동을 변화시키기 위해서 체계적으로 이루어진다. 셋째, 한 사람 이상의 리더에 의해 여러 가지 행동들이 수행되어질 수 있지만, 한 개인이 조직을 위한 리더십 기능을 수행할 수 있다. 넷째, 부하들은 리더의 영향력을 합법적인 것으로 인식해야 한다. 다섯째, 리더의 영향력은 조직의 목표를 향해서 행해진다.

저명한 경영학자인 Peter Drucker에 의하면 리더란 "부하를 가진 사람이며, 그 부하들은 결과를 위해 올바른 일을 하고 있으며, 리더들은 매우 가시적이며, 책임을 가지고 있다."라고 한다. 이러한 리더십의 정의에 따라서 핵심적인 특성들을 정리하면 다음과 같다. 첫째, 개인이 조직을 위해 충실한 역할을 해야 하며, 둘째, 체계적이고 지속적인 일련의 행동을 보이며, 셋째, 소속원의 행동에 영향을 미치는 행동, 넷째, 영향력은 부하들에 의해 타당하고 정당화된 것이어야 하며, 다섯째, 리더의 영향력은 집단의 목표를 성취하는 방향으로 설정되어야 한다.

3. 리더십의 효과성

효과적인 리더를 측정하기 위해 활용되는 척도들은 직무성과(job performance), 부하들의 태도(measures of followers' attitudes), 조직의 성과(group and organizational outcomes) 등이다. 직무성과란 직원들이 성공적으로 수행한 과업의 품질을 의미하며 그러한 품질은 생산성과 연관되어진다. 부하들의 태도란 직무와 관련하여 조직에 대해 부하들이 보이는 전반적인 태도를 의미하며 만족도와 연관된다. 마지막으로 조직의 성과란 개인의 성장 및 조직전체의 성장을 의미한다.

4. 리더십과 경영과정 비교

리더십이란 옳은 일을 하는 것이며, 더욱 효과적인 조직으로 변화시키거나 개발하는 것이다. 반면에 경영(management)이란 일이 옳게 되도록 하는 것이며, 목표를 달성하기 위한 이성적이며, 기술적이고 관리적인 행동들이다. 이처럼 리더십과 경영을 분명하게 구분하는 것은 쉽지 않지만 분명한 것은 경영과정과 리더십은 매우 밀접하게 관련되어 있으며, 보통 호텔을 책임지고 경영하는 리더는 같은 사람이 두 가지 활동을 모두 수행한다.

5. 상황적 요인들과 리더십

특별히 리더십이 필요 없는 상황적 요인들은 부하들 스스로 동기부여되며, 만족할 수 있는 지침이나 상황을 만들어낸다. 이러한 요인들은 다음과 같다.

① 재설계된 직무(redesigned job tasks)
② 자발적인 직무그룹(self-managed work groups)
③ 보상시스템(reward systems)
④ 부하의 자발적 리더십(follower self-leadership)
⑤ 참여적 목표설정 프로그램(participative goal-setting programs)

6. 중요한 리더십 직무들

① 조직의 상황과 부하들을 분석하기 : 이는 리더가 어떤 특정한 리더십 행동이 필요한가를 분석하는 것을 의미한다.
② 조직의 상황이나 부하들의 특성에 맞는 리더십 행동을 제공하기 : 이는 부하들에게 보상, 지시, 지원 등을 제공하는 것을 의미한다.
③ 조직의 상황이나 부하의 특성을 변경하기 : 이는 직무재설계 또는 부하들의 자발적 리더십 개발을 의미한다.

제2절 리더십 연구의 역사

1. 리더십 연구의 역사

① ~1900 : **위인이론(Great Man theory)**

훌륭한 리더는 만들어지는 것이 아니고 태어나는 것이다.

② 1904~1950 : **특성이론(Trait theories)**

효과적인 리더들은 그들을 효과적인 리더로 만드는 선험적인 특질이 있다고 가정하는 이론이다(예를 들면, 지능, 공격성, 경계심).

③ **1950년대~1970년대 : 행동이론(Behavioral theories)**

리더십의 효율성은 리더가 집단에서 무엇을 하느냐에 따라서 결정된다는 전제하에 리더의 실제행동을 연구하는 것이 리더십의 행동이론이다. 따라서 리더십 행동이론은 리더가 될 수 있는 특성보다도 리더의 효과에 연구초점을 맞추고 있다. 즉 리더의 행동스타일과 이로 인한 성과(집단의 생산성, 집단구성원의 만족감 등)가 행동이론의 중요변수가 되고 있다.

④ **1970년대 말~현재 : 상황이론(Situational theories)**

리더십 행동연구의 제한점이 인식됨에 따라 리더십과정에서 작용하는 여러 조직체 상황을 연구하는 상황이론이 전개되었는데, 리더십의 여러 상황적 조건을 구체화하고 상황적 조건에 따른 리더십행동과 그 효과를 집단성과와 집단구성원의 만족감을 중심으로 분석하게 되었다. 상황이론에서 고려되어지는 중요한 상황적 요소들은 리더의 행동적 특성, 부하의 행동적 특성, 과업과 집단구조, 조직체요소 등이다.

2. 리더십 특성이론

리더십 특성이론은 처음에는 주로 사회적으로 명성이 높은 지도자들을 중심으로 그들의 공통적인 특성을 연구하는 위인이론(great man theory)에 치중하다가 차차 조직체의 경영관리자를 대상으로 성공적인 리더의 특성을 연구하게 되었다. 특성이론에서 주로 연구대상이 되고 있는 리더의 중요 특성측면과 특성이론의 제한점을 요약한다.

1) 중요 리더특성 연구측면

리더십 특성이론에서 성공적인 리더십과 관련하여 연구대상이 되는 중요 특성 측면은 다음과 같다.

① 육체적 특성 : 리더십을 발휘할 수 있는 역량과 밀접하게 관계되었다고 전제되는 리더의 연령, 신장, 용모, 관상, 건강상태 등

② 지능 : 올바른 판단력과 결단성, 표현능력과 지식수준, 그리고 이에 필요한 평균

이상의 지능 수준

③ 성격과 감성 : 리더의 자신감, 독립성, 적극성, 민첩성, 창의성 등

④ 관리능력 : 리더의 성취의욕, 책임감, 솔선수범 등 과업지향적 성격과 협조성, 대인관계기술 등 상호작용능력

2) 중요 리더특성

성공적인 리더십과 관련하여 오랫동안의 많은 연구결과에서 가장 널리 등장되는 리더특성으로 다음 네 가지를 들 수 있다.

① 지능 : 대체로 부하보다 높은 리더의 지능수준

② 성숙도 : 리더의 정서적으로 성숙하고 폭 넓은 관심도

③ 성취의욕과 내적 동기 : 리더의 결과 지향적이고 높은 수준의 성취의욕과 내적 동기

④ 정직성 : 부하들을 고무시키는 리더의 신뢰성, 정직성, 성실성

〈표 15-1〉 리더의 특성

육체적 및 배경특성	개성 및 능력 특성	직무 또는 사회적 특성
· 활동성 및 정력(activity or energy) · 교육(education) · 사회적 지위(social status)	· 단호함(assertiveness) · 지배력(dominance) · 창의성(originality or creativity) · 자신감(self-confidence) · 관리능력(administrative ability) · 연설능력(fluency of speech) · 사회적 인지력(social perceptiveness) · 적응성(adaptability)	· 성취욕구(motivation to achieve) · 책임감(responsibility) · 주도력(initiative) · 지구력(persistence) · 직무지향성(task orientation) · 협력성(cooperativeness) · 사회력(sociability)

3) 특성이론의 문제점

리더십 특성이론은 성공적인 리더의 공통된 특성을 이해하는 데 많은 도움을 주고, 연구결과는 조직체의 구성원 선발과 인력개발에도 실질적인 도움을 주었다. 특히 종

합평가제도(assessment center concept)와 관련하여 경험적 그리고 종단적 연구를 통하여 조직체의 중요 직무마다 성공적인 리더십에 요구되는 특성을 분석하고, 이를 중심으로 리더를 선정 또는 개발하는 노력이 점차적으로 증대되어왔다. 그리고 리더특성과 관련하여 개인의 성격과 능력을 측정하는 데에도 많은 공헌을 하였다.

그러나 리더십 특성이론은 연구방법상으로나 연구결과의 적용성에 있어서 많은 어려움을 나타내고 있다. 첫째로, 성공적인 리더특성을 연구할수록 리더의 특성이 무한정 증가되고(현재 연구되고 있는 특성만도 100여개), 따라서 리더특성연구에 많은 복잡성과 어려움에 봉착하게 된다. 그리고 리더특성연구의 결과를 해석하고 이를 적용하는 데 있어서도 리더십 상황과 리더십의 효율성을 고려하지 않고서는 연구결과를 잘못 이해하거나 해석하고 나아가서는 조직체에 잘못 적용될 위험성이 있다. 둘째로, 리더특성과 리더십 효율성과의 관계에 있어서 연구결과의 일관성이 결여되어 있다. 오히려 서로 상반되는 결과가 나타남으로써 리더십성과에 대한 리더특성의 예언성이 의문시되는 경우가 많이 있다. 이것은 리더특성의 측정문제를 비롯하여 특성들이 각기 독립적으로 작용하지 않고 다른 요인들과 복합적으로 작용하는 데에도 그 원인이 있다. 그리고 연구결과에서 나타난 바람직한 리더특성들이 대부분 상식적인 수준을 넘지 못하여 실질적 예언가치가 의문시되는 경우도 많다. 셋째로, 리더십의 효율성은 리더의 특성뿐만 아니라 부하의 특성도 과업의 성격을 비롯하여 많은 상황적 요소에 의하여 결정된다. 따라서 리더개인의 특성연구만으로는 리더십과정을 이해하기가 어렵다. 그리고 리더 특성만을 연구할 뿐, 리더가 리더십과정에서 실제로 무슨 일을 하고 어떤 역할을 하는지를 설명해 주지 않으므로 리더특성만으로는 리더십에 관한 충분한 이해가 불가능하다.

이와 같은 연구상의, 그리고 실적인 문제로 말미암아 리더십연구는 리더가 실제로 취하는 행동과 여러 환경적 상황으로 연구초점을 바꾸기 시작하였다. 그러나 리더특성에 관한 연구가 결코 중단된 것을 아니다. 앞에서 설명한 바와 같이 리더의 특성은 현대조직의 인적자원관리, 특히 선발과 인력개발에 있어서 매우 중요한 역할을 하고 있다. 따라서 성공적인 리더특성에 관한 실증적 연구와 특성의 측정방법에 관한 연구는 계속 활발히 진행될 것으로 기대된다.

3. 리더십 행동이론

1) 독재적 – 민주적 – 자유방임적 리더십

독재적 - 민주적 리더십이론은 의사결정과정에서 나타나는 리더의 행동을 독재적(autocratic or authoritarian), 민주적(democratic or equalitarian), 자유방임적(Laissez-faire) 리더십 유형으로 나누고, 이들 리더십 행동유형이 집단성과나 집단구성원의 만족감에 미치는 영향을 개념화한다.

① 리더 스타일의 분류

리더십기능을 발휘하는데 있어서 리더는 여러 가지 많은 의사결정에 직면하게 되는데, 이 의사결정을 어떻게 처리하느냐에 따라서 리더의 행동유형이 결정된다. 즉 의사결정과정에서 리더가 부하의 참여를 많이 허용하고 의사결정 자체에 있어서도 리더 자신보다 부하에 대한 고려를 많이 반영할수록 민주적 스타일로 분류되고, 그 반면에 리더가 자기 단독으로 의사결정을 하고 의사결정에 자신의 개인적인 고려를 많이 반영할수록 독재적 스타일로 분류된다. 자유방임적 스타일은 리더가 부하에게 최대의 자유를 허용함으로써 어느 면에 있어서는 리더십기능이 발휘되지 않는 상태라고도 할 수 있다. 따라서 조직체에서의 리더행동연구는 주로 독재적 스타일과 민주적 스타일을 상대적인 관점에서 비교 · 분석한다.

② 리더스타일과 집단효율성

독재적 스타일은 집단의 생산성에 많은 영향을 준다. 특히 생산성을 높이기 위하여 압력이 가해지거나 벌과 위협이 사용되는 경우에는 단기적인 효과는 있지만, 장기적으로는 오히려 생산성에 역효과를 가져오는 경우가 많이 있다. 그 반면에 민주적 스타일은 특히 장기적인 생산성에 좋은 효과를 가져온다는 것이 여러 연구결과에서 나타나고 있다. 민주적 스타일의 이러한 효과는 집단구성원들의 참여에 따른 적극적인 태도 때문이라는 것이 일반적인 분석이다. 그리고 자유방임적 스타일은 특히 기업체에서는 집단구성원 간에 혼란과 갈등을 야기시킴으로써 생산성에 역기능적 효과를 가져오는 것으로 인식되고 있다.

집단구성원의 만족감에 있어서도 민주적 스타일이 비교적 좋은 성과를 나타낸다. 긍정적인 면에서 민주적 리더스타일은 집단구성원들 간의 협조와 친밀감 그리고 개방적 의사소통 등 적극적인 행동을 조성하는 한편, 고충처리와 결근, 이직률 등 부정적인 면에서는 민주적 스타일이 독재적 스타일이나 자유방임적 스타일에 비하여 낮은 통계적 수치를 나타낸다. 따라서 민주적-독재적-자유방임적 스타일을 종합·비교할 때, 집단성과나 구성원의 만족감에 있어서 일반적으로 민주적 스타일이 가장 효과적이라는 것을 알 수 있다. 민주적 스타일이 이러한 효과를 가져오는 것은 집단구성원의 참여가 중요한 중개역할을 하고 있기 때문이다.

2) 구조주도적-고려적 리더십

리더십행동스타일에 관한 또 하나의 이론으로 구조주도적 그리고 고려적 리더십에 대한 이론을 들 수 있다. 이 이론은 오하이오 주립대학의 경영연구소가 중심이 되어 개발되었는데 이 연구의 중요목적은 리더십의 행동유형과 이에 따른 집단성과 및 구성원의 만족감 간의 상호관계를 분석하는 것이었다. 연구의 내용과 중요결과를 요약한다.

(1) 리더 스타일의 분류

오하이오 주립대학 연구는 리더스타일을 측정하기 위한 리더행동기술설문서(Leader Behavior Description Questionnaire)와 리더의견설문서(Leader Opinion Questionnaire)를 사용하여 리더들을 구조주도적(initiating structure)리더와 고려적(consideration) 리더로 분류한다. 구조주도적 리더십은 부하의 성과환경을 구조화하는 리더십행동으로서, 부하의 과업을 설정·배정하고 부하와의 커뮤니케이션 패턴과 절차도 명백히 하는 한편, 성과도 구체적으로 정확하게 평가하는 행동스타일을 말한다. 그 반면에 고려적 리더십은 부하와의 관계를 중요시하고, 리더-부하 및 부하들 사이의 신뢰성, 온정, 친밀감, 상호존중 그리고 상호협조를 조성하는데 주력하는 리더행동을 뜻한다. 구조주도적 행동스타일과 고려적 행동스타일을 별도의 복수연속선 개념 하에서 네 가지의 리더행동스타일로 분류한다.

(2) 연구결과

일반적으로 구조주도적 행동과 고려적 행동을 높게 갖춘 리더십이 모든 조직효율성 측면에서 가장 효과적일 것으로 기대되지만, 실제 연구결과는 그렇지 않은 것으로 나타난다. 높은 구조주도적 그리고 높은 고려적 리더행동이 일반적으로 높은 집단성과와 높은 만족감을 가져오는 것은 사실이지만, 일부 연구결과에 의하면 높은 구조주도적 - 고려적 리더십 스타일이 높은 결근율과 고충처리율 등의 부정적 효과도 가져온다. 그뿐 아니라, 연구를 계속할수록 리더의 구조주도적 또는 고려적 행동과 더불어 조직체의 상황적 요소들이 리더십효과에 매우 중요한 요인으로 작용하고 있는 것이 나타났고, 따라서 조직체의 상황적인 요소들이 연구변수로 포함되지 않은 것이 구조주도적 - 고려적 리더십 연구의 가장 중요한 취약점으로 드러나게 되었다.

3) 관리그리드(Managerial Grid)

리더십 스타일의 마지막 이론으로 관리그리드를 들 수 있다. 관리그리드는 블레이크와 모우튼이 오하이오 주립대학의 구조주도적, 그리고 고려적 리더십 연구개념을 연장시켜 리더의 행동유형을 더욱 구체화하고 효과적인 리더십행동을 기르기 위한 기법으로 개발된 이론이다.

(1) 리더십유형의 분류

관리그리드이론은 리더의 행동을 생산에 대한 관심과 인간에 대한 관심으로 나누고, 이를 그리드로 계량화하여 리더의 행동경향을 다음과 같은 주요 유형으로 분류한다.

① (1 · 1)무관심형(Impoverished) : 생산과 인간에 대한 관심이 모두 낮은 무관심 스타일로서, 리더 자신의 직분을 유지하는 데 필요한 최소의 노력만을 투입하는 리더유형

② (1 · 9)인기형(Country Club) : 인간에 대한 관심은 매우 높고 생산에 대한 관심은 매우 낮음으로써, 구성원과의 만족한 관계와 친밀한 분위기를 조성하는 데 역점을 기울이는 리더스타일

③ (9 · 1)과업형(Task) : 생산에 대한 관심은 매우 높지만 인간에 대한 관심은 매우

낮음으로써, 인간적인 요소보다도 과업수행상의 능력을 최고로 중요시하는 행동스타일

④ (5 · 5)타협형(Middle of the Road) : 과업의 능률과 인간적 요소를 절충하여 적당한 수준의 성과를 지향하는 리더스타일

⑤ (9 · 9)이상형(Team) : 구성원들과 조직체의 공동목표 및 상호 의존관계를 강조하고, 상호 신뢰적이고 상호존중적인 관계에서 구성원의 커미트먼트를 통하여 과업을 달성하는 리더스타일

이들 유형은 리더의 행동경향을 측정하는 설문서를 사용하여 계량적 방법에 의하여 분류된다. 따라서 이들 유형은 계량적 수치를 제외하고는 구조주도적 - 고려적 리더유형과 비슷하지만, 유형분류 자체에 있어서 구조주도적 - 고려적 리더십유형은 부하와 동료 그리고 직속상사와 리더 자신이 지각하는 행동분류인데 비하여, 관리그리드의 리더십유형은 리더가 자기자신을 어떠한 리더라고 생각하는지에 대한 태도의 분류하는 점에서 차이가 있다.

〈표 15-2〉 관리그리드 리더행동유형

인간에 대한 관심										
(고)	9	1.9								9.9
	8									
	7									
	6									
	5					5.5				
	4									
	3									
	2									
	1	1.1								9.1
(저)	0	1	2	3	4	5	6	7	8	9

(저) 생산에 대한 관심 (고)

(2) 관리그리드 이론의 적용

관리그리드이론은 조직체에서 관리자의 실제 리더십개발에 많이 적용되고 있다. 우선 그리드개념에 의하여 관리자의 리더십유형을 측정하고, (9.9)이상형을 목표로

체계적이고 단계적인 리더행동개발 프로그램이 적용된다. 관리자의 리더십행동개발은 조직체의 시스템적 관점에서 전체 조직체의 능력개발에도 확대되어간다. 그리드 훈련에 포함된 단계적 개발과정은 다음과 같다.

① 제1단계(Grid Seminar) : 그리드이론에 관한 세미나와 관리자 자신의 행동에 대한 인식의 제고
② 제2단계(Teamwork Development) : 리더들 상호간의 피드백을 통하여 집단의 문제해결 능력의 향상
③ 제3단계(Intergroup Development) : 집단 간의 갈등과 마찰에 대한 문제해결능력의 개발
④ 제4단계(System Model Development) : 조직체 전체의 시스템적 사고방식과 조직체개선에 필요한 문제해결능력의 개발
⑤ 제5단계(Implementation of System Model) : 이상적인 조직체를 지향하고 이에 필요한 조직체의 목적달성능력의 개발
⑥ 제6단계(Stabilization and Reinforcement) : 이상의 여러 단계를 거쳐서 개발된 관리자행동의 정착화

이상 리더십 행동이론들을 살펴보았다. 이들 이론은 리더가 실제로 무슨 일을 하는지가 리더십과정에 가장 중요하다고 전제하고, 리더의 행동이 집단의 성과와 부하의 만족감에 미치는 영향을 분석하면서 가장 바람직한 리더십 행동모형을 모색한다. 그리하여 리더의 행동스타일을 독재적-민주적, 구조주도적-고려적, 그리고 생산에 대한 관심도-인간에 대한 관심도 등 주로 과업과 인간에 대한 행동경향으로 분류하여 리더십스타일의 효율성을 분석한다.

이들 이론과 연구결과에 의하면 일반적으로 민주적 리더십, 구조주도와 고려가 모두 높은 리더십, 그리고 생산과 인간에 대한 관심도가 모두 높은 리더십이 집단성과와 구성원의 만족감을 높여주는 것으로 나타나고 있다. 그러나 리더십 행동이론들은 공통적으로 몇 가지의 문제점과 제한점을 지니고 있다. 첫째로 리더의 행동유형을 측정·분류하는데 있어서 객관성과 정확성 그리고 신빙성이 결여되는 경우가 많다.

둘째로, 리더십과정에는 리더의 행동스타일 이외에도 많은 변수들이 작용하고 있으므로, 리더십의 효과는 현실적으로 리더의 행동보다도 이들 상황적 변수에 의하여 결정되는 경우가 너무나 많다. 따라서 리더십에서 작용하는 조직체의 상황적 변수를 고려하지 않고서는 효율적 리더행동에 대한 결론을 내리기가 매우 어렵다.

4. 리더십 상황이론

1) Fiedler의 상황적합성 리더십이론(Contingency Model of Leadership)

리더의 특성이나 스타일과 상황특성 간의 적합성에 초점을 맞춘 상황이론. 상황적합성이론은 휘들러가 중심이 되어 연구한 이론으로서 리더십의 중요 상황요소를 토대로 하여 리더십상황에 적합한 효과적인 리더십행동을 개념화한 이론이다.

(1) 비선호 동료 평가 점수(LPC Score)

상황적합성이론의 첫째 개념은 리더의 스타일을 분류하는 데에 있어서 LPC(the least preferred co-worker) 점수를 사용하는 것이다. LPC 점수는 리더들이 자기가 가장 싫어하는 동료를 어떻게 평가하느냐에 대한 점수로서, 리더의 과업지향성 또는 관계지향성을 나타낸다. 리더들은 20개 항목으로 구성된 LPC 설문에서의 응답점수에 따라 과업지향적 리더(task-oriented leader)와 관계지향적 리더(relationship-oriented leader)로 분류된다. 자기가 싫어하는 동료를 관대하게 평가하는 리더는 LPC 점수가 높고 대인관계를 통하여 높은 수준의 만족감을 얻는 관계지향성을 지닌 리더들이라고 전제하는 반면에, 자기가 가장 싫어하는 동료를 부정적으로 평가하는 리더는 LPC 점수가 낮고 대인관계보다도 과업성과에서 높은 수준의 만족감을 얻는 과업지향성을 지닌 리더들로 전제한다.

① 16개의 질문에 대한 답의 합이 당신의 LPC 점수이다. 휘들러의 이론에 의하면 76점 이상이면 관계지향적이며, 62점보다 낮으면 과업지향성을 나타낸다. 58점과 63점 사이이면 사회독립적(social independent) 리더십 지향성을 나타낸다.

② 리더십의 자기평가(Leadership self-assessment)

- 지시문 : 당신이 그와 함께라면 일을 잘할 수 없는 사람을 상상하라. 그는 지금 당신과 함께 일하는 사람일 수도 있고 과거에 알았던 사람일 수도 있다. 그 사람은 당신이 가장 싫어하는 사람이 아니라도 상관없지만 일을 하는 데에 있어 가장 어려운 사람이어야 한다. 그가 당신 앞에 있는 것처럼 상상하고 각각의 척도를 평가해 보자. 정답은 없다.

〈표 15-3〉 Leadership Self-Assessment(Least Preferred Coworker Scale

Pleasant(유쾌한)	8	7	6	5	4	3	2	1	Unpleasant(불유쾌한)
Friendly(친숙한)	8	7	6	5	4	3	2	1	Unfriendly(친숙하지 않은)
Rejecting(거부하는)	1	2	3	4	5	6	7	8	Accepting(받아들이는)
Helpful(도움을 주는)	8	7	6	5	4	3	2	1	Frustrating(좌절감을 느끼는)
Unenthusiastic(관심없는)	1	2	3	4	5	6	7	8	Enthusiastic(열광적인)
Tense(긴장하는)	1	2	3	4	5	6	7	8	Relaxed(편안한)
Distant(거리가 있는)	1	2	3	4	5	6	7	8	Close(밀접한)
Cold(차가운)	1	2	3	4	5	6	7	8	Warm(따뜻한)
Cooperative(협조적인)	8	7	6	5	4	3	2	1	Uncooperative(비협조적인)
Supportive(지원적인)	8	7	6	5	4	3	2	1	Hostile(적대적인)
Boring(지루한)	1	2	3	4	5	6	7	8	Interesting(흥미있는)
Quarrelsome(화를 잘내는)	1	2	3	4	5	6	7	8	Harmonious(융합하는)
Self-assured(확신하는)	8	7	6	5	4	3	2	1	Hesitant(머뭇거리는)
Efficient(효율적인)	8	7	6	5	4	3	2	1	Inefficient(비효율적인)
Gloomy(우울한)	1	2	3	4	5	6	7	8	Cheerful(생기발랄한)
Open(열린)	8	7	6	5	4	3	2	1	Guarded(감시하는)

(2) 리더십의 상황유형

① 과업구조(task structure)

과업의 일상성 또는 복잡성을 뜻함으로써 과업목표의 명백성, 목표달성과정의 복잡성, 의사결정의 변동성 그리고 의사결정의 구체성에 의하여 리더십상황이 결정된다. 즉 과업내용이 명백하고 목표가 뚜렷하며 업무수행방법과 절차도 간단하고 구체적인 의사결정을 항상 반복하는 경우에, 그 과업은 일상적인 과업구조를 형성하고 있다고 할 수 있다.

② **리더와 부하의 관계(leader-member relations)**

집단의 분위기를 의미하는 리더와 부하 사이의 신뢰성, 친밀감, 신용과 존경 등을 포함한다. 리더와 부하 간에 신뢰감과 친밀감 그리고 상호 존경관계가 존재할수록 상호간에 좋은 관계가 형성된다고 할 수 있다.

③ **리더의 지위권력(leader position power)**

리더가 집단구성원들의 행동에 영향을 줄 수 있는 능력으로서 공식적 · 합법적 · 강압적 권력 등을 포함한다. 특히 승진, 승급, 해임 등의 상벌에 대한 권력이 매우 중요하며, 이러한 영향력이 많을수록 리더의 지위권력은 강하다고 할 수 있다.

이상의 상황적 요소를 중심으로 휘들러는 여덟 가지의 리더십상황을 유형화한다. 〈표 15-4〉에서 보는 바와 같이 리더십상황은 리더와 부하 간의 관계가 좋고 과업성격이 구조적(또는 일상적)이며 리더의 지위권력(또는 영향력)이 강할수록 리더에게 유리하고, 리더와 부하 간의 관계가 좋지 않고 과업성격이 비구조적이며 리더의 지위권

〈표 15-4〉 Fiedler의 상황적합성 리더십 모델(Fiedler's Contingency Model of Leadership)

구 분	상황유형과 리더스타일(Situation Classification and Leader Type)							
	I	II	III	IV	V	VI	VII	VIII
리더와 구성원의 관계 (Leader-Member Relations)	Good				Poor			
직무구조 (Task Structure)	Structured		Unstructured		Structured		Unstructured	
리더의 권력 (Position Power)	High	Low	High	Low	High	Low	High	Low
바람직한 리더 유형 (Recommended Leader Type)	직무중심적 Task motivated (low LPC) Socioindependent (medium LPC)			관계지향적 Relationship motivated (high LPC)				직무중심적 Task motivated (low LPC)
리더의 입장	유리함			중간			불리함	
상황의 확실성	유리함			중간			불확실함	

력이 약할수록 리더에게 불리하게 작용한다. 즉 상황Ⅰ에 가까울수록 리더에게 유리하고 상황Ⅷ에 가까울수록 리더에게 불리하며, 그 사이(상황 Ⅳ, Ⅴ, Ⅵ)는 리더에게 유리하지도 않고 불리하지도 않은 중간정도의 상황을 의미한다.

(3) 효과적인 리더십

이와 같은 연구설계 하에서 휘들러의 연구팀은 오랜 기간에 걸쳐서 63개의 기업체, 교육기관 및 군수조직에서 454개의 집단을 대상으로 리더십과정을 연구 조사한 결과, 리더의 행동은 리더십 상황에 따라서 그 효과가 모두 다르다는 결론을 얻었다. 즉 리더십 상황이 리더에게 유리하거나 불리한 경우에는 과업지향적 리더가 효율적이고, 리더십 상황이 리더에게 유리하지도 않고 불리하지도 않은 상황에서는 관계지향적 리더가 효과적이라는 결과를 얻었다. 이러한 결과는 다른 연구결과에서도 대체로 입증되었다.

이러한 결과를 토대로 하여 상황적합성이론은 리더행동과 적합한 리더십상황을 조성할 것을 강조한다. 즉 종래의 리더십 특성이론과 행동이론들은 효과적인 리더의 특성과 행동스타일을 개발하는 것을 강조해 온 데 비하여, 상황적합성이론은 리더의 행동개발과 더불어 리더의 행동이 효과를 발휘할 수 있는 상황적 여건조성도 매우 중요시한다. 따라서 리더성격과 특성에 적합한 집단구성원의 형성, 리더의 업무배정 그리고 리더역할에 대한 상위계층에서의 지원 등 리더행동 경향에 적절한 상황적 조건을 만들어 줌으로써 리더의 효과가 발휘될 수 있다는 것을 강조한다.

상황적합성이론에 대하여도 LPC 측정방법의 신뢰성, 리더－부하 간의 관계변화, 리더 행동경향의 단일연속선개념 등에 관한 문제점이 제기되고 있다. 그러나 상황적합성이론은 리더십의 상황적 요소들을 정립하고 이들을 리더십연구에 포함시킴으로써, 리더십연구에 새로운 관점을 제시하고 리더십에 대한 보다 총괄적인 이해를 증진시키는 데 크게 기여하였다.

2) Hersey & Blanchard의 리더십 모델

효과적인 리더십은 부하의 욕구를 얼마나 잘 충족시키느냐에 달렸다는 전제하에

Hersey와 Blanchard는 리더와 부하 간의 상호 조화관계를 중요시하고, 부하들의 성숙도에 따른 효과적인 리더십행동을 분석하여 리더십 수명주기이론을 발표하였다.

〈표 15-5〉 Hersey & Blanchard's Behavioral Recommendations for Leaders

Subordinate Developmental Level (부하성숙도)		리더 행동(Leader Behavior) Supportiveness (지원형)	Directiveness (지시형)	Leadership Style
Low ability & Low willingness	I	Low	High	지시적(Telling)
Low ability & High willingness	II	High	High	설득적(Selling)
High ability & Low willingness	III	High	Low	참여(Participating)
High ability & High willingness	IV	Low	Low	위양(Delegating)

(1) 성숙단계

Hersey와 Blanchard는 아지리스의 성숙이론과 맥클레란드의 성취동기이론을 토대로 하여, 성숙도를 개인의 성취행동과 책임 있는 행동 그리고 자기개발행동 등 과업수행 상에서 나타나는 개인의 행동경향으로 본다. 따라서 개인은 수동적이고 변칙적이며 자아인식이 결여된 미성숙상태에서 능동적이고 자기 자신에 대하여 인식할 수 있고 자기통제를 할 수 있는 성숙한 상태로 성장해 나간다고 보는 것이다. 이와 같은 성숙과정을 토대로 하여 수명주기이론은 개인의 성숙도를 네 개의 수준으로 구분하고 부하의 성숙수준에 따라 이에 요구되는 적절한 리더십행동을 분석한다.

(2) 성숙도와 리더십행동

리더십행동을 분석하는 데 있어서 수명주기이론은 리더의 행동을 과업지향성과 관계지향성의 복수적 행동측면에서 리더의 효율성측정설문서(leader effectiveness and adaptability description : LEAD)를 사용하여 리더의 행동유형을 구분한다. LEAD는 21개의 리더십상황을 서술한 설문서로서, 그리하여 리더들로부터의 회답결과에서 나타나는 리더행동스타일, 스타일의 범위, 그리고 스타일의 적응성을 중심으로 리더의 성숙도를 측정하여 다음 네 가지의 리더행동유형으로 분류한다.

① 지시적 리더(telling) : 과업지향성은 높지만 관계지향성은 낮은 리더로서 일방적인 커뮤니케이션과 리더 중심의 의사결정을 하는 주도적 리더
② 설득적 리더(selling) : 높은 과업지향성과 높은 관계지향성을 지닌 리더로서, 부하의 쌍방적 커뮤니케이션과 공동의사결정을 강조하는 후원적 리더
③ 참여적 리더(participating) : 관계지향성은 높지만 과업지향성은 낮은 리더로서, 부하들과의 원만한 관계와 부하의 의사를 의사결정에 많이 반영시키는 리더
④ 위양적 티더(delegating) : 과업지향성과 관계지향성이 모두 작은 리더로서, 부하들 자신의 자율적 행동과 자기통제에 의존하는 리더행동

이들 리더행동은 부하들의 성숙도에 따라서 그 효과가 다르게 나타난다. 〈표 15-5〉에서 보듯이 부하들의 성숙수준이 가장 낮은 성숙도 Ⅰ의 경우에는 그들을 적극적으로 지도하고 개발해 주는 지시적 또는 주도적 리더행동이 효과적이고, 부하들의 성숙도가 평균미달인 성숙도 Ⅱ의 경우에는 설득적인 리더가, 그리고 부하들의 성숙도가 평균수준을 초과한 성숙도 Ⅲ의 범위에서는 참여적 리더가, 그리고 부하들의 성숙수준이 가장 높은 성숙도 Ⅳ의 경우에는 이들의 판단력과 자아통제능력에 의존하는 위양적 리더행동이 각각 효과적이다.

이와 같은 수명주기이론은 부하들의 성숙수준에 맞추어 이에 적합한 리더십행동을 적용함으로써 부하들이 성숙한 개인으로서 그들의 자아실현욕구를 충족시킬 수 있는 동시에 개인과 조직체의 통합이 이루어져 조직구성원의 만족감은 물론 조직체의 성과도 극대화시킬 수 있다고 전제한다. 그리고 리더의 성숙도를 측정하는 데 있어서 수명주기이론은 리더의 행동경향을 전통적인 직선개념으로 보지 않고 곡선개념으로 봄으로써 리더행동측정에 새로운 개념을 제시하고 있다. 그러나 LEAD 측정방법에 대한 정확성과 신빙성, 그리고 연구가 부하에만 치우쳐 있고 리더와 다른 상황적 요소들이 충분히 고려되지 않고 있다는 점들이 문제점으로 제기되고 있다.

5. 리더십 연구에서 대두되고 있는 주요 과제

① 윤리 및 공정성(Ethics and Fairness)

리더의 윤리적 행위는 조직에 있어 중요하다. 몇몇 비윤리적 리더들의 사례는 중요한 시사점을 제공해 준다(클린턴의 르윈스키와의 연정파문).

② 다양성(Diversity)

세계화에 따른 다양성의 문제(인종, 성, 연령, 국가)로 인하여 일어나는 리더십의 여러 가지 상황에 대한 연구의 필요성을 의미한다.

③ 리더십 개발(Leadership development)

리더를 보다 더 발전적으로 개발하기 위해서 필요한 과정(평가, 도전, 지원)에 대한 연구를 의미한다.

④ 조직변화선도(Leading organizational change)

조직의 변화선도자로서의 리더를 의미하며 이에 관한 연구에 많은 관심이 집중되고 있다. 즉 조직변화이론에서 다루어지는 해빙(unfreezing), 변화주입(changing), 그리고 재동결(refreezing)에 관한 리더의 역할에 대한 연구이다.

⑤ 변혁적 리더십(Transformational leadership)

변혁적 리더십이란 기존의 보상이나 처벌을 기초로 하는 거래적 리더십(transactional leadership)에 비하여 조직구성원들로 하여금 희망과 꿈을 가질 수 있도록 비전을 제시하고 개별적 배려와 지적 자극을 통해 구성원들의 가치관의 변화를 유도함으로써 보다 높은 조직성과의 달성 및 개인의 욕구를 충족시키도록 영향력을 발휘하는 유형의 리더십을 의미한다.

- 이상적인 영향력(Idealized influence)
- 영감적인 동기부여(Inspirational motivation)

- 개인적인 고려(individualized consideration)
- 지적인 자극(intellectual stimulation)

제3절 리더의 조건

1. 리더를 만드는 조건

1) 무엇이 리더로 만드는가?

일반적으로 높은 지능과 훌륭한 기술을 가진 사람의 경우 사회에서 실패하는 경우가 다반사이다. 그러나 보통의 지능과 기술을 가지고도 성공을 하는 사례가 더 많은 것을 볼 수 있다. 왜 이러한 현상이 일어나는 것일까? 그것은 개인적 기술은 다양하지만 반드시 상황과 맞아야 하기 때문이다.

2) 리더십 능력(leadership capabilities)

리더십을 발휘하기 위한 능력에는 첫째, 기술적 능력(technical skills)이 필요하다. 즉 전문지식에 해당되는 회계적 지식이나 기획력 등이 좋은 예이다. 둘째, 인지적 능력(cognitive abilities)이다. 이것은 분석적 논리력(analytical reasoning)을 의미한다. 셋째, 감성적 지능(emotional intelligence)이다. 즉 타인과 일할 수 있는 능력, 변화를 선도할 수 있는 능력 등을 의미한다. 일반적으로 지능은 탁월한 성과를 이끌어낸다. 인지적 능력은 거시적 사고와 장기적 비전과 관련된다. 그러나 감성적 지능은 다른 것들보다 2배로 중요하다. 높은 지위로 갈수록 감성적 지능이 더 많이 필요한데, 성공한 대부분의 사람들은 높은 감성적 지능을 갖고 있다.

3) 감성적 지능(emotional intelligence)

일반적으로 최근의 조사에 의하면 리더로 성공하기 위해서는 일반적인 지능지수보다는 감성적지능이 더 중요하다는 연구결과가 있다. 즉 다음의 5가지 요인들이다.

- 자기인지(self awareness)
- 자기통제(self regulation)
- 동기(motivation)
- 공감 / 감정이입(empathy)
- 사회적 기술(social skill)

(1) 자기인지(self-awareness)

자기인지란 자기 자신에 대한 깊은 이해력을 의미하며 특히, 감정(emotions), 자신의 강점(strengths), 약점(weaknesses), 욕구(needs), 동기(drivers) 등에 대한 인지상태를 의미한다. 자기인지를 하고 있는 사람들은 비판적이지도 너무 긍정적이지도 않은 정직한(honest) 사람들이다. 또한 가치에 대해 잘 인식하며, 의사결정은 가치 있게 행한다. 또한 사물을 인식하는 방법은 솔직(공평무사)하며, 실제적으로 본인 스스로를 평가하는 능력이 있다. 한편 실패를 솔직하게 받아들이며, 유머감각을 스스로 억제하며, 자신감을 갖고 강점으로 행동한다.

(2) 자기통제(Self-Regulation)

자기통제에서는 지속적인 내부 대화를 통해 스스로의 감정(기분)으로부터 해방되며, 나쁜 분위기나 감정적 충동을 통제하는 방법을 찾아 행동하며, 유용한 방법으로 자기와 관련된 채널을 찾는다. 이러한 자기통제는 신뢰와 공정한 환경을 창출해 낼 수 있기 때문에 중요하다. 또한 변화를 이겨낼 수 있기 때문에 중요하다. 이러한 자기통제는 반성하며 사려 깊은 행동으로 표시되며, 변화에 잘 적응하고, 성실한 자세를 통해 확인될 수 있다.

(3) 동기(motivation)

동기는 대부분의 성공한 리더들이 갖고 있는 특성으로 보통 성취와 연결된다. 동기가 있는 행동들은 일에 대한 정열, 목표를 향한 단계적인 발전, 일이 잘못되었을 때 낙천적인 행동, 조직몰입 등이다.

(4) 감정이입(empathy)

감정이입은 가장 쉽게 인지되는 차원으로 의사결정과정에 있어 다른 요인들과 함께 사려 깊게 종업원들의 감정을 고려하는 것을 의미한다. 감정이입은 구성원들과의 협동심이 중요시되는 '팀제'의 활용이 증가되고 있으며, 세계화되어가는 추세(다수 민족에 대한 이해)등 때문에 중요하다.

(5) 사회적 기술(social skill)

사회적 기술이란 관계를 관리하는 능력으로 목적을 갖고 타인과 친숙해 지는 일, 원하는 방향으로 사람들을 움직이는 일, 폭넓은 지인 서클, 공감대를 형성하는 기술, 감성적 지능 중 가장 중요한 기술 등으로 묘사될 수 있다.

2. 훌륭한 관리자가 되는 길

1) 행동(Behaviors)

Morse와 Wagner(1978)가 조사한 바에 의하면 기업체에서 훌륭한 관리자가 되기 위해서는 행동과 관련해서 총 51개 속성 중에서 특히 6개의 요인이 중요하다고 한다.

① 조직의 환경 및 자원의 통제(Controlling the organization's environment and its resources) : 조직의 환경 및 자원을 통제한다는 것은 문제점을 발견하거나 계획, 회의배정, 의사결정, 예견력 등을 의미한다. 즉 조직의 각 부분에 대한 정밀한 조사에 의해 자원을 통제할 수 있는 행동들을 의미한다.

② 조직화와 조정(Organizing and coordinating) : 타부서와의 상호관계를 유지하면서 조직화하거나 조정하는 능력을 의미한다.

③ 정보관리(Information handling) : 관리자로 성공하기 위해서는 문제인식을 통한 정보관리가 필요하며 커뮤니케이션 채널을 적극 활용해야 한다. 그렇게 함으로써 변화하는 환경을 보다 잘 인식하여 의사결정이 쉬워질 수 있다.

④ 성장 및 개발을 위한 행동(Providing for growth and development) : 성장 및 개발을 위한 행동을 통하여 부하의 성장목표를 도와줄 수 있으며 또한 본인의 성

장에도 도움이 된다.

⑤ 동기부여 및 갈등관리(Motivating employees and handling conflict) : 부하들을 위해 동기부여 할 수 있는 솔선수범하는 행동 및 부하나 조직의 갈등을 관리하는 행동을 의미한다.

⑥ 전략적 문제해결(Strategic problem solving) : 조직의 내·외부 환경을 면밀히 검토하여 전략적으로 문제를 해결하는 것을 의미하며, 특히 부하들이 활용 가능한 관리자의 의사결정행동을 의미한다.

2) 동기(Motivation)

Miner와 Smith(1982)의 조사에 의하면 성공한 관리자들이 갖고 있는 동기요인들 40개 중에서 7개의 요인들이 특히 중요한 변수라고 지적한다.

① 상사의 권한 수용욕구(Authority acceptance) : 이는 상사로부터의 명령을 받아 수행하고자 하는 욕구를 의미한다. 즉 훌륭한 부하의 임무를 수행할 수 있는 사람이라야 관리자로 성공할 수 있다는 것이다.

② 게임이나 스포츠에서 경쟁하고자 하는 욕구(Competitive games) : 이는 스포츠나 게임을 통한 경쟁에서 승리하고자 하는 욕구를 의미한다.

③ 직장에서 동료와 경쟁하고자 하는 욕구(Competitive situations) : 이는 조직 내에서 경쟁하고자 하는 욕구를 의미한다.

④ 적극적이고 단호한 태도의 욕구(Assertiveness) : 언제나 긍정적인 yes man보다는 자신의 소신에 따라 절도있게 보이려는 욕구를 의미한다.

⑤ 타인에게 업무부과/인가·허락을 하고 싶은 욕구(Imposing wishes) : 부하들에게 업무를 부과한다든지 또는 인가, 허락 등을 하고 싶은 욕구를 의미한다.

⑥ 독특하게 튀고자 하는 욕구(Distinctiveness) : 조직내에서 자신의 의견을 보다 강하게 주장할 수 있는 욕구를 의미한다.

⑦ 일상적으로 관리적인 일을 수행하고자 하는 욕구(Routine functions) : 훌륭한 관리자가 되기 위해서는 매일 매일 반복되는 일상에 대해 지루하게 여겨서는 안

되며 그러한 일상을 즐길 수 있는 욕구를 의미한다.

3) 기술(Skills)

Katz(1974), Mintzberg(1980), Pavett과 Lau(1983) 등에 따르면 훌륭한 관리자가 되기 위해서는 4가지의 기술이 필요하다고 한다.

① 개념적 기술(Conceptual skills) : 조직 내에서 의사결정을 한다든지, 업무의 조정 역할을 통한 해결능력을 의미한다. 즉 정신적 능력이다.
② 인간관계기술(Human skills) : 이것은 개인 간의 인간관계 및 집단과 개인 간의 인간관계를 의미하며 타인을 이해하며 동기부여 할 수 있는 능력을 말한다.
③ 기술적 기능(Technical skills) : 자신의 전문분야에 대한 전문적 지식을 의미한다. 즉 특정분야 도구 / 절차 / 기술 등의 활용능력을 의미한다.
④ 정치적 기술(Political skills) : 본인의 지위를 강화한다든지 권력의 기본을 만들고 올바른 관계를 성립할 수 있는 능력을 의미한다.

제4절 리더십의 유형

1. 리더의 행동유형

1) 지원적 유형(supportive)

부하들의 욕구 및 감정에 대해 배려, 인정, 관심 등을 보이는 유형이다.

2) 지시적 유형(directive)

부하의 업무를 할당하고, 방법을 설명하며, 기대감을 명확하게 하고, 목표를 설정하며, 과정을 구체화시키는 관리자 유형을 말한다.

3) 참여적 유형(participative)

리더는 제안이나 아이디어를 얻기 위해 부하를 참여시킨 상태에서 의사결정을 한다.

4) 보상과 벌(reward & punishment)

내부적(인정, 칭찬 등) 외부적(임금인상 등) 혜택을 제공하며, 부하의 부적절한 행동에 대해 벌을 주는 행위를 말한다.

5) 카리스마적 행동(charismatic)

높은 기대감, 신뢰 및 능력을 보여주며, 부하의 욕구에 영향을 미치는 이데올로기적인 목표를 갖고 비전을 의사소통하는 유형이다.

2. 지원적 리더십 행동

이러한 행동유형은 부하의 안위를 위해 관심을 나타내는 리더의 역할을 의미한다. 부하에 대해 사려 깊고 친절하고 이해심 있는 태도를 나타내는 것이며, 친숙하며 정보 제공적이고, 양방향 커뮤니케이션에 중점을 두며 부하의 발전을 위해 힘을 북돋아 준다. 비슷한 용어로는 배려, 관계지향성, 또는 인간적 리더십(people leadership)에 대한 관심으로 표현할 수 있다. 환대산업에서는 Southwest Airline의 CEO인 Herbert Kelleher가 유명하다.

Herbert Kelleher가 고객을 직접 대하고 있는 모습(좌)과 직원들과 함께 찍은 사진(우)

[그림 15-2] Southwest Airline의 CEO인 Herbert Kelleher

3. 지시적 리더십

[그림 15-3] 맥아더 장군과 일왕 히로히토

이런 유형은 부하의 특정 직무를 배정하고, 직무완수를 위해 사용될 수 있는 방법들을 설명하고, 부하들 성과의 양과 질에 대한 기대감을 명확히 하며, 부하의 목표를 설정해 주고, 부하의 직무를 계획하고 조정하며, 필요한 규정과 절차를 구체화한다. 이런 행동유형은 또한 조직의 초기 작업과 관련해서 도구적 리더십(instrumental leadership), 또는 직무중심적 리더십(task-oriented leadership)이라고 한다.

맥아더 장군은 평상복이나 히로히토 일본 국왕은 정장차림이다. 지시에 대한 절대적 복종을 의미하는 사진

4. 참여적 리더십

[그림 15-4] 부하직원들과 회의하고 있는 모습

이런 유형의 리더는 의사결정에 중요한 키를 얻기 위해 부하들을 의사결정과정에 참여시키는 리더이다. 그것은 리더에 의해 결정되는 단체의사결정노력을 의미한다. 또는 그것은 특정문제 해결을 위해 문제를 부하에게 할당하는 것을 의미한다. 이런 각각의 과정들은 서로 다른 정도와 과정형태를 갖는다. 참여적 리더십은 때때로 상담적(consultative), 민주적(democratic), 또는 위임적(delegatory) 리더십이라고 일컬어진다.

5. 리더의 보상행동과 벌

리더의 행동으로 부하들이 조직에 공헌했을 때, 리더는 유형적이며 무형적인 혜택을 부하들에게 제공한다. 보상들은 때론 금전적일 수도 있고 또는 칭찬일 수 있다. 벌은 임금삭감이나 부하가 수행한 직무의 개선을 통보하는 것이다. 보상이나 벌은 지속적으로(contingently) 부하의 성과에 의해 제공될 수 있으며, 또는 비지속적으로(noncontingently) 리더의 일시적 기분(whim)에 근거할 수 있다. 일반적으로 성과에 근거한 보상이나 벌이 가장 효과적이다.

6. 카리스마적 리더십

[그림 15-5] 5·16 당시 박정희 소장의 모습

이런 유형의 행동은 리더가 부하들에게 이데올로기적인 중요성을 갖는(종종 강력한 상상력과 은유를 활용하여) 미래의 비전을 제시하는 것을 포함해서, 목표성취와 관련한 부하 욕구를 부추기며, 역할모델을 제시해 주며, 부하의 능력에 대한 높은 기대감이나 신뢰감을 표현하며, 높은 자신감을 나타내는 행동들을 포함한다.

7. 효과적인 리더에 영향을 미치는 요인들

① 리더의 특성(Leader characteristics) : 리더의 행동, 특질, 기술, 그리고 권력의 원천 등을 의미한다.

② 부하의 특성(Follower characteristics) : 부하들의 능력과 기술, 태도, 가치관, 욕구, 동기 등을 의미한다.

③ 상황적 특성(Situational characteristics) : 조직 내에서 직무의 특성, 소집단의 특성, 조직적 특성 등을 의미한다.

8. 부하의 특성이나 상황적 요인에 따른 리더십 유형

① 리더들과 협력하기 위해 강력한 규범이나 기준을 가진 결속력 있는 조직들은 참여적 리더십이 적합하다.

② 부하들이 많을 경우에는 지시적 리더십이 적합하다.

③ 스트레스가 많고, 위험하고, 불만족스런 직무들은 지원적 리더십을 요한다.

9. 리더십을 약화시키는 부하들의 특성이나 상황적 특성

① 리더들과 부하들 간에 공간적으로 지리적으로 멀리 떨어질 경우 리더가 효과적으로 부하들을 관리하기 힘들다.

② 연공서열, 노조, 국가의 정책들에 근거한 조직의 보상시스템은 리더들이 최고의 성과자들을 적절하게 보상하는 데에 제한점을 줄 수 있다.

③ 하부계층의 관리자들에 의해 효과적인 지시를 철회하거나 변경하는 상사들은 리더에 의해 필요한 영향력을 감소시킬 수 있다.

10. 리더행동을 대체하는 상황적 특성

① 부하들의 훈련이나 경험은 지시적 리더십을 대체할 수 있다.

② 내부적으로 만족하는 직무들은 지원적 리더십을 대체할 수 있다.

③ 네트워크의 컴퓨터시스템이나 컴퓨터화된 공정은 지시적 리더십을 제한할 수 있다.

11. 권력, 영향력, 권한

① 권력(Power) : 타인이 어떠한 일을 하도록 하는 한 개인의 능력

② 영향력(Influence) : 권력의 활용

③ 권한(Authority) : 직급에 의해 주어지는 합법적 권력

12. 권력의 형태

① 사람과 관련된 권력

- 전문적 권력 : 특별한 지식을 소유한 리더
- 준거적 권력 : 부하들이 존경하거나 인정하는 리더

② 지위와 관련된 권력

- 합법적 권력 : 리더들은 요구할 권리를 갖는다.

③ 지위나 사람과 관련된 권력

- 보상적 권력 : 부하들은 보상에 동의한다.
- 강압적 권력 : 부하들은 벌을 회피하고자 한다.
- 협력 / 자원권력 : 리더는 필요한 자원이나 관계를 제공한다.

13. 리더십과정모델(Leadership Process Model)

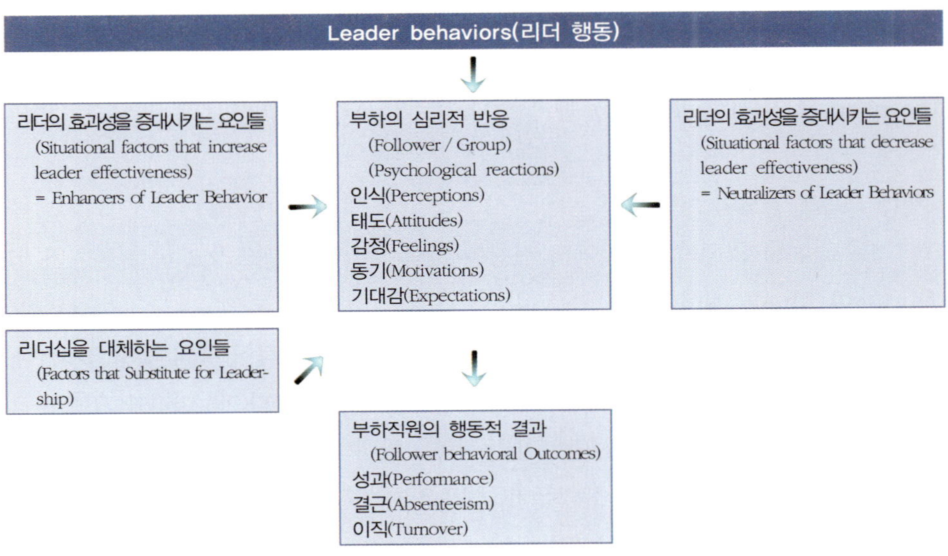

[그림 15-6] 리더십과정모델

제5절 서비스리더십을 발휘하기 위한 기술

1. 서비스리더십

서비스리더십이란 서비스현장에서 필요로 되는 리더십을 일컫는다. 따라서 호텔과 같은 첨단 서비스업에서의 리더십은 일반적인 기업에서의 리더십보다 더 많은 인내와 노력을 요구한다. 따라서 최근에 관심을 모으고 있는 서번트리더십(Greenleaf, 1970)의 정의를 살펴보면 "타인을 위한 봉사에 초점을 맞추며, 종업원, 고객 및 커뮤니티를 우선으로 여기고 그들의 욕구를 만족시키기 위해 헌신하는 리더십"과 같다. 따라서 서비스리더들은 서비스조직 구성원들, 즉 고객, 종업원, 지역사회의 욕구를 충족시키기 위해 헌신해야 하며 서비스조직의 생산성향상, 구성원들의 만족, 개인 및 조직의 성장을 위해 서비스리더십을 발휘해 나가야 할 것이다.

2. 서비스리더의 초석인 적극적 경청

훌륭한 서비스 리더십을 발휘하기 위한 첫 번째 기술은 적극적 경청(active listening)이다. 그러한 적극적 경청의 중요요소로는 강한 집중(Intensity), 공감(Empathy), 수용(Acceptance), 의지(Willingness) 등이 있다.

(1) 적극적 경청의 기술

① Be motivated(동기화) : 적극적 경청을 위해서는 먼저 들으려고 하는 동기가 있어야 한다는 것이다.

② Make eye contact(눈맞춤) : 상대방과의 눈맞춤은 적극적 경청의 필수요소이다.

③ Show interest(공감표명) : 상대방에게 관심을 나타내야 한다(예 : 머리를 끄덕인다).

④ Avoid distracting action(산만한 행동지양) : 상대의 말에 대해 왜곡된 행동은 하지 말아야 한다. 다리를 떤다든가, 하품을 한다든가, 졸음을 참지 못하는 등의 왜곡된 행동은 해서는 안 된다.

⑤ Empathy(공감) : 말하는 상대방의 태도 / 경험 / 욕구 / 目標 등에 대해 공감(共感)을 갖고 이해해야 한다.

⑥ Take in the whole picture(전체적 형상파악) : 상대방의 말에 대해 사실과 감정을 파악하여 전체적인 그림을 그리고 해석해야 이해하는 데에 도움이 된다. 하나의 사실만가지고 상대방을 파악해서는 안 된다.

⑦ Ask Question : 적극적인 경청자일수록 질문을 많이 한다. 상대방의 말에 대해 이해되지 않는 부분은 질문을 하라.

⑧ Paraphrase (부연) : 상대방의 말을 부연하여 다시 되새겨 봄으로써 상대를 이해하는 것을 의미한다. 즉 내가 들은 내용이 ~이다 / 너는 ~을 의미하고 있는 것이냐? 스스로 질문해 봄으로써 들은 내용을 숙지하며 확인해 내는 것이다.

⑨ Don't interrupt : 상대방의 말을 절대로 끊어서는 안 된다.

⑩ Integrate what's being said : 전체의 내용을 통합 후 부족한 내용은 질문을 하라.

⑪ Don't overtalk : 상대방보다 가급적 말을 많이 하지 말 것

⑫ Confront your biases : 상대방에 대한 편견은 금물이다.

⑬ Make smooth transitions between speaker and listener : 상대방과 본인이 자연스런 교류로써 분위기를 이끌어갈 것

⑭ Be natural : 상대방을 인위적으로 경청해서는 잘 들을 수 없다. 자연스런 경청이 중요하다.

3. 서비스리더의 생산성 향상을 위한 목표에 의한 관리

① 목표에 의한 경영관리(MBO : management by objective)는 동기이론, 손다이크의 강화의 법칙, 피드백 원리 등의 학습이론을 실무에 적용시킨 것을 의미한다.

② 1950년대 P. Drucker는 상위관리자와 하위구성원들이 공동의 목표를 설정하고 실적을 평가하여 높은 성과를 올릴 수 있는 MBO 모형을 개발하였다.

〈표 15-6〉 MBO 모형

타당성조사	사전준비	목표설정	중간평가	기말평가	차기대책
· 경영목적 / 전략 / 방침 · 직무구조 / 기술환경 · 인력	· 목표분야측정 방법설정 · 교육훈련 · 집행전략 · 계획수립	· 공동참여 · 계량화 · 우선순위	· 중간feedback · 목표수정조정 · 동기부여	· 공동평가 · 인력개발 · 개선책	· 수정 · 보완

1) 타당성 조사

일반적인 변화와는 달리 목표관리는 조직체의 부분적인 변화가 아니라 조직체 전체에 걸친 경영관리제도와 방법상의 변화를 통한 조직체의 중점경영체제를 의미하므로 보다 근본적인 장기적인 관점에서 조직체의 문제증상이 검토되어야 한다. 목표관리의 근본목적은 상위관리자와 하위구성원의 공동목표설정을 통하여 조직체의 경영목적과 구성원 개인의 목적을 통합시키고 나아가서는 조직체와 구성원의 효율적인 통합을 이루는 것이다. 그러므로 조직체의 문제증상을 검토하고 해결책을 모색하는데 있어서, 경영층의 전통적인 경영이념과 방침, 구성원의 가치관, 욕구동기, 그리고 직무구조와 환경 등 조직경영의 근본적인 변화관점에서 목표관리의 필요성과 적용성이 연구되어야 한다.

2) 목표의 구조 · 체계 설계

타당성조사를 통하여 목표관리를 적용할 결정이 내려지면, 목표관리 구조와 체계 등 기본적인 목표관리시스템이 설계되어야 한다. 목표관리의 목적과 목표설정방법 등 목표관리에 대한 조직구성원의 교육훈련도 중요하겠지만, 이와 더불어 기본적으로 사전에 갖추어져야 할 것은 목표설정에 있어서 관리자와 조직구성원 각자가 공통으로 적용할 통일된 목표구조와 지표의 설계이다. 흔히 사용되고 있는 목표분야와 측정지표는 다음을 포함한다.

수익성(투자이익률, 판매이익률 등), 효율성(생산성, 원가, 각종 경영분석비율 등), 시장성과(시장점유율, 판매량 등), 인력관리와 개발(이직률, 결근율, 사고율, 사기, 승진/전직률, 교육훈련 등), 연구개발(특허, 신제품 개발 등), 사회적 책임(사회공헌, 사회 또는 문화사업 참여도 등)

목표설정 분야와 측정지표는 조직체의 근본목적과 전략을 반영하는 것은 물론, 목표설정과 실적평가에 있어서 보다 정확하고 객관적인 계량적 측정을 가능하게 해줌으로써 목표관리의 기본적인 틀의 역할을 해준다. 각 관리자와 구성원에게 해당되는 목표분야와 구체적인 목표수치는 업무성격과 직무내용 그리고 기타 상황적 조건에 따라서 모두 다르지만, 이러한 틀을 통하여 조직체내의 목표관리과정이 일정한 경영목적과 방침에 의하여 체계적인 통합을 이룰 수 있다.

3) 집행전략과 행동계획의 수립

사전계획의 또 하나의 중요한 부분은 목표관리의 집행전략과 구체적인 행동계획을 수립하는 것이다. 즉 목표관리를 전체 조직체에 적용하는 것을 최종목적으로 단계적이고 순서적인 확산전략과 조직행동 또는 인사관리 전문요원들의 지원활동 그리고 목표관리에 관한 교육훈련 등 성공적인 목표관리에 필요한 조직체의 단계적인 여건조성계획을 작성하는 것이다.

4) 공동목표설정

실제 목표관리과정은 관리자와 구성원간의 공동목표설정으로부터 시작된다. 관리자는 조직체의 경영목적을 반영하고, 구성원은 자기 개인의 목적을 반영시켜 1개월, 3개월, 6개월, 1년 등 일정한 기간 동안에 달성할 구체적인 목표를 설정한다. 이 과정에서 구성원은 조직체의 고용된 구성원으로서, 경력자로서 그리고 또 개인으로서 조직체생활을 통하여 추구하고 싶은 것을 구체적인 목표에 반영시키는 동시에, 관리자도 자신의 임무와 책임에 입각하여 부하의 업적과 욕구충족에 필요한 자원조달 관점에서 상하 상호간에 실현 가능한 목표를 공동합의에 의하여 설정한다. 그러나 가능한한 목표를 도전적인 수준에 설정하여 구성원의 동기를 유발시키려고 노력한다.

5) 목표의 종류

관리자와 구성원이 공동으로 설정하는 목표는 크게 두 가지로 분류될 수 있다. 하나는 구성원의 공식직무업적에 관련된 과업목표이고, 또 하나는 구성원이 업무수행상 필요로 하는 기술향상이나 앞으로 장기적으로 갖추어야 할 기본자질의 향상을 위한 개인개발목표이다. 과업목표는 정상업무에서 달성해야 할 일상과업목표와 특별한 문제를 해결하기 위한 문제해결목표, 그리고 새로운 방법으로 업무를 시도해 보는 창업적 목표로 세분될 수 있다.

6) 목표를 통한 개인과 조직체의 통합

목표설정이 주로 과업목표에만 치우쳐 있고, 일상목표의 비중이 클수록 조직체의 목적달성을 위하여 목표관리가 활용되고 있다고 볼 수 있고, 그 반면에 개인개발목표 중에서도 기본 자질개발을 많이 강조할수록 개인의 목적달성을 중요시하고 있다고 볼 수 있다. 그러나 과업목표와 개인개발목표가 구조와 우선순위에 있어서 적절한 균형을 이루는 것이 효율적인 목표관리의 중요한 측면이다.

7) 중간경과평가와 피드백

목표관리기간의 중간시점에서 그 때까지의 경과와 진행상황을 피드백 해주고 앞으로의 방향을 조정해 주는 중간평가가 이루어진다. 관리자와 구성원은 원래의 목표를 재검토하고 상황변화에 따른 목표의 수정과 우선순위의 조정도 고려하는 동시에 구성원이 개선해야 할 점도 공동으로 토의하게 된다. 그리고 조직체에서의 자원지원 등의 변동 상황도 고려하여 앞으로의 목표관리방향을 현실에 맞추어 다시 조정하게 된다.

8) 기말 최종평가

관리자와 구성원은 목표관리기간 동안에 설정된 목표와 실제성과를 중심으로 최종평가를 하게 된다. 최종성과는 목표관리기간 동안의 실제상황과 구성원의 개발 그리고 차기의 목표설정 관점에서 공동으로 토의되고 평가된다. 목표미달의 경우에는 평가기간 동안에 당면한 상황에 비추어 그 원인을 정확히 밝혀내어 차기목표설정에 참조한다. 구성원의 기술이나 능력상의 문제도 차기목표설정에 반영시키고 목표관리 시스템의 문제도 개선 · 보완해 나간다. 그리하여 관리자와 구성원의 공동평가를 통하여 앞으로의 개선방안을 마련함으로써 보다 높은 성과는 물론 구성원 개인의 계속적인 개발을 지향해 나간다.

9) 보상과 강화

목표관리의 마지막 절차는 구성원이 달성한 성과에 대하여 적절한 보상을 해주는 것이다. 성과에 대한 적절한 보상은 구성원에게 만족감을 주어 그의 직무태도에 영향을 줌으로써 앞으로의 목표설정행동과 동기부여에도 영향을 준다. 성과에 대한 적절한 보상이 없이는 구성원의 동기행동이 소멸될 위험성이 있다. 이와 같이 목표관리는 개인행동의 여러 이론을 종합적으로 실제 과업달성과 조직구성원행동에 적용한 대표적인 예이다. 목표관리는 선진국 조직체에서 다양한 형태로 오랫동안 널리 적용되어 좋은 결과를 가져왔고, 우리나라에서도 앞으로 계속 확산되어 더욱 좋은 결과를 가져올 것으로 기대된다.

(1) 효과적인 목표의 기본원리

① 구체화(Specific) : 구체적 목표가 효과적이다.

② 도전적(Challenging) : 도전적인 목표가 중요하다. 과거에 목표달성경험이 있는 경우 보다 어려운 목표를 세워야 도전적이라 인식할 확률이 높다.

③ 한정된 시간(Time limits) : 목표달성을 위한 시간을 정해두어야 한다. 이렇게 함으로써 추진력을 높일 수 있다.

④ 직원참여(Employee participation) : 목표 설정 시 종업원들을 참여시키면 보다 어려운 목표를 설정하게 된다. 또한 보다 쉽게 수용하며, 종업원들에 의해 수용된 목표는 달성하기 쉽다.

⑤ 환류(Feedback) : 목표달성이 되었다면 보다 높은 수준으로 목표를 수정하는 것이 바람직하며, 목표에 달성하지 못하였다면 개선할 수 있는 방법을 제시하여

야 한다. 종업원 스스로 진행과정을 파악할 수 있는 능력이 있다면 피드백은 덜 위협적일 수 있다.

(2) 상사의 목표설정 방법

① 직무 기술서(Job description)를 참고로 목표를 설정한다.
② 평가방법을 명시하고 수량화해야 한다(생산량, 시간, 수익, 매출액, 비용).
③ 도달 가능한 표준이나 목표를 명시해야 한다.
④ 최고경영층은 2~5년, 관리자는 1년, 종업원은 1개월 정도의 목표기간이 적당하다.
⑤ 목표의 우선순위를 정해야 한다.
⑥ 난이도와 중요도를 고려하여 목표를 세운다.
⑦ 각 부서 간 갈등의 소지가 있을 경우에는 조정이 필요하다. 그렇지 못하면 부서 간 갈등을 야기하게 되며 책임포기나 노력의 중복을 야기 시킬 수 있기 때문이다.

(3) 종업원의 직무몰입

상사가 어떻게 해야 직무몰입이 되는가를 알기 위해 아래 항목을 활용한다.

① 관리적인 지원: 종업원들이 일할 수 있는 환경을 조성해 주어야 한다. 물리적 환경뿐만 아니라 권한위임을 통한 종업원들의 동기부여가 중요한 환경조성이다.
② 참여를 이용하라: 상사가 목표에 대한 강력한 의지가 있고 솔선수범해야 부하가 따른다.
③ 부하의 능력을 알아라: 부하들의 능력에 따른 난이도를 차별화하여야 보다 공정성 및 현실성을 높일 수 있다.
④ 보상 이용: 종업원들에게 성과에 대한 보상을 이용하여야 한다.

제16장 호텔의 정보시스템 관리

제1절 호텔 정보시스템의 의의

1. 호텔정보시스템의 개요

호텔기업은 경영관리의 특성상 인적서비스의 의존도가 매우 높기 때문에 모든 서비스가 사람에 의해 이루어지는 것으로 알고 있다. 그러나 최근에는 직·간접적으로 컴퓨터에 의해 신속하고, 정확한 서비스를 제공하고, 데이터베이스에 의한 개별마케팅(individual marketing), TV 환영인사(welcome message), TV 체크아웃(television check-out), 객실자동화장치(room automation system) 등 컴퓨터시스템에 의해 이뤄지는 서비스부분이 계속 증가하고 있다. 이는 호텔경영관리의 가장 큰 비용부분인 인건비를 절감하고, 편리한 고객서비스를 할 수 있게 되므로 각 호텔은 정보시스템의 도입과 업그레이드에 많은 투자를 하고 있다. 21세기에 들면서 전 세계를 무대로 사업여행을 하는 고객들은 그들이 필요로 하는 인터넷 접속, 자동전화, 화상회의 등을 호텔 측에 요구하고, 이러한 시설과 설비, 장치의 유무가 호텔의 선택요인으로 작용하고 있다.

호텔의 정보시스템은 경영관리시스템(PMS : property management system)이라고 하며, 고객서비스의 핵심에 있는 객실영업부서를 중심으로 호텔정보시스템(HIS : hotel information system)이 바탕이 되어 백오피스(Back Office)와 상호교류를 통해 필요한 자료를 주고받는다. 일반적으로 호텔의 정보시스템은 크게 4종류로 구분할 수 있다. 첫째, 객실관련업무를 관장하는 프런트오피스 시스템(front office system), 둘째, 경영정보 · 인력관리 · 구매관리 · 시설관리를 관장하는 백오피스(back office system), 셋째, 식음료 영업장 · 조리부서 · 부대시설영업 등의 영업회계(cashiering), 주문(ordering), 조리법(recipe) 등을 관장하는 영업장관리시스템(POS : point of sale system), 넷째, 모든 시스템을 호환시켜 통합하는 인터페이스시스템(interface system)으로 구성되어 있다.

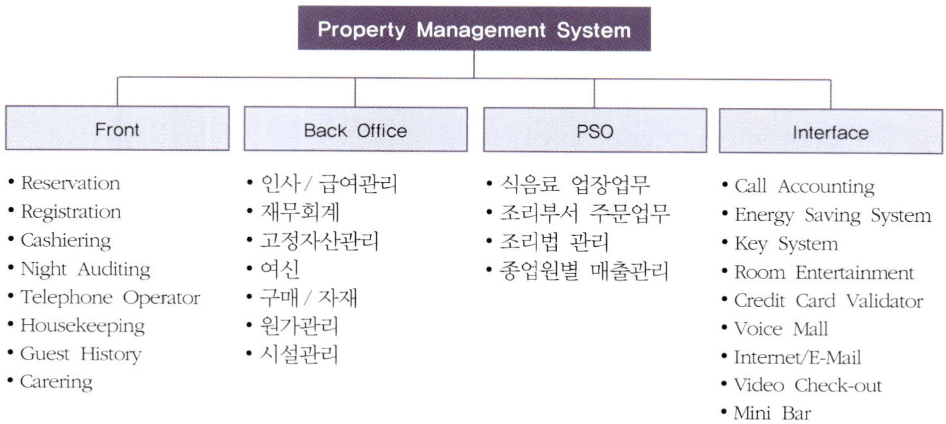

[그림 16-1] 초대규모, 대규모 호텔의 관리시스템 구축

1) 프런트오피스 시스템

프런트오피스는 고객의 투숙, 채류, 퇴숙 등 호텔 이용의 전 과정을 통해 고객에게 서비스하는 부서로서 고객접점의 최일선 부서이다. 따라서 이러한 모든 업무를 원활하고 신속하게 수행하기 위해서는 시스템을 기능별로 구분하여 추진하여야 한다. 첫째, 고객의 객실예약을 담당하는 예약(Reservation) 파트, 둘째, 고객에게 객실을 배정하는 객실영업(Front Desk) 파트, 셋째, 고객의 계산과 환전, 퇴숙을 담당하는 객실영업회계(Front Cashier) 파트, 넷째, 일일영업을 마감하는 야간회계감사(Night Auditor) 파트, 다섯째, 객실의 정비상태를 관리하는 객실관리(Housekeeping) 파트, 여섯째, 고객의 전화사용 및 안내를 담당하는 통합안내센터 및 교환 파트(Service Express & PABX), 일곱째, 마케팅 활동과 고객관리시스템(Guest History & Database Marketing System) 등이 있다.

2) 백오피스 시스템

백오피스 시스템에는 호텔에서 발생하는 매출 · 매입관계를 관리하는 회계시스템, 종업원의 채용, 급여, 교육을 관리하는 인력 · 교육시스템, 구매와 원가관리시스템, 경영관리분석, 시설관리시스템 등이 있다.

3) 식음료영업장과 부대시설영업장 관리시스템

영업장 관리시스템은 호텔의 다양한 식당, 연회장, 바와 라운지, 멤버십클럽 등 식음료영업장과 수영장, 헬스클럽 등 부대시설영업장에서 사용되는 매출을 관리하는 시스템으로서 판매시점관리(POS : point of sales)시스템을 활용한다. 판매관리시점시스템은 사용용도에 따라 백화점용, 호텔용, 외식사업용 등으로 구분할 수 있으며, 사용하는 업체의 경영관리방식에 따라 적절한 기기의 도입이 필요하게 된다.

4) 인터페이스 시스템

호텔정보시스템의 구성은 다양하게 세분화되어 있고, 여기서 출력되는 자료도 분산되어 관리될 수 있다. 인터페이스 시스템(Interface System)은 호텔에 설치된 각각의 시스템에 수록된 자료를 또 다른 시스템으로 이동하여 활용할 수 있도록 중계기능을 하는 시스템이다. 객실에서 출력되는 객실정보데이터, 영업장에서 제공되는 업장정보데이터 등을 서로 주고받으므로 고객서비스와 종업원을 위한 정보자료로 이용될 수 있다. 객실부서에서 일일영업이 마감되면 인터페이스를 통해 백오피스 관리회계파트의 외상매출금계정(city ledger)에 자동 대체되어 후불업무를 진행하도록 하는 기능이라든지, 프런트데스크의 객실판매와 객실의 자동화시스템이 정보호환을 하는 것은 모두가 인터페이스 시스템에 의한 것이다.

2. 호텔정보시스템의 구성

일반적으로 컴퓨터시스템의 구성은 하드웨어, 소프트웨어로 구성된다. 기억용량과 크기에 따라 대형컴퓨터, 중형컴퓨터, 소형컴퓨터로 구분되지만, 최근 호텔에서는 가격이 저렴하고 성능이 우수한 퍼스널컴퓨터를 연결하여 네트워크를 구성하여 시스템을 구축하는 PC-LAN(Personal Computer Local Area Network) 환경이 주종을 이루고 있다. 우리나라 대부분의 대규모 호텔에 보급되고 있는 "Micros Fidelio"는 Micros 제품과 Fidelio 제품으로 구분되어 있으며, Fidelio 제품에는 DOS와 Window Operating System을 사용하는 Fidelio 제품군, Window Operating System을 사용하는 OPERA 제품군, 인터넷을 이용한 "MyFidelio.net" 등이 있다. Fidelio는 호텔의 예약, 체크인과 체크아웃, 고객관리, 여신관리 등을 주력으로 개발되었으며, "Fidelio Suite Version 6"과 "Fidelio Suite Version 7"이 있다. 2010년에 접어들면서 앞서가는 호텔들은 Fidelio Opera Version으로 시스템을 up-grade하고 고객관리 프로그램을 활용한 재방문고객관리에 만전을 기하고 있다.

1) 하드웨어시스템

퍼스널컴퓨터의 발달로 가정과 직장마다 사용자가 원하는 시스템을 이용하여 다양하게 응용할 수 있게 되었고, 그로 인해 속도, 다양성, 용량 등 사용자의 요구가 많아지게 되었다. 퍼스널컴퓨터의 진보와 네트워크 환경의 발전으로 메인프레임컴퓨터에서 PC-LAN이라는 다운사이징화된 시스템으로 변하였고, 이는 호텔기업의 시스템적 구축에 크게 기여하게 되었으며, 그 가치는 매우 높게 평가되고 있다.

2) 네트워크시스템

대중화된 퍼스널컴퓨터의 성능과 우수한 네트워크장비를 조합해서 구축되어진 새로운 환경의 프런트오피스 시스템인 Fidelio System에서 사용된 네트워크 장비와 LAN을 구성하는 요소는 서버용 PC, 클라이언트용 PC, 어답터 카드, 네크워크 운영시스템과 케이블이다. 첫째, Fidelio System의 서버로는 미국제품인 Compaq Computer를 사용하고 있다. 그 이유는 안전성이 높고, 국제적 공인제품이기 때문에 시스템의 표준화를 기할 수 있어 널리 활용된다. 둘째, 클라이언트용 PC는 노트북 퍼스널컴퓨터를 포함하여 일반적인 데스크탑 퍼스널컴퓨터가 사용되며, 컴퓨터를 직접 사용하는 사람이 쓰는 컴퓨터이다. "Fidelio Client"용 퍼스널컴퓨터로는 각 해당 국가의 제품을 사용하고 있으며, 그 이유는 문제발생 시 유지·보수가 용이하고 가격이 저렴하기 때문이다. 셋째, 어댑터카드는 컴퓨터에 삽입되는 보드로 LAN의 하위층을 지원하는 주체이다. 어댑터카드는 이더넷(ethernet), 토큰링(token-ring) 등 다양한 통신방식이 존재하고, Fidelio System은 이더넷방식을 채택하고 있다. 넷째, 네크워크 운영시스템과 케이블은 LAN Manager, Netware, MS-Networks, Apple Share, DEC net, TOPS 등 다양한 네트워크 오퍼레이팅시스템 소프트웨어가 있다. Fidelio System의 네트워크 운영시스템은 Netware가 채용되고 있다. 또한 LAN용 케이블로는 전화선과 같이 가는 선인 UTP(unshielded tested pair)가 사용되고 있다.

3) 소프트웨어시스템

호텔에서 사용하는 호텔정보시스템(HIS : hotel information system)은 IBM System 36과 IBM AS/400에서 운영되는 시스템 지원 프로그램(system support program)과 OS/400으로 작동하는 메인프레임 컴퓨터에서 운영되는 프런트오피스 시스템 소프트웨어이다. 구사된 컴퓨터 언어는 RPG(report programming generator)언어로 되어 있어 사용자의 대중성은 그리 크지 않다. 그러나 1990년대 우리나라에 보급된 Fidelio의 소프트웨어는 PC환경에서 운영되는 네트워크 운영시스템(DOS : disk operating system), Windows 3.1, Windows 95환경에서 개발된 시스템으로서 데이터베이스는 Oracle로 일반 사용자들도 쉽게 들어본 환경으로 구축되었다. 2000년대에 들면서 Fidelio version 7은 최신의 Windows 기술과 추가된 고유의 기능으로 기본 성능이 더욱 향상되었고, 이러한 소프트웨어에 의해 향상된 기종은 Windows NT, 다양한 UNIX 환경, Novell Netware에서 운영되도록 개발되었다. 이들은 Xbase와 Oracle 데이터베이스를 사용한다.

3. 호텔정보시스템의 도입과정

호텔의 정보시스템을 도입할 때 가장 먼저 고려되어야 하는 것은 필요분석으로써 그 호텔이 필요로 하는 시스템이 무엇인지, 호텔의 규모에 합당한 것은 어느 것인지,

어떤 세부적인 기능을 원하는지를 실무진과 충분히 의논하고 검토하여야 한다. 또한 호텔의 전 부서를 망라하고 대 고객 서비스의 흐름이 원활히 이루어지도록 시스템을 설계하여야 함은 말할 필요도 없다. 아울러 부서마다 작성하는 문서와 그들이 배부되는 부서를 검토하고 난 다음 차후 필요로 하는 보고서와 생산해야 할 보고서 등을 면밀히 분석하여야 한다. 수집된 자료를 토대로 호텔의 최고 경영층이 함께 모여 시스템 도입에 대한 의사결정을 하게 되는데, 이 때 필요로 하는 검토 내용으로 첫째, 하드웨어(hardware)와 소프트웨어(software)는 쉽게 구할 수 있는가, 둘째, 전력호환이나 사후관리가 용이한 것인가, 셋째, 투입비용에 대한 장 · 단기 회수계획은 몇 년으로 할 것인가 등을 논의하여 결정한다. 또한 컴퓨터 하드웨어의 기종과 경영관리시스템(Property Management System)의 종류를 정하는 것 못지않게 고객접점종업원(system user)의 초기교육 프로그램(conversion training program)과 유지보수계약(maintenance agreement)도 함께 고려되어야 한다. 호텔정보시스템의 도입에 대한 의사결정이 이루어지면 가장 먼저 고려해야 하는 절차는 관리자와 실무진으로 PMS 수요분석팀을 구성하는 것이며, 구성된 분석팀에 의해 객실예약, 고객등록, 고객계정, 퇴숙

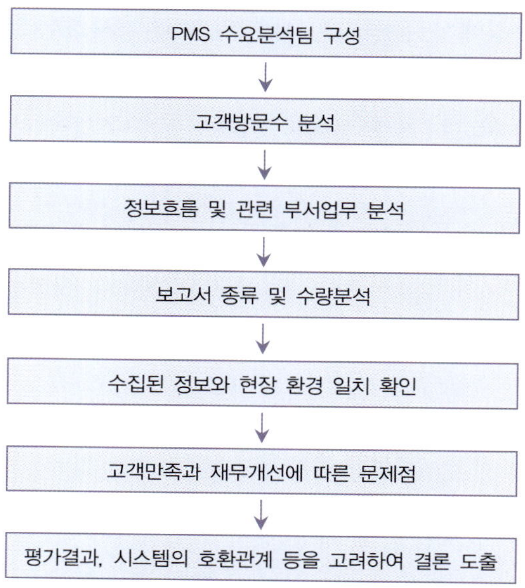

[그림 16-2] 호텔정보시스템 구축 절차

절차, 야간회계감사, 고객이력관리 등을 근거로 방문고객수를 분석한다. 이 때 각 시스템에 유입되는 정보흐름도 분석에 포함하고, 객실영업부서에서 경영진이나 타 부서에 보내는 보고서도 분석해야 한다. 수집된 정보를 바탕으로 문서와 현장의 일치 여부를 비교 분석하게 되며, 보고서관리, 정보교환, 행정업무들의 중요도 순으로 우선순위를 정하여야 한다. 최종적으로 고객만족과 재무개선을 고려하여 도출된 문제점들을 평가하며, 제반사항을 취합하여 운영 · 행정 등 시스템과 호환관계를 분석하고 결론을 도출하게 된다.

4. 호텔정보시스템의 적용부문

호텔정보시스템은 각 분야별 시스템이 인터페이스를 통해 어우러져 통합전산시스템을 이루고 있고, 각 구성시스템에는 각자 특별한 기능을 수행하고 있다. 호텔마다 운영체계나 보고라인이 조금씩 다를 수도 있지만, 대개 시스템의 구축과 관련된 의사결정은 총지배인과 부총지배인이 하게 되며, 실제적인 운영은 객실영업부서가 중심이 되고, 설치 및 유지관리는 정보전산실에서 맡아 진행하게 된다.

1980~1990년대 호텔산업의 가장 큰 변화라면 호텔전산화라고 말할 수 있을 것이며, 호텔마다 수작업이나 기계로 하던 입숙과 퇴숙(check-in & check-out), 고객안내, 고객관리 등 제반 기능들을 전산화하여 고객서비스에 만전을 기해왔다. 특히 호텔의 PMS는 IBM의 하드웨어를 지원 받는 HIS(hotel information system) 36과 AS400 등에 의해 획기적인 발전이 있었다. 1990년대 후반에 접어들면서 우리나라 대형 호텔들은 비용과 유지관리가 상대적으로 유리한 PC-LAN 형의 Fidelio System으로 바꾸어 왔으며, 이 시스템을 지원하는 하드웨어는 미국의 콤팩 시리즈(Compaq PEO1500)이다. 프런트오피스 시스템은 예약, 등록, 메시지, 퇴숙 등의 기본적인 기능에 고객편의를 위한 인터페이스시스템을 추가시켜 다기능화 되어 가고 있다. FOS는 예약업무(reservations), 등록업무(registrations), 객실현황(room status), 판매 포스팅 업무(bill posting), 전화료 계산(call accounting), 퇴숙절차(check-out), 야간회계감사 업무(night audit), 조회 · 안내 및 보고서((inquiries / reports), 객실관리부서(housekeeping) 업무 등을 기본적으로 취급한다. 또한 백오피스(back office), 식음료부서(food & beverage), 시설관

리부서(maintenance), 안전관리부서(security), 마케팅과 판촉부서(marketing & sales), 인력관리부서(personnel), 전자우편(electronic mail), 시각조회(time clock) 등과 인터페이스로 연결되어 호텔의 전체 PMS가 구축되며, 그 중심은 "Front Office System"이었다. 또한 2000년대에 널리 보급되고 있는 "OPERA"에는 PMS는 물론이고, 연회예약시스템인 S&C(sales and catering), 호텔의 전략과 분석, 보고서 등에 관한 데이터베이스시스템인 CIS(central information system), 체인본부의 예약시스템인 CRS(central reservation system), 객실매출액 극대화를 위한 RMS(revenue management system), 서비스 품질관리시스템인 QMS(quality management system), 호텔의 자재관리를 위한 솔루션인 MC(material control), 호텔 내의 무선정보를 교류하는 'Opera Palm' 등으로 크게 확대되었다. 정보통신의 발달로 호텔에 설치된 전산시스템은 각각 인터페이스로 상호 커뮤니케이션 하므로 호텔정보관리시스템이 원활하게 운영되게 된다. 따라서 인터페이스로 연결되는 각 모듈(module)의 업무영역은 아래와 같다.

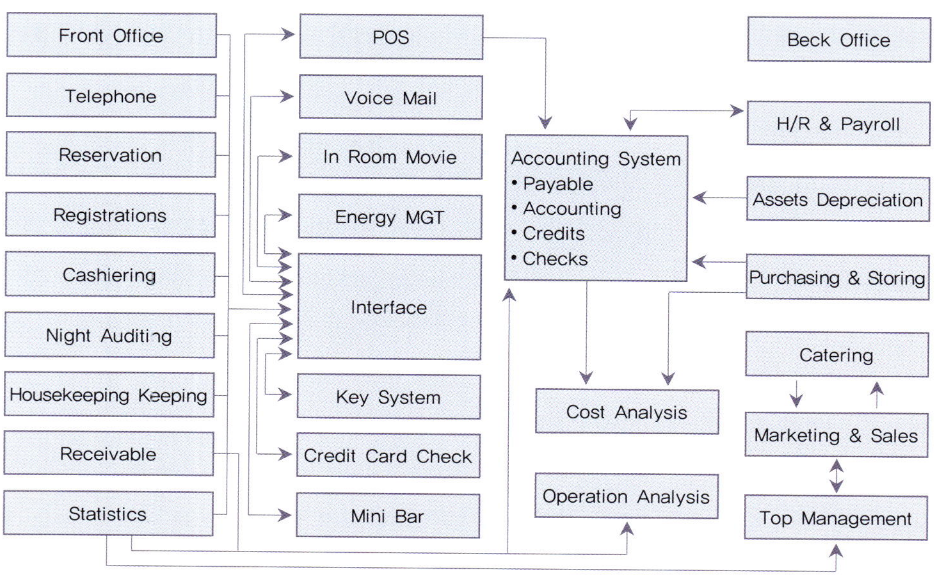

[그림 16-3] 호텔 PMS(property management system)의 흐름

제2절 프런트오피스 시스템

프런트오피스 시스템은 고객의 객실 예약, 고객에게 객실을 배정하는 객실영업, 고객의 계산과 환전, 퇴숙을 담당하는 객실영업회계, 일일영업을 마감하는 야간회계감사, 객실의 정비 상태를 관리하는 객실관리, 고객의 전화사용 및 안내를 담당하는 통합안내센터 및 교환업무, 마케팅 활동과 고객관리 등과 관련된 프로그램을 모두 취급하고 있다. 프런트오피스 시스템을 작동하기 위해서는 선행해야 할 작업으로 요소정의(configuration)가 있다. 요소정의는 컴퓨터를 당해 호텔의 운영에 맞게 필요한 용어를 약어로 입력한 것으로 호텔의 필요에 따라 다양하게 구성할 수 있다. 이들은 대부분 영어 알파벳과 상수로 구성된다. 구체적인 대상은 고객의 주소지, 우편번호, 영수증 처리업장, 매출발생분야, 예약경로, 수수료 지급처, 수수료 퍼센트, 우대카드 종류, 추천방법, 위치별 객실, 할인카드, 회사분류별, 취미별, 언어별, 테스트, 국적별, 배부되는 신문종류, 지급종류, 가격수준, 객실의 종류, 객실 VIP 셋업, 판촉지배인, 고객이력유지, 고객서비스종류, 지급단위, 업그레이드 책임자, 업그레이트 종류, 비디오 체크아웃, 우대고객 구분 등이며, 필요할 때마다 책임자가 수정하거나 보완할 수 있다. 코드를 기억하지 못 할 때는 코드화된 자료를 불려서 데이터를 확인하고, 코드와 연관된 완전한 이름을 도움말 상자를 통하여 인식할 수도 있다. 코드는 다양하게 구획하지만 일반적으로 업장별 계산발생처 코드, 객실 취소의 원인 코드, 프런트데스크 회계원 코드, 외부고객의 후불계정 또는 카드결재 고객을 위한 가상객실 코드, 각 세분시장별 구분 코드, 고객 국적별 코드, 고장난 객실 코드, 객실요금 코드, 지역별 구분 코드, 예약형태 구분 코드, 객실 형태별 구분 코드, 객실 내 서비스 품목 코드, 고객의 호텔 투숙 원인 코드 등으로 구분하고, 각 코드별 세분된 요소정의의 약어를 부여한다.

1. 객실예약

객실예약관리 모듈에는 당해 호텔에서 접수하는 예약과 체인본부 또는 예약대행사로부터 온라인으로 접수되는 예약접수 등이 있으며, 당해 호텔의 예약은 신규와 재방문으로 구분하여 각각의 화면에 입력하게 된다. 체인본부 또는 대행사의 예약은 CRS(central reservation system) 또는 GDS(global distribution system)에서 온라인으로 입력된다. 호텔에 입력되는 예약은 예약모듈과 매출관리시스템인 RMS(revenue management system)에 의해 정보가 공유되고, 매출관리시스템에서 분석된 자료는 실시간적 수요와 전체적인 수요에서 가장 최적화된 가격을 설정하여 가격을 제시하므로 효율적인 객실판매를 돕는 시스템이다.

우리나라 호텔기업에서 가장 많이 이용되고 있는 Fidelio System의 객실예약관리 모듈에는 "Suite 7 Reservation"이 있으며, 이 모듈은 호텔예약의 모든 기능을 실행할 수 있다. 새로운 고객, 회사, 여행사, 단체, 그 외 예약원천(source)에 대한 정보기록(profile)을 만들며, 고객의 사진도 첨부될 수 있고, 과거의 채류와 미래의 예약 및 고객의 호텔에 대한 전반적인 정보를 포함할 수 있다. 하나의 예약정보기록이 만들어지면 예약을 디스플레이, 검색, 갱신, 취소 또는 복귀를 시킬 수 있는 기능이 있다. 또한 예약에 대한 확인서, 고정요금, 메시지, 예약금 등의 생성, 변경, 취소 기능도 주어진다. 뿐만 아니라 이벤트 옵션에서는 미래의 행사, 정해진 날짜, 캘린더 기능도 수행한다.

2. 객실영업

예약관리 모듈에서 입력한 자료는 당일 도착고객을 중심으로 프런트데스크에서 업무를 진행하는 기초자료가 된다. 객실을 이용하는 고객의 입숙, 채류, 메시지, 환전, 퇴숙, 일일회계마감 등에 관련된 업무를 진행하는 모듈이다. 시스템의 기본기능은 호텔에 도착한 고객의 객실의 배정기능, 투숙 중인 고객에 대한 제반 안내 및 메시지 취급기능, 고객이력 관리기능, 거래처 관리기능 등이 있다.

3. 객실영업회계

고객이 퇴숙 절차를 밟아 사용요금을 계산하거나 또는 중간계산을 할 때, 외국환을 교환할 때, 시스템적으로 지원해 주는 기능으로 영수증 발급기능, 사용액 입력기능, 일괄 사용액 입력기능 등이 있다. 객실회계원(front desk cashier)이 고객으로부터 호텔 이용요금을 청구할 때 각각의 개인 번호와 비밀번호를 입력하여 시스템을 운영하고, 이를 관리해주는 회계원 관리기능은 다음과 같은 것으로 구성된다.

1) 주요기능

① 로그인 기능
② 기본기능
③ 부과와 계산서
④ 계산 창의 옵션
⑤ 지불과 퇴숙
⑥ 환전
⑦ 비투숙객의 계산
⑧ 각종 보고서
⑨ 하우스 뱅크와 객실회계원
⑩ 선수금
⑪ 객실회계원 마감

4. 일일영업 마감

영업회계분야에서 일일업무의 마감으로 야간회계감사업무가 수행된다. 매출의 총액을 산출하고, 현 상태에서 거래된 내역들을 파악하게 된다. 마감에 따라 호텔이 출력하는 보고서의 종류는 매우 다양하며, 호텔경영관리에 필요한 기본적인 자료를 이것을 통해 받게 된다.

1) 주요기능

① 시작하기
② 일일마감을 위한 시스템 준비
③ 일일마감 운영하기

④ 온라인 백업
⑤ 재구성

5. 객실관리

객실관리모듈(Housekeeping Module)은 객실의 상태를 보고하고, 기록할 수 있는 기능으로 고장난 객실 체크기능, 객실이력기능, 객실청소 상태가 깨끗하게 정비되었는지, 정비 중인지, 아직 정비를 하지 않았는지, 객실이 고객에 의해 점유되고 있는지 등의 상태를 조회할 수 있다.

1) 주요기능

① 기본기능
② 객실 배정하기, 차이상태보기, 리넨주기 지정하기
③ 객실이력
④ 객실초과예약
⑤ 객실점유율 그래프

6. 통합안내센터와 PABX

교환실 모듈은 고객이 객실에서 사용하는 전화내역관리 및 메시지관리 등 전화 설비를 이용한 시스템을 지원한다. 시스템기능으로는 메시지를 화면으로 보는 기능, 메시지를 객실로 전달하는 기능, 추적해서 메시지를 조회하는 기능이 있다. 호텔의 교환실 시스템은 최신 첨단기능을 가진 사설교환기(PABX : private authorization branch exchange)의 운영을 전제로 한다. 최근에는 통신기술의 발달에 의해 교환실업무가 지속적으로 축소되면서 통합안내센터의 기능을 수행하며, 객실에서 고객이 요구하는 종합적인 안내업무와 보안업무는 물론이고, 룸서비스주문(room service order taking), 근무시간 외의 예약업무, 일반적인 호텔안내업무 등을 카버하게 되므로 여기에 필요한 통신장비 및 컴퓨터시스템이 더 보완되어 업무의 효율을 높이고 있는 추세이다.

호텔은 정보통신기술의 발달로 각종 고객서비스를 개발하여 고객의 편의를 도모하고 있다. 이러한 정보통신의 적극적인 수용으로 호텔기업은 다음과 같은 혜택을 받고 있다. 첫째, 비전형적인 절차를 기계적이고 전형적인 절차로 바꾼다. 둘째, 지역적인 한계를 극복함으로서 정보수집에 요구되는 시간이 크게 단축된다. 셋째, 경영활동의 폭이 증대된다. 넷째, 인력이 절감된다. 다섯째, 업무의 복잡성을 줄여준다. 그러나 우수한 정보기술이라 할지라도 사용자들이 이를 활용하지 않으면 무용지물이 되며, 호텔은 비용만 증가하는 문제를 감당해야 한다. 호텔이 개발하여 고객에게 편의를 제공하고 있는 통신시스템은 아래와 같다.

① 객실용 전화기에 붉은색과 푸른색 램프(message light system)를 장착하여 각종 메시지 보관을 알리고, 고객이 위험할 때 교환실과 즉시 교신 가능

② 룸 어텐던트가 전화기로 청소여부를 입력하면 호스트컴퓨터의 "Room status system"이 작동하여 프런트데스크에서 판매가능객실로 표시

③ 객실에 비치된 미니바의 이용 현황을 전화기로 입력하면 해당 객실의 계정으로 자동입력 되어 신속한 퇴숙 절차에 도움이 됨

④ 고객이 사용하는 전화내역 및 요금(call accounting system)이 자동 산출되어 고객 계정에 입력

⑤ 전화를 받을 때 고객의 성명이 전화기의 화면을 통해 나타나는 "Calling name display system"이 작동

⑥ 객실에서 TV를 켜면 환영메시지와 호텔의 제반 부대시설의 안내가 설명됨

⑦ TV화면을 통해 체크 아웃기능을 수행할 수 있고, 현재까지 고객이 이용한 요금을 조회할 수 있음

⑧ 객실에서 TV를 통해 유료영화를 시청하면 고객계정으로 자동이체 되는 기능

⑨ 노트북으로 객실에서 이메일을 보내거나 정보를 검색할 수 있도록 데이터라인을 추가로 설치

⑩ 객실에 입실하기 위해 받은 카드키(ving card key)를 입실하여 카드를 카드박스에 넣으면 히터 / 에어컨디셔닝, 객실전등, 커턴, TV 등을 자동으로 작동할 수 있

는 "Energy management system"

1) 프런트오피스 시스템과 호환된 각종 시스템

① 요금정보 전송 기능
② 체크인/체크아웃 시, 객실 전화등급 변경기능
③ 디지털폰에 이름 및 고객 정보 디스플레이 기능
④ 메시지 상태 표시 기능
⑤ Wake-up 기능 및 Wake-up 상태 프린터 출력 기능
⑥ 객실상태 변경
⑦ 미니바 요금 전공기록
⑧ Room Attendant ID 등록 기능
⑨ 객실교체 및 변경기능
⑩ 고객 정보 입력 및 변경기능
⑪ 객실에서 특정번호로서 발신제어 기능
⑫ 착신 거부 기능

2) 음성사서함

① 체크인 시 패스워드 할당기능
② 체크아웃 시 메일박스 해제기능
③ 재체크인을 위한 메일박스 복구기능
④ 개인안내문 등록 기능
⑤ 메시지 등록일자, 시간 제공 기능
⑥ 모든 청취메시지 삭제 기능
⑦ 메시지 보안 기능
⑧ TEXT/FAT메시지 수신 상황을 메일에 남기는 기능
⑨ 전화기에 메시지 대기램프 작동 기능
⑩ 객실변경 시 메일박스 자동 변경 기능

⑪ 체크아웃 후에도 메일박스확인 가능 기능
⑫ 음성안내를 동시에 여러 사람에게 전송할 수 있는 기능
⑬ 사용방법 안내 기능

3) 팩스메일 시스템(Facsimile mail system) 기능

① 환영 메시지(welcome message) 전송기능
② 페이퍼 메시지(paper message) 전송기능
③ 체크아웃 시 특정장소로 팩스보관기능
④ 체크인 시 신규 팩스번호 부여 기능

4) 전화교환서비스

① "IN-HOUSE", "CHECK-OUT", 예약자 고객 조회
② 당일 도착 · 출발예정자 조회
③ 전화요금 입력 확인 및 전화 "OUT OFF" 처리
④ 일, 월, 연, 전년대비 고객, 직원, 부서의 매출액 관리
⑤ 투숙객 외출 유무 현황
⑥ 통화중일 때 메시지 처리
⑦ 각종 메시지 관리 및 모닝콜 처리
⑧ 관광정보 조회

7. 마케팅 활동과 고객관리 시스템

호텔기업의 마케팅활동은 서비스마케팅 차원에서 고객과 호텔의 지속적인 거래를 유지하기 위해 관계마케팅을 구사하고 필요한 자료를 데이터베이스화 하여 관리하게 된다. Fidelio System은 고객정보시스템을 통해 고객관계관리(CRM : customer relationship management)를 추진하게 된다. 이는 당해 호텔과 관련된 개인고객, 여행사, 거래회사, 거래단체 등의 정보를 수집 및 관리하는 프로그램을 마케팅 측면에서 운영한다.

제공되는 마케팅정보 자료

- 객실, 연회예약 현황 조회 및 처리
- 국적별 매출 현황
- 지역별 매출 현황
- 여행사, 거래처, 회원, 일반기업체, 각종 단체, 연회고객관리
- 판촉 직원별 실적 및 DM 발송
- 목표대비 실적분석 및 시장분석
- 타사 실적 비교 분석
- 각 영업장 실적 자동 집계처리
- 본사, 부산, 서울, 지역사무소, 해외사무소 등과 네트워크 구성

제3절 식음료영업 및 부대시설영업의 정보시스템

1. 영업장 POS 시스템

우리나라 대다수 호텔들이 영업장관리시스템으로 POS(point of sales) 시스템을 활용하고 있다. POS 시스템이란 각 영업장에서 발생하는 모든 판매현황을 일정한 시점에 화면과 보고서를 통해 파악하고, 내용을 분석할 수 있게 구성한 시스템이다. 이는 호텔의 식음료영업장, 부대시설영업장, 외식업체에 널리 이용되며, 이들 업체의 경영관리를 위한 정보기기시스템이다.

1) POS의 하드웨어 구성

(1) POS의 종류

일반적으로 POS는 크게 두 종류로 분류되며, ECR(electric cash register)형과 PC(personal computer)형이 있다. 두 종류의 차이점은 여러 가지가 있지만 가장 큰 차이는 ECR-POS는 설계가 기계식 금전등록기를 바탕으로 하고 있으며, 숫자관리와 계산

지향적인 장비이다. 반면 PC-POS는 퍼스널컴퓨터를 근간으로 설계되어 있어 고객서비스를 위한 정보의 효과적인 처리와 가공 및 상호교환을 위해 어떠한 요구에도 대응이 가능하다. 대부분의 세계적인 체인호텔들은 "Micros 8700"이라는 PC-POS를 채택하고 있고, 프런트오피스 시스템과 호환된 시스템을 현장에 설치하여 고객서비스에 만전을 기하고 있다. 일반적인 호텔 POS의 구성은 "Main controller"에서 분류되어 각 영업장과 조리부서에 네트워크형으로 구성되어 있다.

(2) POS 기기의 주요 기능

영업장의 POS와 Fidelio는 인터페이스로 연결되어 객실 투숙객의 업장이용을 편리하게 해줄 뿐만 아니라 입력된 이용고객의 정보를 통해 보다 적극적인 고객서비스를 할 수 있도록 해 준다. 고객이 각 영업장에서 이용한 요금을 프런트오피스 시스템의 객실계정에 자동 이체되어 지불에 대한 번거로움을 덜어 주고, 프런트데스크에 계산서(bill)를 가져다주어야 하는 업무를 줄이므로 영업장회계원의 업무효율을 높여 준다. 영업장에 설치된 POS의 기능은 다음과 같다.

① Fidelio에 고객의 투숙여부를 조회할 수 있는 기능
② 항목별, 그룹별, 영업장별 다양한 메뉴관리가 가능
③ 조리부서 프린터와 서버용 단말기가 연동되어 고객 주문이 자동으로 출력되어 조리시간의 단축이 가능
④ 고객이 외국환으로 지불할 때 자동 환전 기능이 가능
⑤ 주차장 이용에 대해 허용 시간별 쿠폰발행이 가능
⑥ 각 영업장별로 수십만의 메뉴도 모두 수록이 가능하며, 항목별, 그룹별, 식·음료별, 시간대별, 직원별, 테이블별 매출에 대한 집계와 분석이 가능
⑦ 영업장, 프런트데스크, 조리부서 등 각 부문에서 자료를 상호 비교 확인이 가능
⑧ 신속, 정확한 계산으로 고객의 대기시간을 대폭 단축 가능

2) POS의 소프트웨어 구성

POS기기의 모델에 따라 소프트웨어의 구성도는 다르지만, 일반적인 구성은 영업

회계, 조리부서 오더, 음식메뉴의 양목표(recipe), 영업장 고객관리, 인터페이스 등이다. 좀 더 구체적으로 살펴보면 첫째, 캐셔업무의 자동화로 영업회계일보 작성, 판매가격 자동 산출, 메뉴별 단가 실시간 조회, 둘째, 캐셔별 고객관리 : 영업장 종업원에게 코드를 부여하고, 근무 중 고객에 대한 판매상황을 집계하므로 영업회계원의 대고객서비스의 효과와 근무 효율을 제고, 셋째, 결산 자동화 : 캐셔 및 영업장 정산, 영업장별 일일매출 현황, 영업장별 품목별 매출현황, 영업장별 목표대비 실적 통계자료, 할인판매 매출현황 산출, 넷째, 신속한 회원관리 : POS에 부착된 카드리드기로 멤버십에 대한 제반 정보를 인지하고, 상응하는 혜택을 부여하므로 회원관리에 적극 대응, 다섯째, 정확한 품목관리 : 수백 개의 식음료별 고유코드를 이용한 품목관리를 신속하고 간편하게 처리할 수 있다.

2. 연회관리와 연회판촉시스템

POS는 호텔의 연회판촉관리시스템으로 고객관리, 예약 시 예약자 관리, 영업활동 내용, 연회기록관리, 우편물 발송관리, 각종 보고서, 서신왕래 등을 관리한다.

연회관리 주요기능은 예약관리, 행사확정관리, 실행관리, 고객기초자료관리 등으로 구분할 수 있다. 이는 연회장관리, 행사스케줄관리, 연회예약관리, 메뉴원가분석, 연회이력관리, 선수금과 외상매출관리로 구분할 수 있다. 예약관리는 일별 / 연회장별로 예약현황을 신속하게 조회하고, 당일 예약현황, 당일 취소, 노쇼우(no show), 사용가능 연회장, 대기예약 등의 정보를 관리한다. 예약확정관리는 예약사항을 확인하고, 확인 후 행사 청구서를 발송하여 관련 부서 간에 행사준비상황을 상호 확인하고, 차질 없이 일일행사예정표를 관리하는 기능이다. 실행관리란 행사의 정산 및 조정, 금일행사현황을 점검하고, 행사별 예측과 실제 내용을 비교하여 기간별 연회영업을 분석하여 목표대비 영업실적을 분석하는 기능이다. 끝으로 고객기초자료관리는 고객별, 판촉지배인별 실적 집계와 노-쇼우 현황, 단체별 이용 현황을 관리하는 기능이다. 여기에는 고객관리가 핵심이므로 고객과 연계되는 "Direct Mail" 발송, 고객기념일 챙기기 등도 포함하여 마케팅의 유용한 자료를 유지 · 관리하는 기능도 포함된다.

제4절 업무지원부문의 정보시스템

업무지원부문의 시스템은 객실영업, 식음료영업, 부대시설영업부문에서 일일영업 결과를 넘겨받아 경리 및 회계업무를 정리하고, 호텔이 세운 목표와 실적을 비교하여 각종 보고서를 생산하므로 경영관리의 자료로 활용하도록 한다. 시스템의 구현방향은 첫째, 유연한 시스템 구조의 실현으로 통합데이터베이스 구축, 데이터베이스의 개방성, 완벽한 보완체제 구축, 개방형 시스템의 구조 등을 지향하며, 둘째, 시스템의 연계성 및 통합성을 고려하게 되므로 외부정보와의 원활한 연계, 각각의 시스템 간의 통합성과 정보공유체제 구축한다. 셋째, 시스템의 안정성을 고려하여 장애의 유형별, 단계별로 대처할 수 있는 총체적인 복구기능 확보, 시스템 · 통신망 · 복잡화에 대응한 통일된 관리체계, 완벽한 보안 관리체계를 감안하여 시스템을 구축하게 된다. 넷째, 경제성을 고려하여 운영관리 비용의 최소화를 위한 시스템 구축하고, 유지보수의 용이성을 확보하여야 한다. 다섯째, 사용자 중심의 시스템을 구축하므로 최종 사용자의 편리성을 극대화하여 업무 효율을 높이고, 정보의 신뢰성을 확보하여야 한다. 업무지원부문의 시스템의 전반적인 내용은 호텔의 경영정보 및 재무관리업무, 인력관리 및 비용관련 조회, 외상매입금에 대한 자료관리, 외상매출금에 대한 자료관리, 손익관련 자료관리, 대차대조표 관리, 회계 관련 자료 출력 등을 중심으로 되어 있다.

1. 경영정보시스템

경영정보시스템은 호텔경영관리자에게 호텔을 효율적으로 운영하기 위해 계획하고 조직하며, 매출을 증대시키고, 상황에 맞는 일상관리를 진행하고, 조직을 시스템적으로 통제하기 위해 설계된 시스템이다. 호텔의 경영정보시스템은 프런트오피스, 영업장의 POS 등이 기본이 되어 인터페이스를 통해 업무지원분야와 통합하여 관리되고 있다. 자동화된 프런트오피스 시스템과 POS 시스템은 필요한 시점에서 경영관리자에게 많은 정보를 제공해 준다. 그렇지만 효과적인 경영정보 시스템의 활용을 위해서는 일상적인 보고서 작업과 일상적인 정보 활용단계를 넘어 컴퓨터의 능력을 확장시켜 나가면서 호텔기업이 필요로 하는 자료의 축적과 시스템의 기능의 현실화를 통해 빠르고, 정확한 의사결정에 도움이 되어야 한다. 효과적인 경영정보시스템 설계는 경영관리자들에게 필요한 모든 정보를 처리할 수 있도록 설계하는 것이다. 경영관리자들은 특정한 정보들에 대하여 우선순위를 메기고, 이를 정의하여 관리하게 된다. 경영정보시스템은 조직체 내의 모든 정책결정 단계를 지원하기 위하여 컴퓨터를 응용할 수 있도록 설계되어 있다. 경영정보시스템에 의한 정책결정의 단계는 전략상의 계획, 전략적 정책결정과 이에 따른 운영을 포함한다. 전략상의 계획이란 장래성과 조직 내의 목적 수립을 통한 정책결정 활동 단계이다. 전략적인 결정은 전략상의 계획을 수단으로 하여 결정되는 단계이다. 정책운영은 수립된 전략적 계획과 정책을 업무에 반영하고, 이를 진행해 나가는 단계를 말한다. 경영정보시스템은 목적사업에 관계된 일을 차질 없이 수행하도록 하고 이에 따른 감독업무를 시스템적으로 이행하도록 하며, 사업에 필요한 자원과 내부 지원을 원활하게 해주고, 이에 따른 정보를 경영관리자에게 제공하며, 불필요한 자료를 제거하고, 이를 간소화하여 경영관리자의 문서업무와 작업 비용을 줄여 준다.

2. 회계관리시스템

호텔기업의 회계원리는 다른 기업체에서 사용하는 일반회계와 원칙적으로 다르게 운영되고 있기 때문에 일반회계를 알고 있다하더라도 호텔관리회계에 대한 지식을 쌓아야 한다. 특히 체인호텔의 경영관리는 표준화된 형식과 계정과목을 토대로 운영되는 "Uniform System of Accounts"에 의해 운영되고 있다.

1) 시스템의 종류

호텔의 회계관리시스템을 구분하면 외상매출금관리(AR : account recei-vable), 외상매입금관리(AP : account payable), 총계정원장관리(GL : general ledger), 재정보고서(FR : financial report), 관리손익모듈로 구분할 수 있으며, 이들의 모듈은 시스템 도입 시 필요성과 효율성에 따라 회계패키지의 응용 소프트웨어를 조합하여 구축할 것인지를 결정한다.

(1) 외상매출금 관리모듈

객실요금, 식음료영업장, 부대시설영업장의 후불 발생에 대한 채권관계에 대한 고객계정의 유지, 계산서 처리, 받을 계정 보고서를 작성하며, 회계 감사보고서까지 산출한다. 특히 기간별 외상매출금 관리보고서(aging report)를 통해 여신담당지배인, 관련부서장, 관리담당임원, 총지배인은 고객 채무상태를 매달 회의를 통해 검토하고, 회수에 노력하게 된다. 외상매출금은 발생 시점으로부터 30일, 60일, 90일, 120일로 기간 결과를 구분하여 표기되며, 그룹별 또는 알파벳 순서로 출력할 수도 있다. 이 기능은 고객의 신용 한계를 설정하고, 신용 한도액 이상을 초과한 모든 고객 계정을 관리하여 신용거래의 자료로 활용한다. 따라서 외상매출금 관리모듈은 고객 총계정원장의 자료관리가 중요하며, 구성되는 자료는 고객 계정코드, 고객 또는 계정이름, 주소, 전화번호, 구좌종류, 보증인, 신용한도액, 신용거래이력 현황과 지급된 금액 및 일자 등을 일목요연하게 자료화하여 관리한다.

(2) 외상매입금 관리모듈

외상매입금관리모듈은 호텔기업이 사용하는 물품을 구입한 후 거래처에 지급되는 회계를 관리하는 모듈이다. 이 모듈은 독립적으로 운영되거나 다른 자동회계시스템과 연동하여 운영한다. 이 기능에는 구매 관련 송장업무, 거래처관리정보 등이 주된 내용이며, 거래처 마스트파일, 송장등록파일, 수표등록파일 등과 보고서 생산기능을 수행한다.

(3) 총계정원장 관리 모듈

일정한 시점을 기준으로 외상매출금관리를 하여 호텔의 재무적 균형을 파악하고, 매월말 결산관리를 수행하는 시스템으로 호텔 경영에 중요한 자료를 보관, 관리하게 된다.

(4) 재정보고서 모듈

영업보고서(OR : operating report)라고도 하며, 매 월말 전 달의 영업결과를 결산하여 관련부서와 경영관리진에게 보고하는 보고서 프로그램이다. 체인호텔 경우에는 이 보고서를 통하여 호텔별 손익분석을 하게 되며, 분석된 보고서는 호텔 내 · 외부의 자료로 활용하게 된다. 주요자료로는 손익계산서와 대차대조표가 있다.

3. 인력관리시스템

호텔의 인력관리시스템은 인력관리, 급여관리, 고과관리를 중심으로 진행되며, 이를 위해 근태관리, 휴가관리, 교육관리를 함께 진행하게 된다. 이 시스템의 내용은 아래와 같다.

① 기준정보 : 시스템 내의 모든 정의 관리
② 인력관리 : 사원번호부여, 인력관리, 제반 증명서 발급관리, 인력비용분석
③ 부가급여관리 : 가압류관리, 학자금관리, 저축보험관리, 동아리관리, 경조사관리
④ 급여관리 : 급여관리, 상여금관리
⑤ 정산관리 : 연말정산관리
⑥ 퇴직관리 : 퇴직정산관리, 퇴직금관리, 퇴직충당금관리
⑦ 인상관리 : 인상테이블관리, 인상안에 따른 명세서관리
⑧ 소급관리 : 호봉인상관리, 소급급여관리, 고급상여관리
⑨ 근태관리 : 출퇴근관리, 휴가관리
⑩ 고과관리 : 사원관리, 감독자관리, 평가자관리
⑪ 교육관리 : 교육계획, 교육행정, 오리엔테이션, 직무교육, 인성교육, 사외교육

4. 시설관리시스템

호텔시설관리 시스템은 객실, 공중지역, 연회장, 식음료영업장, 부대시설영업장 등의 설비로 구성되어 있다. 전등, 조명, 냉 · 난방, 보안, 소방 등에 관련된 동력부문이다. 에너지 비용이 높아지면서 이러한 설비와 제어장치도 보다 적극적으로 시스템화되어가고 있다. 시설관리시스템의 이점을 나열하면 첫째, 대폭적인 에너지 절약이 가

능하고, 이는 단시일에 시설 투자비를 회수할 수 있게 된다. 둘째, 고객에 대한 서비스 향상으로 쾌적한 실내 온도를 유지시켜 주며, 입실 시 전등의 자동 점등, 부재중 메시지 전달 기능, 객실정비 시 룸어텐던트가 객실상황을 정확하게 파악하여 고객의 안전과 프라이버시를 보호하게 된다. 셋째, 호텔경영관리의 합리화로서 객실상황의 정확한 파악으로 객실 판매증진에 도움이 된다. 넷째, 객실의 온도 상황을 관리한다. 다섯째, 객실 내의 화재발생 시 프런트데스크와 안전관리실의 판넬에 경보음과 객실 번호의 표시가 나타나 긴급조치를 취할 수 있다. 시스템의 구성은 "Room Indicator System", 객실전원 제어시스템, 객실공조 제어시스템, 객실서비스 시스템으로 구성되어 진다.

제5절 인터페이스 시스템

호텔의 정보시스템은 객실 및 마케팅부문, 식음료 및 부대시설영업부문, 업무지원부문으로 구분하여 각각 다른 시스템을 구축하고 있다. 이렇게 구축된 프로그램을 인터페이스(interface)가 연결하여 상호 정보를 교류하고, 공유하도록 도와준다. 2010년대에 들어 호텔정보시스템이 급속하게 발전하면서 대부분의 호텔들은 호텔 내의 모든 시스템이 상호 호환이 가능하도록 설치하고 있으며, 주요 내용은 다음과 같다.

- 객실예약업무(reservations)
- 매출관리(revenue management)
- 등록업무(registrations)
- 객실현황(room status)
- 계산서 입력업무(bill posting)
- 전화교환 및 전화요금(telephone-exchange & call accounting)
- 퇴숙절차(check-out)
- 야간회계감사 업무(night auditing)

- 조회, 안내 및 보고서((inquiries / reports)
- 백오피스(back office)
- 객실관리부서(housekeeping)
- 식음료부서(food & beverage)
- 시설관리부서(engineering)
- 안전관리부서(security)
- 마케팅과 판촉부서(marketing & sales)
- 인력관리부서(human resources)
- 전자우편(electronic mail)
- 시각조회(time clock)

[그림 16-4] 호텔정보관리시스템의 모듈

제17장 호텔의 회계업무

제1절 호텔의 관리부문의 의의

1. 호텔관리부문의 개요

1) 호텔관리부문의 중요성

호텔은 총지배인을 중심으로 경영관리를 이행하고, 매출과 이익관리를 하게 된다. 이익관리의 중심에는 예산의 수립과 집행을 주관하는 업무지원부문, 즉 관리부서(Back of the House)가 있다. 호텔관리부문의 주요업무는 매출에 대한 예측, 예산수립 및 집행, 재무관리, 경영관리보고서의 작성, 내부 통제시스템 개발, 주주총회 관련 보고서 작성 및 유지, 내 · 외부 감사업무, 관공서업무 등이 있으며, 이러한 업무는 기업회계를 바탕으로 이뤄지고 있다. 경영관리는 필요한 정보를 많이 확보하는 사람이 주도권을 가지게 되듯이 관리담당임원이 많은 의사결정에서 주도적 역할을 하는 것은 호텔의 정확한 재정상태와 현금의 흐름에 깊이 관여하기 때문이다. 따라서 호텔의 관리부문은 영업무문과 함께 수레의 두 바퀴처럼 호텔업무의 핵심에 있다고 하겠다.

2) 호텔관리부문의 조직

호텔의 관리부문은 관리담당임원을 중심으로 회계와 경리를 맡은 관리부서, 주주총회와 관공서 업무를 담당하는 총무부서, 구매부서 등으로 구분하고 있으며, 인력관리부서, 안전관리부서, 시설관리부서가 관리부문에 편제된 호텔들도 있다. 그러나 본서에서는 호텔경영관리를 이해하는데 도움을 주기 위해 각각의 부서들을 독립된 영역으로 학습할 수 있도록 세분화하였다. 따라서 이 장에서는 경리와 회계를 중심으로 회계업무에 대한 내용으로 구성하였고, 회계부문의 책임자는 관리부장/경리부장/회계부장(Assistant Controller)이 보직되며, 그의 지휘아래 회계과장(Chief Accountant), 지불과장(Account Payable Accountant), 후불과장(Receivable Accountant), 급여과장(Paymaster), 원가관리과장(Cost Accountant), 고정자산관리과장(Capital Accountant), 검수과장(Receiving Manager) 등이 각각의 전문성에 의해 분장된 업무를 이행하게 된다.

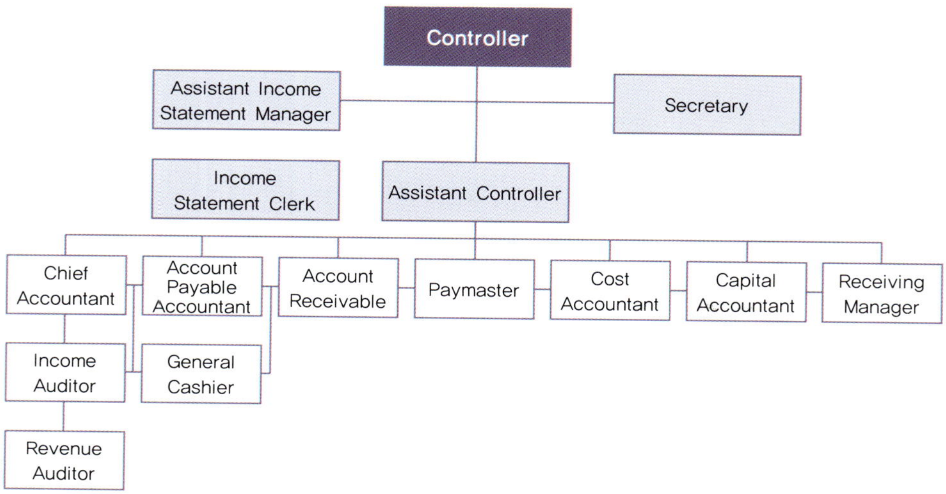

[그림 17-1] 호텔관리부서 조직

3) 호텔관리부문의 역할

(1) 관리담당임원

호텔의 관리담당임원에 대한 역할과 업무는 제4장 호텔의 경영조직에서 설명하였다.

(2) 관리 및 회계부서장

관리 및 회계부서장은 관리담당임원의 업무를 보좌하며, 호텔 내의 업무지원 부문에 주력하게 된다. 주된 업무는 회계부문이며, 좀더 구체적으로 살펴보면 다음과 같다.

① 객실영업, 식음영업, 부대시설영업에 따른 영업예측의 시스템 구축
② 호텔의 중장기 경영계획과 예산 수립
③ 연간 예산 및 월간 예산 수립
④ 자금계획 수립
⑤ 대차대조표, 손익계산서, 재산목록 작성
⑥ 현금흐름 보고서 작성
⑦ 일일경영관리보고서 작성
⑧ 수정 매출보고서 작성
⑨ 현금, 외상매출금 회수, 외상매입금 지불, 구매 및 검수, 재고조사, 급여 등에 대한 내부통제업무
⑩ 내부, 외부 감사업무의 주관
⑪ 체인본부, 주주총회 및 이사회에 제출할 각종 자료의 생산
⑫ 호텔과 관련된 각종 계약서의 유지

(3) 회계과장

관리부서장을 도와 경리부문의 실무책임자로서 각종 경리관련 보고서에 관련된 업무를 관장하게 된다.

(4) 지불과장

지불과장(Payable Master)은 원재료, 일반자재, 공사대금 등 호텔이 구입한 모든 물품에 대한 대금을 자금지출계획에 의해 제때 집행하는 책임자이다.

(5) 후불과장 또는 여신과장

영업부서에서 발생된 각종 후불금(미수금)을 30일, 60일, 90일, 120일 또는 그 이상 회수계획을 세워 수금하고, 미회수금액에 대한 대손처리를 책임지고 수행하게 된다.

(6) 급여과장

인사부서와 긴밀한 업무협조를 통해 종업원들의 급여를 제때 지급하게 된다. 급여

관련 계정은 기본급, 제수당, 후생복리 등 다양한 항목들이 있어 업무가 매우 복잡하다.

(7) 원가관리과장

호텔에서 발생되는 매출과 구입가격을 비교분석하여 관련부서에 보고하는 책임자이다. 특히 식음부서의 업무를 보조하므로 간혹 식음부서에 배속되는 호텔도 있다.

(8) 고정자산관리과장

호텔의 토지, 건물, 비품 등 모든 재산을 관리하는 주무 책임자로서 관리부서장의 지휘 하에 있다.

(9) 검수과장

구매부서장의 지휘를 받는 경우도 있지만 주로 관리부서 소속으로 호텔 구매부서가 발주한 각종 물품의 검수, 보관, 재고관리를 책임진다.

제2절 호텔회계의 기본이해

1. 회계의 의의

회계란 "재무적 성격을 갖는 거래나 사건을 화폐단위에 의해서 뜻있는 방법으로 기록·분류·요약하고 해석하는 기술이다"라고 정의(AICPA : American Institute of Certified Public Accountants, 1953)하고 있으며, 1966년 미국 회계학회(AAA : American Accounting Association)에 의하면 회계란 "보고의 이용자가 정보에 입각한 판단이나 의사결정을 할 수 있도록 경제적 정보를 식별·측정하고 이를 전달하는 과정"이라고 정의하고 있다. 호텔기업에 있어서 회계란 "경제적 의사결정에 필요한 정보를 제공하기 위해 호텔기업의 경제적 행위를 측정하고 전달하는 행위"라고 할 수 있다. 즉 회계는 특정 경영관리조직의 재무정보시스템의 경제적 사상을 파악 및 기록하고, 이러한 정보를 필요로 하는 이용자들에게 전달하는 일련의 과정이라고 할 수 있다.

① 회계의 첫 번째 과정인 거래 및 사상의 파악은 특정 회계주체와 관련된 경제적 활동의 증거가 되는 사상을 선별하는 것이다.

② 일단 거래를 파악하고 해당 거래에 대한 금액을 측정하면, 경제적 거래 및 사상은 그 조직의 재무활동 내역을 제공한 목적으로 기록된다.

③ 이렇게 파악, 기록된 활동은 정보이용자들에게 전달되지 않으면 가치가 없으므로 가장 보편적 형태인 재무제표의 작성과 배포를 통하여 전달된다.

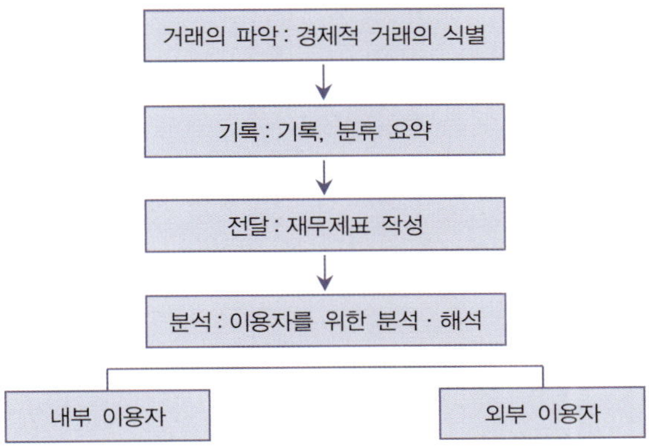

[그림 17-2] 회계과정

2. 회계의 기능

회계의 기능은 모든 기업이 그 회계를 처리하는데 있어서 따르지 않으면 안 되는, 즉 기업회계기준이나 상법 등에 의해서 기업의 상이한 모든 이해관계자(주주, 채권자, 종업원, 소비자, 지역주민, 정부 등)의 수익성, 안전성, 유동성 등과 같은 목적에 부응하기 위해서 기업이 수행하지 않으면 안 되는 기능을 말하는데, 다음과 같이 관리적 기능, 보전적 기능, 보고적 기능으로 설명된다.

1) 관리적 기능

내부적 기능이라고도 하며, 이것은 기업의 경영자 입장에서 기업의 경영활동을 계량적으로 분석 파악하여 그 결과를 타 기업과 비교 평가한다든가 예산 및 표준매출

목표를 수립함과 동시에 재무관리(financial management)와 원가관리(cost management) 등을 정확하게 관리하는 기능을 말한다.

2) 보전적 기능

이것은 채권자 입장에서의 권리의 행사, 채무자로서의 의무의 이행 등 경영활동에 있어서 모든 거래와 계약의 확보는 물론 위법, 부당, 오류 등에 의한 재산과 자본의 감손을 방지하는 것으로서 기업 본래의 목적과 임무를 수행하는 것을 말한다.

3) 보고적 기능

외부적 기능이라고도 하며, 재무제표, 즉 재무상태(B/S) 및 경영성과(I/S)를 이해관계자들에게 측정하여 전달, 보고하는 기능을 말한다.

3. 회계의 기본 가정

1) 화폐측정의 가정

화폐로 표현할 수 있는 거래정보만이 어느 한 기업 실체에 대한 회계기록에 포함된다는 가정이다.

2) 기업실체의 가정

소유주나 경영자와는 별개의 독립된 기업실체가 존재하며, 모든 경제적 사상 거래는 특정기업 실체에 한하여 인식될 수 있다는 가정이다.

3) 회계기간의 가정

기업의 경제적 수명은 인위적으로 보다 짧은 회계기간단위로 나눌 수 있다는 가정이다.

4) 계속기업의 가정

기업의 현재 목표들을 실행하기 위한 충분한 수명을 갖는다는 가정이다.

4. 회계원칙

1) 취득원가 기준

자산은 취득시점의 원가로 기록하는 것을 말하며, 원가자산이 취득된 시점에 교환된 가치를 말한다.

2) 수익인식의 원칙

수익은 발생한 회계기간에 인식한다는 원칙이다.

3) 수익 · 비용 대응의 원칙

발생주의를 근거로 수익 · 비용 금액을 확정한다 하더라도 과연 비용을 어느 기간에 기록할 것인가를 결정해야 한다. 비용의 인식은 수익의 인식과 연결된다. 수익 · 비용 대응의 원칙은 어떤 거래의 결과로 나타나는 수익에 대하여, 그것을 획득하는데 소요된 비용을 대비시키는 것이다.

4) 완전공시의 원칙

재무제표 이용자들의 경제적 의사결정에 영향을 줄 수 있는 상황이나 거래들에 대한 정보를 빠짐없이 밝혀야 한다는 원칙이다.

5) 중요성의 원칙

중요성이란 한 기업의 전반적인 재무상태나 운영에 영향을 미치는 계정과목에 관련된 것으로, 즉 어떤 계정과목이 합리적인 투자자나 채권자의 의사결정에 영향을 미친다면 중요성을 지니는 것이다.

6) 보수주의 원칙

회계적 의미의 보수주의란 기업의 재무상태에 불리한 영향을 미치는 회계방법을 사용하는 원칙으로 자산은 될수록 작게, 부채는 크게, 수익은 가급적 늦게, 비용은 빨리 계상하는 것을 말한다.

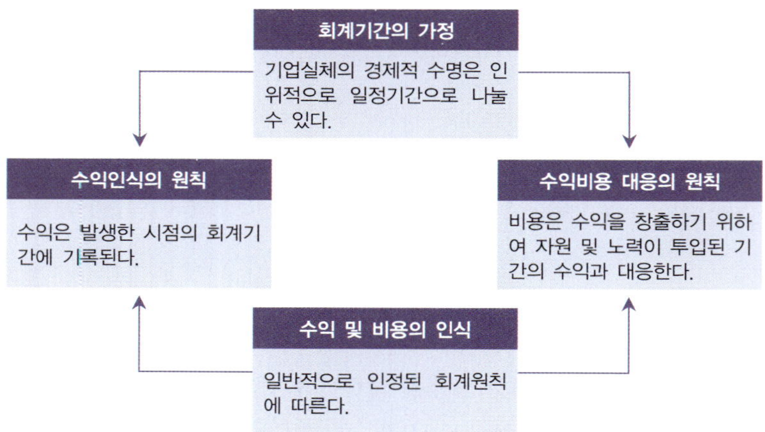

[그림 17-3] 수익 및 비용인식의 체계

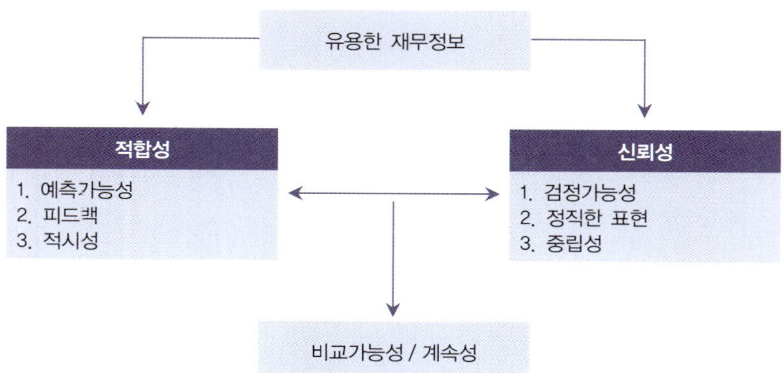

[그림 17-4] 회계정보가 갖춰야 할 특성

5. 회계 거래의 분석

1) 회계등식

호텔에서 장부를 통해 정리하고 유지할 수 있는 모든 요소는 자산, 부채, 자본으로 구성되어 있으며, 이를 구성하는 요소는 아래와 같이 나타낸다.

자 산 = 부 채 + 자 본

2) 자산

기업이 보유하는 자원으로, 경제적 가치가 있는 모든 자원을 말한다. 자산은 생산·소비·교환과 같은 경제활동을 수행하는데 사용되는 가치 있는 것을 말한다.

3) 자산의 주요 항목

① 현금(Cash on hand) : 돈이나 돈과 동일하게 취급되는 현금등가물을 말한다.

② 예금(Cash in bank) : 돈이나 돈과 동일하게 취급되는 현금등가물을 말한다.

③ 유가증권(Marketable securities) : 기업이 일시적인 여유자금의 활용을 위하여 일시 소유하는 시장성 있는 증권으로, 타사 발행 주식 및 사채 등을 말한다.

④ 외상매출금(Accounts receivable) : 상품이나 용역을 외상으로 판매한 금액을 말하며, 대부분의 외상매출은 일반적으로 30일 내지 60일 내에 회수될 수 있으며, 기업의 가장 중요한 청구권이기도 하다.

⑤ 받을 어음(Notes receivable) : 상품이나 용역을 판매하고 고객으로부터 어음을 받으면 만기일에 현금을 받을 권리가 생기는데, 이때의 현금을 회수할 수 있도록 받아 둔 어음을 말한다.

⑥ 식료 재고(Food inventory) : 호텔에서 사용할 식료품 재료를 구입하여 일정기간 사용하고 남은 재료를 말하며, 매 월말 재고조사에 의해 실제로 남아 있는 부분을 말한다.

⑦ 음료 재고(Beverage inventory) : 호텔에서 사용할 음료 재료를 구입하여 일정기간 판매 또는 사용하고 남은 것을 말하며, 매 월말 재고조사에 의해 실제로 남아 있는 부분을 말한다.

⑧ 선급금(Prepaid expense) : 기업에서 필요로 하는 재료 구입, 서비스용역 계약 등에 필요한 금액 중 일정부분을 미리 지급하여 향후 구입이나 서비스용역 계약에 완료되면 소멸될 계정을 말한다.

⑨ 건물(Building) : 호텔의 건물은 형태가 있는 고장자산이다.

⑩ 소모품(Operating supplies) : 호텔의 객실, 식음료, 연회, 부대업장 등에서 영업을 위해 사용되거나 종업원의 후생복리를 목적으로 사용되는 대부분의 일회성 물품이 이에 속한다.

4) 부채

자산에 대한 청구권이다. 부채는 현금으로 갚아주거나 용역을 제공해야 할 의무 또는 빚을 말한다.

5) 부채의 주요 항목

① 외상매입금(Accounts payable) : 식음료 자재 및 기타 소모품을 외상으로 매입한 금액으로 현금으로 갚아주어야 한다.

② 지급어음(Notes payable) : 매입한 물품에 대해 공급업자에게 어음을 발행하여 만기일에 현금으로 지불할 의무

③ 차입금(Loan) : 채권자로부터 빌린 금액으로, 현금을 갚아야 할 의무

④ 선수금(Advance deposits) : 제품이나 서비스에 대해 미리 받은 금액으로서 아직 상품, 서비스가 제공되지 않은 경우

⑤ 미지급금(Accrued expenses) : 회기 말에 발생하였으나 아직 갚지 않은 비용으로서 미지급금 비용은 발생한 기간에 기록한다는 수익비용 대응의 원칙에 근거를 둔 것이다.

6) 자본

총자산에 대한 소유청구권을 자본이라 하며, 자기가 출자한 금액과 이익잉여금을 합한 것이다.

7) 자본의 주요 항목

① 납입자본(Paid-in capital) : 주주들이 자기 돈으로 출자한 자본, 주식이 액면가 이상으로 팔릴 때 주식발행 초과금이 생기는데, 이 차액을 추가납입자본이라고 한다.
② 이익잉여금(Retained earnings) : 납입자본을 운용하여 벌어들인 순이익 중 배당금으로 기업 밖으로 유출된 금액을 제외한 것이다.

제3절 호텔의 영업회계

1. 호텔영업회계의 의의

호텔기업의 운영부분을 나눠보면 크게 수익발생부서(Revenue Center)와 비용발생부서(Cost Center)로 나눌 수 있다. 호텔기업에 있어서 수익발생부서는 객실, 식음료, 연회, 부대시설영업을 들 수 있고, 비용발생 부서는 인력관리, 마케팅, 구매, 시설, 총무, 회계 부서 등을 들 수 있다.

호텔기업은 각 영업부서의 성격에 따라 다른 상품들이 판매되어 매출액이 발생하게 되며, 업장별로 판매된 상품의 매출액은 온라인 시스템을 통하여 전송되고 집계되고 있다. 또 하루의 영업 결과에 대해서 야간회계감사(night auditor)에 의해서 거래내역들에 대해서 감사하고 마감하게 된다. 감사 시 오류 부문에 대해서 수정보완하며, 업장의 영업결과에 대한 감사활동이 끝나게 되면 영업보고서를 작성하여 하루의 영업활동에 대해서 마감처리하게 된다.

호텔 영업회계의 처리는 일반제조기업과 상이한 성격을 가지고 있고, 영업회계처리의 순환과정 역시 타 제조업과는 다른 시스템을 보여주고 있다. 따라서 호텔영업부문에서 이루어지는 수익회계처리 업무에 관한 회계영역을 호텔영업회계라 할 수 있다.

2. 객실영업부서의 영업회계

객실영업부서의 영업회계 중 가장 중요한 업무는 숙박하는 투숙객의 고객원장에 대한 관리업무이다. 객실부문의 영업회계는 프런트데스크 에이전트(front desk agent)와 야간회계감사에 의해 수행되며, 일부 단독호텔은 객실회계원(front cashier)에 의해 업무가 수행된다. 호텔의 객실을 이용하므로 발생되는 제반 대금을 단기적인 외상매출금 형태로 고객원장에 기록하고, 각 영업장에서 발행된 모든 계산서를 관리보관하며, 퇴숙 시 이`들 금액을 합산하여 고객에게 청구하는 역할을 담당하게 된다. 또 타 영업부서에서 필요한 거스름돈의 교환이나 환율게시, 환전업무를 이행하게 된다.

1) 고객원장의 작성

고객원장이란 호텔의 투숙객이 호텔에 체재하면서 각 업장에서 발생시킨 모든 요금을 거래발생순서대로 기록해나가는 것을 고객원장(guest ledger)이라 한다. 호텔의 경우 투숙객과 투숙객이 아닌 두 가지 형태로 구분할 수 있으며, 투숙객이 아닌 경우 업장에서 발생시킨 계산서로 정산을 하게 되고, 투숙객의 경우 식음료영업장, 부대시설영업장을 이용하고 난 후 투숙객 계정으로 후불처리한 후에 퇴숙시 일괄적으로 정산하게 된다.

고객원장은 투숙과 동시에 개설하게 되며, 원장개설 이후 호텔 내의 부대시설에서 후불처리가 가능하게 된다.

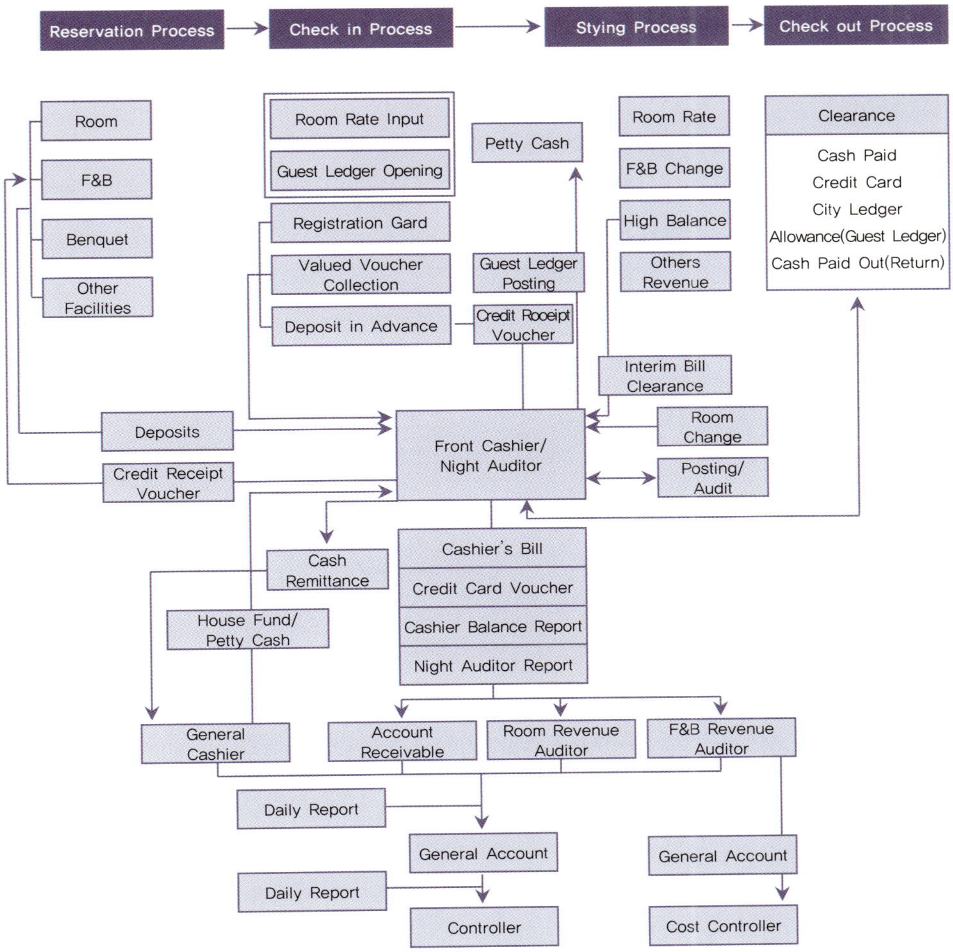

[그림 17-5] 호텔영업회계 순환과정

2) 단체총괄계정(group master ledger)

단체총괄계정이란 단체고객용 원장을 말하는 것으로 개별투숙객이 아닌 단체투숙객의 경우 지불처가 다를 경우를 위해서 개설한 계정을 말한다. 즉 단체투숙객들의 사용요금에 대해서 여행사, 항공사, 컨벤션기획사 등에 직접적으로 청구하기 위해서 개설된 계정을 말한다. 개별고객계정의 경우 단체객이 객실 및 식사요금을 제외하고 개인적으로 사용한 금액을 청구하기 위해서 개설된 계정을 말한다.

3) 고객원장의 내용

고객원장의 구성 형식은 호텔마다 다를 수 있지만 구성 내용에 있어서는 거의 흡사하다고 할 수 있다. 고객원장의 구성 내용은 상호명, 회사주소, 대표자명, 사업자등록번호, 전화번호, 청구처, 주소, 고객서명 및 승인자의 서명, 도착일, 출발일, 계정번호, 객실번호, 고객수, 객실요금, 일자, 참조, 내역, 금액 등으로 구성되어 있다.

4) 요금수납 업무

요금 수납 업무는 부과한 요금을 결제하는 업무이다. 요금의 수납은 중간 수납과 퇴숙 정산으로 구분할 수 있으며, 지급의 형태에 따라 현금결제와 신용결제로 구분할 수 있다.

(1) 현금결제

현금결제는 내국통화, 외국통화, 자기앞수표, 당좌수표, 여행자수료 등으로 결제하는 것은 현금결제에 속한다. 외국통화는 외국환매도증서를 발행하여 환전 후에 한화로 수령하며, 자기앞 수표와 당좌수표는 지역에 따라 추심료를 받게 된다.

(2) 신용결제

신용결제는 후불조건의 쿠폰, 크레디트 카드, 어음, 외상매출 결제의 방법들을 가리킨다.

(3) 선급(advanced payment, deposit)

휴대품이 없거나 예약 없이 오는 고객에 대해서 체크인 시에 미리 청구하여 받는 선납금이나 예약 시에 계약이행을 확실하게 하기 위하여 납입받는 금액이 이에 속한다. 전자는 이용 요금을 미리 받은 것으로서 "Advanced Pay", "Paid in Advance"라 하고 후자의 것은 계약금으로 받은 것으로서 "Deposit"이라고 말한다.

5) 기타 업무

주요 업무 외에도 외환 교환업무, 여행자수표 교환업무, 시재금의 관리, 일일 영업 보고서의 작성 등을 행하게 된다.

6) 야간회계감사(night auditor) 업무

호텔은 연중무휴의 영업을 하기 때문에 정기적으로 당일의 영업판매액에 대한 재무감사가 필요하다. 따라서 당일 발생된 수입과 호텔 회계계정에 관한 마감업무를 수행하고, 회계정보를 제공해 주는 야간회계감사가 있다. 야간회계감사는 영업장 부문별로 당일의 매상수입을 정산하는 일을 맡고 있으며, 주요 기능은 수취계정의 총잔액과 개별원장 합계액의 비교와 검증, 개별원장의 대변과 차변 기록과 청구액의 정확성 검증, 영업장 및 부문별 매출의 확정 등이다.

야간회계감사의 주요 업무는 다음과 같다.

① 수취계정의 총잔액과 개별원장의 비교 및 검증
② 발생계정의 정확성 확인
③ 청구액의 이상유무 점검
④ 당일 수입일람표의 작성
⑤ 야간의 수익감사업무 수행
⑥ 매출자료(영업일보, 매출현황)의 작성

3. 식음부서의 영업회계

호텔의 수익 중 가장 중요한 두 부서는 바로 객실부문과 식음료부문이다. 현대 호텔의 수익구조에서 볼 때 식음료부의 수익이 객실의 수익을 앞서가는 추세이다. 호텔에 있어서 식음료의 구성은 물론 호텔의 규모에 따라서 차이가 있겠지만 로비라운지, 커피숍, 한식당, 일식당, 중식당, 이태리식당, 프랑스식당, 뷔페레스토랑, 룸서비스, 연회장, 베이커리숍 등이 대표적인 예라 하겠다.

특히 식음료부의 매출이 증대됨에 따라 이에 맞는 호텔의 수익관리 측면에서 식음료부서의 영업회계를 효율적이고, 효과적으로 관리하는 방법은 호텔의 매출관리에 있어서 중요한 부분이라 할 수 있다.

1) 주문접수

(1) 주문전표(order slip)의 작성

웨이터, 웨이터리스가 고객으로부터 직접 주문을 받아서 "Order Slip"을 작성한다. 오더는 호텔마다 다르긴 하지만 기본적으로 캐셔용, 조리용, 보관용 3가지로 작성하며 작성된 오더는 캐셔에게 1장이 전해지며, 1장은 조리를 위해 조리부서로 가게 되고, 1장은 체크용으로 별도 보관하게 된다. 따라서 주문은 3매 1조를 원칙으로 하는 게 좋다.

(2) 계산서의 작성

식당에서의 계산서는 "Check", "Chit", "Bill" 등으로 불리어지고 있으며, 계산서의 기본 형식은 재화나 용역의 공급기록에 대한 내역서이며 또한 식음료사업 특유의 부가적 기록을 내포하고 있다. 계산서의 기능으로써는 식음료 매장에서 거래된 모든 상품에 대한 거래내역과 금액을 기재하여 고객에게 청구되는 역할을 하며 내부적으로 기업의 수익에 대한 보고, 재무자료를 근거로 제공하는 역할을 하고 있다.

계산서의 구성내용을 살펴보면 다음과 같다.

① 호텔명, 계산서 번호, 테이블 번호, 고객수 등
② 메뉴명, 수량, 메뉴 코드
③ 세무관련 자료
④ 봉사료, 부가가치세, 합계
⑤ 지불 형태

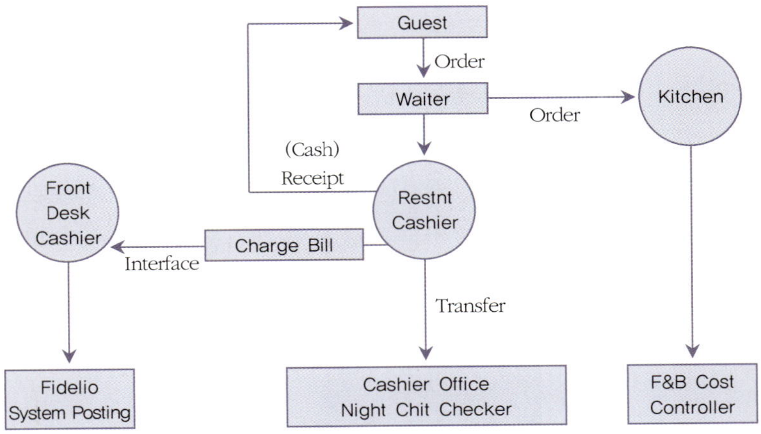

[그림 17-6] 식당계산의 흐름(Restaurant Chit System)

(3) 계산서의 관리

식음료부문에서의 계산서는 타 매장에 비해서 거래가 빈번하게 이루어지고 위에서 설명한 바와 같이 내부 관리의 기초자료와 재무적 근거자료가 되기 때문에 계산서는 철저하게 관리되어져야 한다. 아래는 식음료 업장 수납원용 계산서를 관리하여야 하는 구체적인 이유는 첫째, 내부 수익감사보고서만으로는 식음료 업장 수납원용 계산서를 관리하기 어렵기 때문이다. 둘째, 식음료 영업의 특성상 단위의 현금거래가 많이 이루어지므로 만일 적절한 통제절차가 수립되어 있지 않으면 부정의 소지가 내재되기 쉽기 때문이다. 셋째, 오늘날 사용 중인 포스시스템(POS : point of sale system)의 유형이 각 호텔마다 다소 다르므로 바람직한 통제 제도를 선택하기가 어렵고, 또한 통제제도의 통일성을 기하기 어렵기 때문이다.

(4) 계산서 기록의 취소 및 정정

식음료계산서의 취소(void) 또는 정정(correction)은 전체 취소와 부분 취소로 구분한다. 취소의 사유로는 이중 작성, 기록착오, 불취식, 분할 재작성 등으로 구분하며, 취소는 임의로 하여서는 아니되며, 감독자(Supervisor)의 허락을 득한 후 시행하여야 한다.

2) 식음료 업장 수납원

식음료 업장 수납원(cashier)의 경우 대부분의 체인호텔은 영업부서에 소속되어 서비스와 회계업무를 함께 수행하지만 일부 단독경영호텔은 관리부서나 회계부서로 소속되어, 영업회계업무를 수행한다. 캐셔는 계산, 수납원인 동시에 식음료 업장의 인상을 최종적으로 결정하는 역할을 하는 중요한 고객접점 종업원이다. 따라서 업장 수납원의 경우 회계업무에 대한 지식뿐만 아니라 대고객 서비스에 있어서도 뛰어난 역량을 가지고 있어야 한다. 식음료 업장 수납원이 행하는 업무는 다음과 같다.

① 모든 식음료 매출액에 대한 계산서의 작성과 기록
③ 현금 및 카드 정산 매출에 대한 회계의 처리
④ 시재금의 보관 및 관리
⑤ 일일영업보고서의 작성
⑥ 기타 각종 계산서의 작성 및 관리

이외에도 관리부서와 연관된 업무를 수행하게 되며, 영업을 위해서 각종 서류와 시재금 등을 관리부서로부터 수령하여 준비하고, 마감 시에도 POS의 수행절차에 따라서 마감을 행하는 식음료 영업장의 오픈과 마감을 수행하는 역할을 한다.

제4절 호텔의 관리회계

1. 호텔의 관리회계시스템

회계(Accounting)는 정보이용자들이 그들의 부(wealth)를 증대시키기 위하여 합리적 판단이나 경제적 의사결정을 하는데 필요한 재무적 정보를 식별 · 측정 · 전달하는 과정이다. 회계는 회계정보를 이용하는 집단에 따라 재무회계와 관리회계로 구분할 수 있다. 재무회계는 기업 외부정보이용자들의 개인적인 부를 증대시키기 위한 의사결정에 유용한 정보를 제공하는 회계영역이며, 관리회계는 기업의 부를 증대시키기 위하여 기업 내부경영자들의 관리적 의사결정 및 통제활동에 유용한 정보를 제공해 주는 회계영역이다. 따라서 관리회계는 원가계산, 의사결정회계, 성과평가회계 등이 주된 구성 요소라 할 수 있다. 즉 관리회계는 경영자의 관리활동으로 계획과 통제활동 과정에서 필요한 각종 정보를 수집 · 분류 · 계산 · 요약 · 분석하여 경영자에게 제공하는 회계영역이다.

2. 관리회계의 의의와 기본적 사고

관리회계시스템의 설계 및 실행에서 고려해야 할 기본적 사고로는 다음의 다섯 가지를 들 수 있다.

1) 원가효익의 사고

대부분의 관리활동상의 의사결정은 대체안의 원가와 효익의 분석을 통하여 행한다. 즉 원가보다 효익이 높은 대체안을 선택하며, 다양한 대체안들 중에서 원가와 효익의 차이가 가장 큰 대체안을 선택한다. 원가-효익분석은 주어진 목표를 달성하기 위하여 최소의 원가를 수반하는 방법을 발견해 내고, 주어진 원가로 최대의 효익을 얻을 수 있는 방법을 발견해 가는 기법이다.

2) 효과와 효율의 측정

성과평가의 대상은 포괄적으로 효과와 효율이다. 효과란 적절한 목표를 선택하고 그 목표를 달성하였는가를 파악하는 것이다. 효율은 능률이라고도 하며, 투입과 산출의 관계개념이다. 즉 효율은 목표달성과정에서 불필요한 낭비가 없었는지의 여부를 파악하는 것이다. 경영자는 효과와 효율에 모두 관심을 두어야 하지만 효율보다 효과가 보다 중요하다.

3) 행동적 사고

경영관리활동은 관리자·종업원 등 사람에 의하여 수행된다. 따라서 구성원들에 대한 행동적 측면의 배려는 매우 중요하다. 구성원들의 행동적 사고는 기업의 효과와 효율, 즉 성과수준에 직접 영향을 미친다. 행동적 사고의 핵심은 동기부여이다. 특히 호텔기업의 경우에는 재화보다는 종업원에 의한 서비스판매를 목표로 하기 때문에 구성원에 대한 행동적 측면의 고려는 기업성과의 핵심이 된다. 동기란 행동을 유발시키고 지시하며 유지시키는 개인의 내적인 추동력을 말한다. 동기부여의 문제는 서로 다른 개성과 욕구를 지닌 구성원들이 어떻게 기업목표달성에 최선을 다할 수 있도록 유인할 것인가 하는 것이다. 동기부여를 위해서는 행동과학론의 다양한 관리기법이 활용되어야 하며, 성과평가는 반드시 보상제도와 연결되어야 한다.

4) 예외의 관리

관리회계시스템은 책임회계제도를 바탕으로 하며, 책임회계제도는 권한의 위양을 전제로 한다. 권한의 위양은 특정 활동을 수행할 공식적인 의사결정권한을 하위관리자에게 이전하는 것이다. 권한의 위양을 전제한 책임회계제도는 책임단위의 목표관리를 가능하게 할 뿐만 아니라 예외의 관리가 가능하다. 예외의 관리는 특정의 활동이 계획대로 수행되지 않는 경우 중요한 차이에만 경영자의 주의를 집중시켜 신속히 그리고 적절히 통제하는 것이다. 예외의 관리는 계획과 실제가 불일치하는 모든 차이만을 대상으로 한다. 어떠한 차이가 중요한지는 차이의 크기, 차이 발생의 계속성, 항목의 속성, 차이의 통제가능성 등을 기준으로 평가한다.

5) 정보의 원가－효익분석

경영자의 관리적 의사결정에는 정보가 필요하다. 의사결정의 질을 향상시킬 수 있을 때 정보는 가치를 갖는다. 관리적 의사결정 시 얼마만큼의 정보를 이용할 것인가는 정보의 원가－효익분석에 의해 결정된다. 정보의 원가, 즉 정보를 수집·처리·보고하는 데 소요되는 원가는 비교적 정확하게 측정할 수 있다. 그러나 정보의 효익은 객관적으로 측정하는 데 많은 어려움이 따른다. 왜냐하면 정보의 효익은 정보의 양·

제5절 호텔의 유틸리티 관리

유틸리티 관리는 호텔경영관리에 매우 중요한 부분이다. 전기, 수도, 하수, 도시가스 등 호텔 건물에 불을 밝히고, 더운물을 공급하고, 냉·온방을 공급하고, 공조기를 돌리고, 조리부서와 세탁실에 스팀을 공급하며, 대형 냉동고와 냉장고의 온도를 유지하며, 호텔이 배출하는 하수를 정화하여 강으로 내보낸다. 이렇게 거대한 건물과 그 내부의 설비를 효과적으로 운전하는 데는 많은 자원이 공급되고, 이 모든 자원은 호텔이 부담해야 하는 비용으로 청구된다. 1973년 1차 오일쇼크 이 후, 그 동안 등한시 했던 에너지관리프로그램(Energy Management Program)이 각 호텔체인마다 도입되고, 이것은 시설관리프로그램으로 정착이 되어 왔다. 호텔의 유틸리티 비용은 대부분 고정경비의 성격을 띠고 있다. 객실점유율이 매일 100%를 달성하기란 거의 불가능하며, 식당과 연회장이 연일 고객으로 성시를 이룰 수는 없지만 호텔을 유지관리하기 위해서는 전기, 수도, 하수, 가스가 지속적으로 소비되고 있다. 우리나라 특급호텔의 전기, 수도, 하수, 가스 등 유틸리티 비용은 지역에 따라 조금의 차이는 있지만 호텔 총경비의 약 6~10%에 육박하는 것으로 조사되고 있다. 따라서 호텔의 모든 부서와 경영관리자는 유틸리티비용 절약에 함께 힘을 합해야 한다. 그러나 고액의 금액을 지불하고 호텔을 이용하는 고객의 입장에서 쾌적한 시설이 유지관리 되어야 호텔의 명성과 지속적인 매출 신장의 기회를 가질 수 있음도 유념하여야 한다. 그러나 호텔이 소비하는 에너지가 많은 만큼 그에 대한 절약도 가능하므로 환경친화적 경영관리측면에서 구성원 모두가 에너지절약에 적극적으로 동참해야 하리라 본다.

1. 호텔 유틸리티 관리의 특성

1) 전력의 과다소비

호텔은 고객 투숙에 관계없이 많은 전기설비와 에너지를 소모하고 있다. 모든 전기설비는 언제라도 작동할 수 있는 상태를 유지해야 하며, 평상시의 전력원이 고장날 경우를 대비하여 비상발전 시설을 갖춰야 한다. 또한 호텔의 로비, 컨벤션장, 연회장, 결혼식장 등의 공공장소(public area)는 부하 밀도가 높아 조명, 인체 등의 사용상황에 따른 부하의 변동 폭이 크다. 따라서 에너지 소비량이 큰 폭으로 변화한다.

2) 풍부하고 깨끗한 물의 공급 필요

호텔의 객실, 식음료, 부대영업부문은 깨끗한 물을 풍부하게 공급하여야 하고, 소비가 매우 많은 편이다. 급탕량이 많아 물 사용료와 가열에 소요되는 유틸리티 비용도 만만찮게 지출된다. 따라서 호텔은 자가 시설이 공급하는 물은 물론이고 공공기관이 공급하는 물외에도 다른 대체기술의 도입을 적극 고려하여 급수비용과 하수처리 비용을 크게 절약하고 자원의 낭비를 막아야 한다.

3) 쾌적한 냉 · 난방 공급

호텔은 연중 안락하고 쾌적한 실내온도 유지에 많은 기술적 관리가 필요하다. 자연바람이 인체에 가장 좋지만 계절과 상황에 따라 냉 · 온방이 필수적이며, 창밖의 외부기온이 높을 때, 내부 혹은 외부습도가 높을 때, 좁은 장소에 많은 군중이 모였을 때, 집회 시는 동시에 많은 양의 냉 · 난방이 필요하다. 또한 환절기에는 냉방과 난방이 함께 필요하기 때문에 운전과정에서 에너지 손실이 발생할 수 있어 관리에 만전을 기해야 한다.

4) 대형 냉동 · 냉장 시설 완비

식음료 관리에 있어서 냉장시스템은 빼놓을 수 없는 중요한 설비로서 호텔내의 대 · 소형 냉장, 냉동기는 하루 24시간 가동되어 필요한 식자재의 신선도를 유지관리해준다. 따라서 이런 시설은 호텔의 에너지 비용을 높이는 주요 원인이 되므로 호텔의 규모와 이용고객을 감안하여 적절한 시설을 유지하도록 하여야 한다.

질 · 적시성 · 적합성 등에 의하여 달라지기 때문이다. 그럼에도 불구하고 정보의 원가-효익분석의 사고는 의사결정을 할 때 반드시 고려되어야 한다.

3. 관리회계시스템의 구성

기업의 관리회계시스템은 경영자의 의사결정에 유용한 정보를 제공할 수 있도록 설계되고 운영되어야 한다. 또한 기업을 둘러싸고 있는 환경변화에 보다 탄력적으로 운용함으로써 관리회계시스템의 진부화를 예방할 수 있어야 한다.

호텔기업을 포함한 대부분의 기업들이 재무회계 위주의 회계시스템에서 벗어나 각 부문 및 관리계층의 관리적 의사결정과 종합적인 책임관리를 위하여 목적 적합한 정보를 제공할 수 있도록 관리회계시스템을 확장하거나 재구축하고 있다. 효율적인 관리회계시스템은 필요한 정보를 적시에 제공할 수 있어야 하며, 경영활동의 주요한 구성요소들을 포함할 수 있어야 한다.

1) 재무예측시스템

재무예측이란 기업의 내적 · 외적 환경변화를 고려하여 미래의 재무상태, 손익상태, 자금의 흐름 등에 관하여 예측하는 것이다. 재무예측의 핵심은 매출액예측과 자금의 유입액 및 유출액에 대한 예측이다. 이는 현금과 예금 및 운전자본 등의 관리를 위한 자료를 제공한다.

특히 재무예측의 출발점은 매출액예측이다. 호텔기업의 매출액 예측은 객실점유율, 식당좌석회전율, 부대시설의 이용고객수, 객실판매가격, 식음료의 평균판매가격 및 부대시설의 판매가격 등에 의하여 결정된다. 재무예측을 위해서는 예측요소를 설정하고, 이들이 변경될 때 재무상태, 손익, 자금의 흐름 등이 어떻게 변화하는가를 파악해야 한다. 일반적인 예측요소로는 인건비상승률, 환율, 이자율, 판매가격인상률 등을 들 수 있다.

2) 예산관리시스템

예산관리시스템은 관리활동의 계획과 통계를 포함하는 기법으로 다른 시스템을 조정하고 선도하는 종합시스템의 성격을 갖는다. 예산관리시스템은 단순한 예산 수립과 차이분석의 기능만을 수행해서는 안 되고, 각 책임단위의 총체적인 노력을 기업목표 달성에 결집시킬 수 있어야 한다. 특히 예산제도가 단기적인 성과에 집착하지 않고 중장기전략을 달성하기 위한 구체적인 실행계획으로 이용될 수 있어야 한다.

3) 원가관리시스템

원가관리는 원가를 통한 관리활동을 말한다. 원가관리시스템은 다양한 원가관리 기법들을 어떻게 적용할 것인가를 정해야 한다. 원가관리시스템에는 원가통제, 원가절감, 원가의 최적화, 원가기획 등이 포함된다. 원가통제는 실제원가를 계획된 표준원가와 일치시키려는 노력이다. 원가절감은 산출의 수준은 유지하면서 이미 발생한 원가수준보다 더 낮은 상태의 실제원가를 이끌어내려는 노력으로 원가개선이라고도 한다. 원가의 최적화는 주어진 원가수준에서 산출을 증대시켜 최대의 효익을 얻으려는 노력이다. 즉 동일한 원가수준에서 산출을 증대시켜 최대의 효익을 얻으려는 노력이다. 즉 동일한 원가수준에서 보다 질 좋은 서비스를 제공하거나 서비스의 양을 증대시키는 것 등이 원가의 최적화이다. 마지막으로 원가기획은 희망판매가격에서 목표이익을 차감한 목표원가를 산정하고 이 목표원가를 달성하기 위한 여러 활동을 말한다. 원가기획은 목표원가의 달성뿐만 아니라 고객욕구에 맞는 새로운 서비스의 개발과 새로운 서비스의 적시 출시 등도 목표로 한다.

4) 성과평가시스템

성과평가는 기업 또는 부문의 성과를 측정하여 목표 및 계획과 비교하여 예외사항을 파악하고 그 원인을 분석 · 수정 조치함으로써 성과를 증대시키려는 관리시스템이다. 호텔기업은 마케팅부, 객실부, 식음료부, 부대시설영업부 등 영업부문과 시설관리부, 관리부 등 업무지원부문 등의 분권화단위를 구분하고, 각 단위가 수행한 노력의 정도를 파악하여 기업 전체의 목표를 달성할 수 있도록 유도한다. 책임단위의 성과평가는 책임회계제도를 이용한다. 책임회계제도는 성과에 대한 합리적인 유인을 할 수 있도록 보상제도와 연결시켜 책임단위의 동기부여를 할 수 있어야 한다. 특히 성과평가의 지표는 이익·매출액 등 단기적 지표뿐만 아니라 기업의 경쟁전략과 관련된 각 부문의 장기적 지표의 중요한 성공요소들을 포함해야 한다.

재무제표는 기업의 재무상태와 경영성과에 관한 정보를 기업의 이해관계자에게 보고하기 위하여 일정한 형식에 준거하여 작성되는 서류이다. 관행적으로 결산결과 작성되는 보고 서류만을 재무제표라고 일컫지만, 원래는 대차대조표(BS : balance sheet), 손익계산서(PL : profit and lost Statement), 이익잉여금처분계산서, 현금흐름표 등 정규보고서류는 물론이고 월별생산계획 및 실적비교표, 외상매출금증감일람표 등과 같은 경영자를 위하여 작성되는 내부서류도 재무제표의 범주에 포함시킬 수 있다고 하겠다.

그러나 재무제표가 기업의 이해관계자에게 전달함을 목적으로 하고 있고, 결산결과로 작성되는 서류가 중요하기 때문에 보통 경영내부의 재무내용을 밝히는 서류이더라도 외부보고를 목적으로 하지 않는 서류는 재무제표라 하지 않는다.

제5절 재무제표의 이해

관리회계의 범주는 굉장히 다양하지만 본장에서는 재무제표의 이해와 재무제표비율분석의 범주만 다루기로 한다.

1. 대차대조표

대차대조표는 일정시점에 기업의 재무상태, 즉 자산 및 자본의 내용을 수록한 표이다. 기업은 자본주가 투자한 돈(자기자본)과 금융기관 등으로부터 빌린 돈(부채 또는 타인자본)으로 공장 기계설비 등 고정자산을 구입하고 일부는 운전자금으로 사용하기 위하여 현금이나 예금 등 유동자산으로 보유한다. 이와 같이 기업의 자금조달과 운용상태를 한 표에 나타낸 것이 대차대조표인데, 자본과 부채를 합한 금액과 자산총액이 일치하도록 작성된다. 이 때 자본과 부채는 대차대조표의 오른쪽인 대변에 기록되어 자금의 조달원천을 나타내고, 자산은 대차대조표의 왼쪽인 차변에 기록되어 조달된 자금의 운용상태를 나타낸다.

〈표 17-1〉 대차대조표 양식

대차대조표(요약계정식)

제××기 2×××년 ×월 ×일 현재

(주) 월드베스트스마일호텔 (단위 : 천원)

자 산	금 액	부채 / 자본	금 액
		부채	
자산		I. 유동부채	
I. 유동자산		1. 매입채무	
1. 현금과 예금		2. 단기차입금	
2. 유가증권		II. 고정부채	
3. 매출채권		1. 사채	
4. 재고자산		2. 장기차입금	
II. 고정자산			
(1) 투자자산		부채 총계	
1. 장기성 예금			
2. 특정현금과 예금		자본	
3. 투자유가증권		I. 자본금	
(2) 유형자산		II. 자본잉여금	
1. 토지		1. 자본준비금	
2. 건물		2. 재평가적립금	
3. 건설중인 자산		III. 이익잉여금	
(3) 무형자산		1. 이익준비금	
–		2. 기타적립금	
–		3. 이월이익잉여금	
(4) 이연자산			
–		당기순이익	
–		IV. 자본조정	
		자본총계	
자산총계		부채와 자본총계	

2. 손익계산서

〈표 17-2〉 손익계산서 양식

<table>
<tr><td colspan="3" align="center"><u>손익계산서(요약계정식)</u>
제××기 2×××년 ×월 ×일부터 2×××년 ×월 ×일까지</td></tr>
<tr><td colspan="2">(주) 월드베스트스마일호텔</td><td align="right">(단위 : 천원)</td></tr>
<tr><th>과 목</th><th colspan="2">제 X(당)기</th></tr>
<tr><td>I. 매출액</td><td></td><td></td></tr>
<tr><td>II. 매출원가</td><td></td><td></td></tr>
<tr><td>III. 매출총이익</td><td></td><td></td></tr>
<tr><td>IV. 판매비와 관리비
1. 급여
2. 지급임차료
3. 감가상각비
4. 광고선전비
5. 대손상각비</td><td></td><td></td></tr>
<tr><td>V. 영업이익</td><td></td><td></td></tr>
<tr><td>VI. 영업외수익
1. 이자수익
2. 배당금수익
3. 임대료</td><td></td><td></td></tr>
<tr><td>VII. 영업외비용
1. 이자비용
2. 이연자산 상각비</td><td></td><td></td></tr>
<tr><td>VIII. 경상이익</td><td></td><td></td></tr>
<tr><td>IX. 특별이익
1. 보험차익
2. 전기오류수정이익</td><td></td><td></td></tr>
<tr><td>X. 특별손실
1. 재해손실
2. 전기오류수정손실</td><td></td><td></td></tr>
<tr><td>XI. 법인세차감전순이익</td><td></td><td></td></tr>
<tr><td>XII. 법인세 비용</td><td></td><td></td></tr>
<tr><td>XIII. 당기순이익
(주당경상이익 :)
(주당순이익 :)</td><td></td><td></td></tr>
</table>

손익계산서(Profit & Loss Statement)는 일정기간 동안 기업의 경영성과를 나타내는 표이다. 재무제표를 작성하는 중요한 목적 중의 하나는 기업의 일정기간 중에 얼마나 이익을 남겼는지 또는 얼마나 손해를 보았는지를 정확하게 계산하는 데 있으며, 손익계산서의 작성을 통해 정확한 손익금액 계산과 함께 그 손익이 경영의 어떤 활동에서 발생하였나를 알아보는 것이 가능하다. 생산이나 판매 등 기업의 고유한 영업활동 결과로 발생한 손익을 영업손익, 주된 영업활동 이외의 보조적 또는 부수적인 영업활동과는 관계없이 발생한 손익을 특별손익이라 한다. 또한 기업이 얻은 모든 수익에서 기업이 지출한 모든 비용을 차감하고 순수하게 기업에 이익으로 남은 몫을 당기순이익이라 한다.

3. 현금흐름표

현금흐름표(SCF : statement of cash flow)는 일정기간 동안 기업이 조달한 현금의 내역과 조달된 현금이 어떻게 이용되어졌는가 하는 운용내역을 영업활동, 투자활동 및 재무활동으로 나누어 정리한 재무보고서이다.

〈표 17-3〉 현금흐름표 양식

현금흐름표

2×××년 ×월 ×일부터 2×××년 ×월 ×일까지

(주) 월드베스트스마일호텔 (단위 : 천원)

Ⅰ. 영업활동으로 인한 현금흐름	
1. 매출로부터의 유입액	2. 매입에 대한 유출액
3. 영업비의 지급	
Ⅱ. 투자활동으로 인한 현금흐름	
1. 투자활동으로 인한 현금 유입액	2. 투자활동으로 인한 현금 유출액
Ⅲ. 재무활동으로 인한 현금흐름	
1. 재무활동으로 인한 현금 유입액	2. 재무활동으로 인한 현금 유출액
Ⅳ. 현금의 증가	
Ⅴ. 기초의 현금	
Ⅵ. 기말의 현금	

4. 이익잉여금처분계산서

이익잉여금처분계산서는 전기 이월이익잉여금과 당기 이익잉여금의 처분사항을 명확히 보고하기 위하여 작성되는 재무제표이다. 이익잉여금처분계산서는 처분이익잉여금, 임의적립금 등의 이입액, 이익잉여금처분과 차기이월이익잉여금으로 구성되며, 그 작성목적이 주주총회에서 당기 발생이익의 배당 및 처분을 결정하는데 기초자료로 쓰기 위한 것이므로 이익처분안이라고도 한다.

이익처분은 주주총회 승인절차가 반드시 필요하기 때문에 주주총회에서 당기 발생이익의 배당 및 처분을 결정하는데 기초자료로 쓰기 위한 것이므로 이익처분안이라고도 한다. 이익처분은 주주총회 승인절차가 반드시 필요하기 때문에 주주총회에서 확정되기 이전의 이익잉여금처분계산서(안)이며, 주주총회를 거치면 이익잉여금처분계산서가 된다.

배당가능액 = (처분전이익잉여금 + 임의적립금 등의 이입액) −
(이익준비금 + 기타법정적립금 + 이익잉여금처분에 의한 상각액)

〈표 17-4〉 이익잉여금처분계산서 양식

이익잉여금처분계산서

제××기 2×××년 ×월 ×일부터 2×××년 ×월 ×일까지

(주) 월드베스트스마일호텔 (단위 : 천원)

과 목	금 액	
Ⅰ. 처분전 이익잉여금		
1. 전기이월이익잉여금		
2. 당기순이익		
Ⅱ. 임의적립금이입액		
1. 사업확장적립금		
2. 배당평균적립금		
Ⅲ. 이익잉여금처분액		
1. 이익준비금		
2. 재무구조개선적립금		
3. 배당금		
4. 감채적립금		
Ⅳ. 차기이월이익잉여금		

호텔회계 실무사례

Income, Account Receivable

→ Restaurant, Banquet Cashier, Front Cashier, Night Auditor, A/R Collector

○ 사람 + 시스템 + Operation

Income 부분에서 회계적 기능도 중요하겠지만 사람에 의해 이루어지는 것이므로 회계를 다루어 나가는데 사람이 생각하는 회계원칙이나 회계인으로 그 사람의 태도가 좋아야 원만한 회계인이 될 수 있다.

○ 회계원칙

- 회계기준 : Balance Sheet(대차대조표), Profit Loss(손익계산서)
- 일반원칙 : 기업회계기준에서 일반원칙 6가지
- 신뢰성의 원칙 / 명료성의 원칙 / 충분성의 원칙 / 계속성의 원칙 / 중요성의 원칙 / 안전성의 원칙
- 회계공준 : 회계가 성립하기 위한 기초전제, 가정. 누구나 경험적으로 당연지사로 인정
- 기업실체의 공준, 계속기업의 공준, 화폐가치 인정의 공준, 회계 기간의 공준

○ 대차대조표

- 구분표시, 총액표시, 1년 기준, 유동성 배열법, 잉여금구분, 특정비용 이연, 특정수익 이연

○ 손익계산서

- 발생주의, 수익 · 비용대응, 총액주의, 구분계산

○ 회계인으로서의 태도

- 친절, 정확, 신속, 안전, 협조, 적극성, 팀워크, 자기향상, 건강, 냉정한 판단력, 용

모단정, 관계부분과의 커뮤니케이션의 원활
- 지식 : 목적, 방침, 목표, 상품, 회계지식 등
- 기능 : 계산력, 서비스력, 회계기 조작능력 등
- 태도 : 친절, 정확, 신속, 안전, 적극성, 팀워크, 자기향상, 건강, 냉정한 판단력, 용모단정, 예절, 관계부분과의 의사소통

○ Income의 system & operation

○ 일반적인 회계시스템과 오퍼레이션의 기본원리?

- 주고, 받고, +, -, give & take

○ 대변, 차변의 원리를 활용

前 殘高 + 發生-回收 = 現 殘高

DR. CR.

回收(-)	前 殘高
現 殘高	發生(+)

○ 기업회계에서는 어느 부분이건 간에 이 원리를 이용하고 있고, 호텔기업에 있어서도 마찬가지로 이 원리를 활용한다. 영업회계부분(매출회계)도 이 원리를 활용하여 설명

○ 차변요소

- 자산의 증가
- 부채의 감소
- 자본의 감소
- 비용의 발생

○ 대변요소

- 자산의 감소
- 부채의 증가
- 자본의 증가
- 수익의 발생

(1) 식음료 판매회계(F&B, Restaurant Cashier)

Dr.(借邊) Cr.(貸邊)

현금(cash)		매출(revenue)
외상매출금(charge)	신용카드(credit card)	
	숙박객거래(guest ledger)	
	외래객거래(city ledger)	

- 매출 = 현금 + 외상매출금
- 분개처리 : 외매 ##,### 매출 ##,###
  현금 *,*** 외매 *,***

(2) 객실판매회계(Front Cashier) / 精算(Night auditor)

Dr.(借邊) Cr.(貸邊)

현금(cash)	前日殘高(opening balance)
조정(adjust)	객실매출(room revenue)
외상매출금(city ledger)	기타매출(miscellaneous)
今日殘高(net out standing)	食飮料對替(F&B charge)

- 전일잔고 + 발생-회수 = 금일잔고
- 분개처리 : (발생) 외매 **,*** 매출 **,***
  매출 **,***
  (회수) 현금 **,*** 외매 **,***
  매출 *,***

(3) 與信會計(Account Receivable / Credit Manager)

Dr.(借邊) Cr.(貸邊)

현금(cash)	前日殘高(openning balance)
今日殘高(balance)	외상매출금 발생(revenue)

- 전일잔고 + 외매발생-회수 = 금일잔고
- 분개처리 : 현금 ***,*** 외매 ***,***

(4) 영업회계(Income Auditor & A/R)

Dr.(借邊) Cr.(貸邊)

현금(cash)	前日殘高(openning balance)
금일잔고(balance)	매출(revenue)

- 일일회계제도(Daily Revenue System)
- 전일잔고 + 발생 - 회수 = 금일잔고의 분야별 연결
- 전일, 금일 잔고의 의미
- 재무 또는 일반회계와 연결 : 매출 계정, 현금 계정, 외상매출금 계정 등

1. 식음료회계 사례

2013년 3월 27일

1. 3/27 커피 100 cash
2. 3/27 주스 120 cash
3. 3/27 맥주 150 cash
4. 3/27 커피 200 credit card
5. 3/27 맥주 300 credit card
6. 3/27 주스 360 credit card
7. 3/27 커피 300 # 127 배군희
8. 3/27 주스 340 # 129 김영실
9. 3/27 맥주 600 # 137 유정아
10. 3/27 맥주 150 # 125 이정수
11. 3/27 커피 300 한양(주)
12. 3/27 주스 240 삼성(주)

2013년 3월 28일

1. 3/28 커피 200 cash
2. 3/28 주스 240 cash
3. 3/28 맥주 300 cash
4. 3/28 커피 100 credit card
5. 3/28 주스 360 credit card
6. 3/28 맥주 150 credit card
7. 3/28 커피 200 # 134 한경희
8. 3/28 주스 240 # 138 유선화
9. 3/28 맥주 150 # 139 이소영
10. 3/28 커피 500 # 140 김선미
11. 3/28 맥주 600 # 061 김영호
12. 3/28 주스 120 # 064 이혜정
13. 3/28 커피 100 현대(주)
14. 3/28 주스 120 대우(주)

2013년 3월 29일

1. 3/29 커피 200 cash
2. 3/29 주스 120 cash
3. 3/29 맥주 300 cash
4. 3/29 맥주 450 credit card
5. 3/29 주스 360 credit card
6. 3/29 주스 120 credit card
7. 3/29 맥주 150 # 134 한경희
8. 3/29 주스 720 # 139 이소영
9. 3/29 커피 100 # 125 이정수
10. 3/29 커피 200 # 129 김영실
11. 3/29 맥주 300 한일(주)
12. 3/29 커피 300 제일(주)

2. 객실회계 사례 1

2013년 3월 27일

1. #126 이은수 5,000 3/27 현금
2. #127 배군희 6,000 3/27 한양(주)
3. #128 안희영 5,000 3/27 credit card
4. #129 김영실 6,000 3/27, 3/28 한성여행사
5. #134 한경희 5,000 3/27, 3/28 대한여행사
6. #137 유정아 5,000 3/27, 3/28 현금
7. #138 유선화 5,000 3/27, 3/28 대우여행사
8. #139 이소영 6,000 3/27, 3/28 삼성여행사
9. #140 김선미 5,000 3/27, 3/28 신성(주)
10. #125 이정수 6,000 3/27, 3/28, 3/29 현금

2013년 3월 28일

11. #061 김영출 5,000 3/28 현금
12. #062 김민정 6,000 3/28, 3/29 한양(주)
13. #063 최영애 5,000 3/28, 3/29 삼양(주)
14. #064 이혜정 6,000 3/28, 3/29 한국(주)
15. #065 황성원 5,000 3/28, 3/29 현금

2013년 3월 29일

16. #067 신정란 5,000 3/29, 3/30 현금
17. #068 정지현 5,000 3/29, 3/30 대한(주)
18. #069 최소연 5,000 3/29, 3/30 한양(주)
19. #070 김성희 5,000 3/29, 3/30 한양(주)
20. #071 김진석 5,000 3/29 현금

2013년 10월 25일 식음료회계 사례

1) 커피 100원 cash

2) 주스 50원 cash

3) 맥주 200원 credit card

4) 맥주 150원 # 127 홍길동

5) 양주 1,000원 한성(주)

회수						
cash	c/c	guest ledger	city ledger	계	매출	비고
100				100	커피 100	
50				50	주스 50	
	200			200	맥주 200	
		150		150	맥주 150	홍길동
			1,000	1,000	양주 1,000	한성(주)
150	200	150	1,000	1,500	1,500	총계

2013년 10월 26일 식음료회계 사례

1) 커피 50원 cash

2) 주스 50원 cash

3) 양주 1,000원 C/C

4) 맥주 200원 #130 한경희

5) 스테이크 1,000원 삼성(주)

회수						
cash	c/c	guest ledger	city ledger	계	매출	비고
50				50	커피50	
50				50	주스50	
	1,000			1,000	양주1,000	
		200		200	맥주200	한경희
			1,000	1,000	스테이크1,000	삼성(주)
100	1,000	200	1,000	2,300	2,300	

2013년 10월 27일 식음료회계 사례

1) 커피 50원 cash

2) 주스 100원 cash

3) 스파게티 100원 C/C

4) 맥주 500원 #131 유선화

5) 인삼차 500원 현대(주)

회수					매출	비고
cash	c/c	guest ledger	city ledger	계		
50				50	커피50	
100				100	주스100	
	100			100	스파게티100	
		500		500	맥주500	유선화
			500	500	인삼차500	현대(주)
150	100	500	500	1,250	1,250	

3. 객실회계 사례 2

10/25

① 125호 이은수 5,000 10/25 1박 현금

② 127호 홍길동 6,000 10/25, 26 2박 C/C

10/26

③ 130호 한경희 5,000 10/26, 27 2박 대우(주)

④ 131호 유정아 5,000 10/26 1박 삼성(주)

10/27

⑤ 132호 유선화 5,000 10/27 1박 현금

⑥ 133호 김선미 6,000 10/27, 28 2박 C/C

date	room #	Guest name	Folio #	O/B 전잔고	발생				회수				N.O.S 현잔고
					room	F/B	Others	total	paid	allowance	charge	total	
10/25	125	이은수	①	-	5,000			5,000					5,000
	127	홍길동	②	-	6,000	150		6,150					6,150
계				-	11,000	150		11,150					11,150
10/26	125	이은수	①	5,000					5,000			5,000	0
	127	홍길동	②	6,150	6,000			6,000					12,150
	130	한경희	③	-	5,000	200		5,200					5,200
	131	유정아	④	-	5,000			5,000					5,000
계				11,150	16,000	200		16,200	5,000			5,000	22,350
10/27	127	홍길동	②	12,150							12,150	12,150	0
	130	한경희	③	5,200	5,000			5,000					10,200
	131	유정아	④	5,000							5,000	5,000	0
	132	유선화	⑤	-	5,000	500		5,500					5,500
	133	김선미	⑥	-	6,000			6,000					6,000
계				22,350	16,000	500		16,500			17,150	17,150	21,700

10/25 매출보고서

회수	cash 150	Opening Balance 0	전잔고
	allowance 0	G/L 11,150	발생
	charge(C/C) 1,200	F&B 현금 150	
		카드 200	
현잔고	N.O.S 11,150	C/L 1,000	
	12,500	12,500	

10/26 매출보고서

회수	cash 5,000 + 100	O/B 11,150	전잔고
	allowance 0	G/L Room 16,000 F&B 200	발생
	charge(C/C) 2,000	F&B 현금 100	
		카드 1,000	
현잔고	N.O.S 22,350	C/L 1,000	
	29,450	29,450	

10/27 매출보고서

<table>
<tr><td rowspan="4">회수</td><td>cash 150</td><td>O/B 22,350</td><td>전잔고</td></tr>
<tr><td>allowance 0</td><td>G/L Room 16,000
F&B 500</td><td rowspan="4">발생</td></tr>
<tr><td>charge(C/C)
17,150 + 600</td><td>F&B 현금 150</td></tr>
<tr><td></td><td>카드 100</td></tr>
<tr><td>현잔고</td><td>N.O.S 21,700</td><td>C/L 500</td></tr>
<tr><td></td><td>39,600</td><td>39,600</td><td></td></tr>
</table>

제18장 호텔의 시설관리

제1절 호텔시설관리의 의의와 중요성

1. 호텔시설관리의 의의

호텔시설은 고액의 고정자산이다. 호텔의 건물과 시설은 건축할 때부터 많은 물적 자원의 투입으로 특정 호텔의 이미지를 형상화한 결정체이므로 전사적 관리에 만전을 기해야 한다. 호텔은 시설 그 자체가 호텔의 규모, 등급, 가격 등을 예상할 수 있는 가장 중요한 서비스상품의 단서이며, 투숙하는 고객에게는 멋진 관광매력물이 된다. 따라서 이를 잘 유지관리 하는 것은 호텔상품의 가치를 극대화하는 것이 되며, 고객만족의 주요요인이 된다. 호텔은 각종 시설물의 안전관리에도 만전을 기해 방문하는 고객에게 쾌적하고 안락한 체류가 되도록 하므로 재방문의 동기를 부여하여야 한다. 또한 호텔의 최고경영자는 항상 오래 되고 시대감각이 떨어지는 시설물에 대한 문제인식과 과감한 개선의지를 가지고 재투자에 관심을 가져야 하며, 환경여건과 시대변화에 맞는 설비의 도입으로 업무의 효율을 높여야 하리라 본다.

2. 호텔시설관리의 중요성

호텔은 건물 및 시설에 대해 깨끗하고, 안전하게 유지관리 하는 것이 필수적이다. 내부와 외부의 벽체, 타일, 창문, 유리 등을 수시로 세척하여 미화하고, 기계, 기구, 비품, 집기 등 유형고정자산의 수명연장을 위해 일상관리에 힘써야 한다. 또한 전기

설비, 난방설비, 에어컨디셔 설비, 냉장고, 보일러, 조리부서 설비, 각종 운동기구 등도 계획에 의해 관리하므로 고객 서비스에 차질이 없도록 하여야 한다. 호텔시설관리는 고객측면과 경영자측면에서 유지관리의 중요성을 찾아 볼 수 있다. 첫째, 고객의 입장에서는 고객이 지불한 금액에 대한 정당한 가치를 제공받아야 한다. 고른 전압의 공급과 전등의 밝기, 항상 사용할 수 있는 냉·온수, 계절을 잊고 활용할 수 있는 냉·난방 시설, 언제나 신선하고 쾌적한 공기의 공급, 객실내부에 비치된 TV, PC, FAX, 냉장고, 모발건조기, 각종 자동화 시스템은 물론이고, 고객이 필요로 하는 기자재를 활용할 수 있는 제반 시설 등은 정확히 작동되어야 한다. 고객의 입장에서 이런 것이 잘 구비되어 있거나 잘 작동될 때는 별다른 반응이 없으나, 이런 것들이 잘 작동되지 않아 불편을 느낄 때는 정당한 가치를 제공받지 못한 것에 대한 불만으로 호텔의 이미지와 고객서비스에 이의를 제기하게 되고, 종국에는 이러한 불평과 불만이 호텔영업에 악영향을 끼치게 된다. 둘째, 경영관리자의 입장에서 보면 높은 매출이익과 함께 매달 지불되는 수도세, 전기세, 가스비 등 각종 사용료(utility expense)가 적절히 관리되고, 건물과 시설, 설비의 보수, 유지를 위한 유지관리비(maintenance expense)가 남용되지 않도록 잘 관리하는 노력이 필요하게 된다. 이와 같이 호텔시설관리부서는 앞에서 언급된 고객만족과 비용절감을 함께 고려해야 하는 미션을 수행하는 중요한 부서이다.

제2절 호텔시설관리의 조직과 역할

1) 시설관리부서의 조직

호텔의 경영관리조직은 그 호텔의 규모, 위치, 영업형태, 추구하는 경영방향 등에 의해서 결정된다. 부대사업이나 식음료사업의 규모가 크다면 시설관리부서의 조직은 이에 따라 커지게 마련이지만, 최근의 추세로는 시설관리는 내부에서 맡고, 설비관리는 외부자원(out sourcing)을 활용하는 경우도 있다. 시설관리부서에는 각 분야별 전문가로 조직이 구성되어 있으며, 각 분야별 업무협조가 잘 이뤄져야 완벽한 시설관리가 가능하게 되어 팀워크를 매우 중요시 하는 부서이다. 조직은 실무형 또는 기능형으로 구성하고 있으며, 시설관리부서의 책임자는 시설관리부장 또는 차장(director of engineering, building superintendent, director of maintenance, chief engineer)으로 보직하며, 업무지시와 보고는 부총지배인(executive assistant manager) 또는 관리담당임원(controller)에게 하게 되어 있다. 아래의 시설관리부서 조직도는 우리나라 500실 규모 호텔이 택하고 있는 실례를 바탕으로 설계된 것이다. 시설관리부서장이 관장하는 조직내부에는 영선담당, 전기담당, 설비담당, 방제담당 등이 있으며, 세부적인 업무는 보일러, 공조, 전기, 기계배관, 통신, 냉동, 목공 및 도장, 방송, 비상기획 등이 있다.

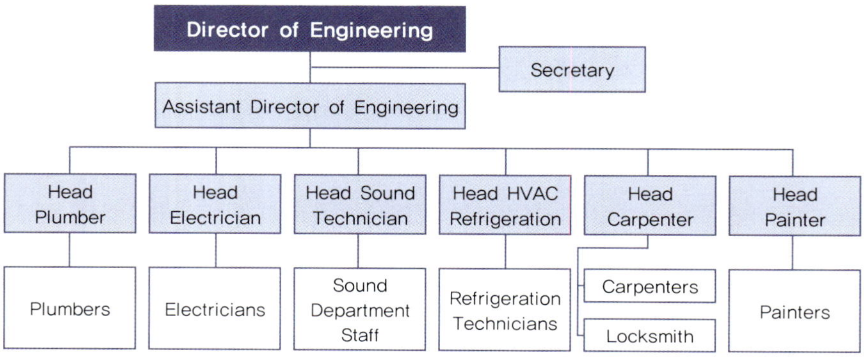

[그림 18-1] 시설관리부서의 조직도

2) 시설관리부서의 역할

(1) 시설부서장

시설부서장(director of engineering)은 호텔건물과 제반시설, 설비의 유지보수를 책임지며, 비용절감 차원에서 효율적인 에너지관리에 힘쓰고, 조직 내의 인력을 지휘·감독하여 호텔의 영업을 지원한다. 중소규모 호텔의 시설관리부서장은 시설의 유지 및 보수에 업무를 집중하게 되고, 초대규모, 대규모호텔의 시설관리부서장은 업무계획, 조직관리, 예산집행 및 분석 등 행정업무에 보다 많은 시간을 보내게 된다.

(2) 영선담당

영선담당(building & repairs section)은 목공, 도장공, 미장공, 도배공 등으로 구성되며, 호텔의 주요시설인 객실, 식음료 영업장, 부대시설 등의 가구, 침대, 식탁, 의자 등의 수선업무와 호텔건물 내의 도장, 객실도배, 시설의 미화, 정비업무를 수행한다. 또한 호텔 내 기물제작 및 수리, 행사시 필요물품 제작을 주요업무로 한다. 이 부문의 수장은 계장급의 보직을 두는 경우가 많으며, 보고라인은 시설관리부서장이다.

(3) 전기담당

호텔의 전기담당(electricity section)은 전기기사 1 · 2급, 전기안전관리책임자, 전기기계공으로 구성되며, 이들은 변전실, 발전실, 전기배선, 조명시설, 전기기계, 통신기계의 유지 및 보수업무를 관장한다. 세부적인 업무로는 객실조명 보수, 콘센트 보수, TV전원 보수, 스탠드전구 보수, 냉장고 전기선 보수, 팬코일(fan coil) 전기보수, 영업장 전체조명 보수, 각 냉장고 전기기기 수리, 주차장 조명보수, 기계실 모터운전반 수리, 각 사무실 콘센트보수, 수전실 유지보수, 엘리베이터 유지보수, 빙축열 설비보수, 옥상광고탑 조명보수, 외곽조명 보수 및 공사, 발전기 전기공사 등이 있다. 또한 이 파트에 소속된 음향담당은 행사시 행사관련 음향시설 조정과 음향장비 유지 관리를 주업무로 하고 있으며, 통신 분야는 객실이나 각 영업장에서 요청한 작업을 처리하고, 자동전화기계장치(PABX SYSTEM)를 관리한다. 전기분야는 업무 범위가 넓고, 소속된 인력의 관리 등이 중요하므로 대규모 이상의 호텔에서는 책임자를 과장급으로 보직하고 있다.

(4) 설비담당

호텔의 설비담당(heat & plumbers section)은 열관리사, 보일러기사, 냉동기사, 배관공 등으로 구성되며, 이들은 보일러, 원동기, 냉동기, 급수관리, 욕조시설, 배관시설, 저장시설, 환경관리, 연료저장탱크 등의 안전운영 및 유지관리를 책임진다. 공조 및 냉동담당은 객실 냉 · 난방 정비 점검, 조리부서의 냉동 · 냉장고 정비 점검, 냉 · 온수기, 스크류, 터보 정기점검, 사무실 에어컨 점검, 각 공조기 관리, 급수펌프 정비점검, 스팀관리, 전체 시스템 정비 및 점검을 주요업무로 한다. 배관파트에서는 기물관리 및 보수유지, 급수관 관리유지, 수영장 수질관리 및 유지보수, 사우나실 기계운전 등의 업무를 추진한다. 시설부문의 가장 큰 분야가 설비부문이기 때문에 대규모급 이상의 호텔에서는 과장급 이상의 간부로 책임을 맡기고 있다.

(5) 방제담당

방제담당(fire & emergency section)은 호텔을 재해로부터 사전예방과 긴급사고 발생시 응급처치를 추진한다. 호텔 화재안전을 위해 방화관리자를 두며, 방화물 관련 정기점검 및 보완, 자동화재경보기, 전기누전탐지기, 비상방송기기, 건물 내에 설치된 소화설비, 비상탈출용 기계 및 기구 등의 유지관리와 소방훈련업무를 담당한다. 방제담당의 업무는 재해로부터 호텔을 보호하는 것이지만, 환경분야도 함께 관리하는 호텔들이 있으므로 호텔 내 정화조 관리 및 법정기준치 수시 확인 등의 업무도 소관에 두고 있다. 이 분야는 중요성에 비해 규모가 크지 않으므로 일반적으로 계장급의 직원을 책임자로 보직하게 된다.

제3절 호텔의 친환경적 시설관리

1970년대 이후 우리나라도 급격한 산업사회로 발전하면서 도시화가 심화되어 환경은 날로 심각하게 오염되었다. 급기야 생활환경마저도 현격히 악화되어가고 있으며, 탄산가스에 의한 온실효과, 오존층 파괴, 산성비, 매연, 소음, 각종 산업폐수 문제 및 생활용수의 오염과 각종 폐기물 등으로 인한 환경문제는 날로 심각해지고 있다. 이와 함께 호텔에서 밤낮으로 쏟아내는 객실 및 식음료 쓰레기, 냉동·냉장기에서 발생되는 프레온 가스에 의한 오존층 파괴문제, 생활하수, 세탁하수, 조리하수 등의 수질오염도 심각하다. 열공급시설에 의한 연소공해물질의 증가는 호텔주변의 주민과 마찰을 일으키며, 관광객의 눈살을 찌푸리게 한다. 환경친화적 경영이란 앞에서 언급된 부분을 개선하는 것만으로도 충분하게 될 것이다. 따라서 호텔은 다른 서비스 업종에 비하여 환경오염물질의 배출이 많고, 다양하기 때문에 무엇보다도 환경친화적인 경영과 이에 대한 적극적인 투자가 요구되며, 이러한 경영철학이 관철되기 위해서는 전 직원에 대한 지속적인 교육과 홍보가 필요하며, 고객에게 호텔이 실천하고 있는 환경친화 프로그램을 전파할 수 있는 기회를 갖는 것도 필요하리라 본다.

1) 쓰레기 환경관리

호텔은 고객이 가정과 같이 기거하는 공간이다. 하루하루 배출되는 쓰레기는 전담요원이 관리해야 할 만큼 배출량이 많다. 호텔에서 배출되는 쓰레기는 크게 음식물 쓰레기와 일반 쓰레기로 나눌 수 있는데, 일반 쓰레기는 객실관리부서에서 취급한다. 그러나 음식물 쓰레기는 식음료부의 기물관리과에서 처리하도록 하고 있다. 그러나 이러한 일상관리를 위한 시설과 장비는 시설관리부서에서 유지관리하게 된다. 특히 음식 쓰레기는 호텔마다 식음료부문의 매출에 따라 대량의 쓰레기를 발생시키게 되며, 물자낭비와 환경문제로 대두되고 있다. 음식물 쓰레기는 수분 함량이 높고 쉽게 부패되어 매립 및 소각처리에 어려움이 있다. 따라서 분리수거를 철저히 하여 순수 음식물 쓰레기를 사료용으로 농장에 반출하는 것이 호텔 내 쓰레기 처리를 용이하게 해 준다. 환경부는 최근에 음식물 쓰레기의 감량화를 위해 1997년 7월 1일부터 1백인 이상의 집단급식소와 99m^2 규모 이상의 식품접객업소 그리고 시장, 호텔, 백화점에 대하여 음식물 쓰레기 감량화를 의무화하도록 하였다. 현재까지 알려진 감량화 기술로는 발효방식, 건조방식, 소멸방식 등이 있으며, 대부분 호텔들은 건조 분쇄시켜 비료로 활용하는 공법을 택하였다. 그러나 발효실에서 나오는 악취가 또 다른 환경문제를 일으켜 최근에는 대부분의 호텔들이 외부 용역업체에 의해 반출시키는 전문적 관리가 이뤄지고 있다.

2) 소음환경관리

호텔은 많은 사람들이 모여드는 만남의 장소이다. 매출에 직접적인 관계가 없다고 하더라도 모든 고객이 필요로 하는 적절한 공간을 마련하고, 이를 쾌적한 조건에서 이용할 수 있도록 배려하여야 한다. 고객은 어떠한 소음으로부터도 보호되어야 하며, 이를 어기면 좋은 호텔의 명성은 유지될 수가 없다. 대부분의 고객은 안락한 휴식과 재충전을 위한 공간을 위해 많은 금액을 지불하고 있기 때문이다. 호텔 주변에는 도로교통 소음, 항공기 소음, 공장 소음, 건설공사장 소음, 시장 소음, 기계설비 소음, 엘리베이터 소음 등 내 · 외부의 많은 소음이 산재해 있다. 이런 소음은 고객이나 종업원의 성격, 건강 등을 헤칠 수도 있다. 따라서 호텔은 객실은 물론 각 영업장, 부대시설을 건축하거나 개축할 때 과학적인 방법에 의해 연구 검토된 방음시설을 갖춤으로써 고객의 쾌적한 체류가 되도록 하며, 내부고객인 종업원에게 좋은 작업환경을 제공하여 고객서비스에 충실하도록 하여야 한다.

3) 수질환경관리

아시아에서 유일하게 우리나라가 물 부족국가로 분류되고 있다. 강우량은 다른 나라에 비해 평균 1.3배가 많지만 전 국민이 하루 평균 395리터의 물을 사용하므로 수자원을 고갈시키고 있다는 분석자료가 있다. 오 · 폐수는 물 사용량에 비례하므로 물 사용이 많은 만큼 오염된 폐수의 배출도 많다. 호텔에서 배출되는 폐수는 크게 일반 생활오수와 세탁실에서 배출되는 산업폐수로 나눌 수 있다. 생활오수는 주로 화장실 배수, 목욕물, 조리부서 배수 등으로 이루어지며, 모두 오수 정화조로 보내져 처리한 뒤 하수구로 방출된다. 일반적으로 생활오수의 오염도는 생물화학적 산소요구량(BOD) 기준으로 200~300ppm 정도이나 조리부서지역으로부터 기름끼(grease)나 폐식용유 등이 그대로 배출되면 생물화학적 산소요구량이 400~500ppm까지 상승하여 폐수처리가 어렵게 되므로, 각 조리부서마다 설치되어 있는 그리스 트랩(grease trap)을 매일 청소하여 환경보존에 힘써야 한다. 세탁 폐수에는 드라이클리닝 세제로 사용하고 있는 퍼크로 에틸렌 등과 같은 특정 유해물질과 이러한 유기염소 화합물을 함유한 드라이클리닝 찌꺼기, 폐유액 등이 배출되므로 별도의 폐수처리 설비에서 처리한 후 도시하수구로 방류하여야 한다. 처리수의 수질기준은 각 지역마다 다르나, 각 대도시의 경우 2002년부터 생활오수는 생물화학적 산소요구량 30ppm, 세탁폐수는 화학적 산소요구량(COD) 130ppm 이하로 규정하고 있으며, 이를 위반할 때에는 과태료 등의 행정적 제재를 받게 된다.

4) 대기환경관리

세계적인 환경문제가 대두되고 있는 것으로 온실효과와 관련한 기상이변, 산성비, 오존층 파괴, 스모그 현상 등을 꼽을 수 있다. 이러한 환경문제들은 석탄, 벙커 C유, 경유 등 화석 연료를 사용할 때 발생하는 탄소화합물(CO_2)과 각종 산화물질(SO_2, NOx) 등에 기인하는 것으로 국내 호텔의 경우에는 1991년부터 시행하고 있는 정부의 청정연료(LNG) 공급정책에 따라 대부분이 보일러 연료로 도시가스를 사용하고 있으며, 이에 따라 보일러를 교체할 경우 장기 저리의 금융혜택도 받게 된다. 오존층 파괴는 냉동기나 냉장, 냉동고, 에어컨 등에 냉매체로 사용되는 프레온가스(CFCS)나 하론가스에 의한 것으로써 호텔은 이러한 장비를 많이 사용하기 때문에 장기적으로 대책을 마련하여야 한다. 우리나라는 1992년 몬트리올 의정서에 서약하면서 개발도상국으로 재분류되어 선진국에 내리는 규제조치를 10년간 유예 받고 2005년까지는 일정량 범위 내에서 이들의 생산 및 사용이 가능하게 되었다. 그러나 38개 선진국이 1990년을 기준으로 2008~2012년까지 온실가스 배출을 평균 5.2% 감축하도록 의무부담을 결정한 2005년 3월 교토의정서, 2009년 12월 코펜하겐 협약에 의해 우리나라를 포함한 세계 각국은 대기환경개선에 협조하도록 규제되었다. 이와 같이 대기환경관리는 세계적인 추세이며, 특히 호텔은 고객의 안전과 편안함을 전제로 서비스를 제공하게 되므로 환경 친화적인 경영마인드로 건물 및 시설 관리에 초점을 두어야 한다. 따라서 호텔내의 모든 장비도 2005년까지 대체 냉매를 사용하는 장비로 바꾸어 설치하거나 갱신하여야 하는 의무조항을 두어 환경관리에 제재를 가하게 되었다. 그러나 시설의 개수와 함께 고려되어야 하는 것은 운영상의 문제이다. 대기오염방지기술과 제반지식을 정확히 숙지하고, 이를 이행하는 것이며, 법적 자격을 갖춘 배출시설관리인으로 하여금 규정에 의해 운영하도록 하는 제도적 장치가 필요하다.

코펜하겐 협약 그 이후

양춘승 CDP 한국위원회 위원장

[이투뉴스 갈럼] 지난 12월 코펜하겐 기후변화협약 당사국회의에서 이른바 '코펜하겐 협약'을 채택하였다. 여기서 주요 온실가스 배출국인 미국과 중국 등은 지구의 기온 상승을 2℃ 이하로 안정화시킨다는 목표를 설정하고 이를 위해 각국의 온실가스 감축 목표를 오는 31일까지 제출하기로 합의하였다.

아직 많은 나라의 참여가 이루어지지 않은 이 협약이 실패작이냐 아니면 그나마 그런대로 성공적이냐에 대해서는 양극단을 포함하여 다양한 평가가 가능하다. 그러나 자발적이긴 하나 중국이나 인도 같은 온실가스 다배출국인 신흥개도국과 교토의정서 비준을 하지 않고 있는 미국이 함께 감축 목표를 제시하기로 합의한 점에 있어서 의미가 있다. 문제는 1월 말까지 제출하기로 한 각국의 감축 목표가 얼마나 적극적인가 여부에 달려있다.

IPCC 보고서에 의하면, 지구의 온도상승을 2℃ 이하로 묶어두려면 대기 중의 CO_2 농도를 450ppm 이하로 안정시켜야 하고, 이를 위해서 선진국은 2020년까지 최소한 1990년 배출량 대비 25~40% 감축하고, 2050년까지는 선진국은 80% 전 지구적으로는 50%를 감축해야 한다고 한다.

그런데 선진국이 그동안 밝혀온 감축계획을 보면 2020년까지 1990년 대비 EU는 20~30%, 미국은 3%, 일본은 25% 등 전체적으로 보아 13~19% 감축한다는 것이다. 개도국의 경우 한국은 2020년까지 2005년 대비 4% 감축, 멕시코는 2050년까지 2000년 대비 50% 감축, 브라질은 2020년까지 2005년 대비 36~39% 감축하겠다고 공표하였다. 인구가 많은 신흥 개도국인 중국과 인도는 배출량 감축 목표 대신에 단위 GDP에 대한 온실가스 배출량을 의미하는 탄소집중도(carbon intensity)를 2020년까지 2005년 대비 40~45%, 20~25% 각각 줄이겠다고 밝히고 있다.

문제는 이처럼 자발적으로 각국이 밝힌 감축계획으로는 그 목표가 100% 달성되더라도 지구의 온도를 2℃ 이하로 묶어둔다는 코펜하겐 협약의 목적을 달성할 수 없다는 사실이다. 이를 보완하기 위하여 협약은 '삼림보존배출권(REDD)'을 제도화하여 열대우림의 파괴를 막는 한편 조림사업을 촉진하여 온실가스의 흡수원(sinks)을 늘리자는 조항을 담고 있으나 얼마나 실효를 거둘지는 미지수다.

코펜하겐회의 이후 기후변화 협약의 장래는 이제 1월 말까지 제출되는 각국의 감축 목표가 얼마나 야심차게 제시되는가에 달려있다. 만약에 각국이 기존의 약속보다 더 높은 감축 목표를 제시하고 서로에 대한 진정성을 확인한다면 이번 협약은 비록 법적 구속력은 없으나 사실상의 성공으로 귀결될 것이다. 그러나 만약 그렇지 않다면 그동안 막대한 투자가 이루어진 탄소시장은 급격히 무력화되고 국제질서는 그 충격으로 심각한 아노미 현상에 빠지게 될 것이다.

기온상승을 막아야 하는 지구적 목표와 각국이 처한 경제적·정치적 현실 사이의 갭을 넘어, 인간과 자연이 조화롭게 공존하는 아름다운 지구를 지키는 현명한 결정이 올해 말 멕시코 회의까지는 반드시 이루어지기를 기대한다.

– 이투뉴스 : 글로벌 녹색시대, 빠르고 알찬 에너지, 자원, 환경 뉴스 메신저

제4절 예방점검과 유지관리

호텔건물과 시설은 그 자체가 호텔의 상품으로 구성되어 있기 때문에 예방점검과 유지관리에 만전을 기해야 한다. 호텔건물과 시설은 장기간 외부에 노출되고, 이용자가 지속적으로 사용함으로써 부분별 손상이 가기 마련이다. 이런 손상을 초기에 발견하여 필요한 조치를 취하므로 항상 정리된 모습을 유지하게 된다. 호텔건물은 항상 관심을 가지고 이상 여부를 확인해야 하고, 건물 내 설치된 시스템과 장비들은 기본적인 유지관리, 보수, 부품교체, 자동화 시스템의 정확한 작동, 이에 따른 안전사고 방지에 대한 예방점검을 하여야 한다. 만약 이러한 요구에 적절한 대응을 하지 못하면 시설 유지관리가 원활히 이뤄지지 않으며, 이것은 곧바로 고객에게 제공되는 호텔서비스품질에 문제가 발생하며, 호텔종업원들의 업무능률 저하로 이어지고, 궁극적으로 영업이익에도 영향을 끼치게 된다. 따라서 호텔의 시설은 부단한 예방점검과 스케줄에 의한 유지관리가 필요하게 된다.

1. 예방점검

예방점검의 대상은 객실, 공공장소, 식음료영업장, 세탁실, 건물 외곽, 기타부분 등으로 구획하고, 구체적인 내용은 옥상, 지하비트, 외벽, 현관지역, 배수로 등의 외부점검과 객실내부, 건물에 설치된 창문 및 문틀, 내벽, 철재부착물, 배기 덕트 등의 내부점검이 있다. 모든 설비와 장비는 제작사로부터의 점검 지침서에 따라 기술과 경험이 있는 직원이 수행하게 하면 된다. 장비의 예방점검은 그 수명을 연장하고 고장을 최소화 할 수 있기 때문에 예방점검을 얼마만큼 잘 수행하느냐에 따라 유지관리가 수행되었는가, 그렇지 못한가가 판가름 나게 된다. 예방점검을 수행하기 위해서는 우선 대상물의 점검, 경미한 수리, 작업계획에 의한 수리 등의 절차를 밟게 된다. 이러한 절차는 예방점검프로그램(PMP : preventative maintenance program)에 의해 체크리스트(Maintenance Check List)를 이용하여 실시하게 되며, 예방점검은 다음과 같은 장점이 있다. 첫째, 장비의 수명연장을 통해 장기적인 수선비용을 절감한다. 둘째, 계획에 의한 부품의 구입으로 부품구매비용이 절약된다. 셋째, 시간을 가지고 교체작업에 임하므로 인건비를 절약할 수 있다. 넷째, 고객의 불편을 줄여 영업시간을 보장해 준다. 다섯째, 긴급수리비용을 줄여 전체 이익에 기여한다. 예방점검 시 장비나 주변을 주의 깊게 살펴보면서 누수 여부, 이상음 또는 이상진동 여부, 압력계나 유량계 등의 지시 눈금의 정상여부, 각 부분의 작동상태 등을 꼼꼼히 체크할 수 있다. 경미한 수리는 점검 시 간단한 수리나 교환·조정 등을 말하는 것으로, 유지관리 담당자는 공구를 지참하고 다니면서 이러한 일들을 즉시 수행한다. 만약에 베어링이나 기타 부품을 교체하기 위해서 장시간 장비의 가동을 중지해야 될 경우에는 작업계획을 세워 호텔의 운영에 지장이 없도록 조치를 취한 후에 실시한다.

〈표 18-1〉 보수요구서(Maintenance Work Order)

The World Best Smile Hotel, Busan Maintenance Work Order	
Work Order Number :	Initiated By :
Date : Time : Room or Location :	
Problem :	
Received On :	Assigned To :
Date Corrected :	Time Spent :
Engineering Department Supervisor Comments :	
Director of Engineering Comments :	

[그림 18-2] 예방점검이 필요한 시설과 장비

1) 객실

호텔의 주력 서비스상품인 객실은 그 무엇보다 중요한 예방점검의 대상이다. 높은 값의 객실이 제 구실을 못 할 때 고객이 지불한 금액은 아까울 수밖에 없다. 객실관리부서가 일일점검을 하면서 필요한 부분을 시설관리부서에 업무협조로 요청을 하지만 시설관리부서는 최소한 분기별로 점검계획을 세워 체크리스트에 의한 객실예방점검을 하여야 한다. 이러한 예방점검이 주기적으로 이뤄질 때 고객의 불만은 최소화될 것이며, 객실에 투입되는 유지관리비용도 줄어들 수 있을 것이다.

2) 공공장소

공공장소의 예방점검은 매우 중요하다. 호텔의 로비, 복도, 대 · 소회의실, 부대시설지역, 엘리베이터 등의 천정, 바닥의 카펫, 대리석, 타일 등과 유리창문, 공조설비 및 조절장치, 가구, 전등, 샹들리에 등을 점검한다. 이러한 점검은 기능적인 면을 집중적으로 살피며, 청결문제는 객실관리부서에 연락하여 즉시 정비할 수 있도록 조치를 취한다. 많은 고객이 이용하는 공공장소의 세련된 유지관리는 고객이 평가하는 호텔의 이미지가 될 수 있으므로 매우 중요하게 생각하고, 점검과 유지관리에 만전을 기해야만 한다.

3) 식음료 영업장

식음료부문은 식음료영업장, 컨벤션시설과 연회장, 조리부서부문으로 구분하여 예방점검을 실시한다. 주요장비를 점검할 때는 외부용역업체나 전문가를 대동하여 점검을 하도록 하여 효과를 높여야 한다. 우선 식음료영업장에는 식탁과 의자의 위아래 상태와 고객이 앉기에 적합한지 점검하고, 서비스지역의 각종 선반, 뷔페진열지역의 테이블, 전열등의 밝기 및 위치 등을 점검하고 필요한 조치를 취해 나간다. 다음은 컨벤션 및 연회장에 대해 예방점검을 할 때는 각종 회의기구와 통역장비, 전열등, 테이블과 의자, 회의실의 방음 및 벽면 상태, 식음료서비스 장비에 대한 점검을 진행한다. 마지막으로 호텔의 고급스런 음식을 생산하는 조리부서에는 오븐, 렌지, 그릴, 프라이어, 냉동고, 냉장고 등 주요 조리기구와 장비들을 집중적으로 점검하며, 바닥의 누수 및 식기세척기 상태 등을 점검한다.

4) 부대영업장과 호텔 외곽

호텔 건물 내 · 외부를 통해 부대시설을 마련하여 부대시설영업을 하게 되는데, 여기에도 많은 고객의 발길이 닭으므로 설치된 장비와 시설에 대해 주기적인 예방점검이 필요하다. 수영장과 사우나, 헬스클럽, 실내 · 외 골프연습장 등의 상태와 기구의 작동상태를 점검하여 필요한 조치를 취하게 된다. 그 밖에 외부와 통하는 출입문의 작동상태, 호텔이 소유한 차량, 소방안전장비, 정원에 설치된 가로등과 산책로등(bollard lights) 등을 점검하게 된다.

5) 세탁실

호텔의 세탁실은 또 다른 수익공간이며, 호텔의 리넨을 생산하는 것 외에 고객의 세탁물에 대한 서비스를 제 때 제공해야 하므로 관심 있게 점검을 하여야 한다. 우선 세탁 장비, 드라이크리닝 장비, 대 · 소 다름질 장비, 수도배관 및 배수구, 동력과 전열등, 각종 온도조절장치 등을 점검하여야 한다. 또한 스팀을 사용하므로 특수배관을 잘 점검하여 근무 중 직원들이 화상을 입지 않도록 사전에 조치를 취하고, 물, 전기, 스팀 등이 낭비되지 않도록 최적의 사용법을 제시한다. 뿐만 아니라 세탁실에는 화공약품과 강력세제를 사용하게 되므로 이들을 공급하는 디스펜서(dispenser)가 정확하게 작동하는지를 확인하여 환경오염예방에 대비하여야 한다.

2. 유지관리

1) 일상적 유지관리

일상적인 유지관리는 호텔 내 · 외의 시설물 전체를 현재의 상태로 계속 유지하고, 그 기능이 저하되지 않도록 매일매일 점검하는 것이다. 이러한 유지관리는 단순한 작업들로서 기술이 크게 필요하지 않으며 기록에 남길 필요도 없다. 예를 들면, 고장난 전등기구의 교체, 잔디깎기, 카펫청소, 바닥세척, 유리창 청소, 객실정돈 등이 해당되며, 대부분의 호텔에서는 이러한 일상점검을 객실관리부에서 수행하고 있다. 기술적인 일상점검은 주로 시설부서의 업무 중에 하나로서 각 기계실이나 전기실에 있는 장비의 운전상태를 시각적, 청각적으로 매일매일 점검하는 것이다. 일상적 유지관리를 건물 내부와 건물 외부로 나눠서 살펴보면 아래와 같다.

(1) 건물내부

호텔 내부의 일상적인 유지관리업무는 객실관리부서가 주관부서로서 업무를 수행하게 된다. 그러나 객실관리부서에서 전문 인력과 장비가 부족할 때는 시설관리부서에서 이를 지원하게 된다. 내부에 비치된 식물, 창문의 청결 및 작동상태, 카펫과 대리석 등의 관리, 수명이 다된 전등의 교체작업이 있다. 특히 로비지역에 설치된 샹들리에 전등은 교체 시 리프트나 사다리와 같은 장비와 인건비를 필요로 하기 때문에 전등의 수명과 필요한 조도를 계산하여 교체계획을 세우고, 이를 주기적으로 시행하는 것이 비용절감에 효과적이다.

(2) 건물외부

호텔외부를 살펴보고 일상관리를 하는 것은 그다지 어려운 일이 아니다. 조경과 잔디를 다듬는 일, 낙엽과 눈을 치우는 일, 옥상의 점검과 청소, 창문의 여닫이와 창문틀의 부착상태 확인, 외벽의 페인트 상태를 확인하고 필요한 부분을 제 때 도색하므로 비용의 절감과 인건비의 효율적인 운영을 이룰 수 있다.

2) 비상적 유지관리

비상적 유지관리는 앞에서 언급한 유지관리업무를 제대로 수행하지 않았거나 외부환경, 또는 시설의 노후에 따라 발생하게 된다. 비상적 유지관리는 평소 예측하지 못했던 사고의 발생으로 일일 호텔영업과 고객관리에 위협적인 존재가 되며, 방치했을 때보다 큰 피해를 입을 수 있어 긴급히 조치를 취해야 하는 업무이다. 이는 인건비와 부품비의 절감을 염두에 둘 수 없는 상황이 벌어지게 된다. 예를 들면, 오래된 호텔은 가끔 객실이나 객실복도 천정으로부터 물방울이 뚝뚝 떨어지거나 카펫 바닥에서 물이 새어 나오는 것을 목격하게 된다. 이때는 고객의 불편을 염두에 두어 즉시 원상복구 작업에 들어가야 한다. 따라서 호텔의 시설부서장은 필요한 시설과 장비에 대해 교체계획과 연중 유지관리계획을 철저히 세우고, 이러한 사례를 중심으로 돌발적으로 일어날 수 있는 비상적 유지관리에 필요한 부품과 장비를 준비해 두어야 한다.

앞에서 살펴본 바로 호텔의 건물, 시설물, 장비, 기구를 유지관리하기 위해서는 수많은 작업이 이루어져야 한다. 이러한 작업을 구두로 접수하고, 즉시 작업에 들어가기에는 인적, 물적 자원이 허락되지 않을 경우가 많다. 따라서 시설관리부서는 타 부서에서 필요로 하는 유지관리업무를 서면으로 접수하여 작업의 우선순위를 정하고, 이를 관련 파트에 작업지시를 내리게 된다. 이 때 각 부서가 작업을 요청할 때 사용하는 양식을 작업요구서(maintenance work order)라고 하며, 기재 내용은 요청하는 부서와 문제점, 시설관리부서담당자의 의견, 시설관리부서장의 코멘트를 덧붙여서 작업을 이행하고, 결과를 보고하게 되어 있다.

3) 계획적 유지관리

계획적 유지관리는 이미 알려진 문제점들이나 정기적으로 수행해야 될 유지관리업무의 스케줄을 짜서 작업하는 것을 말한다. 계획적 유지관리를 넓게 보면 예방점검의 한 부분이라고 할 수 있다. 그러나 작업범위가 크고 작업시간이 많이 필요한 특징을 가지고 있으므로 작업 전 관련부서와 충분한 협의를 거쳐 고객과 직원에게 사전인지를 시켜 불편을 최소화한 다음 작업이 진행되어야 한다. 이러한 작업은 주로 호텔의 투자계획에 의해 추진하며, 규모가 크게 마련이다. 계획적 유지관리는 시설관리부서장의 작업지시에 의해 진행되며 아래와 같은 시설관리 작업지시서(engineering work order)에 의해 작업을 수행하고, 그 결과를 상세히 기록하여 보고하게 된다.

〈표 18-2〉 시설관리 작업지시서

The World Best Smile Hotel, Busan
Engineering Work Order

Requestor's Name	Requestor's Dept.	Contact Phone No.	Work Order No.
Specific Location of Work	Equip I.D. No.	Request Date	Req. Completion Date
Chief Description of Problem / Work			

Equip. Under Guarantee / Warranty □Yes □No □Unknown □NA	Cost Cntr. / Capital Auth. No.	Authorized Request Signature
Request Receipt Time Date	Request Type □Guest / Emergency □Req Deparimental □Preventive Medicine □Project	

Estimated Cost Information			Special Comments / Instructions
Labor	Hours	Cost	
Officials			
Est. Total Cost			

Request Approval Status □Approved □Denied	Est. Work Completion Date	Authorized Engineering Signature

Assignment Date Time	Began	Com-pleted	Eng.'s Intials	Hours Worked		Brief Description of Work Performed	
				Reg	Over.		
Eng. 1							
Eng. 2							
Eng. 3							
Eng. 4							
Total Hours						Completion Date Time	Dispatcher's Initials

2. 호텔 유틸리티의 종류

1) 전기

호텔이 사용하는 유틸리티 자원 중에서 큰 비중을 차지하는 것은 전기이다. 전기는 호텔의 조리, 냉・온방시스템, 공기정화시스템, 정보시스템, 방화관리시스템, 냉동고와 냉장고, 안전관리시스템, 엘리베이터, 세탁장비, 비상발전 등 모든 분야에 공급되게 되므로 매우 중요한 동력자원이다. 또한 전력은 가장 위험한 자원이기도 하다. 따라서 안전하게 이용할 수 있도록 각종 전력차단장치를 필요한 곳에 설치하여 안전에 만전을 기해야 한다. 호텔에 공급되는 전력은 산업용전력으로 일반 가정용 전력에 비해 단위당 가격이 비싸며, 심야를 이용하여 전력을 공급받을 때는 할인율이 적용되므로 빙축열과 같은 설비를 갖춰 심야전력을 적극적으로 활용하게 된다.

2) 조명

호텔의 조명은 건물의 외곽을 밝히고, 고객의 편의를 도모하며, 호텔 내부를 아름답게 만든다. 호텔이 사용하는 전등은 고추등에서 대형 샹들리에, 옥상의 네온사인까지 매우 다양하며, 사용목적과 위치에 따라 저가품에서 매우 고가품까지 활용하게 된다. 호텔은 고객에게 쾌적한 분위기와 고객의 프라이버시를 위해 직접조명, 간접조명, 반간접조명 등 다양한 조명등의 설치방법을 활용하고 있다. 호텔이 사용하는 전등은 백열등(incandescent lamp)과 전력충전등(electric discharge lamp)이 있다. 백열등은 가정에서 흔히 사용하는 것으로 수명이 보통 2,000시간 내외이다. 백열등의 밝기는 15~20룩스(1룩스는 1평방미터를 밝히는 척도)정도로서 100와트 전구는 1,500~2,000룩스의 밝기를 제공한다. 백열등은 가격이 저렴하고, 구입이 용이하며, 설치와 이동이 편리하다. 다만 자주 교체해야 하는 불편함이 따른다. 전력충전등의 대표적인 전등으로 형광등(fluorescent lamp)이 있다. 형광등은 수명이 보통 5,000~25,000시간 내외이며, 와트당 40~80룩스의 밝기를 제공하게 되므로 높은 천정이나 넓은 공간에 설치한다. 최초설치비는 높지만 전력소모가 적으므로 비용이 적게 드는 장점이 있다. 그 외의 전력충전등은 라트륨등(sodium lamp)으로 주차장, 외곽 안전관리용 가로등에 이용된다. 이들 또한 200룩스 내외의 조도를 밝히면서 상대적으로 유지비가 적게 드는 특징을 가지고 있다. 1980년대 이후 호텔기업에서는 전력충전등을 선호하는 분위기이며, 이는 충분한 밝기와 비용절감에 도움을 주기 때문이다. 뿐만 아니라 2000년대에 들어서면서 3파장 형광램프가 개발되어 전등의 수명연장과 비용절감에 도움을 주고 있다. 호텔은 로비, 객실, 식음료영업장, 연회장, 부대시설영업장, 서비스공간, 호텔외곽 등에 설치할 전등, 전구, 부착전등의 모양, 색상, 밝기, 크기 등에 대해 전반적인 검토가 필요하며, 이를 관리할 때 필요로 하는 비용, 전등의 수리과 전구의 교체에 따른 편리성, 청결유지 등을 전반적으로 검토하여 유지관리계획을 수립하여야 한다.

3) 공조시스템

공조시스템(HVAC : heating ventilation air conditioning System)은 호텔 내부의 공기를 외부로 뽑아내거나, 외부의 신선한 공기를 호텔의 건물 내부로 빨아들이는 기능을 수행하며, 필요한 온도의 유지를 위해 냉방과 온방을 호텔건물 내 특정지역에 공급하는 기능도 수행한다. 공조시스템을 작동할 때 고려하는 객실환경으로 첫째, 객실의 현재 온도, 둘째, 공급되는 공기의 온도, 셋째, 공급되는 공기의 습도, 넷째, 객실에 공급되는 공기의 흐름, 다섯째, 공급된 공기의 품질 등이 전반적으로 고려되고 확인되어야 한다. 호텔건물에 공급되는 더운 공기는 대부분 전기로 생산되며, 가끔 천연가스, 액화천연가스(LPG : liquefied petroleum gas), 스팀, 석유와 경유 등이 이용된다. 공조시스템을 가동하기 위해서는 적절한 사이즈의 온수 및 스팀공급 보일러, 히팅펌프시스템(heating pump system), 공조 덕트, 객실의 공조조절 유니트가 필요하다. 차가운 공기는 계절에 따라, 또는 고객의 선호에 따라 더운 공기를 공급하는 경로로 공급되며, 어떤 호텔은 더운 공기와 차가운 공기를 선별적으로 공급할 수 있도록 이중배관을 하기도 한다. 초대규모, 대규모 호텔들은 에어 컨디셔닝의 사용빈도와 용량이 크기 때문에 값싼 심야전기를 이용하여 빙축열 탱크에 물을 얼렸다가 주간에 차가운 공기를 필요한 공간에 보내므로 에너지 절감효과를 가져오고 있다.

4) 천연가스

우리나라는 대부분의 대형 호텔건물은 천연가스에 필요한 배관이 이뤄져 있다. 천연가스는 친환경적 호텔경영관리를 위해 이용하게 되고, 정부로부터 설비비 지원을 받을 수 있고, 운영비용의 절감효과도 기대할 수 있어 널리 이용되고 있다. 천연가스는 열효율이 높아 호텔 온수, 냉·온방 열관리의 기초자원으로 활용되며, 조리부서의 조리에 필요한 열원을 공급한다. 안전관리를 위해 배관을 노출형으로 설치하고, 정기적인 점검을 받게 하고 있어 타 열원에 비해 관리가 수월하다. 다만 외부의 충격에 의해 가스관이 파열되거나 이음새에서 균열이 생기지 않도록 주의를 하여야 한다. 또한 평소 열효율을 높일 수 있도록 공급되는 천연가스의 성분을 측정하여 산소와 연료의 혼합비율을 확인하여 최적치를 유지하므로 비용절감의 효과를 기대할 수 있다.

5) 물

호텔에서 사용하는 물의 공급은 시수도, 자가발전에 의한 지하수, 객실과 부대영업장에 공급되는 온천수 등이 있다. 호텔 내에서 물이 사용되는 부분을 크게 구분하면, 객실, 공공장소, 식음료영업장, 조리부서, 부대시설영업장, 세탁실, 정원관리 등으로 볼 수 있으며, 모든 물은 1급수를 공급하는 것이 원칙이다. 우리나라는 향후 유틸리티 비용 중에서 물값이 가장 큰 비중을 차지하리라 본다. 따라서 모든 구성원이 함께 물을 절약하도록 노력하게 되면 큰 효과가 있을 것으로 사료되며, 물의 사용을 줄이면, 첫째, 수도요금의 지출을 줄일 수 있고, 둘째, 이에 따른 하수도 요금을 줄일 수 있으며, 셋째, 더운 물을 줄이면 전기세와 천연가스 비용을 줄일 수 있다. 객실의 물을 줄이는 방법은 빈방의 수도꼭지가 잘 잠겨 있는지 확인하고, 화장실에 적절한 물이 공급되는지 확인하며, 환경보존차원에서 물자절약에 대한 고객의 협조를 구하는 캠페인을 벌리는 것을 고려해 볼 수 있다. 공공장소는 수도꼭지와 화장실에 자동잠금장치를 설치하고, 물새는 곳을 잘 관찰한다. 식음료영업장은 고객의 요청에 의해 식수를 제공하며, 식기세척은 모아서 한꺼번에 실시한다. 조리부서는 더운 물의 사용을 줄이기 위해 적절한 세제 사용을 권장하고, 집기의 헹굼은 대량의 물보다 호수에 의한 스프레이를 사용한다. 부대업장에 공급되는 더운 물 또는 온천수는 욕탕 내부의 수위를 조절하고, 샤워부츠를 절약형으로 설치한다. 세탁실에 공급하는 온수를 절약하기 위해 세제에 당굼시간을 충분히 가진다. 온수의 재활용을 위한 장치를 충분히 활용한다. 정원관리를 위해 스프링클러를 활용할 때는 필요한 시간을 정해서 공급하고, 우기에는 가급적 자제한다.

6) 쓰레기

호텔은 매우 다양하고, 많은 생활쓰레기를 배출하는 업체이다. 우리나라는 세계에서 환경보존에 대해서는 선진국이라고 할 수 있다. 일반적으로 싱가폴을 세계에서 가장 깨끗한 나라로 거론하고 있지만 우리나라도 쓰레기 분리수거제, 쓰레기종량제 등을 시행하면서 깨끗해진 거리와 이를 이행하려는 성숙된 시민의식을 볼 수 있다. 호텔에서 진행하고 있는 분리수거는 일반 가정과 같이 캔과 병, 종이류, 음식쓰레기, 일반쓰레기로 구분하여 배출하게 된다. 호텔이 배출하는 쓰레기를 줄이는 방법은 원자재 구입시부터 시작되며, 기본포장만 된 원자재를 납품받거나 포장용기를 거래업체에 반납하는 시스템을 구축하고 있다. 고객이 배출한 쓰레기는 합당한 분리수거를 거쳐 반출하며, 음식쓰레기를 줄이는 방안은 식음료 코스트관리측면에서 조리부서, 식음부서, 관리부서 등이 상호 협조하여 고객관리와 제품관리에 만전을 기하고, 자재구입시 쓰레기 문제를 함께 검토하여야 한다. 평소 쓰레기를 보관하는 장소는 다양한 벌레의 서식지가 되며, 악취가 나게 되므로 뚜껑을 닫아 관리하고, 주변을 청결하게 유지하여 호텔위생에 만전을 기해야 한다.

3. 호텔의 유틸리티 관리방향

1) 호텔의 유틸리티 요금관리

유틸리티 비용이 차지하는 비중은 우리나라 호텔의 경우 총매출액의 약 5.5~10%, 일본의 경우 약 7.5~12% 이상 차지하는 것으로 알려져 있다. 2005년을 기준으로 우리나라 호텔이 지급하는 유틸리티 비용의 내용을 부문적으로 보면 전기세가 약 40%, 상 · 하수도세가 30%, 천연가스가 25%, 기타 5%로 구성되어 있다. 우리나라도 LPG, LNG

값이 많이 올랐지만 타 연료에 비해 상대적으로 저렴하기 때문에 LPG 활용도를 높이고 있다. 호텔산업에서 에너지 비용을 보다 효율적으로 관리하는 것이 호텔경영상 매우 중요하며, 그러기 위해서는 합리적인 관리시스템을 도입하여 운영할 필요성이 있다. 대부분의 체인호텔들은 체인본부에서 제공하는 각종 에너지관리시스템을 적극 활용하고 있다.

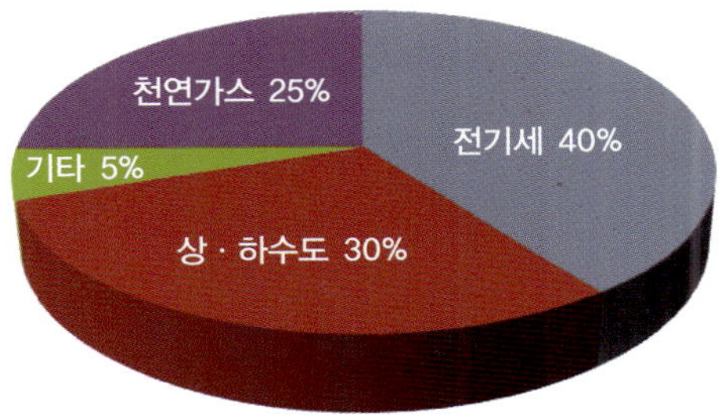

[그림 18-3] 호텔의 에너지 요금체계

2) 호텔의 유틸리티 비용절약 방안

호텔건물에서의 에너지 절약은 다른 건물과 별 차이가 없지만, 최근에 와서 중수도 설비나 열병합 발전설비 등이 많이 적용되고 있다. 열병합 설비는 급탕 부하, 난방부하가 큰 호텔에 도입될 경우 발전 폐열을 효율이 높게 활용할 수 있다. 중수도 설비는 대형 건물에 설치하도록 의무화하고 있으며, 생산단가도 시수에 비하여 50% 이상 저렴하므로 매우 경제적이라 할 수 있다. 호텔에서의 에너지 절약을 위한 방안은 다음과 같은 것이 있을 수 있다.

(1) 최소 부하 가동

빙축열시스템을 설치하여 상대적으로 싼값에 공급받을 수 있는 심야 전력을 이용하여 물을 냉각시키고, 이것을 주간에 객실, 공공장소, 식음료영업장 등에 공급하는 방법이 있다. 외기 도입량을 제어하거나 부하가 되는 외기 침입을 적게 하기 위해서 출입구에 회전문이나 방풍실을 설치하는 방법도 있다. 또한 여름철이나 겨울철에 외기를 직접 도입하게 되면, 냉난방 비용이 증가하므로 전열 교환기를 설치하여 배기되는 실내공기로부터 열을 회수하여 급기하는 방식도 많이 적용되고 있다.

(2) 에너지의 유효 이용

보일러, 냉동기, 공조장비, 펌프 등의 운전효율을 높이기 위해서는 고효율기기의 적용, 부분부하 특성이 좋은 기기 및 제어방식, 대수 분할에 의한 고효율 운전, 빙축열시스템 등의 적용을 고려할 수 있다. 호텔의 연회장, 회의실 등 공공장소(public area)는 사용상황에 따라 피크 풍량보다 적은 풍량으로도 운전되는 시간이 길기 때문에 변풍량 방식(VAV System)도 많이 채용되고 있다. 또한 이러한 지역은 봄, 가을철의 냉방이 필요할 때 냉동기를 가동하지 않고, 비교적 온도가 낮은 외기를 이용하여 냉방하는 외기 냉방도 가능하다. 조명 에너지는 건물 전체 전기 사용량의 약 30%나 차지하고 있으므로 절감효과가 큰 절전형 전등기구의 사용을 적극 검토하여야 한다.

(3) 운전시간의 단축

객실의 경우 고객이 외출하거나 체크아웃을 할 경우 자동적으로 전원이 차단되는 카드 키 시스템(card key system)이 많이 도입되고 있다. 그리고 각 영업장의 경우 영업시간에 맞추어 최대로 운전시간을 단축시킬 수 있는 타임스위치(time switch)에 따라 공조기를 가동하도록 한다. 사용시간대가 불규칙한 연회장이나 회의실의 경우에는 직원들의 교육을 통하여 사용하지 않을 경우 조명등을 끄도록 관리한다.

(4) 폐열의 회수

공조설비의 폐열 회수는 전열 교환기를 이용하며, 에너지 절약대책 중에서 적용예가 가장 많다. 호텔의 경우 인원 밀도가 높은 연회장이나 회의실 계통과 전체 외기공조를 하는 객실 계통에 자주 적용되고 있다. 호텔은 5~7kg/cm^{2}의 고－압 증기를 사용하기 때문에 이들로부터 배출되는 응축수로부터 재증발 증기를 회수하는 프레쉬베쎌(flash vessel)을 설치하는 것도 폐열을 회수하는 좋은 방법 중의 하나이다. 세탁실의 경우 세탁물을 린스(rinse) 한 물은 수온이 70℃ 이상이고, 어느 정도 세제를 포함하고 있으므로 재사용하게 되면 에너지 비용뿐만 아니라 세제비용도 절감이 가능하다.

제6절 시설 개 · 보수 작업관리

1. 시설 개 · 보수 계획

호텔은 영업환경에 따라 변화를 반복할 수 있는 시설이 필요하다. 영업에 따른 공간 확장 내지는 변경을 하거나, 또는 영업장 분위기를 쇄신하기 위하여 내부 인테리어를 새롭게 하는 등의 이유로 개 · 보수 작업을 하는 것은 흔한 일이다. 물론 시설물들을 오래 사용하여 노후화가 되어 개 · 보수 작업이 필요한 경우도 있다. 대개 체인호텔들은 새로운 호텔에 투자하는 금액보다 개 · 보수에 투자하는 비용을 일종의 자본적 투자공사(capital projects)로서 주기적으로 계획에 의해 진행되고 있다. 일반적으로 개 · 보수나 증축공사는 다음과 같은 이유에서 추진된다고 볼 수 있다.

개 · 보수, 증축공사의 필요성

- 시장경쟁력을 계속 유지하기 위한 투자
- 시장경쟁력을 개선하기 위한 투자
- 호텔 시설물을 확장하기 위한 투자
- 호텔 시설물의 효율적인 운전을 위한 투자
- 호텔 시설물의 안전을 유지하고, 개선하기 위한 투자
- 노후화 된 장비를 교체하기 위한 투자
- 세금을 줄이기 위한 투자

시장경쟁력을 계속 유지하기 위해서 투자하는 대표적인 예로는 객실의 정기적인 개 · 보수 작업과 식음료영업장, 부대시설영업장에 대한 개 · 보수 작업 등을 들 수 있다. 이 부분에 대한 투자는 호텔 재무상태의 분석에 영향을 받기보다는 일정 기간마다 투자하는 경향이 있다. 호텔 개 · 보수의 경우 대개 신설 후 5년 단위로 카펫, 벽지, 페인트, 의자나 소파의 천갈이, 주요 가구 등을 교체하게 된다. 또한 10년 후에는 각종 시스템을 교체하고, 조리부서 장비, 배관, 덕트 등을 교체하며, 식당장비, 전화교환

설비, 각종 자동제어장치, 방재설비, 컴퓨터 등을 교체하게 된다. 이는 시장경쟁력을 개선하기 위한 투자로서는 각 영업장의 내부 인테리어를 변경하거나 내부 가구들을 모두 교체하는 것 등을 생각할 수 있는데, 투자액에 대한 회수기간을 사전에 충분히 검토하여야 한다. 호텔시설물을 확장하기 위한 투자는 호텔을 처음 지을 때의 개념과 마찬가지로 타당성 조사를 통하여 투자대비 이윤을 면밀히 분석해야 한다.

호텔 시설물의 효율적인 운전을 위한 투자는 시설부와 관련된 사항으로서 주로 에너지 비용절감을 위한 투자로 볼 수 있다. 객실에 관련된 개 · 보수 공사는 객실관리부문 경영계획에서 보았던 체크리스트에 의해 5년 단위로 관리하게 되며, 보통은 투자액 대비 회수기간이 3~4년 이내이면 경제성이 있다고 볼 수 있다.

이런 경우 비교적 다른 분야보다 투자의 우선권을 갖고 있다. 호텔 시설물의 안전을 개선하기 위한 것과 노후화 된 장비를 교체하기 위한 투자는 경우에 따라서 우선순위가 지연될 수 있으나, 꼭 필요한 투자라고 볼 수 있다. 세금을 줄이기 위한 투자는 초기 호텔설계 시 검토하는 것이 바람직하며, 심야 전기사용, 중수도 설비 등은 세제감면 혜택을 받을 수 있는 설비들이다.

2. 디자인과 개 · 보수공사

호텔건물의 유지관리는 최초 호텔건물의 디자인과 시설의 규모, 설비의 종류, 시설의 내용과 연결지어진다. 대규모급 이상의 호텔은 객실, 식음료, 연회장을 비롯하여 수영장, 헬스장과 같은 부대시설을 많이 갖추게 되므로 한정적 서비스를 제공하는 중저가호텔과는 비교가 되지 않을 만큼 많은 시설관리비용을 감당하여야 한다. 또한 리조트호텔은 주변의 조경과 부대시설을 유지관리하기 위해 도심호텔보다 더 많은 시설관리비를 계상하여야 할 것이다. 호텔이 계상하는 개보수공사 공사비는 보편적으로 총매출액(GOR : gross operating revenue)의 2~4%이며, 호텔의 영업상황과 재무적 상황에 따라 조금씩 다르게 적용하게 된다. 호텔은 공간의 개보수는 물론이고, 내부에 부착되는 “Fixture”, 비치되는 “Furniture”, 설치되는 “Equipments”에 대한 예산도 함께 고려되어야 한다. 호텔건물의 개보수를 계획할 때는 고급스런 디자인과 시설, 고품질의 설비, 내구성이 강한 자재를 활용하는 디자인을 깊이 있게 고려하여 장기적으로 관리비용을 낮게 투입할 수 있는 방안을 모색하여야 한다. 에너지비용은 건축과 인테리어의 설계와 직접적인 관련이 있기 때문에 현관문, 업장문, 객실 및 복도의 창문 등도 소재와 설치기술이 뛰어난 업체를 통해 공급받아야 한다. 호텔의 시설관리비용은 일반적으로 아래와 같은 패턴을 가지고 있다.

호텔건물과 시설의 생애주기

- 1~3년 최저의 관리비용으로 유지관리
- 3~6년 관리비용이 점점 증가
- 6~8년 건물의 도색, 벽체의 페인트, 객실의 도배 등 교체작업 시작
- 8~15년 식음료영업장, 부대시설영업장 등 소규모 개보수작업 추진
- 15~22년 객실 및 로비지역의 대규모 개보수공사 추진
- 22년 이상 건물의 노후로 인해 잦은 개보수와 많은 유지관리비용이 투입

개보수의 범위와 FF&E의 교체

- 객실
  - 소규모 : 커튼, 침대보, 매트리스, 객실등, 카펫, 소파, 수도꼭지 등의 교체
  - 대규모 : 침대 및 매트리스 교체, 벽등, 벽지, 객실가구, 욕실세면대, 욕조, TV, 전자제품 등 재설치 및 교체
- 식음료영업장
  - 소규모 : 카펫, 의자, 각종 의자 및 가구의 천갈이, 식탁상단, 그릇과 집기 등 교체
  - 대규모 : 장식전등, 식탁, 서비스 집기 및 장비, 벽체 페인트 및 도배, 식당 재배치공사 등
- 부대시설영업장
  - 소규모 : 휴게실 및 파우다룸 카펫 교체, 벽지 교체, 헬스기구 보완, 샤워해드 교체, 욕탕내부 온도기 교체 등
  - 대규모 : 공간 재배치, 바닥 및 천장 교체, 헬스기구 전면 교체, 사우나 시설 재설치 등

- 공공장소
  - 테이블 램프, 로비 가구, 로비 카펫, 로비 벽지, 회의실 벽지 등의 교체 작업
  - 로비 천정 샹들리에, 로비 마블, 복도 카펫, 복도 벽지, 화장실 개보수 등

3. 공사장 관리

개 · 보수 공사나 증축공사는 공사규모나 호텔조직에 따라 차이는 있겠지만, 대부분의 경우 시설관리부서의 책임 하에 프로젝트팀을 구성하여 시행한다. 이러한 공사들은 호텔영업을 하면서 작업을 해야 하기 때문에 호텔영업에 지장을 주지 않도록 사전에 기술검토를 철저히 하여 공정 스케줄에 차질이 없도록 해야 한다. 특히, 공사기간 동안의 소음문제, 분진발생, 페인트 냄새 등의 문제와 함께 용접작업에 의한 화재발생, 작업자들의 안전사고 발생, 기존 시스템과의 연결문제 등이 모두 시설관리부서에서 관리 · 감독해야 할 사항들이다.

기존 시스템과 연결작업 때에는 대부분의 경우 단수나 정전상황이 발생하기 때문에 주로 심야 시간대에 작업을 해야 하며, 객실관리부서와 협조하여 투숙객과 호텔이용객에게 사전에 안내하여 불편함이 없도록 세심한 배려가 필요하다.

또한 외부업체 작업자들의 경우, 호텔 내부사정을 잘 알지 못하므로 이들이 이동하는 동선관계나 영업장의 출입금지 문제, 또는 도난사고가 발생되지 않도록 사전교육이 필요하며, 매일매일 작업일지를 제출토록 하여 작업진행상황을 파악하도록 한다.

제19장 호텔의 안전관리

제1절 호텔안전관리의 의의

1. 호텔안전관리의 개요

호텔기업이 고객의 생명과 재산을 보호하면서 편안한 휴식공간의 기능을 충실히 수행하기 위해서는 안전과 보안이 무엇보다 우선적으로 보장되어야 한다. 호텔안전관리의 대상은 사람, 장비, 환경이며, 이것이 잘 지켜졌을 때 호텔의 재무적 성과를 안정적으로 달성할 수 있게 된다. 사고예방(Accident Prevention)과 손실관리(Loss Control)는 손실방지경영관리(Risk Management)의 실행도구로서 사람, 장비, 환경의 붕괴나 파손을 예방하는 것에서부터 시작된다.

호텔안전관리의 기본은 첫째, 모든 사고는 사전에 방지할 수 있다. 둘째, 사람이 다치게 되는 것은 그 호텔기업의 경영관리의 스타일, 안전 불감의 조직문화, 완벽하지 못한 작업조건과 환경의 결과이다. 셋째, 안전관리는 영업활동처럼 고객접점에서 일상관리를 하여야 한다. 넷째, 사고가 날 수 있는 상황은 예측할 수 있고, 이는 관리가 가능하다. 다섯째, 전문가로 구성된 안전관리 조직은 호텔안전 효과를 높이는 핵심요소이며, 여섯째, 안전관리의 책임은 상하를 막론하고 모든 구성원에게 되어야 하며, 일곱째, 안전사고예방은 영업활동만큼 중요하게 다뤄져야 하고, 여덟째, 안전관리는 서비스 품질관리 차원에서 취급되어야 한다.

2. 호텔안전관리의 방향

호텔의 경영관리자나 영업장지배인은 담당분야의 이익을 극대화하기 위해 항상 노력한다. 그러나 영업장의 안전과 보안을 위해서 열정적으로 시간과 노력을 투입하는 지배인은 그다지 많지 않다. 만약 영업장에 화재가 나서 문을 닫게 되면 예상했던 매출을 달성할 수 있을까? 뿐만 아니라 영업부문에서 이루어낸 큰 매출신장도 경영지원 부문에서 예상하지 못했던 손실을 가져온다면 전반적인 이익은 감소될 수밖에 없다. 이는 조직적인 안전관리를 통해 예방적 손실예방경영관리를 잘 이행하므로 이러한 문제에서 멀어질 가능성이 높게 된다. 호텔안전관리는 이 업무를 중요히 여기고 책임감 있게 꾸준히 업무를 추진하는 주체가 있어야 오래도록 지속될 수 있으며, 이것이 호텔기업의 장기적인 이익에 도움을 주게 된다. 호텔은 명성에 걸맞는 안전관리가 필요하고, 고객은 그 호텔의 안전수준을 서비스품질 차원에서 평가하고 투숙을 결정하게 된다. 따라서 호텔경영관리자는 호텔의 안전관리를 경영관리의 일부분으로 인식하고 안전관리에 시간과 노력을 투입하여야 한다. 또한 전 구성원이 안전관리 프로그램에 참여할 수 있도록 교육훈련을 강화하고, 안전관리에 대한 제안제도를 적극적으로 활용하고, 기여자에게는 충분한 보상을 하므로 전체 구성원이 안전관리에 만전을 기하고, 고객관리와 매출관리에 차질을 빚지 않도록 하여야 한다. 호텔을 위험으로부터 안전하게 관리하기 위해 문서화된 정책과 규정이 필요하며, 이는 유사 시 당황하지 않고 상황에 맞게 대처할 수 있는 안전장치이다. 안전관리를 위한 평소의 준비는 첫째, 안전지역을 설정하여 고객과 종업원이 대피할 수 있는 공간을 확보하고, 평소에 이를 유지관리 한다. 둘째, 안전관리프로그램의 표준을 설정하고, 구성원이 숙지할 수 있도록 교육훈련을 이행한다. 셋째, 안전관리업무는 구성원 누구에게나 책임이 있음을 인식시킨다. 넷째, 각 부문별 안전관리책임자를 지명한다. 다섯째, 조직적인 안전관리를 위해 권한의 수준을 정한다. 여섯째, 필요하면 안전관리 전문가를 고용하거나 전문회사와 계약에 의해 관리한다. 위에 언급된 제반사항들은 각 분야별 일상 업무와 연계시켜 활동하게 하므로 사고를 사전에 예방한다.

3. 안전관리부서의 조직

1988년 2월 세기의 경영학자 “Peter Drucker”는 “Harvard Business Review”에 “새로운 조직의 도래”라는 글을 통해 향후 기업들은 지식기반사회로 전환되면서 조직의 구성원들은 연구, 개발, 생산, 마케팅에 치중하던 노력을 고객의 요구에 적극적으로 대응하고, 동료와 상사에게 보다 호의적으로 다가가는 전문가들의 팀워크가 매우 필요하게 된다고 하였다. 이처럼 21세기는 기업에서 팀워크가 가장 중요한 성패의 요인이 되며, 특히 안전관리에는 구성원 모두가 함께 팀워크를 이뤄 실행해 나가야 할 명제임에는 틀림이 없다.

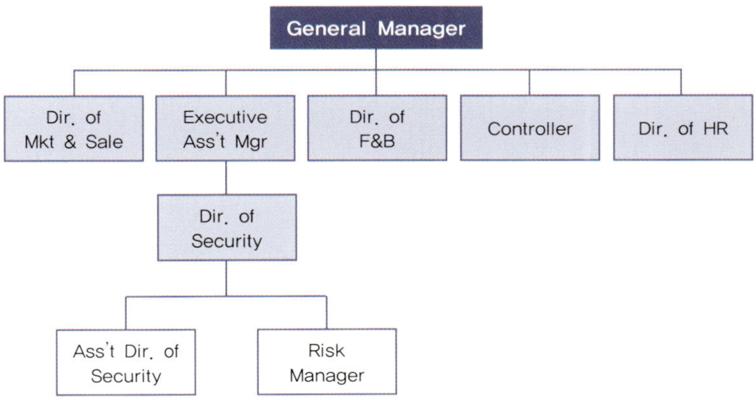

[그림 19-1] 안전관리부서의 조직

안전관리부서의 조직은 아래 조직편성표에서 보듯이 호텔에 따라 영업부문에 편성되어 부총지배인의 지휘를 받거나 관리부문에 편성되어 관리담당임원의 업무지휘를 받는 경우가 있다. 안전관리부서장 아래 안전관리과장과 위험방지과장을 두게 된다. 안전관리과는 하부조직으로 오전조, 오후조, 야간조의 계장 또는 조장을 두어 일일 24시간 3교대로 근무를 하게 되며, 이들은 고객의 생명과 재산, 직원의 생명, 호텔의 재산을 안전하게 보호하기 위해 보안근무를 수행하게 된다. 위험관리과는 호텔의 인명과 재산을 안전하게 유지관리 하므로 생산성을 높이고, 호텔의 이미지를 향상시키며, 재무적 성과를 달성하는데 기여할 수 있도록 인력과 시설, 설비, 장비의 안전한 운영, 위험요소 제거 등에 주력하게 된다. 부서업무의 특성상 안전관리는 부서장의 책임 하에 독자적으로 운영되며, 업무의 대상은 호텔을 방문하는 모든 고객, 호텔에 종사하는 모든 종업원, 그리고 호텔의 재산과 고객의 재산의 보호가 된다.

4. 안전관리부서의 역할과 업무

1) 안전관리부서장의 역할

안전관리부서장은 호텔기업에서 수년간 근무한 경력과 안전관리분야 현장근무 경력자라야 업무를 능률적으로 추진할 수 있다. 그는 과학적, 기술적, 경영학적 사고를 보유하여야 주어진 업무에 대처할 수 있는 능력이 있다고 할 수 있으며, 보안과 안전에 대한 각종 자격증을 갖추는 것이 필요하다. 1980년대 우리나라 호텔들은 경비부서를 운영하면서, 주로 호텔의 재산을 지키는데 치중하였다. 그러나 2000년대에 들어 안전관리가 호텔의 이미지와 재정적 이익에 크게 기여함을 인식하고, 보안업무(Security)와 손실방지업무(Accident Prevention)를 핵심으로 위험방지업무(Risk Management)를 안전관리부서의 주된 업무로 부여하고 있다. 따라서 안전관리부서장의 주된 임무는 안전사고가 발생하지 않도록 사전에 예방하는 것이다. 이를 위하여 호텔기업이 설정한 예방안전관리에 대한 규정과 절차, 프로그램을 효과적으로 운영하여야 한다. 부서의 운영은 타 영업부문과 같이 일상업무를 수행하며, 영업부문과 업무지원부문을 함께 지원하는 폭넓은 업무를 수행하게 됨을 유념해야 한다. 따라서 안전관리부서장은 호텔 내의 모든 부서장과 지배인 또는 종업원과 커뮤니케이션을 원활히 하고, 그들이 필요로 하는 업무에 대해 헌신적으로 도와야 한다. 상호의 이해를 높이기 위해서는 호텔의 예산의 집행, 공간 활용, 행사와 영업에 대한 시간계획, 마케팅을 이해하여 안전에 대한 독선을 갖지 않도록 하여야 한다. 안전에 대한 노력을 위해 달성 가능한 목표를 정하고, 이를 달성하기 위해 세부계획을 세운다.

안전관리부서장이 보다 효과적인 업무수행을 위해 집중해야 할 업무는 첫째, 사실에 근거한 영향력 있는 보고서를 작성한다. 둘째, 안전을 필요로 하는 부서에 수시로 안전관련 자료를 제공한다. 셋째, 경영관리 채널에 참여한다. 넷째, 각 분야의 커뮤니케이션 채널에 동참한다. 다섯째, 위험으로부터 호텔을 보호하고 모든 부서가 안전하게 업무를 수행하게 해야 하는 기본업무를 유념하여 솔선수범하는 업무자세를 견지한다.

① 호텔경영관리진에게 안전관리에 대한 사항을 자문하고, 총지배인, 부총지배인 또는 관리담당임원의 지시사항을 이행한다.
② 안전관리에 필요한 계획을 수립하고, 안전관리에 문제가 발생했을 때 절차에 의해 원상복구를 위한 제반 활동을 지휘, 감독, 평가한다.
③ 안전사고예방을 위한 절차와 프로그램을 개발한다.
④ 경영관리진과 각급 지배인들과 안전과 보안업무에 관련된 사항에 대해 논의하고, 대화하여 예방안전관리에 힘쓴다.
⑤ 적합한 안전관리요원을 선발하여 교육한다. 전 직원을 대상으로 안전교육을 실시하며, 호신술, 소방 및 구조기술, 기본적인 소방훈련, 긴급구조, 인명구조, 수영장 안전관리 등에 대한 교육을 실시한다.
⑥ 사건발생 시 현장 또는 증거를 확보하고, 범죄가 발생한 곳에서의 행동이나 의무사항을 신속하게 처리한다.
⑦ 위기에서의 행동, 보고서 작성, 대인관계, 민 · 형사상의 책임소재 등에 대한 내용을 전문가적 입장에서 이행한다.
⑧ 호텔의 경영목표를 달성하고, 부서 간 협동심을 고취시키기 위해 각 안전관리담당자의 팀워크를 관리한다.
⑨ 사고예방에 대한 효과적인 시스템 운영을 위해 노력하며, 손실 제로를 위해 다양한 아이디어를 모은다.
⑩ 경찰기관과 기타 유사기관들과 안전에 대한 연락망을 구축한다.
⑪ 담당부서의 모든 활동에 대한 적절한 기록을 유지 · 관리한다.
⑫ 최고의 능률을 유지하고, 최고의 안전을 확보하기 위해 일상적인 업무의 지시사항을 담당부서원에게 정확히 숙지시키며, 안전을 저해할 위험요인을 사전에 제거한다.
⑬ 호텔의 일반적인 규정과 규칙을 준수하고, 문제발생에 대한 사례연구 등을 통해 호텔 내의 인명과 재산의 안전보장에 힘쓴다.

2) 안전관리과장의 업무

① 안전관리부서장의 업무를 보좌하며, 호텔의 제반 규정에 대해 깊이 있게 숙지한다.
② 사건발생 시 현장 또는 증거를 확보하고, 범죄가 발생한 곳에서의 행동이나 의무사항을 신속하게 처리한다.
③ 안전관리부서장과 각급 지배인들과 안전과 보안업무에 관련된 사항에 대해 논의하고, 대화하여 예방안전관리에 힘쓴다.
④ 전직원을 대상으로 안전교육을 실시하며, 호신술, 소방 및 구조기술, 기본적인 소방훈련, 긴급구조, 인명구조, 수영장 안전관리 등에 대한 교육의 실무를 책임진다.
⑤ 1일 24시간 호텔의 안전관리에 투입될 인력에 대한 스케줄을 작성하고, 근무시간 내에 특이사항을 보고받고, 수시로 확인한다. 이러한 활동에 대한 적절한 기록을 유지 · 관리한다.
⑥ 호텔의 안전사고 사례연구 등을 통해 인명과 재산의 안전보장에 힘쓴다.
⑦ 외부 보안행정부서 및 안전관리 인력, 장비에 대해 정보를 유지하고, 유사시 동원체제를 확보한다.

3) 위험관리과장 업무

이 업무를 수행하는 과장은 호텔의 위험관리(risk management)를 실행하는 실무책임자로서 매우 중요한 업무를 수행하게 된다. 위험관리과장은 호텔시설에 대한 위험관리 프로그램을 운영함에 있어서 위험관리위원회의 결정사항을 현장에서 집행하고, 이를 위원회에 보고하는 역할을 수행하게 된다. 그는 안전에 대한 프로그램을 기획하고, 유사시 응급조치를 지휘하며, 사고조사, 원상복구를 위한 행정업무, 안전업무에 대한 직원교육 등의 업무를 이행한다. 무엇보다 영업장지배인들과 팀워크를 이뤄 사고예방에 힘쓰는 것이 기본적인 업무가 된다.

① 예방안전관리에 대한 지침을 설정하여 위험관리위원회에 상정한다.
② 안전관리에 대한 예산을 확보하고, 이를 집행한다.
③ 안전사고예방에 필요한 장비를 유지관리하고, 각급 지배인과 종업원에게 사용

방법에 대한 교육을 실시한다.

④ 모든 사고의 예방과 응급조치에 대한 규정과 절차를 수립하여 보고하고, 승인된 부분을 전체 종업원을 대상으로 교육하고, 기록을 유지관리 한다.

⑤ 위협요인에 대한 정보를 쌍방향 대화 프로그램을 통해 전파하고, 기록관리 한다.

⑥ 인력관리부서를 도와 종업원 선발 시 안전의식 결여자 또는 안전사고 발생 가능성이 높은 사람에 대해 자문한다.

⑦ 안전사고방지 캠페인에 필요한 자료를 만들어 위원회에 보고하고, 홍보자료로 활용한다.

⑧ 새로 고용된 직원에게 안전관리 오리엔테이션을 실시한다.

⑨ 안전관리 프로그램에 대해 종합적인 모니터링을 하여 안전작업 행동, 사고의 빈도, 사고의 경향, 투입된 비용 등을 분석하여 위원회에 보고한다.

⑩ 각종 인사사고에 대해 중앙정부나 지방정부에서 요구하는 수준에서 조사하여 보고한다.

⑪ 안전관리에 대해 고객의 책임과 권한, 종업원의 책임과 권한에 대해 전문인으로 자문한다.

⑫ 안전사고가 발생하면 사실에 입각하여 조사하고, 책임감 있게 조치를 취한다.

⑬ 시설관리부서장을 도와 화재안전관리 프로그램을 완성시키고, 협력하여 업무를 진행한다.

⑭ 중앙정부나 지방정부의 담당부서를 도와 지역의 안전관리에 힘쓴다.

⑮ 안전관리 프로그램을 관장하고, 업무에 적극적으로 활용한다.

4) 위험관리위원회 위원장의 업무

호텔조직의 위험관리의 총괄책임은 호텔의 경영관리를 맡은 총지배인의 몫이다. 호텔의 안전관리와 영업활동은 같은 차원에서 논의되고 운영되어야 한다. 위험관리위원회는 위원회를 이끌어가는 총지배인, 부총지배인, 식음료담당임원, 시설관리부서장, 안전관리부서장, 인력관리부서장, 마케팅담당임원, 관리담당임원, 위험관리과장 및 영업장지배인으로 구성하며, 업무의 실행은 안전관리부서장과 위험관리과장이 맡아서 이행한다. 위험관리위원회의 핵심업무는 첫째, 위험관리 및 안전관리에 대한 주요의사 결정을 하며 둘째, 고객과 종업원에게 위험으로부터 자유로울 수 있는 환경을 조성한다. 셋째, 모든 종업원이 안전절차를 충실히 이행하도록 관련 규정의 제정 또는 개 · 폐한다.

이를 위해 위원회는 아래 내용을 검토하게 된다.

- 사고예방 프로그램 이행을 위한 충분한 예산확보
- 안전관리 활동을 적극적으로 지원
- 호텔의 고객과 종업원의 사고에 대해 즉각적인 의료지원, 후송, 조사, 보고, 원상회복의 과정이 원활하게 이뤄지도록 감독
- 각급 지배인은 안전사고 예방에 힘쓰고, 그 성과를 고과에 반영하도록 조치
- 일일 현장 확인을 통해 업무안전에 대해 확인하고, 안전업무 이행에 대해 인지시키며, 안전위협요인을 제거
- 중앙정부나 지방정부에 의해 실시되는 각종 안전 및 건강에 대한 행사를 전파
- 위험관리과장의 업무를 지원

제2절 안전사고의 관리과정

1990년대 미국 안전관리자문위원회의 보고서에 따르면 미국에서는 호텔의 안전사고가 광산업 보다 높게 나타났다. 일반적으로 호텔업은 안전사고가 많지 않은 기업으로 인식되고 있지만 많은 사람이 모여서 함께 생활하고 다양한 시설이 널리 펼쳐져 있기 때문에 사고의 위험이 높으며, 실제적으로 크고 작은 사고가 많이 일어나고 있다. 안전사고를 방지하고 쾌적한 환경에서 고객에게 수준 높은 서비스를 제공하기 위해서는 모든 사고와 손실의 원인을 규명하고 재발을 방지하는데 경영관리의 힘이 모아져야 한다. 안전사고 발생 이전의 활동은 소홀하기가 싶지만 모든 구성원의 유비무환의 자세가 호텔경영관리에 기본임에는 틀림이 없다. 또한 안전사고가 발생되면, 이의 신속한 원상복구를 위해 제도적이고, 조직적으로 책임감 있게 대응하고, 피

해 종업원과 가족의 안정된 삶을 위해 노력하여야 한다.

1. 안전사고 발생 이전

1) 행동 분석

호텔의 안전관리는 종업원이 일상 업무에서 늘 관심을 가지고 추진하여야 하므로 습관이 매우 중요하다. 아무리 강력하고, 완벽한 안전관리규정이 만들어져 있어도 이를 지키는 사람이 이행하지 않는다면 안전사고는 지속적으로 발생할 수밖에 없을 것이다. 행동분석은 행동결정에 영향을 주는 요인들을 연구하는 것으로서 첫째, 같은 업무를 수행하는 동료들의 근무태도, 둘째, 종업원의 선발 및 충원에 대한 기준, 셋째, 오리엔테이션과 실무교육, 넷째, 경영관리시스템적으로 부여되는 참여와 권한, 다섯째, 인성과 동기부여, 여섯째, 업무에 대한 지식과 기술과 능력 등을 살핀다. 이 때 개별적 조사와 단체별 회의를 거쳐 안전에 대한 의식수준을 파악한다.

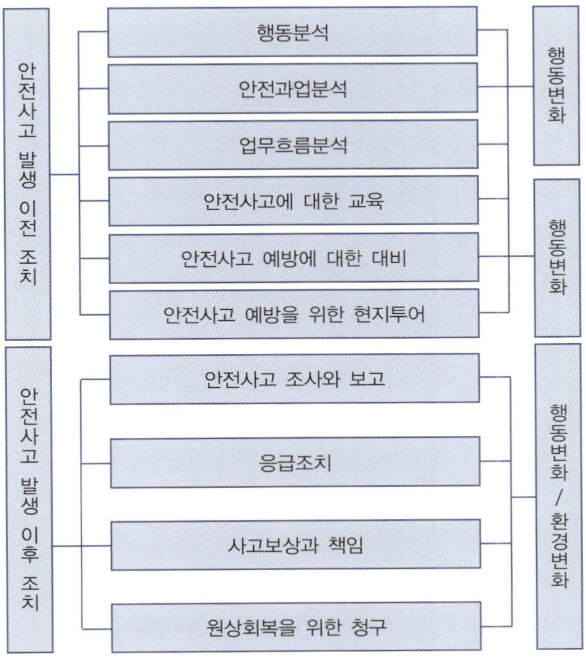

[그림 19-2] 안전사고의 관리과정

2) 안전과업분석

안전과업분석은 잠재적 사고의 위험에 대비하여 특정한 업무에 종사하는 사람에게 필요한 교육을 진행하는 과정을 살펴보는 것이다. 이는 새로 보직을 받게 되는 신입사원을 위한 교육프로그램 개발의 일환으로 진행되며, 교육의 내용은 분석된 안전관리 내용이 생산성 향상에 도움을 주게 된다. 예를 들면, 객실화장실의 변기를 안전하게 닦는 방법, 고기 써는 기계(meat slicer)를 안전하게 사용하는 방법, 파워 드라이버를 안전하게 사용하는 방법 등이다. 이에 참여했던 간부사원은 향후 이 분야의 오리엔테이션 교육을 맡게 된다.

3) 업무흐름분석

업무흐름분석은 업무의 질과 효과를 극대화하기 위해 사람, 장비, 환경을 조화롭게 디자인하는 것이다. 이는 근무자에게 알맞은 장비와 근무환경을 조성하여 안전사고와 오랜 근무로 인한 신체의 변화를 사전에 방지하는 것이다. PABX, 예약과, 객실관리부서, 시설관리부서, 조리부서부서 등은 다양한 장비를 이용하여 근무에 임하게 되므로 위험에 노출되어 있다고 하겠다. 헤드폰을 장시간 착용하는 업무, 무거운 물건을 들거나 밀고 다니는 업무, 날카로운 칼, 뜨거운 불과 물 등을 취급하는 업무는 그에 맞는 안전하고, 편안한 장비와 작업환경이 필요하다. 업무의 흐름분석은 사람과 장비와 환경이 업무를 수행하는데 상호 조화롭게 이뤄지는 과정을 분석하여 업무의 효율을 높이게 된다. 호텔기업에서 작업 안전을 위해 환경을 현장을 분석한 내용은 다음과 같으며 우리에게 시사하는 바가 크다.

첫째, 작업자와 업무에 어울리지 않는 짝
둘째, 부적당한 장비의 사용
셋째, 부적당한 안전장비의 사용
넷째, 안전을 고려하지 않은 절차
다섯째, 객실관리부서나 시설부서의 형편없는 장비와 공구
여섯째, 너무 무거운 것의 이동

일곱째, 적절한 온도에서의 작업 수행

여덟째, 누적된 불량 작업환경 등

4) 안전사고에 대한 교육

위험으로부터 안전사고를 줄이는 방법은 평소 업무에 대한 교육을 어떻게 진행해 왔는가에 기인한다. 호텔기업에서 진행하는 업무교육은 직무의 수행을 효과적으로 수행하기 위한 기능교육일 수 있다. 이것에 앞서 보다 중요한 것은 작업을 진행하기 이전에 즐거운 마음으로 재미있게 워밍업(warming up)과 스트레칭(stretching)을 하고 업무에 임하면 사고율을 크게 줄일 수 있다. 위험에 대비한 다양한 안전교육은 이론에 의존하기보다 실제 스스로 이행할 수 있는 방법을 가르치고, 이를 이용하여 생활화되도록 하는 것이 중요하다.

5) 안전사고 예방에 대한 대비

안전사고를 예방하기 위한 대비에는 다양한 방법이 있다. 호텔경영관리진에 의한 지속적은 현장 확인, 기계와 전기장비, 차량의 주기적인 점검, 외부 전문업체에 의한 고급장비의 주기적 점검 등이 있다. 안전사고 예방에 대비한 점검의 대상은 전등과 공기정화기와 같은 일상장비의 환경점검, 주기적인 예방점검을 받는 모든 장비, 소방장비, 객실관리부서의 다양한 청소장비, 복도와 통로, 전기장비, 엘리베이터와 에스컬레이터, 창고지역, 진입로와 인도, 주차장지역과 교통신호등, 긴급조치장비, 시설관리부서나 세탁실에서 사용하는 화공약품과 위험물질, 객실과 공공장소, 식음료영업장과 부대시설영업장 등이 있다.

6) 안전사고 예방을 위한 현장 투어

위험관리위원회가 중심이 되어 주기적으로 호텔의 전 분야를 투어를 통한 확인작업을 추진한다. 이상이 있는 지역과 공간은 안전사고 예방을 위해 즉시 복구하고 이를 기록으로 남긴다. 안전사고 예방을 위한 현장 투어의 집중사항은 첫째, 현장 투어의 빈도, 둘째, 현장 투어의 루트, 셋째, 투어에 이용되는 체크리스트, 넷째, 투어를 진행하는 책임자와 각 분야별 업무분장 등을 고려하여 계획을 수립하고 점검한다.

2. 안전사고 발생 이후

1) 안전사고 조사와 보고

근무지에서 안전사고가 발생하면 가장 먼저 이행되어야 하는 과정은 응급조치일 것이고, 응급조치과정에서 당직지배인과 담당간호사는 환자를 병원으로 후송할 것인지, 휴식을 위해 가정으로 돌려보낼 것인지, 상태가 정상으로 회복되어 작업현장으로

〈표 19-1〉 안전사고 조사보고서

안전사고 조사보고서		
사고구분 : □ 인명 사고 □ 비인명 사고		
사고발생호텔 :	발생일 :	
호텔주소 :	부서명 :	
사고종업원 인적사항		
성명 :	주민등록번호 :	성별 :
주소 :		전화번호 :
직위 :	직책 :	입사년월일 :
안전사고의 내용		
사고년월일(요일) :	사고발생지역 :	
목격자 :		
사고내용 기술 :		
사고경향에 대한 조사내용(관련 내용 기록)		
1. 사고지역의 바닥재		
2. 사고지역의 구조물 또는 설치물 환경		
3. 사고지역에 있었던 물건 및 사고의 원인이 된 물재		
사고 당시 취급했던 장비 또는 공구		
안전사고 예방 분석		
사고예방을 위한 조치 내용 :	조치일자 :	조치자 :
의료조치에 대한 분석		
□ 응급조치 □ 호텔 내에서 의료서비스 □ 병원 후송 □ 장기간 입원 □ 총 소요 기간(일간, 시간)		
보고자의 성명 / 직위		

보낼 것인지를 결정하게 된다. 어떠한 결정을 내리더라도 당직지배인은 위험관리과장이나 안전관리부서장에게 문서화된 보고서를 작성하여 제출하여야 한다. 보고서의 내용은 기본적인 사항, 사고의 내용, 사고경향에 대한 조사, 사고 당시 취급했던 장비와 공구, 안전사고 예방 분석, 의료조치에 대한 분석, 보고자 등으로 구분하여 보고한다. 보고서는 재발을 방지하기 위한 교육에 활용될 수 있도록 상황에 충실한 분석적 보고서가 보다 가치가 있는 보고서일 것이다.

2) 응급조치

호텔에서 안전사고가 발생했을 때 신속하고, 전문적인 응급조치는 생명과 재산을 구제하는데 큰 도움이 된다. 이를 위해서는 평소에 보다 많은 종업원이 응급조치에 대한 교육을 이수하여야 한다. 또한 응급조치에 필요한 충분한 보급품을 보관하여야 한다. 필요에 따라서는 응급조치를 위한 공간을 마련해야 한다. 그러나 대부분의 호텔들은 간호사를 운영하고, 간호사에 의해 응급조치업무가 진행되고 있다. 야간이나 사고지점의 원근에 따라 제 때 응급조치를 취하지 못할 수 있기 때문에 보다 많은 종업원이 응급조치요원으로 활동하고, 필요지점마다 응급조치에 필요한 장비와 물자가 공급되는 것이 바람직하다.

3) 사고보상과 책임

대대수의 종업원은 안전사고를 당한 후 어떻게 대처하여야 할지를 잘 모른다. 호텔이 사고보상과 책임에 대해 조직적이고, 체계적으로 가이드라인을 설정하고, 관련 담당자들이 정보를 공유하며, 평소에 종업원들에게 교육을 통해 이를 인지시켜야 한다. 사고보상의 내용에는 현금보상, 급여보상, 의료보상, 연금보상, 복직보상 등이 있다. 이 중에는 법정 사항도 있고, 비법정사항으로 호텔의 후생복리 프로그램에서 제도적으로 이를 뒷받침하는 경우도 있다. 호텔과 노동조합은 종업원의 안정된 생활보장을 위해 구체적인 보상규정을 만들고 이를 책임 있게 준수하도록 상호 협조해 나가게 된다.

4) 원상회복을 위한 청구

호텔에서 발생하는 안전사고는 사망사고와 부상에 관련한 것이든 재산에 관련한 것이든 이를 보전할 수 있는 보험에 들어 있게 된다. 일시에 대량으로 투입되는 호텔의 재무적 부담을 덜기 위해 관련 단체에 보험을 이용하게 되는데, 안전사고가 발생하면 최소한의 원상복구를 위해 보험 청구를 하게 된다. 이러한 청구는 제 때 이행하지 않을 시 불이익을 받을 수 있기 때문에 안전관리부서는 관리부서와 협조하여 호텔과 사고를 당한 종업원을 위해 신속하고 정확하게 보험을 청구하여야 한다. 부상사고는 외부의 의료기관에 입원을 하게 되고, 이에 따른 절차도 신속히 진행하여 의료보험과 산재보험을 적용하게 하므로 종업원이 호텔에 대해 불필요한 심리적 적개심을 갖지 않도록 하여야 한다. 간혹 부상을 입은 종업원이 장애인이 되는 경우도 있게 되며, 장애인복지에 대한 혜택도 받을 수 있도록 주선하여야 한다.

3. 안전관리 프로그램의 설계

안전관리 프로그램은 호텔의 규모에 맞추어 설계되어야 한다. 호텔의 규모와 손실의 규모를 고려하여 분석에 의한 최적치를 도출해 내어야 한다. 보험을 부보할 때는 위험에 노출된 사람, 장비, 환경 등의 상황에 따라 결정하게 되며, 손실의 대상은 가상적으로 사람의 사상, 자산의 손실, 재정적 손실로 하며, 얼마나 자주 일어날지도 잠정적으로 계산하여 규모를 산출하게 된다. 안전관리 프로그램을 설계할 때 다음 내용을 고려하면 보다 효과적으로 업무를 진행할 수 있게 된다. 첫째, 안전관리제도에 대한 정책과 안전규칙을 정한다. 둘째, 안전관리부서의 주요의사결정에 도움이 될 위험관리위원회와 같은 사고예방자문조직을 구성한다. 셋째, 예상되는 손실을 다 명확히 하고, 이를 관리한다. 넷째, 안전관리에 대한 교육과 보상계획을 세운다. 다섯째, 현장밀착형 관리체계를 구축한다. 여섯째, 적절한 의료후송체계를 구축한다. 일곱째, 사고 시 손해보상청구에 대한 절차를 구축한다.

〈표 19-2〉 호텔별 안전간리 프로그램의 수준

프로그램의 종류	중소규모호텔	대규모상업호텔	컨벤션호텔	리조트호텔
안전정책과 규정	A	B	B	B
비상 시 행동분석	A	B	B	B
안전 진단	A	A	A	A
사고예방 자문조직	A	B	B	B
교육과 보상계획	A	A	A	A
현장밀착형 관리체계	A	A	A	A
주기별 확인	A	A	A	A
일일 예방점검	A	A	A	A
미끄럼방지 시설	A	A	A	A
중앙 집중 구급함	A	A	A	A
의료후송체계	A	B	B	B
손해보상 청구절차	A	A	A	A
비상 벨	A/B	A/B	A/B	A/B

A = 자체관리, B = 체인본부 또는 전문업체 지원체계

제3절 고객 안전사고의 취급

1. 고객 안전사고 사례

[사례 1] 결혼식을 앞둔 대연회장은 호텔 종업원들이 각자 맡은 업무를 준비하기 위해 여념이 없었다. 오전 10시경 A 호텔의 연회장에는 정오 12시 결혼식을 앞두고 스튜어드직원, 연회장 웨이터와 웨이트리스가 기물과 테이블 세팅을 위해 분주하게 움직이고 있었다. 공교롭게도 스튜어드직원이 끌고 가던 틀로리에서 버터통이 떨어져 바닥에 버터가 뒹굴고 있었다. 스튜어드 직원은 빗자루와 쓰레받이를 가지러 갔다. 때마침 결혼식장 확인을 위해 온 신랑의 친구(금일 결혼식 사회자)가 급히 들어오다가 바닥의 버터를 미처 보지 못하고 미끄러운 버터를 밟아 뒤로 넘어지고 말았다. 넘어지면서 얼굴을 테이블 모서리에 받아 뺨이 3㎝나 찢어지는 안전사고가 발생하였다.

위의 내용을 보면 얼마나 황당한 일이 발생하였는가? 평소에 잘 교육된 직원이라면 다른 사람이 다가 올 것을 대비하여 주변을 치우든지 그렇지 않으면 다른 직원에게 청소도구를 가져오게 하고 위험한 현장을 지키는 것이 상책이었을 것이다.

[사례 2] 이른 아침 사우나에 도착한 70대 노인께서 평소 습관처럼 간단한 샤워를 마친 후 열탕에 불쑥 들어갔다. 갑자기 비명소리를 들은 헬스사우나 담당 어텐던트가 달려가 보니 노신사의 목 아래 부분 전체가 붉게 변하고 물집이 나와 있는 것을 보고 화상을 입었다는 것을 깨닫게 되었다. 급히 당직지배인께 연락하여 지정병원으로 후송을 하였지만 목 아래 부분 전신에 2도와 3도 화상을 입은 상태였다.

오전조 사우나 어텐던트는 평소 탕내 온도를 자동감지기에 의해 42~43℃를 유지해 왔기 때문에 밤새 온도계 눈금의 고장으로 탕 내의 물이 60℃가 넘은 것을 전혀 모르고 있었다. 그 후 노인께서는 몇 달간 병원에 입원을 하게 되었고, 호텔은 노인의 치료비를 감당해야 했을 뿐만 아니라 상호 책임에 대한 주장을 하다가 급기야 법원에 고소를 당하고, 그 후 법원의 판결로 매우 큰 금액을 노인에게 보상해 주는 대가를 치르게 되었다. 이러한 일은 배관을 담당하는 시설관리부서 엔지니어와 사우나 운영을 담당하는 어텐던트의 주의력이 있었다면 미리 예방이 가능한 안전사고였다.

호텔의 시설을 운영하고, 그에 근무하는 종업원은 평소 확인하는 습관을 갖는 것만이 안전사고를 줄일 수 있는 방법이라는 것을 교훈으로 얻게 된 사고이었다. 이 사건은 오랜 송사 끝에 호텔이 패소한 사례이며, 사우나 시설 내의 "미끄럼 주의", "열탕 내 급수구 주의" 등의 푯말은 보상금을 줄이는데 자그마한 역할 밖에 할 수 없었다. 이와 같이 호텔에서 일어난 안전사고는 호텔의 사업주가 대부분의 책임을 지게 되는 불리한 입장임을 다시 한번 확인하는 사례라고 하겠다.

2. 고객 안전사고의 취급절차

안전사고를 막기 위해 호텔은 조직을 구성하고, 종업원의 교육을 강화하고 있다. 그러나 고객의 부주의에 의한 사고, 외부침입자에 의한 사고, 시설의 열악함에 의한 사고, 일부 종업원의 부주의에 의한 사고 등이 호텔기업에서는 끊임없이 일어나고 있다. 따라서 고객이 안전사고를 당했을 때 조직적으로 신속하게 처리하는 것도 호텔의 이미지를 높이는 요인일 수 있다. 안전사고는 대부분이 안전관리부서의 주관 하에 이뤄지며 야간에는 당직지배인의 지휘를 받게 된다. 안전사고는 최초 15분 이내의 처리가 매우 중요하며, 이를 담당하는 종업원의 성의 있는 태도가 고객의 기분을 덜 상하게 할 수 있으며, 이는 호텔의 책임을 면하는 계기가 될 수도 있다. 고객의 안전사고는 다음과 같은 절차에 의해 조용하게 그러나 신속하게 처리한다.

1) 부상을 입은 고객을 적극적으로 보호

부상을 당한 고객은 본인이 소홀히 다뤄지는 것에 분개할 수 있기 때문에 친절하게 적극적으로 돕겠다는 마음가짐을 가지는 고객을 대하는 것이 무엇보다 중요하다. 상처가 심한 고객은 병원에 후송하여야 하므로 앰블런스가 도착하기 전까지 응급처치와 심리적 안정을 위한 도움이 절실하다. 병원으로 후송하는 문제는 고객이 결정할 수 있도록 여쭤보아서 조치를 취하고, 여기에 들어가는 비용은 호텔이 담당하게 된다. 왜냐하면 호텔 내에서 일어난 안전사고는 1차적인 책임이 호텔에 있을 뿐만 아니라 고객관리차원에서 호텔이 부담할 수밖에 없기 때문이다.

2) 사고지점을 보존하고 목격자의 진술을 확보

안전사고는 향후 법적인 시비를 가릴 수도 있기 때문에 처음 목격한 사람의 인적사항을 알아 두고, 가능한 만큼 기록을 해두어야 한다. 처음 목격한 사람이 호텔종업원뿐일 때는 어쩔 수 없지만 가능하면 제3자의 진술을 확보하는 것이 중요하다. 또한 현장의 상황을 사진을 찍어 향후 만들어질 안전사고 보고서를 보다 구체적으로 작성하도록 하여야 한다. 안전사고를 당한 고객과 대화중에는 구체적인 보상이나 책임에 대한 언급은 피해야 한다. 왜냐하면 고객의 마음이 편하지 않은 상황에서 구체적인 내용을 거래하듯이 대화하는 것은 고객의 마음을 상하게 할 뿐만 아니라 나중에 법적인 시비가 될 수 있기 때문이다.

3) 즉시 사고보고서를 완성하고 보상청구

안전사고의 현장에서 고객이 후생되고 난 후, 즉시 사고보고서를 작성하여 보험회사에 연락하여야 하며, 안전사고의 크고 작음에 따라 관련기관에 보고를 해야 할 사항이 있으면 시일을 놓치지 않고 보고를 하여야 한다. 대부분의 안전사고는 보상을 위한 민사사건이므로 고객과 호텔과 병원과 보험회사 간의 업무가 되며, 사건이 종결지어지면 사례를 중심으로 종업원 교육에 활용하여야 한다.

4) 행동은 예의와 친절을 갖추며 대화는 신중하게 교환

안전사고를 당한 고객에게 병원을 방문하고, 퇴원 후엔 호텔에서 휴식을 취하게 하며, 객실과 식음료를 호텔의 비용으로 제공한다. 가능하면 보험 보상을 받을 때 이러한 비용도 함께 청구하도록 하여 호텔의 손실을 최소화한다. 고객에게 친절을 다하고, 원상복구에 최선을 다하는 것은 안전관리책임자로서 당연한 업무이지만 호텔의 손실을 최소화하는 것도 그의 책임이므로 가능하면 고객과의 대화에서 책임을 확정하는 것에는 신중을 기해야 한다.

① 병원비를 호텔이 지불하겠다는 말에 신중을 기한다.
② 호텔이 태만하여 사고가 발생하여 책임을 지겠다는 말은 삼간다.
③ 보험에 대한 언급은 미리 하지 않는다.
④ 사고발생의 원인을 두고 고객과 논쟁하지 않는다.
⑤ 현장에서 호텔의 종업원을 나무라지 않는다.
⑥ 사건에 대해 법적 검토를 자문변호사와 충분히 하고 난 다음 필요한 법적 조치를 취해 나간다.
⑦ 안전사고의 처리가 완결되면 기록에 남기고, 필히 교육에 활용하도록 한다.

제4절 안전을 위한 설계

호텔의 안전관리시설은 건축물의 설계에서부터 시작되며, 이는 이용하는 고객과 이를 운영하여 고객에게 서비스하는 종업원의 안전을 고려한 설계이어야 한다. 최고의 디자인은 고객의 욕구와 요구에 충실하면서 경영관리층과 종업원이 안전하게 사용할 수 있는 생산적이고 기능적인 시설과 설비를 갖추어야 하며, 또한 안전관리와 보안업무 수행에 적합한 사양이어야 한다. 따라서 호텔건물의 디자인은 호텔의 경영관리와 손실관리를 함께 고려한 유능한 건축가에 의해 설계되어야 한다. 호텔의 건축 디자인이 잘못되어 안전사고 발생의 요인이 되면, 이를 회복하는데 많은 시간과 금전적 손실을 감당해야 하고, 안전사고에 의해 호텔의 이미지가 나빠지면, 많은 마케팅 비용을 쓰면서도 최상의 호텔의 명성을 유지할 수가 없게 된다. 사람과 장비의 편리한 동선, 편리한 정비, 자연채광, 간편한 장비 등은 호텔의 비용을 크게 줄일 수 있다.

1. 건축과 안전관리

1) 건축 시 안전관리 활동

호텔의 손실관리위원회는 건물이 신축되는 동안 지속적으로 현장을 둘러보고, 설계 시에 요청하였던 제반 안전시설과 설비에 대한 이행여부를 확인하고, 개업 시 안전관리에 필요한 제반사항을 건축에 반영할 수 있도록 요청한다. 구체적인 업무로는 첫째, 안전관리에 대해 기술적인 정확성을 기하기 위해 최초의 건축사양서를 확인한다. 둘째, 설계된 자재와 시행된 자재의 질을 안전관리측면에서 비교 검토한다. 셋째, 프런트데스크, 각 식음료영업장, 부대시설영업장의 실시설계를 검토하여 승인한다. 넷째, 현장 실사팀을 구성하여 운영한다. 다섯째, 각종 안전시스템의 설치를 확인한다. 여섯째, 개업을 위한 안전사고 예방교육을 기획하고, 실행한다. 건축물은 한 번 지어진 후 다시 고치기란 매우 어려운 일이다. 로비나 영업장의 바닥이 고르지 못하거나 마감재가 미끄러워 안전사고에 노출되어 있다면, 이를 속히 시정할 수 있도록 정보를 제공하는 일이 무엇보다 중요하게 될 것이다. 개업을 앞두고, 부분적인 보수를 시작하게 될 것을 미리 방지해야 한다.

2) 개업을 위한 안전관리

건축이 진행되는 동안 시설과 설비의 안전에 집중되었던 안전관리는 시설과 비품, 소품이 제자리에 놓여지면서 보안업무에 보다 많은 시간과 노력을 기울이게 된다. 개업을 위한 안전관리는 첫째, 보안기능의 강화, 둘째, 간부를 중심으로 예방관리에 대한 교육 실시, 셋째, 응급조치 프로그램의 작동, 넷째, 보상 프로그램의 시작, 다섯째, 부족한 물자의 공급 등이 이행되어야 한다. 호텔은 일반적으로 개업 3개월 전부터 모든 기능이 정상적으로 작동되므로 절차와 규정에 의한 안전관리업무가 진행되어야 한다.

2. 안전관리를 위한 디자인 요소들

1) 호텔시설 디자인의 원칙

미국 안전자문위원회의가 제시한 호텔 안전사고의 자료에 따르면 고객이 당한 사고 중 42%는 미끄러짐, 40%는 도난, 15%가 충돌, 3%가 음식에 데었다고 한다. 종업원의 42%는 미끄러짐, 35%는 물건을 들다가 다쳤고, 13%는 충돌, 10%는 화공약품과 강력세제에 의해 안전사고를 당했다고 한다. 이와 같이 안전사고는 다양하게 일어날 수 있고, 그 중에서도 시설이 잘못되거나 이용을 잘못하여 다치는 경우가 가장 많다. 이는 시설과 설비를 안전하게 설치하므로 많은 사고를 줄일 수 있음을 시사해 주고 있다. 따라서 초대규모 호텔이든 소규모 모텔이든 안전에 대한 인식은 같아야 하며, 고객접점과 통로, 종업원의 업무 동선, 주차 공간, 공공장소 등이 구분되고, 이동에 불편과 장애물이 없도록 디자인하는 것이 가장 중요지만 이 모든 것이 고객과 종업원의 안전을 전제로 디자인되어야 하는 것은 주지하는 바이다. 안전을 위한 디자인이란 첫째, 진행하는 방향이 뚜렷해야 하고 미로가 아니어야 한다. 둘째, 고객의 공간과 직원의 공간을 명확히 구분한다. 셋째, 사용목적에 따라 조명을 하여야 한다. 넷째, 엘리베이터와 에스컬레이터 등 지상 이동에 필요한 장비를 충분하게 갖추어야 한다. 다섯째, 복도와 통로가 잘 정비되어야 한다. 여섯째, 각 공간은 사용목적에 맞게 설정한다. 일곱째, 충분한 주차공간과 차량 통로를 마련해야 한다. 여덟째, 미끄럼, 빠짐, 넘어짐을 방지하는 시설과 설비가 있어야 한다. 아홉째, 야간에 충돌이 일어나지 않도록 디자인되어야 한다.

[그림 19–3] 화재대피계획도

2) 구역별 디자인의 고려사항

(1) 호텔의 현관입구

호텔의 현관입구는 폭이 8m, 2차선 이상으로 구획하고, 여의치 못하면 6m 이상 1차선으로 구획한다. 입구에는 주차장, 로비, 연회장, 식음료영업장, 부대시설영업장, 서비스 공간과 종업원 출입구의 표시를 잘 보일 수 있게 하여야 한다.

(2) 주차공간

주차공간에는 차량과 사람이 다닐 수 있는 통로를 구획하여 사고를 방지할 수 있도록 한다. 주차장에는 통제하는 종업원이 배치되지 않아 안전사고가 발생할 가능성이 높으므로 각별히 통로를 설치하여 사고를 방지한다. 주차장은 보통 폭 2.4~3m, 길이 5.4~6m로 구성하며, 차량통로는 6.6~7.2m로 디자인한다.

장애인을 위한 시설은 호텔의 현관에서 가장 가까운 곳이나 엘리베이터에 가장 가까운 곳으로 설정하고, 폭은 보통차량의 1.5배로 구획한다. 또한 도난사고의 예방을 위해 CCTV를 설치하고, 이를 안전관리실이나 주차장관리실에서 모니터링 할 수 있도록 한다. 차량이 통과할 수 있는 높이를 표시하는 것도 빠질 수 없는 안전장치이다.

(3) 진입통로

모든 통로에는 장애인이 휠체어로 다닐 수 있도록 언덕바지를 비스듬하게 설치하고, 고객의 진입이 편하도록 넓게 디자인한다. 통로에는 논스립(non-slip) 장치와 야광장치를 하므로 안전사고에 대비할 수 있다. 통로에 나무를 심거나 화분을 비치할 때는 고객의 통행에 지방이 가지 않도록 충분한 공간의 확보가 우선되어야 한다.

(4) 현관과 로비

고객이 현관을 통해 로비로 들어가는 곳에는 안전 매트를 깔아 대리석이나 타일로 인해 넘어지는 일이 없도록 조치한다. 가죽이나 고무로 된 신발의 바닥에 물이 묻어 있으면 대리석 위에 넘어질 수 있는 위험이 매우 높다. 뿐만 아니라 고객의 신발에 묻은 불순물을 닦아 호텔의 내부를 깨끗하게 관리하는 데 도움을 주게 된다. 회전출입문(revolving doors)을 설치한 호텔은 속도를 조절할 수 있는 장치와 비상시 즉시 중지시킬 수 있는 안전장치를 설치하여야 한다. 연회장이 2층에 위치한 호텔은 계단의 안전에 세심한 배려가 필요하다. 계단의 미끄럼방지 장치, 난간의 지지대, 카펫 말림 방지, 난간의 모퉁이 처리 등 안전관리 차원에서 시설이 이뤄져야 한다.

(5) 로비의 설치물

많은 호텔들이 로비의 바닥을 대리석으로 장식하고 있다. 잘 닦아진 대리석은 안전장치가 없어 넘어지기가 쉽다. 하우스퍼슨은 대리석에 물기가 없도록 자주 닦아서 안전사고를 방지하여야 한다. 로비에 설치된 엘리베이터는 프런트데스크에서 바라볼 수 있는 위치에 설치하여 경비업무를 강화하는 효과를 볼 수 있게 한다. 엘리베이터와 에스컬레이터는 문이나 바닥 틈 사이에 고객의 옷이나 휴대품이 끼어 사고를 일으킬 수 있으므로 안내문을 부착하여 고객이 주의를 요청하여야 한다. 또한 비상

벨을 설치하여 비상 시 위험으로부터 신속히 고객을 구출하도록 조치를 취하여야 한다.

(6) 연회장과 복도지역

연회장, 회의실, 복도, 로비화장실, 연회장화장실, 공중전화박스는 두꺼운 카펫을 깔아 안전사고에 대비하는 것이 좋다. 통로와 화장실에는 낮은 램프를 설치하여 보행에 편리하도록 하며, 화장실의 세면대와 공중전화박스에는 밝은 조명 등을 설치하여 고객에게 편의를 제공한다. 공중화장실은 남여를 구분하여 설치하고 출입문을 이격시켜 설치하므로 남여의 프라이버시와 돌발적 사고를 방지한다. 연회장 앞의 복도에는 리셉션 데스크, 옷 보관소 등이 있고, 많은 고객이 담소하는 공간이므로 CCTV 등을 설치하여 보다 안전하게 이용할 수 있도록 한다.

(7) 부대시설영업장

일반적으로 호텔의 부대시설영업장은 주로 헬스, 사우나, 수영장 등으로 구성이 되어 있다. 호텔 내에서 고객이 이용하는 시설 가운데 가장 위험성이 높은 곳이 수영장, 소용돌이 욕탕(whirlpools or Jacuzzi), 헬스시설인 것으로 알려져 있다. 수영장에는 물의 흐름, 손잡이, 깊이와 넓이 등이 안전규격에 맞게 설치되어야 하며, 이러한 시설은 전문가에 의해 건설이 이뤄져야 위험을 미연에 방지할 수 있다.

호텔의 수영장에는 다이빙 보드를 설치하지 말아야 하며, 내부에 다이빙을 하지 말도록 안전안내판을 설치하여야 한다. 깊이는 3~5피트로 하고, 깊이가 다른 곳마다 바닥과 벽에 피트를 표시하며, 주배수구(main drain)는 $4\frac{1}{2}$ 지점에 설치한다. 고객의 출입구는 가장 얕은 곳으로 정하며, 손잡이를 설치하여 출입이 용이하게 한다. 수영장 밖 고객이 이용하는 공간은 미끄러지지 않도록 논스립 타일로 처리하고, 수영장은 운영시간이 끝나면 안전을 위해 필히 시건장치로 닫아 두어야 한다. 그러나 필요한 전등은 켜 두어야 한다.

헬스클럽의 장비와 기구는 유지관리가 완벽하게 이뤄지지 않을 경우 고객에게는 흉기가 될 수 있음을 인식하여야 한다. 호텔에 설치된 헬스기구는 세계적인 명성을 얻은 것들이기 때문에 유지관리 계약에 의해 전문적인 관리가 가능하다. 장비나 기구를 도입할 때는 기구의 디자인, 사용방법, 관리방법 등을 잘 챙겨서 이를 이용자들이 충분히 인지하고 접근할 수 있도록 한다. 그리고 전문적인 교육을 받은 종업원이 가까이에서 관리를 할 수 있도록 배려하는 것도 중요하다.

사우나는 비치된 벤치는 잘 조립되어 있는지 튀어나온 부분은 없는지 확인하고, 바닥의 미끄럼을 수시로 확인하여 비눗물을 제거하고, 탕 내의 온도는 자동화 시스템에 의해 유지되고 있는지 확인하며, 매 10분마다 새로운 온수를 유입시켜 청결을 유지한다. 각종 장비에는 안전관리를 위해 안내판을 부착하고, 사우나 도크의 수입구에는 뜨거운 물에 대한 주의를 당부하는 안내판을 필히 부착한다. 또한 비상시를 대비하여 비상벨을 설치하여 고객이 사용에 편하도록 배려한다.

그 외 락카, 파우다룸, 샤워실, 스팀룸 등도 온수와 미끄럼 등에 노출된 고객의 안전을 위하여 수시로 확인하고, 정기적인 점검을 통해 안전관리에 만전을 기해야 한다.

(8) 객실부문

호텔에 투숙하는 고객에게 가장 중요한 것은 깨끗한 객실, 안전하고 편안한 채류일 것이다. 객실에 설치되는 가구, 부착물, 기구(FF&E : furniture, fixture & equipment)는 실내 분위기와 디자인을 고려하여 선택이 되지만 그 보다 더 중요한 것은 이를 사용하는 고객의 안전이 앞서야 한다. 취침 중 몸부림을 쳐서 나이트스탠드에 손을 다친다면, 가구 모서리에 부딪쳐 무릎을 다친다면, 모발건조기로 머리를 말리다가 헤어드라이어에 감전이 된다면, 화재 시 피난기구가 없어 낭패를 당한다면 어떻게 될까? 또한 객실고객의 안전을 위해 시스템화된 객실 키(guestroom key), 도아 뷰어(door viewer), 도어체인(door chain), 자동잠금장치(self-closure), 밝은 출입문 전등 설치, 피난통로 안내판, 컨넥팅 도아의 이중잠금장치(double lock), 창문의 안전 여닫이, 발코니의 안전대 설치, 객실에 귀중품금고 비치 등이 필요하게 된다. 고객의 안전을 위하여 객실의 창문은 4인치 이상 열지 못하게 고정하고, 객실의 가구는 마감을 둥글게 하여 부딪쳐서 피부가 찢어지는 일이 없도록 하며, 액자와 그림은 벽에 고정하여 떨지는 일이 없도록 한다. 객실에는 가능하면 전열기 사용을 피하고, 화재경보기는 노출형으로 설치하여 작동이 용이하도록 하며, 전기꽂이는 카버가 있는 것으로 설치한다. 욕실의 바닥에는 물이 튀지 않도록 디자인하여 미끄럼사고를 예방한다. 더운 물이 공급되는 파이프는 보호대를 만들고, 욕실에 공급되는 더운 물은 43℃ 이하로 하고, 욕조 내부에는 손잡이를 설치한다. 욕실 내부의 전등은 물기가 가지 않는 곳에 설치하며, 출입문과 전등은 이격시킨다. 샤워실은 욕조와 분리하여 설치하며, 샤워실 내부에도 안전지지대를 설치하고, 바닥의 물이 밖으로 나오지 못하도록 턱을 약간 높여 설치한다.

[그림 19-4] 객실 출입문 안전장치

(9) 식음료영업장

식음료영업장은 인력의 집중과 장비의 집중이 이뤄지고, 일시에 많은 고객이 출입을 하게 되어 안전에 소홀하면 크고 작은 사고를 일으켜 영업에 막대한 지장을 주게 된다. 미국의 안전자문위원회에 따르면 호텔의 식음료영업장에서 일어나는 안전사고는 식당내부 바닥의 미끄럼, 트랩의 위험, 시설물에 부딪쳐 넘어지는 고객이 43%, 식당외부에서 미끄러지거나 트랩에 빠지거나 시설물에 부딪쳐 넘어지는 고객이 23%, 식당장비의 부실에서 오는 안전사고가 22%, 음식에서 화상을 입는 고객이 11%나 차지한다고 밝혔다. 또한 종업원이 당한 안전사고는 43%가 넘어지는 것이 원인이고, 11%는 무거운 것을 들다가 일어났다고 밝혔다. 뿐만 아니라 고객에 의한 도난사고, 캐셔 데스크의 현금분실사고 등 다양한 사고가 식음료영업장에서 일어나고 있으므로 제반시설은 고객이 안전하고 편안하게 이용할 수 있도록 디자인되어야 한다.

조리부서는 호텔 내에서 작업환경이 가장 열악하며, 안전사고 위험이 가장 높은 곳이다. 대부분의 사고가 칼에 손을 비거나 불에 데거나 허리를 삐거나 미끄러져 타박상을 입거나 하는 신체적인 사고로 오랜 동안 병원에 입원을 하여야 하는 경우도 있다. 이러한 것들은 조리부서의 과학적인 디자인, 효율적이고 안전한 조리부서기구 사용, 직원들의 안전사고 방지에 대한 의식과 교육, 철저한 감독 등이 안전사고를 방지할 수 있다. 조리부서의 안전은 생산성을 높이고, 맛과 멋이 담긴 음식을 제공할 수 있어 고객으로부터 좋은 평판을 받을 수 있게 된다.

(10) 종업원 업무구역

호텔은 고객구역과 종업원의 업무구역으로 구획되며, 시설의 차이가 매우 크다. 고객이 이용하는 지역은 고급스런 시설과 디자인이 안전을 감안하여 설계될 것이지만 영업을 지원하는 서비스지역(service area)과 관리부문(back of the house)은 그렇지 못한 게 현실이다. 종업원의 인사사고를 줄이고, 생산성을 높이며, 경비인력과 비용을 줄일 수 있는 방법을 모색하여 디자인을 하여야 한다. 바닥이 미끄러워 넘어지거나 드레인에 빠지는 일을 줄이기 위해서는 바닥재, 전등, 벽보호대 등을 안전하게 설계하여야 한다. 보다 세심한 배려를 하여야 하는 공간으로 물자 수령지역 및 검수대, 조리준비실과 냉동고, 경비실, 응급처치실, 객실관리부와 세탁실 주변, 시설관리부서와 그 주변, 종업원 락카와 샤워실, 종업원식당, 각종 사무실, 프런트데스크의 뒤편, 예약 사무실과 교환실, 조리부서와 그 주변, 연회장 및 그 주변 등이 있다. 또한 이들의 동원을 고려하여 배치하므로 인력과 시간을 절약할 수 있는 방안도 함께 모색하여야 한다. 호텔의 규모에 따라 물자수령장(receiving deck)의 규모가 정해지지만 초대규모호텔은 이 지역의 물동량이 많고 대형차량의 진입이 가능하도록 하고 안전판을 설치하여야 한다. 종업원 업무공간에 있는 사무실은 가능하면 내부를 볼 수 있도록 디자인하고, 경비실의 출입은 전자감지에 의해 확인이 될 수 있도록 설계하여 전산화를 이루어야 한다. 시설관리부서와 객실관리부서는 무거운 물건과 화공약품 등을 이동하고, 사용하므로 편리한 이동과 화공약품을 안전하게 보관하고, 사용할 수 있는 공간을 마련하여야 한다. 조리준비실에 있는 냉동고는 항상 내부에 사람이 있다는 것을 전제로 비상개방이 가능하도록 설계하고, 전자감지시설을 곁들여 동사사고에 대비하여야 한다.

제5절 일상 안전관리와 방화관리

1. 일상 안전관리

1) 호텔 공공장소 안전관리

호텔의 로비, 대소연회장, 영업장, 주차장 등은 개방되어 있어서 누구나 출입이 가능하다. 가끔 반갑지 않은 사람들로 인해 피해를 보는 고객이 있어 호텔의 이미지를 실추시키기도 한다. 이러한 공공장소의 안전사고는 이곳에 배치된 안전관리요원과 현장 종업원에 의해 미연에 방지되어야 한다. 안전관리요원은 공공지역 고객의 흐름과 수상한자들의 동태를 한눈에 볼 수 있는 숙련된 종업원으로 배치되어야 하며, 근무 중인 안전요원은 고객의 행동을 감시하는 태도를 보이는 것은 고객서비스에 악영향을 주게 되므로 항상 밝은 표정과 도움을 주고자 하는 적극적인 자세를 고객에게 보여주어야 한다. 가끔 매우 남루한 복장이나 거친 행동으로 다른 고객들에게 불편을 쌓는 사람이 나타나게 되면, 다른 고객들이 눈치를 차리지 못하게 외부로 유도하여 돌려보내야 한다. 무리한 통제는 또 다른 불만을 낳게 되므로 치안관서의 도움을 받는 것도 필요하다.

2) 호텔객실 안전관리

호텔에 투숙하는 고객은 호텔로부터 그들의 생명과 재산을 보호받을 권리가 있다. 따라서 호텔이 객실을 안전하게 보호하는 것은 대단히 중요한 업무이며, 안전관리부서, 객실영업부서, 객실관리부서가 함께 노력하여야 한다. 호텔은 투숙객의 안전을 위해 엘리베이터를 이용하는 고객을 제한하기 위해 다양한 프로그램을 활용하고 있다. 대규모호텔들은 객실로 통하는 엘리베이터가 여러 곳에 설치되어 있어 통제가 어려우므로 객실열쇠를 엘리베이터에 인식시켜 해당 층에 내리도록 하는 시스템을 갖추기도 한다. 대다수 비즈니스 호텔들은 귀빈층 투숙고객에게 귀빈층 라운지가 있는 층의 출입을 위한 카드키를 발급하게 된다. 해당 고객 외의 사람들이 객실을 출입할 때는 출입절차에 의해 허락이 되도록 규정을 설정하여 엄격히 관리를 하게 된다. 뿐만 아니라 객실 내에서 방문자를 확인하기 위한 시스템, 불의의 사고에 대비한 비상벨 시스템, 이중 잠금장치 등은 투숙고객을 안전하게 보호하기 위한 설비들을 갖추고 있다. 그러나 교환실, 프런트데스크, 로비, 엘리베이터, 객실복도 등으로 이어지는 통로를 수시로 보호할 수 있는 업무는 안전관리요원을 중심으로 호텔 전체 구성원의 몫일 수밖에 없다.

3) 고객의 재산보호

호텔의 투숙객이나 각종 영업장을 이용하는 고객들은 항상 현금, 귀중품, 여행휴대품 등을 가지고 이동하게 된다. 호텔은 고객의 생명뿐만 아니라 재산도 보호해야 할 의무를 지니게 되므로 고객이 이용하기 편리한 시설과 설비를 마련하고, 이를 이용하게 하여야 한다. 객실 내에 설치된 귀중품 보관함을 기피하는 고객을 위해 프런트데스크에 대형 귀중품 보관함을 마련하여 이용하게 하거나 벨 데스크에 있는 짐 보관실에 여행휴대품을 보관하게 한다든지, 연회장 행사에 참석하는 고객을 위해 옷 보관실을 운영하는 것과 주차장에 차량을 보관하고 주차티켓을 발행하는 것은 이러한 제도의 일환이다. 고객으로부터 위임받아 보관하는 현금과 물건은 어떠한 경우라도 고객에게 안전하게 돌려줄 의무를 지게 되므로 절차에 의해 보다 안전하게 관리하여야 한다. 간혹 객실이나 영업장에서 분실사고가 발생하였다는 보고를 받게 되는 경우가 있다. 이러한 경우 먼저 고객을 안심시키고, 호텔이 설정한 규정과 절차에 따라 차근차근하게 문제를 풀어 나가야 한다. 다만 고객의 입장에서 문제를 해결하겠다는 마음가짐은 호텔리어로서 매우 중요한 덕목이다.

4) 호텔의 재산보호

안전관리부서는 영업부서에서 진행하는 일일 영업활동처럼 안전관리업무를 수행하게 되며, 이는 호텔의 인명과 재산을 보호하는 내용이 주된 업무이다. 호텔 로비와 복도에는 고가의 미술품, 조각품이 있는가 하면 대부분의 기자재가 고가품이다. 뿐만 아니라 프런트데스크와 각 영업장 카운터에는 현금과 신용카드 전표를 취급하므로 금전가치가 충분한 것들로 산재되어 있다. 호텔도 은행처럼 주요 관리지점에 무인카메라, 비상벨 등을 설치하여 안전에 대비하고 있다. 그러나 문제가 발생될 수 있는 요인을 사전에 발견하고, 이를 제거하는 작업은 안전관리부서와 현업부서가 추진해야 하는 과제이므로 항상 업무현장의 안전을 위해 주의를 살펴야 한다.

5) 호텔의 재산보호를 위한 출입문관리

호텔을 출입하는 통로는 고객지역인 공공장소, 영업장, 부대시설영업장, 주차장 등과 호텔에 필요한 사람과 물자가 출입하는 출입문(후문)관리가 있다. 각급 호텔은 호텔출입에 대한 규정을 설정하고 이를 이행하게 된다. 호텔에 용무가 있어 방문하는 사람에게는 출입증을 발급하여 패용하게 하고, 업무가 끝나면 이를 회수한다. 외부인의 제한구역 출입은 안전관리규정에 의해 통제를 하게 되며, 출입자의 소지품 점검은 프라이버시를 최대한 존중하여 이행한다. 재활용품 및 쓰레기 처리를 위해 출입하는 협력회사 직원은 허용된 구간에 한해 출입하도록 하며, 아웃소싱 계약에 의한 협력업체 직원은 호텔의 규정에 의해 출입하도록 교육한다. 종업원의 방문객은 예의를 갖춰 맞이하고 절차에 의해 안내한다. 비상사태가 발생된 경우 절차에 의해 보고하고 응급조치를 취한다.

2. 방화관리

1) 호텔 방화관리의 의의

호텔에는 많은 고객이 내왕하므로 호텔은 이들의 생명과 재산보호는 물론 호텔 종업원의 생명과 호텔 재산도 확실하게 책임져야 한다. 따라서 호텔 방화관리는 각종 방화, 소방시설 및 장비를 갖추고 부단 없는 교육훈련과 예방인식을 고취시키므로 대형사고를 방지할 수 있다. 호텔의 소방설비로는 각종 소화기, 자동화재경보기, 자동전기누전탐지기, 구조대, 구조사다리, 연결송수관, 방화벽, 스프링클러 등이 있다. 많은 종류·양의 장비가 있어도 이를 운전할 전문요원이 없다면 이들도 무용지물이므로 각종 위험물 취급관리자의 임명 및 유자격자 확보로 24시간 감시체제 유지가 필요하다.

[그림 19-5] 호텔의 방화관리 장비

2) 호텔의 화재 예방대책

호텔건물은 소방법상 특수 건축물로 분류되며, 내화구조로 설계·시공되어진다. 또한 건축방재의 계획에 있어서 기본적인 사항으로 건축물의 공간적 대응과 건축물의 설비적 대응이 고려되어 있기 때문에 근본적으로 건축물의 방화대책은 마련되어 있다고 볼 수 있다. 그러나 인간생활의 주변에서 화기나 가연물을 완전히 제거한다는 것은 불가능하기 때문에 다음과 같이 화재발생의 가능성에 대한 예방대책이 필요하다.

① 화재 예방측면에서 내장재의 불연화와 내열 및 규격 전선사용을 철저히 한다.

② 화재 확산방지 측면에서 법규에 따른 방화구획 설정, 호텔주변의 소방차 등의 통로 확보, 소화용수의 확보를 확실히 한다.

③ 화재 조기 발견 조치 측면에서 감도가 우수한 연기 감지기 및 가스 감지기의

설치 관리대책이 필요하다.

④ 호텔 직원에 대한 지속적인 소방안전교육을 실시하다.

3) 연소재의 제거

화재는 연소재가 상호작용 하므로 발화되기 때문에 이러한 요소를 한자리에 두지 않는 것이 화재예방의 관건이다. 즉 가연물(연료), 조연물(산소), 점화원(불씨)을 격리시키는 작업을 평소에 습관화하는 것이다. 화재의 근원인 연소재로 첫째, 산화하기 쉬운 가연물로는 목재, 섬유, 종이류, 고무, 플라스틱 제품 등의 고체 가연물과 등유, 휘발유, 벙커C유, 석유, 경유 등의 액체 가연물, 그리고 LPG, LNG, 부탄가스 등의 기체 가연물이 있다. 둘째, 연소의 조연물로는 산소가 있다. 산소는 공기 중에 21%가 존재하며, 가연물이 연소되기 위해서는 액체의 경우 공기 중의 산소량이 약 16%정도, 고체의 경우 약 6% 정도가 있으면 연소가 진행된다. 셋째, 점화원으로 전기불꽃, 정전기, 전기스파크, 마찰 및 충격의 불꽃, 고열물체, 산화열 등이 있다. 불이 발화되어 타더라도 발화조건 중 한 가지만 제거하면 소화되므로 평소 훈련에 의해 소화요령을 익혀 두어야 한다.

4) 호텔의 화재진압

어떤 연유이든 호텔에 화재나 긴급사태가 발생할 경우에는 신속히 출동하여 초기에 진압하는 것이 가장 바람직하다. 그러기 위해서는 각 부서의 직원들로 구성된 비상 대기조의 운영이 필요하며, 인원구성은 호텔의 규모나 특성에 따라 달라질 수 있지만, 4명씩 4개분대로 구성하는 것이 효과적이다. 비상사태가 발생되면 가장 먼저 연락되어야 하는 곳은 호텔의 전화교환실이며, 다음은 당직지배인, 안전관리부서장, 시설관리부서장, 총지배인/부총지배인 등이다. 평상시에는 각자 근무 장소에서 정상적인 근무를 하다가 비상 관재실로부터 화재발생에 대한 암호방송이 나가면 즉각 출동하도록 한다. 암호방송은 화재 시와 훈련 상황 시를 구분하여 방송하도록 사전교육이 필요하다. 예를 들면,

실제 화재가 발생되면,
"업무 연락입니다. 객실부장께서는 당직지배인께 연락해 주십시오."
훈련 상황 시는,
"업무 연락입니다. 시설관리부장께서는 교환실로 연락해 주십시오."라고 할 수 있다.

5) 호텔의 화재피난

인명 안전대피 측면에서 평소에 두 방향 이상의 피난통로를 확보해 두고 방 · 배연 시설, 피난기구, 유도 등이 제 기능을 충분히 발휘할 수 있도록 정기적으로 점검한다. 각 부서별 자위조직은 안전관리부서의 지휘에 의해 운영되며, 고객대피 유도방법은 통로, 피난구, 유도 등의 유도 방향으로 안내하여 피난층으로 대피한다. 특히 혼란으로 인한 2차적인 안전사고 발생을 방지하기 위해서는 건물구조, 용도, 영업장의 위치에 따라 층별로 적합한 대피 유도반을 운영하는 것이 매우 중요하다.

6) 방재센터의 관리

방재센터에서는 건축물 내에 있어서의 화재정보를 일관 집중 감시하는 기능을 가지고 있으며, 화재의 진전 상황을 파악할 수 있다. 따라서 화재상황에 따라 적합한 정보를 제공하고 피난할 필요가 있는 경우에는 그 뜻을 지시할 수 있다. 방재센터의 감시 · 제어기능은 화재의 탐지, 화재의 확인 · 판단 · 지령 · 통보, 초기소화, 연소방지, 피난유도, 본격소화, 방범관리, 기타 관련사항 등이 있다.

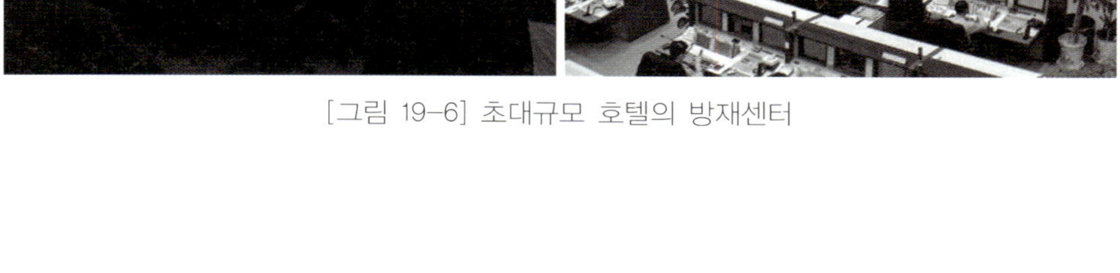

[그림 19-6] 초대규모 호텔의 방재센터

제20장 호텔의 개관 프로젝트

제1절 호텔 개관 프로젝트의 의의

1. 호텔 개관 프로젝트의 개요

호텔은 초대규모, 대규모, 중소규모를 막론하고 다양한 소유형태와 경영형태로 창업되어지고, 경영관리되어지고 있다. 호텔업에 관심이 많은 투자자는 좋은 입지에 화려한 호텔을 지어서 소유와 경영관리에 참여하고 싶은 욕망을 느낄 것이다. 왜냐하면 호텔은 최초투자가 높은 만큼 가시적인 부동산의 존재를 확인할 수 있고, 이 지역의 여행객은 누구나 이를 이용하게 되며, 국제적인 대규모 컨벤션에서부터 지역사회의 다양한 소규모행사까지 다양한 계층의 고객이 호텔을 이용하므로 교류의 중심지가 되어가고 있기 때문이다. 타 기업을 경영하는 법인이나 개인은 사업의 다각화에 바람직한 투자대상임을 알고 있기도 하다. 나아가 체인호텔에 가입하면 선진화된 경

[그림 20-1]

영관리기법으로 상당한 투자수익을 안정적으로 확보할 수 있는 이점도 있기 때문에 돋보이는 사업으로 부각되고 있다. 투자자들이 호텔사업에 착수할 때는 신축에 의해 개관을 하거나 기준호텔을 구입하여 영업을 하게 되고, 이는 개관이라는 의식행사를 치루고 영업을 시작하게 된다. 이렇게 개관이라는 의식을 치루고 영업에 착수하기까지는 다양한 절차, 수많은 시간, 수백억 원 또는 수천억 원의 자금이 투입되며, 이에 따른 의사결정이 따르게 된다. 호텔은 개관전의 의사결정이 개관 후의 경영성과에 큰 영향을 미치게 되므로 개관 프로젝트에서 향후 호텔의 경영관리에 대한 심도 있는 연구와 검토가 필요하게 된다.

2. 호텔개관에 따른 의사결정의 중요성

호텔기업의 설립목적은 호텔기업의 경영관리방향을 결정하는 주요한 전략적 지표가 되고, 호텔기업의 사업영역과 경영관리의 효율성을 판가름하는 주축이 된다. 따라서 호텔기업의 설립목적은 호텔의 생애과정에 중요한 영향을 미치게 되므로 입지, 규모, 시설내용, 경영형태, 재무구조, 시장, 경영관리주체, 개관시기 등을 면밀히 검토하고 분석하여 최상의 상태를 확보하는 의사결정을 내려야 한다.

호텔사업은 개관 전의 의사결정이 개관 후의 경영관리에 큰 영향을 미치고, 이는 호텔의 장기적인 이익과 비용의 산출근거가 되므로 다양한 과학적 예측과 타당성을 바탕으로 하나하나 정리해 두어야 한다. 호텔사업은 입지의 선택, 시설의 구성, 최초 이미지의 구축, 이용하는 고객의 구성에 따라 마케팅에 큰 영향을 미치게 되며, 이는 호텔경영관리의 근간을 이루는 가격전략에도 직접적인 영향을 미치게 된다. 호텔기업은 건물과 시설물이 곧 상품이므로 경영관리자가 설계단계에서부터 개입하여야 하고 설계자는 호텔의 경영관리를 잘 이해하는 사람으로 구성되어야 호텔경영관리의 성공을 보장 받을 수 있다. 호텔기업에 투자할 때 중요한 의사결정단계는 첫째, 입지, 규모, 시설내용, 경영형태, 재무구조, 시장, 경영관리주체, 개관시기 등 사업구상에 대해 합리적인 의사결정을 내린다. 둘째, 신축 또는 구입을 위한 개관 전 프로젝트를 보다 효과적으로 관리하기 위해 전문가집단으로 구성된 실행팀을 구성하여 과정을 관리한다. 셋째, 개관 후 효율적인 경영관리를 위해 능력 있는 경영관리팀을 구성하여 시장에 적극적으로 진입한다.

제2절 호텔기업의 개관 전 관리과정

1. 개업을 위한 관리과정

호텔기업을 창립하여 이를 경영관리하기 위해서는 법률상의 규정을 먼저 검토하여 요건을 갖추고, 그 절차에 따라 단계적으로 개업을 위한 관리과정을 이행해 나가야 한다. 호텔기업의 업종과 업태, 사업범위와 시장규모, 소유형태와 경영관리형태, 자금의 조달, 소유자들의 이익배분 원칙, 정부규제의 범위, 조직구조, 세제상의 문제점 등을 검토하고, 이를 바탕으로 개업에 따른 계획을 수립하여 관리해 나가야 한다. 특히 호텔기업은 입지가 매우 중요하므로 입지에 따른 상권의 형성, 규모, 시설의 내용, 고객을 위한 편의시설, 종업원을 위한 편의시설 등을 충분히 수용할 수 있는 대지의 확보가 검토되어야 한다. 만약 투자 주체가 법인이 되어야 할 경우 회사의 설립에 따른 정관의 작성, 창립총회, 대표이사의 선임, 설립등기 등의 절차를 거쳐 회사를 설립하게 된다. 이와 더불어 기업의 근간이 되는 인적, 물적 자원의 확보와 재정확보를 위한 구체적인 계획도 설계를 하여야 한다.

2. 호텔의 기본전략 수립

앞서 개업을 위한 관리과정에서 언급되었던 절차를 진행하고 난 후, 호텔경영관리를 위한 호텔의 경영철학, 경영정책, 경영목표를 설정하고, 각종 방침을 신설하는 단계를 이행하게 된다. 이 때 호텔기업의 사명(mission statement)과 전략 도메인(strategy domain)을 결정하게 되는데, 사명의 주요 내용은 호텔기업의 철학, 경영이념과 경영방침, 호텔기업가의 정신과 전략적 방향을 제시하게 된다. 기업사명의 전개는 호텔기업에 기회와 위협이 될 각종 외부환경과 호텔이 가질 강점과 약점을 중심으로 내부여건을 철저히 분석하여 전략의 기본으로 삼게 된다. 전략적 도메인의 정의는 첫째,

자사의 잠재력을 확인하고, 둘째, 타사의 도메인을 파악하며, 셋째, 중·장기적으로 호텔기업이 바라는 마케팅의 상태를 기술하고, 넷째, 호텔사업의 전개 방법을 제시하고, 다섯째, 마케팅의 방향을 어떻게 구상할 것인가를 내용으로 한다. 궁극적으로 전략도메인은 추진하고자 하는 호텔사업의 본질을 파악하고, 향후 호텔기업이 나아가야 할 방향을 명확하게 제시하므로 구성원의 마음을 모으고, 각자의 업무에 최선을 다하도록 직무몰입의 기본이 된다.

1) 호텔기업의 목표설정

호텔기업의 목표는 당해 기업이 달성하고자 하는 결과치를 다양한 근거에 의해 정하는 과정이다. 목표설정은 다양한 환경 속에서 당해 호텔기업을 정의하고, 최고경영자가 정확한 의사결정을 할 수 있도록 도와주며, 호텔의 경영성과를 평가하는데 기준을 제공하는 전략경영과정의 선행요소이다. 호텔기업의 목표설정은 신규투자를 전제로 일정한 투자기간 내에 성장에 따른 수익의 실현이며, 호텔기업의 이해 당사자의 요구를 충족시키는 기업 활동의 방향을 제시하게 된다. 호텔기업의 경영은 마라톤과 같아 보다 장기적인 관점에서 다양한 예측을 이행하여야 한다. 매출의 성장은 느리지만 높은 고정비용을 줄이는 데는 각고의 노력과 시간이 필요하게 된다.

2) 경영관리전략의 수립

호텔기업이 새로운 시장에 진출할 때 자원의 축적과 배분에 의거하여 경쟁우위를 확보하는 방안으로 호텔의 서비스상품의 범위와 침투할 시장의 범위를 결정하게 된다. 호텔은 객실, 식음료영업, 부대시설영업 등과 같이 각각 다른 시장을 대상으로 마케팅활동을 펼치게 되며, 크게는 하나의 시장에 침투하게 된다. 호텔기업은 각 사업단위별로 경쟁사에 대해 경쟁의 우위를 확보할 수 있는 전략적 대안을 수립하여야 하고, 각 단위 사업내의 여러 기능별 활동의 통합화에 초점을 맞춘 상승효과(synergy effect)가 중요한 평가기준이 된다. 따라서 다수사업을 전제로 하여 기업전체의 수익성과 안정성을 동시에 꾀하기 위하여 장래 이익의 최적치를 이끌어 내는데 초점을 맞추게 된다. 호텔은 위치와 규모에 따라 매출액과 시장점유율을 확대하여 호텔기업의 성장성, 수익성을 달성할 수 있도록 전략의 방향이 맞춰져야 한다. 호텔기업이 경영관리전략을 수립하기 위해서는 경쟁자, 고객, 산업구조, 사회환경 등 외부환경을 분석하고, 호텔기업이 보유한 각종 장점과 단점을 파악하여 전략수립의 기본자료로 활용하여야 한다. 이때보다 현실적이면서 분석적인 태도를 견지하므로 객관적으로 수긍을 할 수 있는 경영관리전략의 수립이 가능하게 된다.

3) 실행계획의 수립

호텔기업이 창립되고, 미션과 전략적 도메인을 정하고, 목표를 설정하고, 경영관리 전략을 수립하고 난 후에는 각각의 부문이 이러한 전략을 추진하기 위해 세부적인 이행계획을 수립하게 된다. 앞서 언급한 부분이 전략이라면 실행계획은 전술이 된다. 즉 제시된 목표와 방향을 달성하기 위해 어떻게 할 것인가가 주제인 것이다. 여기에는 부문별 구체적인 수치가 제시되고, 행동요령이 제안되어 업무추진을 위한 구성원의 자세와 태도를 요구하게 된다. 뿐만 아니라 자원의 배분과 평가에 대해서도 구체적인 계획을 수립하게 된다.

3. 개관 프로젝트를 위한 시스템의 구축

호텔기업에 투자하기 위한 의사결정이 내려지고 미션이 정해지고 난 후, 다양한 전략이 수립되면 개관을 위한 다양한 프로젝트가 이뤄지게 된다. 개관 프로젝트는 도시계획법, 건축법, 「관광진흥법」, 식음료영업 및 부대시설영업에 필요한 각종 관련법규를 검토한 후에 이를 보완하여 시스템을 구축하여야 한다. 개관 프로젝트를 추진할 때 중요한 의사결정은 호텔의 위치, 규모, 인테리어(interior)와 익스테리어(exterior), 호텔의 경영관리를 위한 다양한 시스템, 정보전산시스템과 부문별 조직 등이 있다. 이 때 제시된 시스템의 요소와 세부 내용은 면밀히 검토되고 최고경영권자가 참석한 자리에서 하나하나 결정되어지게 된다. 개관 프로젝트를 추진하기 위한 준비계획을 수립할 때는 보다 자세한 증빙자료를 첨부하여 의사결정이 잘 못되지 않도록 만반의 준비를 하여야 한다. 프로젝트에 필요한 추진조직과 인력의 투입계획을 제시하고, 작업계획에 따른 일정계획, 예산편성과 정보체계와 보고체계를 갖추어야 한다. 개관 프로젝트는 건물의 신축을 전제로 하더라도 기본적인 운영조직은 구성이 되어야 하며, 특히 총지배인은 호텔의 모든 계획에 주도적인 입장에서 전략을 입안하고, 운영계획을 작성하여야 향후 영업을 성공적으로 이끌어 갈 수 있다. 부문별로 준비해야 할 운영계획은 첫째, 마케팅계획, 둘째, 부문별영업계획, 셋째, 지원부문 운영계획이 있다. 마케팅계획은 개관 전후에 이뤄질 다양한 마케팅, 판매촉진, 광고 및 홍보 활동에 대한 구체적인 일정과 내용을 계획하고, 부문별영업계획은 객실, 식음료영업, 부대시설영업, 조리부문의 운영 등에 대한 구체적인 계획을 입안한다. 또한 지원부문은 건물의 신축을 위한 각종 허가서부터 개업 후의 업무를 지원하기 위한 총무, 인력관리, 정보전산, 재무관리, 경리 및 회계 관리, 시설관리, 안전관리 등에 대한 계획을 수립한다.

1) 사용자 요구사항의 수렴

개관 프로젝트팀은 각 부문별 사용자가 요구하는 사항을 문서화하여 접수하고 필요한 검토과정을 거쳐 발주하여 적시에 설치 또는 공급하므로 개관에 차질이 없도록 한다. 이 때 결정하게 되는 내용으로는 호텔기업의 미션에 의한 서비스의 수준과 이에 따른 설비수준, 시설의 규모, 객실층 계획(floor plan), 객실조합(rooms mix), 객실당 면적, 식음료영업장의 종류와 규모, 각 영업장과 지원 파트의 면적비율, 공공장소, 지원부문의 공간, 종업원을 위한 공간 등을 할당하고, 이에 따른 각종 시스템을 결정한다. 이 때 각 부문별 사용자 요구서에 각 시스템의 기능과 예측되는 성과를 기술하게 하여 발주 시 참고자료로 활용한다.

2) 기본설계

사용자요구서에 의해 의견을 수렴하고, 이를 바탕으로 기본설계를 의뢰하게 된다. 앞서도 언급하였지만 호텔은 다양한 용도를 함께 수용하여야 하는 매우 특수한 건물이며, 건물 그 자체가 서비스상품이 되므로 호텔의 운영에 깊은 관심과 조예가 있는 이로 하여금 설계를 맡도록 하여야 한다. 호텔을 설계할 때 고려하여야 하는 사항은 위치와 영업목적에 맞는 건물, 부문별 유효율성의 제고, 객실과 공공장소와 업무지원

공간의 면적배분, 프런트데스크의 위치, “Mock-up room”의 설치와 승인, 내장과 외장 계획, 벽체와 바닥 및 천정 마감계획, 종업원 공간 계획, 방재시설계획, 조명 계획, 색채 계획, 잠정적 공사금액 배분 계획, 공정관리 계획 등이 있다. 뿐만 아니라 각 부문설계에는 사용자 요구사항을 적극적으로 반영하여야 하며 예상되는 비용의 배분에 대한 계획도 함께 제시되어야 한다.

3) 상세설계

기본설계의 도면을 근거로 실시공사에 필요한 세부적인 도면의 제작과 도서제작 과정을 말하며, 이의 제작에 포함되는 내용은 첫째, 설계시방개요와 마감재 및 그 방법, 둘째, 평면, 입면, 단면설계도, 셋째, 각 부문별 건축상세도, 넷째, 구조도와 구조계산서, 다섯째, 전기, 공조, 위생, 조리부서 등의 공사설계도. 여섯째, 객실내부, 가구 및 비품, 설치물, 인테리어 설계도, 일곱째, 공공부문, 식음료영업장, 연회장, 국제회의장, 부대시설영업장의 상세설계도, 여덟째, 간판, 표지, 비상유도표지 등의 설계도, 아홉째, 조경, 장식, 작품비치 등의 설계도, 열째, 주차장과 외곽 진입로에 대한 상세설계도 등이 있다.

제3절 호텔의 구입과 재정의 확보

호텔사업을 경영하고자 하는 개인이나 법인은 일반적으로 두 가지의 기대가치를 염두에 두게 된다. 첫째는 대지, 건물, 비품 등 부동산의 가치가 상승할 것을 기대하고, 둘째는 호텔을 소유하거나 경영관리 하므로 얻어지는 영업이익을 얻을 것을 기대하게 된다. 현재 운영되고 있는 호텔을 인수하고자 할 때는 위와 같은 두 가지의 가치를 분석하여 의사결정을 하게 되며, 신축 중인 호텔을 인수할 때는 입지와 상권 등을 분석할 수 있으나 영업에 대한 확신을 얻기 위해서는 많은 연구와 조언이 필요하게 된다.

1. 호텔을 인수하여 개관

현재 운영 중인 호텔을 인수하는 일은 규모와 빈도는 다르지만 흔히 있는 일이다. 매도인의 사정에 따라 부동산시장에 매물로 나온 호텔을 여러 가지 경로를 통해 접촉하여 구입을 검토할 수 있다. 매물에 대한 정보는 대부분 중개인을 통해 얻을 수 있고 매우 구체적인 내용까지 파악한 후에 협상을 통해 적정한 금액과 지불조건을 제시하여야 한다. 호텔을 구입하여 운영하고자 할 때 경영관리자로서 이행하여야 할 중요한 검토사항은 향후 호텔을 운영하면서 호텔의 발전 가능성과 부동산 가치의 상승을 연차별로 분석하여 예측 가능한 정보를 보유하고 이를 토대로 구입에 임해야 한다. 이 때 검토해야 할 주요 사항은 위치, 체인호텔이라면 브랜드의 가치, 예방관리 프로그램의 운영, 동일 브랜드 내에서 고객만족도 지수, 객실점유율, 객실평균요금 등이 있다. 호텔을 알차게 운영해 온 호텔은 그렇지 못한 호텔에 비해 상대적으로 값어치가 높다. 그러나 매출의 상한점을 유지한 호텔은 향후 경영관리를 잘하더라도 이익이 크게 신장되지 않는다는 것도 유념해야 한다. 만약 매출이 경쟁호텔에 비해 크게 저조했다면 무엇보다 시설의 개보수가 따라야 할 가능성이 높으므로 별도의 개보수자금도 구입자금에 함께 계상해야 한다. 동일시장 내 경쟁호텔이 많거나 위치가 좋지 못한 호텔은 구입해서 경영개선을 이루기에는 매우 힘이 들 것이므로 구입을 자재하여야 한다.

2. 호텔을 신축하여 개관

호텔을 창업하여 경영관리에 참여하고자 하는 사람이 충분한 자금력을 확보하고 있다면 그는 입지와 상권을 고려하여 새로운 장소를 찾아다닐 것이다. 새로운 상권이 형성되고, 아직까지 경쟁호텔이 없는 곳이면 가장 매력도가 높은 위치라고 할 수 있으며, 그곳이 자연경관도 함께 갖추었다면 금상첨화일 것이다. 호텔의 건물이 신축되기까지는 호텔의 전문가, 건축설계사, 실내디자이너, 건축시공자, 호텔 체인본부, 호텔의 협력업체, 행정업무를 대행하는 변호사와 법무사 등이 개입하게 된다. 가끔 호텔을 신축하고자 할 때 도시계획에 의한 용도와 고도제한, 주차공간 확보 등 각종 장애에 부딪치게 되는 경우가 있다. 호텔을 신축하고자 할 때 고려하여야 할 내용은 첫째, 위치를 잘 선택하여야 한다. 상권과 허가될 수 있는 조건을 면밀히 검토한다. 둘째, 가입하고자 하는 체인호텔에 먼저 확인한다. 왜냐하면 단독호텔이 성공할 수 있는 확률은 그다지 높지 않으므로 브랜드를 도입하고자 할 때 체인본부에서 필요로 하는 호텔의 규모, 객실의 크기, 객실 수, 부대영업장의 수용범위 등의 제약에 대해 확인하는 것이 중요하다. 셋째, 빌딩에 대한 디자인을 확인해야 한다. 호텔 빌딩은 그 자체가 하나의 작품이라고 할 수 있다. 뿐만 아니라 잘 설계된 호텔은 경영관리에 용이하며, 이익을 높이고, 비용을 줄일 수 있는 매력도 가지게 된다. 넷째, 호텔을 신축할 때는 경영관리자가 건축 진행과정에 참여하여야 한다. 호텔의 경영관리자는 건축설계사, 체인본부, 실내디자이너, 건축시공사 등과 수시로 만나 호텔기업주의 의견을 전달하고, 영업에 필요한 내용들을 논의하여 향후 호텔의 운영에 장애요소를 사전에 차단한다. 다섯째, 체인본부에서 제안하는 가구의 선택은 호텔의 브랜드 이미지를 높인다. 일곱째, 공사기간에 개관준비도 곁들여 한다. 호텔의 건물과 조경이 완성되고 난 후에 개업 준비에 돌입하면 시간을 헛되이 소모할 수 있으므로 공사가 진행되는 상황과 개관을 하는 시기를 상호 보완하여 함께 진행하여야 한다.

3. 호텔의 평가와 재정의 확보

호텔을 구입하거나 신축을 결정하면 먼저 선행되어야 하는 것이 재정의 확보일 것이다. 호텔은 소규모 호텔이라고 하더라도 객실 당 약 5천만원에서 초대규모호텔인 경우 3억 이상이 투입되는 매우 큰 규모의 부동산이라고 할 수 있다. 따라서 대부분 호텔기업을 창업하고자 할 때 금융기관을 통한 융자를 염두에 두고 이에 대한 자금계획을 세우게 된다. 아마 이러한 작업이 중요한 과정일 수도 있을 것이다. 왜냐하면 호텔은 그 자체가 부동산으로 평가되어지기 때문에 근저당물로서 적합할 수 있고, 경영환경과 경영관리 능력에 따라 꾸준히 성장할 수 있는 기업이기 때문이다. 그러나 호텔은 공간산업이기 때문에 매출의 한계가 있을 수밖에 없으므로 수용능력을 초월한 영업은 허망된 꿈일 뿐이다. 호텔에 투자하는 것은 눈앞에 보이는 건물과 토지에 대한 평가와 시장에서의 가치가 함께 고려되어 의사결정을 하게 되므로 시장에서의 입지가 중요한 요인으로 작용할 수 있다. 금융기관으로부터 호텔의 구입자금이나 신축자금을 차용할 때는 많은 서류들을 미리 준비하여야 한다.

1) 시장에서 호텔의 가치평가

비록 부동산전문가라고 하더라도 호텔의 가치를 평가하기에는 많은 어려움이 따른다. 예를 들어, 호텔의 위치가 좋고 건물과 비품의 상태가 좋다하더라도 그간의 경영관리진이 능력이 없어 영업상태가 좋지 않았다면 그 호텔은 이익을 낼 수가 없었을 것이다. 이러한 호텔의 가치는 낮게 평가될 수밖에 없을 것이다. 그러나 경영관리진이 경영을 잘해 높은 수준의 경영성과를 내었다면 호텔의 가치는 올라갈 것이지만 구입하는 매수인의 입장에서는 성장세가 둔화될 것을 염려하지 않을 수 없다. 아무튼 호텔을 평가하는데 현재의 매출이익이 크게 작용하는 것은 틀림없는 사실이다. 호텔을 선택하는 주요요인으로 매출목표의 달성, 호텔건물과 비품의 상태, 위치, 체인의 브랜드, 경험이 많은 호텔의 종업원 등의 내부적인 요인과 호텔분석자료, 경쟁관계, 지역 내 새로운 호텔의 신축, 지역시장의 성장세 등이 검토의 대상이 된다. 호텔을 구입하기 위해 평가를 하고자 할 때 접근하는 방법으로 대체적 접근, 매출 추세적 접근, 객실판매가격 비교적 접근, 수익자산 평가적 접근, 투자회수적 접근 등이 있으며, 어떠한 방법으로 분석하고, 평가하던 간에 가장 중요한 것은 전체적인 가치를 볼 수 있어야 한다.

(1) 대체적 접근

대체적 접근은 호텔의 구매자가 같은 지역에 동일한 위치에 호텔을 신축할 때 투자되는 금액 정도를 구매적정가격으로 보는 경우이며, 이는 동일지역이라 하더라도 길목이 좋은 곳은 그리 흔하지 않기 때문에 신뢰성이 강하지 못하다.

(2) 매출 추세적 접근

매출 추세적 접근은 호텔은 매출이 가장 중요한 평가요인이 때문에 객실의 매출에 따라 평가되어야 하며, 매출이 높으면 높을수록 호텔의 가치는 높아진다는 것을 전제로 접근하는 방법이다. 이 경우 호텔의 평가가치를 객실매출의 2~4배로 보는 방법이다.

(3) 객실판매가격 비교적 접근

이 분석방법은 동일 시장 내에서 동일한 규모의 호텔들의 객실판매가격을 비교하여 각각의 순위를 정하고, 특정호텔이 매각되면 그 호텔과 비교하여 가격을 결정하는 방법이다.

(4) 수익자산 평가적 접근

이 분석방법은 호텔이 보유한 각 영업장의 연간 수입, 연간 지불되는 비용, 시장의 가치 등을 평가하게 된다. 이 때 호텔의 잠재적 매출 성장의 예측, 비용의 예측, 호텔 이익의 예측, 수익용 자산의 가치 등을 평가하기 때문에 방대한 분석방법과 자료가 동원된다. 일반적으로 금융기관이나 구매자가 가장 많이 활용하는 호텔 가치에 대한 평가방법이다.

(5) 투자회수적 접근

이 접근방법은 호텔의 가치를 구매주가 투자한 금액의 회수율로 보는 것으로 투자된 금액의 회수(ROI : return on investment)가 빠를수록 투자가치가 높다는 분석이 나올 수 있다.

2) 호텔 구입재정의 확보

호텔을 구입할 때 금융차입비율을 어느 정도할 것인지는 호텔기업주가 예상하는 금융비용과 변제능력일 것이다. 이것의 기본이 되는 자료는 근저당을 설정하려하는 호텔의 부동산과 영업권에 대한 평가가치임에 틀림이 없다. 최적의 부채비율에 대한 분석은 복잡하고, 상황에 따라 매우 다른 결과가 나올 수 있으므로 투자전문가의 자문을 받아 의사결정을 하는 것이 바람직하다. 다만 본인이나 기업체가 보유한 자본금이 계약금과 1차 중도금을 치룰 수 있는 상황에서 금융기관의 융자도 가능할 것이다. 금융기관에서 차용한 자금은 일정기간 내에 원금을 상환해야 하고, 매월 약정한 금융이자를 지불하여야 한다. 만약 제때 이자가 지불되지 못하면 전액상환의 요구를 받게 될 것이다. 차입을 할 수 있는 금융기관은 다양하다. 은행, 투자회사, 보험회사, 저축은행, 새마을금고, 투자금융, 관광진흥개발기금 등이 있으며, 외국은행에서의 차입도 가능하다. 그러나 모든 금융기관은 호텔업에 융자하는 것은 신중을 기하고 있기 때문에 대상 금융기관과의 신뢰성을 구축하면서 사전에 의사를 타진하는 것이 필요하다.

(1) 강력한 시장

호텔이 현재의 투자가치가 높거나 향후 영업이 빠르게 신장될 것을 예측하게 되면 융자를 해줄 금융기관은 대출에 대한 매력을 느낄 수 있을 것이다. 반면에 미개발지역이나 대학가, 빈민촌 등에 호텔을 신축하겠다는 제안을 낼 경우 이를 수용해 줄 금융기관은 없을 것이다. 따라서 매출과 이익이 높을 수 있는 강력한 시장을 선정하여 호텔의 인수를 고려한다면 금융기관과의 상담도 용이할 것이다.

(2) 적절한 자기자본의 구성

금융기관은 융자에 대한 위험 부담을 최소화하기 위해 여러 가지 조건을 제시하게 되므로 투자자는 충분한 담보능력과 자기자본의 비율을 높여야 한다. 가령 호텔에 투입되는 자금이 1,000억 원이라면 금융기관에서 융자를 받게 되는 돈은 금융권에 따라 다를 수 있지만 약 500억 원 정도일 것이다.

(3) 강력한 호텔체인에 가입

호텔의 가치를 구성하는 요소 중에는 체인의 브랜드가 큰 몫으로 작용하게 되므로 규모와 위치, 시설과 경관, 이미지에 적합한 호텔체인에 가입하여 브랜드핵우산 아래에 있게 되면 자산의 가치가 상승하게 된다. 메리어트, 하얏트, 웨스틴, 쉐라톤, 힐튼, 리츠칼튼 등의 브랜드는 금융기관에서도 매력성을 인정하고 높이 평가되고 있음을 주지하여야 한다.

(4) 경영관리자의 능력

금융기관은 그들이 융자하는 자금이 산업발전에 기여하고 금융기관이 바라는 기간 내에 원리금을 상환할 수 있는 능력과 경험을 갖춘 경영관리인에게 대출을 하려고 할 것이다. 따라서 호텔기업에 뜻이 있는 투자자는 호텔경영에 많은 경험과 지식, 그리고 신뢰성과 성실성이 검증된 지배인으로 하여금 호텔을 인수하고, 경영관리 할 수 있도록 계획을 세워야 한다.

(5) 객관적인 평가에 필요한 자료

호텔을 구입하여 경영관리에 참여하려는 투자자는 호텔의 현재 가치를 초월한 대금을 치르려고 하지 않을 것이다. 금융기관도 현재의 값어치에 대해 면밀히 분석하여 할 것임은 주지하는 바이다. 따라서 그 호텔의 가치를 객관적으로 입증할 수 있는 증빙자료는 매우 유용하게 활용할 수 있기 때문에 대상호텔의 경영계획, 매출예측보고서 등을 작성하는 것이 중요하다. 만약 기존 호텔의 구입이 아닌 신축을 원한다면 금융기관은 호텔신축의 타당성조사보고서(feasibility study report)를 요청할 것이다. 호텔경영계획서를 작성할 때 유의해야 할 점은 첫째, 호텔에 대한 일반적인 개요 설명, 둘째, 호텔의 마케팅 계획, 셋째, 호텔의 재정 운영계획, 넷째, 호텔의 부문별 영업계획 등이 포함되어야 한다. 객관적인 평가자료를 바탕으로 잘 짜여진 경영계획서는 매우 높은 설득력을 가지게 되며, 이는 금융기관의 자금을 도입하는데 결정적인 역할을 하게 된다. 경영계획의 작성하는 순서는 아래와 같다.

〈표 20-1〉 호텔인수경영계획서

호텔인수경영계획서(년도)
1. 현재 경영관리에 대한 요약 2. 호텔의 개요 • 호텔의 규모, 시설의 내용, 시설의 상태 • 증축 및 개보수 계획 • 평가에 대한 요약 3. 마케팅 계획과 시장에 대한 요약 • 경쟁호텔 • 현재 시장의 마케팅 노력과 결과 • 잠재 시장의 마케팅 노력의 방향과 방법 • 예상되는 잠재시장의 마케팅 노력에 대한 결과 4. 재정 계획(동원 가능한 자산의 상태와 필요로 하는 조달 규모) • 예측되는 총매출 • 예측되는 수입과 지출 규모 • 손익분기점 분석 • 운영자금계획과 대차대조표 5. 경영관리 계획 • 현재 경영관리팀에 대한 설명 • 잠재적 경영관리팀에 대한 구상 • 당해 호텔의 경영관리에 대한 철학과 전략 • 잠재적 경영관리팀에 대한 이력서 6. 증빙 서류 • 호텔 부동산에 대한 감정서 • 구매계약서 • 체인호텔경영계약서 • 기타 증빙에 도움이 되는 서류

제4절 호텔개관의 준비과정

호텔을 신축하거나 기존의 호텔을 인수하여 개관하거나 개관의 준비단계는 비슷하게 이루어진다. 대부분의 호텔들은 오랜 기간 동안 준비팀을 구성하여 총지배인의 지휘하게 일일업무를 수행하게 된다. 호텔의 개업은 물자와 인력이 제때 갖추어져야 가능하므로 기간별 할 일과 달성해야 할 목표를 상세하게 정리해 두고 이를 이행해 나가면서 문제점을 보완하여 일정에 차질 없이 완결한다.

1. 개관 6개월 전

총지배인이 부임하고, 개업팀이 구성되면 그들이 일할 수 있는 공간을 마련하고 필요한 사무용 가구와 문구류를 갖추게 된다. 이 때 마케팅 활동에 필요한 각종 인쇄물도 함께 주문하여야 한다. 사무실에 전화기를 설치하고, 컴퓨터, 팩스 등도 함께 갖추어야 한다. 영업을 위한 주요 보직에 합당한 후보자를 물색하고, 시설관리를 위해 시설관리부서장을 영입한다. 체인호텔에 가입하였다면 체인본부와의 의사소통을 위한 채널을 구축하고, 그들의 매뉴얼에 의한 개업과 경영관리가 될 수 있도록 표준화에 힘쓴다. 개업에 필요한 작업을 구체화하여 보면 다음과 같다.

① 호텔이 객실과 각 영업장, 사무실에 설치할 전화기 시스템을 결정하고, 이를 발주한다. 이 때 경영관리에 필요한 유무선 장비를 함께 고려한다.
② 외부에 호텔개업에 대한 대형 안내판을 설치한다.
③ 지역의 상공인 모임에 회원으로 가입하고, 명부에 등재하고, 지역 소식지에 지속적으로 홍보한다.
④ 체인본부의 예약망이나 세계적 전문 예약망(Global Distribution System)에 가입하여 호텔의 위치, 규모, 시설, 서비스, 운영방법, 예약 등에 관해 홍보를 진행한다.
⑤ 지역 은행에 호텔의 예금계좌를 개설한다.
⑥ 호텔이 영업과 고객관리에 필요로 하는 차량을 주문한다.
⑦ 호텔의 정보전산시스템 도입에 대한 검토 작업에 착수한다.
⑧ 조경공사에 대한 검토와 발주에 들어간다.
⑨ 건물 외벽과 외부에 설치할 간판, 안내판의 제작을 위한 주문에 들어간다.
⑩ 호텔 내부에 부착할 각종 안내판의 주문에 들어간다.
⑪ 판촉전략에 의한 다양한 홍보를 펼치고, 개업에 초청할 인사들의 명단을 확보하고 DM을 발송한다.
⑫ 호텔에 설치할 시설장비, 세탁장비를 발주한다.

⑬ 개업에 필요한 각종 물품의 지불에 관련된 규정과 절차를 정비한다.
⑭ 호텔이 필요로 하는 협력업체를 모집하고, 이들과 협력관계를 구축한다.
⑮ 영업을 위해 관공서로부터 취득해야 하는 각종 인 · 허가를 신청한다.
⑯ 각국의 사업용 전화번호부(Yellow Page)에 광고를 게재한다.
⑰ 각 직급에 대한 직무기술서를 정리한다.
⑱ 각 객실에 비치할 가구를 발주한다.

2. 개관 3개월 전

세일즈와 마케팅을 담당하는 임원이 결정되면, 이때부터 본격적으로 마케팅활동에 돌입하게 된다. 경영관리를 위해 구성되는 임원회의의 구성이 완성되고, 호텔의 시설을 안전하게 운영하고, 관리할 시설관리부서와 안전관리부서의 간부진이 구성되어 본격적으로 업무에 돌입할 수 있어야 한다. 각 분야별 업무는 보다 세분화되어 개업 준비에 착수하여야 한다.

① 식음료 부문의 냉동 식자재와 수입 음료를 발주하여 영업에 대비한다.
② 종업원의 급여 테이블을 만들기 위해 전국적, 지역적으로 조사에 착수한다.
③ 종업원 선발을 위한 공고를 신문, 라디오, TV, 리쿠르트 잡지 등에 낸다.
④ 객실과 식음료부서장이 업무에 착수하도록 하고, 각 분야별 인력선발에 앞장선다.
⑤ 예약시스템을 가동한다.
⑥ 객실부문에 필요한 각종 체크인, 체크아웃 장비와 인쇄물을 발주한다.
⑦ 헬스, 사우나, 조리부서, 하우스키핑에 필요한 장비를 납품받아 설치하고, 시운전에 들어간다.
⑧ 객실에 필요한 침대, 가구, 편의품, 리넨을 발주한다.
⑨ 프런트데스크와 각 영업장에 영업회계시스템을 설치하고, 시운전에 들어간다. 필요한 부분을 보완하고, 담당직원이 채용되면 교육에 들어간다.
⑩ 건물 내 · 외부를 소독할 수 있는 체계를 구축하고, 소독 준비에 돌입한다.
⑪ 객실에 비치할 성경, 불경, 전화번호부를 주문한다.

⑫ 연회장에 들어갈 각종 시청각, 조명장치에 대한 발주에 들어간다.
⑬ 세탁실에 필요한 세제, 인쇄물 및 포장지를 발주한다.
⑭ 안전관리실의 화재경보시스템을 작동하고, 비상키 시스템을 확립한다.
⑮ 필요한 인력을 선발하고 교육계획을 세운다.
⑯ 선발된 인원에 대해 각 영업장별 유니폼을 발주한다.
⑰ 개관준비계획을 수립하고, 각 분야별 업무를 분장한다.

3. 개관 1개월 전

개관 3개월 전에 인력의 영입과 장비의 도입에 대한 작업이 진행되어 개관 1개월 전까지 대부분의 업무가 종료되게 된다. 이때부터는 대부분의 시설과 장비가 정상적으로 가동이 되고, 고객이 투숙할 때 전혀 불편함이 없도록 전관의 공기도 정화를 하여야 한다. 이즈음에 이뤄져야 하는 업무는 다음과 같다.

① 각종 보험을 검토하고, 빠진 부분은 추가로 부보한다.
② 고객을 위한 안전금고를 납품 받아 설치하고, 운전에 들어간다.
③ 내 · 외부에 필요한 안내판과 번호판을 부착한다.
④ 화재안전시스템을 관리할 운영업체를 선정하고, 소화기를 제 자리에 비치한다.
⑤ 모자라는 서비스직을 추가로 모집하고, 교육에 들어간다.
⑥ 개관에 초청할 인사들에게 초청장을 발송한다.
⑦ 유니폼을 납품받아 필요한 세탁을 실시한다.
⑧ 체인호텔의 홍보물을 접수받아 관련 부서에 배부한다.
⑨ 구급함을 설치하고, 필요한 약품과 소모품을 비치한다.
⑩ 각 객실에 번호표를 부착하고, "Non-smoking"에 대한 안내문을 부착한다.
⑪ 각 객실 출입문에 피난통로, 비상 시 행동요령을 부착한다.
⑫ 각 영업장과 헬스 및 사우나에 대한 일일점검체계를 구축하고 이를 이행한다.
⑬ 세탁실에 세제, 화공약품과 용기(dispenser)를 구입하여 설치한다.
⑭ 판촉지배인이 담당 시장에서 활동할 수 있도록 지원한다.

⑮ 개관에 대한 홍보와 광고를 대대적으로 이행하고, 개관행사의 이벤트에 대해 일일점검체제에 돌입한다.

⑯ 객실가구를 광택을 내고, 각종 편의품을 제자리에 비치한다.

⑰ 안전관리위원회를 구성하고, 안전관리부서가 중심이 되어 호텔의 인명과 재산을 위험관리(risk management)체계로 전환한다.

4. 개관 1주일 전

개관 1주일을 앞두면 건물 내 · 외부에 모든 불을 밝히고 개관 분위기를 만들어 가야 한다. 새로운 탄생을 경축하는 분위기는 내부 구성원의 마음으로부터 시작되며 모든 구성원의 축제이기도 하다. 영업부문은 연일 정상적인 영업에 돌입하고, 각 영업장은 내부 고객인 종업원을 초청하고 시식회를 갖고 품평을 받으며, 시설물은 종업원들에게 공개하여 미리 사용해 보도록 하여 구성원의 상품지식을 높이고, 고객만족을 실현하는데 구전효과를 올리며, 개관 전에 종업원의 사기를 극대화시킨다. 개관을 앞둔 시점에서 확인하고, 이행해야 할 사항은 다음과 같다.

① 모든 구성원의 사기를 확인한다. 구성원들이 상하좌우로 보다 많은 커뮤니케이션을 할 수 있도록 분위기를 조성한다.

② 호텔의 PMS와 각종 시스템의 작동상태를 점검하고, 보고서를 작성한다.

③ 수질에 대한 점검과 배수상태를 확인한다.

④ 전기의 수전과 배전을 확인하고, 비상발전시스템을 점검한다.

⑤ 모든 시설물에 대한 전등을 확인하고, 조도를 조절한다.

⑥ 안전시스템을 실제상황에서 확인하고, 비상시를 대비한다.

⑦ 냉 · 난방시스템과 공조시설(HVAC)을 점검하여 개관일에 몰릴 많은 고객에게 첫인상을 좋게 한다.

⑧ 지역 매스컴을 활용한 홍보에 돌입한다.

⑨ 비즈니스에 영향을 미칠 인사들을 초청하여 투숙하고, 음식을 시식토록 한다.

⑩ 종업원들이 근무에 임할 때 불편한 점이 없는지 살피고, 항상 미소를 고객을

맞이할 수 있도록 독려한다.

5. 개관 후 활동

호텔의 경영관리는 시스템에 의해 운영되므로 개업시점에서 발생하였던 다양한 문제점을 밝혀내어 이를 보완하고, 잘되었던 일은 홍보자료로 활용할 수 있도록 이를 발굴하여 문서화한다. 호텔의 역사는 개관 전부터 기록이 되지만 영상자료를 만들어 활용할 수 있는 것은 개관시점부터일 것이다.

① 개관식에 참석하였던 모든 고객에게 대표이사나 총지배인의 명의로 감사의 편지를 보낸다.
② 개관에서 나타난 모든 문제점을 기록하여 이를 경영관리에 반영할 수 있도록 문서화 한다.
③ 개관에 참여하였던 모든 매스컴사에 감사의 뜻을 전한다.
④ 개관식에서 수고한 호텔의 종업원 모두에게 총지배인의 감사의 뜻을 전한다.
⑤ 종업원의 서비스교육을 강화하고, 활기찬 조직문화가 정착되도록 한다.
⑥ 판촉지배인의 활동을 강화하고, 빠른 시일 내에 마케팅부문이 안정되도록 지원한다. 최초의 마케팅활동은 창업비용으로 간주하고, 예산을 집행하여야 한다.
⑦ 각 부문별로 목표를 달성할 수 있도록 분위기를 조성하고, 이에 대한 공정한 평가제도를 확립하여 이행한다.
⑧ 일일 경영관리의 수월성을 확보할 수 있는 경영정보시스템을 강화한다.

참고문헌

고상돈, 호텔경영과 실무, 백산출판사, 2009.

고재용 외, 호스피탈리티산업 회계원리, 대왕사, 2011.

권봉헌 외, 호텔식음료관리론, 백산출판사, 2011.

김경환, 호텔경영학, 백산출판사, 2011.

김미경 외, 최신 호텔경영론, 백산출판사, 2012.

김성용, 호텔관광 인적자원관리, 백산출판사, 2012.

김시중 외, 호텔경영론, 백산출판사, 2012.

김영규 외, 국제회의운영과 실무, 새로미, 2012.

김충현, 호텔마케팅, 21세기사, 2012.

박대환 외, 호텔객실관리와 시설관리, 백산출판사, 2008.

박대환 외, 호텔객실영업론, 백산출판사, 2010.

박대환 외, 호텔경영관리론, 도서출판 대명, 2007.

박대환 외, 호텔관광서비스이론과 실제, 백산출판사, 2009.

박대환, 호텔시설관리론, 백산출판사, 2012.

오찬 외, 호텔식음료 서비스실무론, 백산출판사, 2010.

원융희 외, 현대호텔사업 계획·개발, 대왕사, 2009.

원철식 외, 관광법규와 사례분석, 백산출판사, 2013.

웨스틴조선호텔, 업무 매뉴얼, 2005.

유도재, 리조트경영론, 백산출판사, 2012.

육풍림 외, 카지노게이밍 실무론, 백산출판사, 2010.

윤수선 외, 주방관리, 백산출판사, 2011.

이정학, 호텔경영의 이해, 기문사, 2012.

정구점, Hotel Management Work-Shop, 새로미, 2011.

정규엽, 호텔·외식·관광마케팅, 연경문화사, 2010.

정종훈 외, 호텔 프런트 & 객실 관리론, 현학사, 2011.

주종대, 호텔경영학, 대왕사, 2011.

최덕철, 서비스마케팅, 학문사, 1995.

최병호 외, 호텔경영의 이해, 백산출판사, 2010.

최수영 · 김분태, 유비쿼터스 경영기획, 도서출판 대명, 2004.

최영준 외, 호텔 서비스의 이해, 대왕사, 2010.

최정길, 호텔경영학, 백산출판사, 2011.

최풍운 외, 호텔경영학원론, 백산출판사, 2012.

최풍운, 호텔실무(현관 · 객실 중심), 백산출판사, 1995.

파라다이스호텔, 업무매뉴얼, 2007.

하헌국, 호텔경영과 실무, 한올출판사, 1998.

한국관광공사 컨벤션뷰로 MICE 통계, 2013.

한국관광공사 코리아컨벤션뷰로ipark@mail.knto.or.kr

허정봉 외, 호텔리어를 위한 호텔경영학의 만남, 대왕사, 2011.

허정봉, 호텔경영정보시스템, 백산출판사, 1996.

허향진 · 유희경, 호텔관리회계, 2004.

호텔롯데, 객실매뉴얼, 1996.

호텔신라, 객실부문 전문과정 서비스표준, 1992.

Angelo, Rocco M. and Andrew N. Vladimir, An Introduction to Hospitality Today, Education Institute of AH&MA, 1994.

Astroff, Milton T. and James R. Abbey, Convention Management and Service, Educational Institute of AH&MA, 1998.

Astroff, Milton T, and James R. Abbey, Convention Sales and Services, Wm. C. Company Publishers, 1978.

Bardi, James A. Hotel Front Office Management, Van Nostrand Reinhold, 1990.

Bass, B. M.(1985). Leadership and Performance Beyond Expectations, New York : The Free Press.

Goleman, Daniel(Jan. 2004). What makes a leader? Harvard Business Review, 82-91.

Gordon, Robert T., Mark H. Brezinski, The Complete Restaurant Management Guide, Sharpe Professional, 1999.

Greenleaf, R. K.(1970). The Servant as Leader, Greenleaf Center in Indianapolis.

Fuller, John, David Kirk, Kitchen Planning and Management, Butterworth-Heinemann Ltd. 1991.

Hayes, David K. and Jack D. Ninemeier, Hotel Operations Management, Pearson Education, Inc., 2004.

Howell, J. P. & Costley, D. L.(2006). Understanding Behaviors for Effective Leadership (2nd Ed.), N.J. : Pearson Prentice Hall.

Katz, R. L.(1974). Skills of an Effective Administrator. Harvard Business Review, 90-102.

Kohr, Robert L., Accident Prevention for Hotels, Motels, and Restaurants, Van Nostrand Reinhold, 1991.

Kotler, Philip, Jojn T. Bowen, James C. Makens, Marketing for Hospitality and Tourism, Pearson Education International, 2006.

Larkin, Enda M., How To Run A GREAT HOTEL, howtbooks, 2009.

Lockwood, Andrew, Michael Baker and Andrew Ghillyer, Quality Management In Hospitality, Cassell, 1996.

Miller, Jack E., Supervision In The Hospitality Industry, John Wiley & Sons, Inc., 1992.

Miller, Jack E., David K. Hayes, Basic Food and Beverage Cost Control, John Wiley & Sons, Inc. 1994.

Miner, J. B. & Smith, N. R. (1982). Decline and Stabilization of Managerial Motivation over a 20-Year Period. Journal of Applied Psychology, 297-305.

Mintzberg, H.(1980). The Nature of Managerial Work. N. J. : Prentice Hall.

Morse, J. J. & Wagner, F. R.(1978). Measuring the Process of Managerial Effectiveness. Academy of Management Journal, 23-35.

Ninemeier, Jack D. Food & Beverage Management, AH&LA, 2000.

Kajarian Edward A., Food Service Facilities Planning, 2nd ed., Westport Conneticut, 1983.

Kasavana, Michael L. and Richard M. Brooks, Managing Front office operations, Educational

Institute, America Hotel and Lodging Association, 2002.

Kotschevar, Lendal H., Richard Donnelly, Quantity Food Purchasing, Macmillan Publishing Company, 1994.

Milton, T. Astroff, James R. Abbey, Convention Management and Service, Education Institute, AH&MA, 1998.

Olsen, Michael, Joseph West, Eliza Ching-Yick Tse, Strategic Management in the Hospitality Industry, John Wiley & Sons, Inc. 1998.

Pavett, C. M. & Lau, A. W.(1983). Managerial Work : The Influence of Hierarchical Level and Functional Specialty. Academy of Management Journal, 170-177.

Phillips, P. A. and L. Moutinho, Strategic Planning Systems in Hospitality and Tourism, CABI Publishing, 1998.

Reynolds, William and Michael Roman, Successful Catering, John Wiley & Sons, Inc., 1991.

Robbins, S. P.(1989). Training in Inter-Personal Skills, N. J. : Prentice-Hall.

Stefanelli, John M., Purchasing Selection and Procurement for The Hospitality Industry, John Wiley & Sons, Inc. 1992.

Vallen, Jerome V. CHECK IN-CHECK OUT, Brown Company Publishers, 1977.

Hotel Intercontinental, Rooms Division Service Manual, 1996.

Westin Hotels & Resorts, Front Office Service Manual, 2008.

저자약력

박대환

- 세종대학교 경영대학원 호텔경영학과(경영학석사)
- 경남대학교 대학원 서비스마케팅전공(경영학박사)
- 미국 플로리다국제대학교(FIU) 호텔관광학부 교환교수
- 관광호텔 총지배인자격증 취득
- 미국 국제총지배인자격증 취득(AHLA CHA)
- 부산웨스틴조선호텔 영업총괄 부총지배인
- 경상남도의회 자문위원(관광분야)
- 경남발전연구원 비상임연구원
- 부산광역시 관광호텔 등급심사위원
- 한국관광호텔업협회 관광호텔 등급심사위원
- 국가직무능력표준(NCS)설정 전문위원
- 부산광역시 관광협회 관광종사원 면접위원
- 한국산업인력공단 호텔경영사 국가자격시험 문제출제위원
- 울산광역시 관광편의시설업지정 심사위원
- 한국관광공사 통역안내원 면접위원
- 한국호텔관광학회, 한국호텔외식경영학회, 한국프랜차이즈학회 부회장
- 영산대학교 호텔관광학부장, 평생교육원장, 행정처장, 입학처장, 사무처장
- (현)영산대학교 호텔관광대학 호텔경영학과 교수
- (현)영산대학교 대학원 호텔관광경영 박사과정 책임교수
- 호텔기업의 서비스지향성에 관한 연구 외 논문 47편
- 호텔객실영업론 외 저서 29권

박봉규

- 미국 세인트보나벤처대학교 경영학과(경영학석사)
- 미국 버지니아 텍 경영학과 인사조직/경영전략전공(경영학박사)
- 한국연구재단 사회과학단 전문위원
- 미국 국제공인회의전문가자격증 취득(CMP)
- 대한상사중재원 중재인
- 한국산업인력공단 호텔경영사·관리사, 컨벤션기획사 국가자격시험 문제출제위원
- 한국관광의 별 심사위원
- 부산광역시 창의시정연구회 자문위원(관광분야)
- 부산발전연구원 자문위원
- 부산문화관광축제조직위원회 집행위원
- 한국관광학회 관광자원분과, 대한관광경영학회, 동북아관광학회 부회장
- (현)동의대학교 호텔컨벤션경영학과 교수
- 호텔기업의 상황요인이 CRM 성과에 미치는 영향 외 논문 67편
- 관광인적자원관리 외 저서 16편

이준혁

- 경희대학교 경영대학원 관광경영학과(경영학석사)
- 세종대학교 일반대학원 경영학과 호텔외식마케팅전공(경영학박사)
- 미국 플로리다국제대학교 호텔관광학부 교환교수
- 미국 국제총지배인자격증 취득(AH&LA CHA)
- 라마다올림피아호텔 객실팀장
- 한국호텔외식경영학회 편집위원
- 한국관광학회 편집위원
- 한국호텔관광학회 편집위원
- 한국관광레저학회 편집위원
- 한국외식경영학회 이사
- (현)영산대학교 호텔관광대학 외식경영학과 교수
- APEC 이후 부산 관광이미지의 변화 외 논문 21편

오흥철

- 부산대학교 일반대학원 경제학과(경제학석사)
- 미국 버지니아텍 주립대학교 호텔관광경영학과(호텔관광경영학박사)
- 영국 본모스 대학교 호텔관광경영대학 방문교수
- 관광레저연구 편집위원장
- 한국관광레저학회 학술심포지엄 위원장
- 부산광역시 자문위원(관광분야)
- 경성대학교 산업개발연구소 소장
- (현)경성대학교 호텔관광경영학과 교수
- (현)미국 유타 벨리 대학교 호스피탈리티 경영학과 방문교수
- 국내유스호스텔 활성화를 위한 탐색적 연구 외 논문 다수
- 글로벌 매너 완전정복 외 저서 다수

박진우

- 세종대학교 대학원 호텔관광경영과(경영학석사)
- 세종대학교 대학원 조리외식경영학과(외식경영학박사)
- 프랜차이즈산업연구원 비상임연구원
- 휴넷 마케팅 MBA 수료
- Pecom International Assistant Manager Course 수료
- 호텔지배인 2급 자격 취득
- 커피바리스타 자격 취득
- 커리바리스타 자격시험 심사위원
- Servsafe(위생사) 자격 취득(NRA)
- 영산대학교, 한양여자대학교 외식경영 겸임교수
- 숙명여자대학교, 서울여자대학교 외식/식음료 외래강사
- 서울보건대학, 강동대학교 외식/호텔전공 외래강사
- 세종사이버대학교 외식경영 외래강사
- 숭의여자대학교 외식경영 외래강사
- 레스토랑의 서비스단계별 실패가 불만족, 고객불평행동의도에 미치는 영향(2012) 외 연구 논문 다수
- 외식경영학(2010) 외 저서 3편

호텔경영론

2012년 9월 5일 초판 1쇄 발행
2014년 3월 5일 2판 1쇄 발행

공저자 박대환 · 박봉규 · 이준혁
오홍철 · 박진우

발행인 진 욱 상 · 진 성 원

발행처 백산출판사

서울시 성북구 정릉로 157(백산빌딩 4층)
등록 : 1974. 1. 9. 제 1-72호
전화 : 914-1621, 917-6240
FAX : 912-4438
http://www.ibaeksan.kr
editbsp@naver.com

값 33,000원
ISBN 978-89-6183-619-7